从古典中寻新义·从旧籍里找时潮

李敖主编国学精要 ⑩

顾炎武集
二曲集
唱经堂才子书

李敖 主编

天津出版传媒集团
天津古籍出版社

图书在版编目（CIP）数据

顾炎武集·二曲集·唱经堂才子书/李敖主编.--天津：天津古籍出版社，2016.11
（李敖主编国学精要）
ISBN 978-7-5528-0465-2

Ⅰ.①顾… Ⅱ.①李… Ⅲ.①顾炎武（1613-1682）—文集②理学—中国—清代③中国文学—古典文学—作品综合集—清代 Ⅳ.①B249.11②B249.91③I214.92

中国版本图书馆CIP数据核字（2016）第275906号

责任编辑：吴曈曈　夏　彬　　装帧设计：尚世视觉

本书简体中文版权由远流出版事业股份有限公司，经北京麦士达版权代理有限公司，授予天津古籍出版社出版发行，非经书面同意，不得以任何形式任意重制转载。本书限于中国内地发行。
著作权合同登记号 图字：02-2016-84

李敖主编国学精要 10

顾炎武集·二曲集·唱经堂才子书

出版人/张玮

天津古籍出版社

（天津市西康路35号　邮编300051）

http://www.tjabc.net

三河市九洲财鑫印刷有限公司

全国新华书店发行

开本 700mm×1000mm　1/16　印张 28.25

2016 年 11 月第 1 版　2016 年 11 月第 1 次印刷

ISBN 978-7-5528-0465-2

定价：66.00元

序

谈中国名著，得先谈中国书；谈中国书，得先谈中国的文字历史。

中国历史从地下挖出的"北京人"起算，已远在五十万年以前；从地下挖出的"山顶洞人"起算，已远在两万五千年以前；从地下挖出的彩陶文化起算，已远在四千五百年以前；从地下挖出的黑陶文化起算，已远在三千五百年以前。这时候，已经跟地下挖出的商朝文化接龙，史实开始明确；从周朝共和元年（前841年）起，中国人有了每一年都查得出来的记录；从周平王四十九年（前722年）起，中国人有了每一月都查得出来的记录。中国人有排排坐的文字历史，已长达两千八百多年。

从何处说起

在自有纪年起长达两千一百多年之后，一位殉道者文天祥，被带到抓殉道者的元朝博罗丞相面前，他告诉博罗："自古有兴有废，帝王将相，挨杀的多了，请你早点杀我算了。"博罗说："你说有兴有废，请问从盘古开天辟地到今天，有几帝几王？我弄不清楚，你给我说说看。"文天祥说："一部'十七史'，从何处说起？"

三百多年过去了，"十七史"变成了"二十一史"。一位不同黑暗统治者合作的大思想家黄宗羲，回忆说："我十九、二十岁的时候看'二十一史'，每天清早看一本，看了两年。可是我很笨，常常一篇还没看完，已经搞不清那些人名了。"一部"二十一史"，从何处说起？

三百多年又过去了，"二十一史"变成了"二十五史"。书更多了，人更忙了，历史更长了。一部"二十五史"，从何处说起？

何况，中国历史又不只"二十五史"。"二十五史"只是史部书中的正史。正史以外，还有其他十四类历史书。最有名的《资治通鉴》，就是一个例子。司马光写《资治通鉴》，在参考正史以外，还参考了三百二十二种其他的历史书，写成两百九十四卷，前后花了十九年。大功告成以后，他回忆，只有他一个朋友王胜之看了一遍，别的人看了一页，就犯困了。

一部中国史，从何处说起？

古书有多少呢？

何况，中国书又不只历史书，历史书只是经、史、子、集四部分类中的一部分，清朝的史学家主张"六经皆史"，这下子经书又变成了历史书。其实凡书皆史才对，中国人面对的，已不是历史书的问题，而是古书的问题。

古书有多少呢？

古书多得吓人。

古书不只什么《古文观止》《唐诗三百首》，它们只不过占两种；古书不只什么"四书""五经"，它们只不过占九种；古书不只什么"二十五史"，它们只不过占二十五种。古书远超过这些，超过十倍、一百倍、一千倍，也超过两千倍、三千倍，古书有——十万种！

吓人吧？

这还是客气的。本来有二十五万三千种呢！幸亏历代战乱，把五分之三的古书给弄丢了，只剩下十万种了，不然的话，更给中国人好看！

又何况，还不止于古书呢！还有古物和古迹，有书本以外的大量残碑断简、大量手泽宗卷、大量玉器石鼓、大量故垒孤坟和陆续不断的大量文物出土……要面对起来，更难上加难了。

又何况，一个人想一辈子献身这种"皓首穷经"的工作，也不见得有好成绩。多少学究花一辈子时间在古书里打滚，写出来的，不过是"断烂朝报"；了解的，不过是"瞎子摸象"。古书太难了解了。

你不配做中国人

于是，中国人的办法便是：口口声声说复兴中华文化，但事实上，他们却对古书敬而远之，思念起来，未免惭愧。

说你不配做中国人，你一定从心里不服气；但研究一下配做中国人的条件，你一定从心里惭愧。

做中国人，总不能不看中国书吧？你看了多少中国书呢？"四书"、

《古文观止》、《唐诗三百首》，一数之下，不过几种而已，这就叫惭愧。

面对十万种的古书，面对这一庞大遗产，中国的子孙们到底该怎么办？不看吗？说不过去。看吗？从何看起？又多么难看？这的确是一个令人痛苦的问题。

为了解决这个令人痛苦的问题，有心人便出来，想法子做种种选本，来喂中国人。可叹的是，这些选本都失败了。失败的原因，最主要的，是大家太注重以"文章"为检定标准了，太注重"文章"挂帅，并且这种"文章"，又太局限在僵化的模式里头了。

好坏标准

以中国"文章"的大家而论，中国人评判"文章"，缺乏一种像样的标准。行家论"唐宋八大家"，说韩愈文章"如崇山大海"、柳宗元文章"如幽岩怪壑"、欧阳修文章"如秋山平远"、苏轼文章"如长江大河"、王安石文章"如断岸千尺"、曾巩文章"如波泽春涨"……说得玄之又玄，除了使我们知道水到处流、山一大堆以外，实在摸不清文章好在哪里？好的标准是什么？

又如林纾说他的文章是"史（记）汉（书）之遗"，章炳麟却大骂林纾吹牛，说林纾的文章，乃从唐人传奇剽窃衍演而来。章炳麟又说"当世之文，惟王闿运为能尽雅，马通伯为能尽俗"。其实一切摊开，有何史汉传奇雅俗之分？文章只有好坏问题，并无史汉传奇雅俗问题。文章的好坏标准，根本不在这里。

作为新时代的中国人，我们评判文章，实在该用一种新的标准，我们必须放弃什么山水标准、什么雅俗标准、什么气骨标准、什么文白标准。我们看文章，要问的只是两个问题：一、要表达什么？二、表达得好不好？有了这种新的标准，一切错打的笔墨官司，都可以去它的；一切不敢说它不好的所谓名家之作，都可以叫它狗屁。

从对对子到古文

古往今来，中国的文章特多，可是好文章不多的原因，就在没能将这二合一的问题摆平。中国人一谈写文章排名，韩愈就是老大，他是"唐宋八大家"的头牌，又是"文起八代（魏晋六朝）之衰"的大将，承前启后，代表性特强。可是你去读读他的全集，你会发现读不下去。你用上面两个问题一套。一、他要表达什么？答案是：他思路不清，头脑很混，他主张"非圣人之志，不敢存"，但什么是圣人之志？他自己也不知道。二、他表达得好不好？答案是：他好用古文奇字，作气势奔放状，文言文在他手下，变成了抽象名词排列组合，用一大堆废话，来说三句话就可说清楚的小意思，表达得实在不好。

虽然这样，韩愈却还算是进步分子呢！中国文章自魏晋以后，就有话不好好说，一定要配成了对儿才说话，一作起文来，就是"四六体"。"四六体"是四句、六句对偶而成的骈体文，是纯粹的中国字一字一形一音一义的大排队。中国人这时候，一写文章就要对对子，写满篇文章就是写满篇春联，满篇堆砌，矫揉造作，非常讨厌。到了唐朝，韩愈出来，主张秦汉古文，"师其意而不师其词"，"唯陈言之务去"，虽然韩愈文章也一样令人讨厌，但比起以前的八代的来，总是一种进步。

从古文到解放

这种进步，转变到北宋的"古文"。"古文"一方面说复古，一方面也创新，虽然南宋以后，有"语体"出现，把白话和文言合流，但以"文章"正宗论，还是"古文"的天下。于是，从韩愈到曾国藩，中国的能文之士都是古文家，"古文"就是我们一般指的文言文。

文言文的大缺点是它不能作为好的表达的工具，它跟白话分裂，写出来，是活人说死话，说得再好也是"古文辞类撰"。到了19、20世纪，有人开始突破，最成功的是梁启超，梁启超说他文章"解放，务为平易畅达，时杂以俚语、韵语及外国语法；纵笔所至不检束……老辈则痛恨，诋为野狐"。

梁启超虽被老辈"痛恨，诋为野狐"，但他在中国文章史上，和司马迁、韩愈等一样，是十足划时代的人物。梁启超风靡文坛一二十年，最后由白话文接替了文言文的位置，中国古书的时代，就告一段落了。

我们现在谈古书，就是以这一段落做标准的。这一段落以前的书，就是古书。读它们，无从读起；不读它们，又愧为中国人。我们遭遇了"两难式"。

分类的荒唐

对古书做选本，失败在"文章"挂帅以外。另外的失败，是分类笼统。

中国古书的分类，最流行的，是四部（经、史、子、集）分类。四部分类从东晋以后通吃，变成了典型的图书分类规范。但是稍一留心，就知道这种分类是相当荒唐的。以四部中第一部"经部"为例，"经部"的一部分，近于百科全书式的总集，应分入总类、文学类、历史类，其他部分（像《论语》《孟子》），应分入"集部"（个人集子）；以第二部"史部"为例，体裁上分正史、编年、别史、杂史、载记等，全无道理与必要，其他如诏令应入法律类，时令应分入天文类，目录应分入总类；以第三部"子部"为例，老、庄、申、韩等家，其实与《论语》《孟子》无别，都应分入"集部"，其他如谱录中草木、虫鱼应分入植物类、动物类，类书应分入总类，小说应分入文学类；以第四部"集部"为例，"经部""子部"分过来的书，多可分入哲学类、法律类、文学类……总之，四部分类，大体上说，"经""子""集"多是一类，"史"是另一类，四部分类实在只是两部分类。分类、分类，分了半天类，最后只分了两类。所谓分类，分了等于没分，这叫什么分类！（并且若按前面所提"六经皆史"之说，甚至连两类都没有呢！）

虽然这样，四部分类却还算是进步的分类呢！其他像《永乐大典》以韵来分类、《文渊阁书目》以"千字文"来分类、朱彝尊《竹垞行笈书目》以"心事数茎白发，生涯一片青山。空林有雪相待，古道无人独还"六绝一首来分类，其荒唐程度，比四部分类就尤有过之了。

所谓书目指导

从分类的笼统中,我们可以看到,它的毛病发生在古书内容上面,即古书内容的笼统。因为中国思想独尊儒家,思想失之一元化,所以常常古书一翻开,就犯了千篇一律的通病。乍看起来,经常一部书中,什么都包括;但细看之下,所包括的又极有限,在儒家框框里的同类作品太多太多,而异类的有个性有创见的作品太少太少。在这种情形下,要去做分类,尤其有现代眼光的分类,就非常困难了。

正因为古书众多而又分类困难,所以有心人就开始想法子,使中国人能够知所选择。这些有心人的做法是列举书目,例如:

一、龙启瑞《经籍举要》,列举书籍二百八十九种;

二、张之洞《书目答问》,列举书籍二千二百六十六种;

三、胡适《一个最低限度的国学书目》,列举书籍一百八十五种;

四、梁启超《国学入门书要目》,列举书籍一百六十种;

五、李笠《国学用书撰要》,列举书籍三百七十八种;

六、陈钟凡《治国学书目》,列举书籍四百八十八种;

七、支伟成《国学用书类述》,列举书籍三千二百种;

八、章炳麟《中学国文书目》,列举书籍五十一种;

九、徐敬修《国学常识书目》,列举书籍二百六十二种;

一〇、傅屯艮《中学适用之文学研究法》,列举书籍七十九种;

一一、沈信卿《国文自修书辑要》,列举书籍五十种;

一二、汤济沧《中小学国学书目》,列举书籍一百零六种;

一三、吴虞《中国文学选读书目》,列举书籍一百四十二种。

但是，看了这些列举的书目，我仍旧不得不感到：它们没有太多的用处，它们的毛病在于不该有的有了，该有的却又没有。它们无法把古书予以现代分类，无法从现代分类里透视古书的推陈出新的意义。同时，它们只提出书目，没有书本，虽然告诉人可以按图索骥，但是骥在哪儿，也要大费周章啊！

新的版本观念

由于时代的转变、由于"知识的爆炸"、由于传播知识的方法，等等，都有了不同，所以今天的有心人，从事这一努力的时候，就要采取现代的观点，来处理古书。以版本（板本）为例，现代印刷术的进步，尤其是影印技术的进步，使刊布图书的方法根本改变，同时也改变了"珍本""秘本""孤本"等古董观念，使古书不复成为某一阶层人的独得之秘。当然，对古书，并非不可讲究版本，但为一二校勘之便或几个异文讹漏，就把一部书的功能和流传性绞杀，则显然是旧式藏书楼主的行为；同样的，为了讲究版本之说，整天光刊些无甚价值的僻书，或一刊再刊些"版本竞赛"的常见经史之类，也不能不说是旧式版本学家的流毒，对鉴古知今的文化出版事业，为功究属狭窄。

当年黄荛圃的学生，曾有过"书无庸讲本子"的议论；俞樾的学生（章炳麟）也提过"读书何必讲究版本"的疑问。这些见解，都是从"取其大者"的角度，来从古书选材的，他们并不斤斤于"舆薪之不见"的癖好，当然也反对先以偏为务、再以偏盖全的专家孔见。

现代处理古书的标准，不该以古董式的版本为尚，也不该以鉴赏、校勘的用度为足，而该以配合新知的研究，定其去取。例如商务印书馆的宋本《资治通鉴》，当然没有胡三省的音注，在鉴赏和校勘上，虽然有它的价值，可是在普及和实用上，就远不如它的重排本《资治通鉴》；商务印书馆的"四部丛刊"本无疏单注"五经"，在普及和实用上，也远不及艺文印书馆的阮刻《十三经注疏》；同样的，仁寿本《二十五史》中的南宋印北宋监本《史记》，在普及和实用上，也远不如黄善夫本或殿本或泷川会注本。这些例子，都说明了版本的考究，并不就是弘扬了古书[①]。

出土带来了新收获

除了现有的古书以外，从汲冢到敦煌，历代也偶有古书的出土，值得我们特别重视。近十年来，古书的出土，更达到"汉唐以来所未有也"的地步。新出土的古书，带给我们前所未有的新发现，使我们在处理古书上，有了古人所没有的收获。例如，1972年4月，在山东临沂银雀山的一号、二号汉墓里，发现了一批竹简，由于竹简中有汉武帝元光元年（前134年）的历谱，可以断定这批竹简是两千一百年前就已流传的文献；又由于竹简中用字不避汉朝皇帝的讳，又可以断定竹简的古书，都早于汉朝。再

[①] 这套"中国名著精华全集"又注意版本又注意内容的特色，我举一个例。我收进了顾炎武的《日知录》，但我用的《日知录》版本，却是1932年张继搜集得到的何义门批校精抄本，其中有"胡服"等文字，这是一般《日知录》所没有的。所以这套"中国名著精华全集"所用的版本，是注意版本又注意内容的。这类特色，是很不容易的。为了达到这些好效果，有的版本，我甚至商请所有者特别同意我使用，桂冠图书公司的"中国古典文学名著"中的几种书，就是赖阿胜特别同意的。我要谢谢他。

往上推，秦二世在位三年，秦始皇在位三十七年，上距战国，不过四十多年，四十多年又值秦始皇统一思想，没人有闲工夫造假书，所以竹简中的古书，都是战国以前的原装货，应无疑义。

例如这批竹简中，有古书《尉缭子》。《尉缭子》一直被许多大牌学者如钱穆等人怀疑是后代假造的书，是伪书，并且说得头头是道。但是这批竹简一出土，证明了真金不怕众口铄，大牌学者也者，不过大言欺人而已。

如今《尉缭子》出土了，我们当然要恢复它在古书中的应有地位。

帛书也出现了

又如，1973年11月到1974年初，在湖南长沙马王堆第二、三号汉墓，出土了大批珍贵文物，最难得的是，其中有十二万字以上的帛书（因为那时纸还没发明，只能写在帛上，故叫帛书）。帛书中有一部分是失传了的古代医书。有一部包括了五十二种病名和治疗它们的二百八十个医方（每个都没有方名）。每个病的医方，从一个到二十七个不等，专家们把这部书定名为《五十二病方》。

《五十二病方》是中国最古的医学文献，它显示出来的病名，在内科方面，有肌肉痉挛、精神异常、往来寒热、小便不利、小便异常、阴囊肿大、肠道寄生虫和中蛊毒；在外科方面，有外伤、化脓、体表溃疡、动物咬螫、肛门、皮肤、肿瘤；在妇科方面，有产时子痫；在儿科方面，有小儿惊风；在五官科方面，有眼疾。用现代的观点来看这些医学材料——看这些早于《内经》等现有医书的材料，它们值得研究的意义，自然非比寻常。

又如同时出土的《相马经》，这是中国动物学、畜牧学的重要文献。

春秋战国时代，由于已从车战演变到骑兵，马的身价，也就越来越高。传说中的相马专家是伯乐，事实上，这种专家是很多的，《吕氏春秋·观表篇》就提到十个相马家，《史记·日者列传》也提到"以相马立名天下"的人氏，这些都可证明古人对相马的重视。这部《相马经》竟用来给死人陪葬，说明它在当时，必然是流行的一部名著。读了这部书，我们不得不惊讶：古人对马，原来是这样不马虎！

搜寻亡佚

另一个现代的观点是使被埋没的古书广为流传。中国历代的战乱不断，图书上的损失，早已无法细计，不论无意的被焚于兵祸，还是有意的聚毁于七塔，对文化而言，自属有害无益。今天我们得现代印刷术之便，实在应该把这些被埋没了的古书，尽量予以亮相，以免及身而绝。过去有心人处理这个问题的方法，就是出版丛书。

丛书在中国历史上，最早的是宋代俞鼎孙、俞经的《儒学警悟》，这部书成于宋宁宗嘉泰元年（1201年），距离今天，足足七百八十多年了。

七百八十多年来，从事文化出版的人，辑印丛书的种类很多，但是专辑近著搜寻亡佚的，除了光绪年间潘祖荫的"功顺堂丛书"、赵之谦的"仰视千七百二十九鹤斋丛书"外，实不多见。尤其赵之谦的丛书中，收有七弦河上钓叟的《英吉利广东入城始末》一卷，更可看出辑刊者的历史眼光。

宋朝以来，因为受印刷技术的限制，不能影印，至多只能影刻，直到清末，还是如此。陈三立的《黄山谷集》、端方的《东坡七集》，都是最有名的影刻本。但因影刻太贵，且产生窜易首尾节略翻刻的缺点，给了人们不良的印象。现在印刷术进步了，并且超过了商务印书馆"四部丛刊""古逸丛书""四库全书珍本初集"的影印水准，所以现在为被埋没了的古书，做亮相的工作、做搜寻亡佚的工作，自然也就责无旁贷了。

现代分类

由于过去的通病是儒家挂帅下的四部分类，古书所遭遇的摧残是相当严重的，这种挂帅和分类不打破，中国的古书情况必将永远陷在不均衡的畸形里，陷在比例不对的悬殊里。所以，用现代的观点处理古书，必须首先把儒家挂帅四部分类的错误予以矫正，把所有古书重新估定，该拉平的拉平、该扶起的扶起、该缩小的缩小、该放大的放大、该恢复的补足、该重视的给它地位①。这样重新估定之下，整个中国文化遗产，才能均衡地、成比例地重新呈现在我们眼前。我们再用现代方法去"新瓶装旧酒"，古书才不止是古书，才有现代的意义②。在现代意义的光照下，许

---

① 这套"中国名著精华全集"，尽量表扬被压扁的异类思想，特别注重中国古书中的多样性、独创性与个性。因此，作者群中，入狱的、杀头的比例也颇大，这是一个必要的义举——点燃旧日的火种，加添今后的光明，这本就是我多年的一个心愿。至于纯属个人的一些感情泛滥的集部书，我有意缩小它们的比例。

② 把难以分类的古书，纳入现代分类，是这套"中国名著精华全集"的一大特色。为了使中国人对中国书有鸟瞰式的了解，所以在总类方面，特别加强（我为加强中国人对图书分类的认识，特别以《四库全书》作为分类的总代表，当然在体积上，"长虫吞不了象"，是不能收入的）；又因为中国人读书，缺乏方法上的讲究，所以在方法学方面，特别着力。

多古书,古人所贵者,如今看来已是"断烂朝报";又许多古书,古人所贱者,如今看来却余味无穷。如今我们处理古书,并不是止于把它们进一步分类(如刘国钧"中国图书分类法"或杜定友"杜氏图书分类法"),或就古人之所重者重印一阵就算完事,而该大力发掘并认定真正值得现代学术"獭祭"的典籍。否则的话,只是引今泥古而已,离玩物丧志,也就不很远了,"学术"云乎哉!

解决难读的问题

除了现代分类外,如何解决读懂古书的问题①,也是现代的观点中不能忽视的事。中国古今语文上的变化,差距很大,《尚书》中的文告,在当时是口语,现在是很难的文言了;《论语》中的对话,在当时是口语,现在是很斯文的典故了。所以古书的文字语言,对现代的中国人来说,有时比外国文还恐怖。这一现象,早在半个世纪前就被提出来讨论了。梁启超在1925年写《要籍解题及其读法自序》,就指出:

> 诸君对于中国旧书,不可因"无用"或"难读"这两个观念便废止不读。有用无用的标准本来很难确定,何以见得横文书都

---

① 俞樾是中国有史以来最能读古书的人,他在《古书疑义举例》里,却描写了古书是多么难读。他说:"夫自周秦两汉,至于今远矣,执今人寻行数墨之文法,而以读周秦两汉之书,譬如犹执山野之夫,而与言甘泉建章之巨丽也!夫自大小篆而隶书、而真书,自竹简而缣素、而纸,其为变也屡矣。执今日传刻之书,而以为是古人之真本,譬如闻人言笋可食,归而煎其箦也!嗟夫,此古书疑义所以日滋也欤?"

有用，线装书都无用？依我看，著述有带时代性的，有不带时代性的。不带时代性的书，无论何时都有用。旧书里头属于此类者确不少。至于难读易读的问题呢，不错，未经整理之书，确是难读，读起来没有兴味或不得要领，像是枉费我们的时光。但是，从别方面看，读这类书，要自己用刻苦工夫，披荆斩棘，寻出一条路来，因此可以磨练自己的读书能力，比专吃现成饭的得益较多。所以我希望好学的青年们最好找一两部自己认为难读的书，偏要拼命一读，而且应用最新的方法去读它，读通之后，所得益处，在本书以内的不算，在本书以外的还多着哩。

现在，半个世纪过去了，中国人读古书的能力更不如前，时间也不如前了。所以，有心人处理古书给现代的中国人，必须兼顾到现代人的读书能力，精挑细选之后，必要的解题、注释、翻译，也该尽量齐备①。

"中国名著精华全集"

基于上面所说的一些有关古书的重点、基于上面所说的一些心得和认识，王荣文和我经过多次的交换意见和反复讨论，决定在《中国历史演义全集》成功后第四年，推出一部"中国名著精华全集"②。

---

① 这套"中国名著精华全集"尽量以实用的解题、注释、翻译为原则，酌量收入。现代人每以注释为读古书的要件，其实注释不一定全对读者有益。像《论语》《孟子》，读了朱熹的注释，反会堕入宋儒理学的魔障，这说明了注释不当，反倒有害。

② 所谓名著，除了一般的意义外，也包括特定的意义：凡是推定可成为（转下页）

"中国名著精华全集"的构想，部分接近美国哈佛大学校长伊利鹗（Charles W. Eliot）的"哈佛丛书"（The Harvard Classics）。"哈佛丛书"长五英尺，又名"五呎丛书"（Five Foot Shelf of Books），是用五英尺长度的精装书，把西方古典名著的精华收入。由于中国古书太多，在性质上也与西方互异，这部"中国名著精华全集"，在编选方面，自然独有它的特色。我们决定按照现代图书分类，精选出两百种古书[①]，每种"加

（接上页）名著的，也酌量选入。这是因为古书中，有的的确被埋没了，被不合理地埋没了。清朝李慈铭说得好："网罗散逸，叠拾丛残，几于无隐之不搜，无微之不续，而其事遂为天壤间学术之所系，前哲之心力，其一二存者得以不坠。"为了使"一二存者得以不坠"，所以用的名著标准，比较有弹性。还有，在名著的去取上，我有大刀阔斧的气魄，去取之间，不受传统的名著的认定方式。例如我选深的书，所以浅的《三字经》等名著不选；我选原本的书，所以选本的《唐诗三百首》《古文观止》等名著不选；我选精审的书（如《呻吟语》），所以粗劣的《菜根谭》等名著不选。有的书，在去取上，也有割爱的，例如徐光启的《农政全书》，我终于嫌它缺乏独立见解，还是不选了。总之，这些去取之间的苦心与调济，只有全面的、非常的专家才能识货、才能惊叹。一般对中国古书似知非知的人，难免会有点议论，我是不重视的。至于古书真伪问题，我虽然选入胡应麟《少室山房全集》、姚际恒《庸言录》中辨伪的文献来提醒大家注意，但对一些可疑的书，能够取其内容而不取其时代，把它们看成"反正是古代中国人写的"，倒也圆通自在。因此我选《晏子春秋》《列子》等，都有反对因噎废食的意思。

[①] 古书入选标准，以1912年为下限（偶有例外，也是记事在1912年前的，像吴永的《庚子西狩丛谈》是），以一人一书为原则（所以只能说是割爱，不能说是遗漏。此外，也有两人"共冢"的书出现，如程颢、程颐的《二程全书》；也有以辑佚刊印者挂名的一堆书出现，如叶德辉的"双梅景暗丛书"。所以，这套"中国名著精华全集"，作者不止二百人，书也不止二百种）。作者不明确的，从俗标注（当然过分荒谬的，如黄帝作《内经》等，也只好以佚名处理）。作者有时不明确，也是古书的一大特色。古人没有著作权观念，不但没有，还喜欢把自己的作品，射在别人头上，这种作者，叫"箭垛式作者"。"箭垛式作者"有时以一个人代表一个学派（像管仲之于《管子》），有时以一个人代表集体创作（像施耐庵之于《水浒传》），都不可拘泥就是；作者明确的，书名有时采用作者死后的总集名目；但是生前有总集性质的书名，虽然包罗不全，我也尽量把以后的出版品来个总归户，归到这个书名下（像康有为"万木草堂丛书"等是）。

工"以后，也以五英尺的长度①，精装起来②，配上图片③，贡献给现代的读者。我们用这部"中国名著精华全集"，把中国古书做一次彻底的、划时代的处理，用现代的观点、现代的印刷术、现代的出版企划，把它们带到现代的中国人面前。

我们希望，这部"中国名著精华全集"的问世，可以使现代的中国人，能够多少知道作为中国人应有的条件是什么，多少知道祖宗们的遗产是什么，多少知道这些遗产可以入宝山而不空手，多少知道这些遗产对我们并非高不可攀。

我们相信，这部"中国名著精华全集"的问世，可以把现代人看古书的问题，得到满意的一次解决。有了这部大书，你可以上下古今，把千年精华，尽收眼底；你可以纵横左右，把多样遗产，罗列手边；你可以从古典中寻新义，从旧籍里找时潮，从深入浅出的文字里，了解古代的中国和

---

① 因为要在五英尺长的书里收入两百种古书的精华，所以有的能全书收入，有的只能收入部分；古书这么多，有的自难免有遗珠之憾。但是不论怎么收，都以"精华"为准。一个人的作品或一部书的内容，如果涉及的项目多元的时候，尽量就多元中最有特色的部分，作为分类依据，但是虽然分类从严，但是选入却从宽，因为古书的性质本来就很含混，若从严选入，必将造成不必要的损失。

② 古书的处理，由于现代印刷术的进步，在规格上，又不得不注意配合时代要求，线装薄面也好、绸函丝订也罢，早已都是落伍的玩意儿，都不应该再予以考虑。在国际标准的图书馆中，甚至平装书都在不受皮藏之列，我们怎么能再抱残守缺，开时代倒车？所以无须采用旧式装订的方式，自无疑义。

③ 在《中国历史演义全集》中，我配上图片，并且把每张图片加上活泼的说明，很受欢迎。这套"中国名著精华全集"也同样处理。图片有的来之不易，非细心而识货的中国人，就很难看出来。以配图中徐渭（文长）《青天歌卷》的首尾为例，《青天歌卷》在1966年江苏吴县东角直地方曹澄墓中出土。纸本，纵31.6厘米，长2036厘米，共七十四行。卷首有"许宝善印""磬磬子"收藏章。卷后盖有"天池山人""青藤道士"章。这种十多年前才从坟里挖出来的文献，都被我用到了，这种"绝活"，总该令人绝倒吧？

现代的中国。

　　作为一个"旧学邃密""新知深沉"的中国人，我想逢今之世、处此之岛，没有人比我更适合做这一件大事了，也没有人比王荣文更适合推动这一出版计划了。我们高兴在我们的努力下，终于完成了这部大书，相信细心而识货的中国人，会和我们一样高兴。

一九八三年四月十八日，李敖在台湾

*　　　*　　　*

　　这套"中国名著精华全集"的内容，林明德（辅仁大学中文系教授）、詹宏志、李传理（远流的两位干将）提供我不少的好意见，我要特别谢谢他们。（一九八三年六月十八日，李敖补记）

顾炎武集

导读 / 002
亭林文集卷之一 / 003
　　北岳辨 / 003
　　革除辨 / 006
　　原姓 / 007
　　郡县论九篇 / 008
　　钱粮论二篇 / 013
　　生员论三篇 / 016
亭林文集卷之二 / 021
　　音学五书序 / 021
　　音学五书后序 / 022
　　初刻日知录自序 / 023
　　左传杜解补正序 / 024
　　营平二州史事序 / 024
　　金石文字记序 / 025
　　钞书自序 / 026
　　西安府儒学碑自序 / 027
　　仪礼郑注句读序 / 028
　　广宋遗民录序 / 029
　　朱子斗诗序 / 030
　　程正夫诗序 / 032
　　莱州任氏族谱序 / 032
　　吕氏千字文序 / 034
　　劳山图志序 / 034

亭林文集卷之三 / 036

与友人论学书 / 036
与友人论易书二首 / 037
与友人论父在为母齐衰期书 / 040
与友人论服制书 / 042
与友人论门人书 / 043
与友人辞祝书 / 044
病起与蓟门当事书 / 044
与李湘北书 / 045
答汤荆岘书 / 045
与叶讱庵书 / 046
与史馆诸君书 / 047
与公肃甥书二首 / 048
答原一公肃两甥书 / 049
与彦和甥书 / 050
与施愚山书 / 050
答汪苕文书 / 051
答俞右吉书 / 051
与戴枫仲书 / 052
与李星来书 / 053
答李紫澜书 / 053
答曾庭闻书 / 054
复陈蔼公书 / 054

亭林文集卷之四 / 056

答李子德书三首 / 056
与潘次耕书 / 061
答次耕书 / 062
与李中孚书二首 / 064
答王山史书 / 065

与王山史书 / 066

与王仲复书 / 066

复张又南书 / 067

与三侄书 / 067

与李霖瞻书 / 068

与王虹友书 / 068

与周籀书书 / 068

与人书二十五首 / 069

亭林文集卷之五 / 077

圣慈天庆宫记 / 077

裴村记 / 078

齐四王冢记 / 079

五台山记 / 080

拽梯郎君祠记 / 082

复庵记 / 083

贞烈堂记 / 083

杨氏祠堂记 / 084

华阴王氏宗祠记 / 085

书孔庙两庑位次考后 / 087

书广韵后 / 088

读宋史陈遘 / 089

汝州知州钱君行状 / 089

吴同初行状 / 090

书吴潘二子事 / 091

歙王君墓志铭 / 093

山阳王君墓志铭 / 094

富平李君墓志铭 / 095

谒攒宫文四首 / 097

华阴县朱子祠堂上梁文 / 098

亭林文集卷之六 / 099

军制论 / 099

形势论 / 101

田功论 / 102

钱法论 / 103

子胥鞭平王之尸辨 / 105

顾与治诗序 / 106

方月斯诗草序 / 106

天下郡国利病书序 / 107

肇域志序 / 107

下学指南序 / 108

吴才老韵补正序 / 108

书故总督兵部尚书孙公清屯疏后 / 109

广师 / 110

与卢某书 / 110

答友人论学书 / 111

与友人辞往教书 / 112

规友人纳妾书 / 113

答徐甥公肃书 / 113

与杨雪臣 / 114

与戴耘野 / 115

与潘次耕 / 116

答毛锦衔 / 116

与毛锦衔 / 117

日知录卷二十九 / 118

拜稽首 / 118

稽首顿首 / 119

百拜 / 120

九顿首三拜 / 121

东向坐 / 121
坐 / 122
土炕 / 123
冠服 / 123
袄衣 / 124
对襟衣 / 125
胡服 / 125
左衽 / 128
行滕 / 128
乐府 / 129
寺 / 129
省 / 130
职官受杖 / 131
押字 / 133
邸报 / 134
范文正公 / 134
辛幼安 / 135
骑 / 135
驲 / 136
驴骡 / 137
军行迟速 / 138
木罂渡军 / 139
海师 / 139
海运 / 140
烧荒 / 141
家兵 / 141
少林僧兵 / 142
毛葫芦兵 / 143
方音 / 143

    国语 / 144
    楼烦 / 145
    吐蕃回纥 / 146
    西域天文 / 147
    三韩 / 148
    大秦 / 150
    干陀利 / 150
    夷狄 / 150
    徙戎 / 152

二曲集

  导读 / 158
  二曲集 / 159
    学髓 / 159
    靖江语要 / 163
    锡山语要 / 163
    盩厔答问 / 164
    富平答问 / 165
    答张敦庵 / 166
    观感录序 / 167
  四书反身录 / 169
    中庸 / 169
    论语下 / 170
    孟子下 / 173

唱经堂才子书

导读 / 176
语录纂卷之一 / 177
　　杂华林 / 177
语录纂卷之二 / 203
　　杂华林 / 203
圣人千案 / 230
　　序 / 230
　　对朕案第一 / 231
　　不及案第二 / 232
　　不染案第三 / 233
　　阶级案第四 / 233
　　一宿案第五 / 234
　　不会案第六 / 234
　　镜像案第七 / 235
　　盐酱案第八 / 235
　　承当案第九 / 236
　　许斧案第十 / 237
　　藏头案第十一 / 238
　　弄巧案第十二 / 239
　　独超案第十三 / 239
　　都打案第十四 / 241
　　路滑案第十五 / 242
　　湖满案第十六 / 243
　　消息案第十七 / 243
　　柴橛案第十八 / 244
　　露柱案第十九 / 244
　　着⊙案第二十 / 245
　　何起案第二十一 / 245

出家案第二十二 / 246

吹毛案第二十三 / 246

灶堕案第二十四 / 247

他心案第二十五 / 248

随手通 / 251

南华释名 / 251

南华字制 / 252

序童寿六书 / 253

序离骚经 / 260

序略 / 261

先后天胜义幢 / 265

大势至缘起 / 267

念佛三昧 / 269

江南采莲曲释 / 271

沈吟楼借杜诗 / 272

游龙门奉先寺 / 272

铜瓶 / 272

可惜 / 273

从韦二明府续处觅绵竹三数丛 / 273

寄高三十五詹事 / 273

李监宅二首 / 274

酬高三十五适人日见寄 / 274

寄常徵君 / 275

熟食日示宗文宗武 / 275

又示两儿 / 276

湘夫人 / 276

上巳日徐司录林园宴集 / 276

宴胡侍御书堂（公自注李尚书之劳郑祕监审同集归字韵）/ 277

吾宗 / 277

麂 / 277
王十五司马弟出郭相访兼遗营草堂资 / 278
提封 / 278
王十五前阁会 / 279
愁（公自注强戏为吴体）/ 279
燕子来舟中作 / 279
燕子 / 280
清明 / 280
闻笛 / 280
今春 / 280

左传释 / 281
郑伯克段于鄢 / 281
周郑始恶 / 296
宋公和卒 / 300
卫州吁弑其君完 / 303
阴饴甥对秦伯 / 305

古诗解 / 307
古诗二十首 / 307

释小雅 / 322
鹿鸣 / 322
四牡 / 323
斯干 / 324
无羊 / 326
采绿 / 327
黍苗 / 328
隰桑 / 330

释孟子四章 / 331
第一章 / 331
第二章 / 334

第三章 / 335
　　第四章 / 339
批欧阳永叔词十二首 / 342
　　长相思·美人 / 342
　　诉衷情·春闺 / 342
　　踏莎行·寄内 / 343
　　减字木兰花·艳情 / 343
　　减字木兰花·歌姬 / 344
　　生查子·春恨 / 344
　　生查子·即事 / 345
　　瑞鹧鸪·有见 / 346
　　蝶恋花·春睡 / 346
　　蝶恋花·闺思 / 347
　　蝶恋花·荡船 / 347
　　蝶恋花·采莲 / 348
易钞引 / 349
　　订定卦位歌 / 349
通宗易论 / 350
　　义例 / 350
　　五十 / 352
　　乾坤 / 355
　　十六卦 / 358
　　八小卦 / 360

颜李丛书

导读 / 364
存性编 / 365
　　驳气质性恶 / 365

明明德 / 367
　　性理评 / 369
　　性图 / 371
存学编 / 373
　　总论诸儒讲学 / 373
　　明亲 / 375
　　上太仓陆桴亭先生书 / 383
　　性理评三十四条 / 387
　　性理评二十八条 / 393
四书正误 / 396
　　大学 / 396
　　中庸 / 399
　　论语上 / 403
　　论语下 / 405
　　孟子下 / 407
大学辨业 / 411
　　致知在格物解 / 411
　　辨后儒格物解 / 413
论语传注问 / 415
　　学而一 / 415
　　为政二 / 417
　　子张十九 / 418

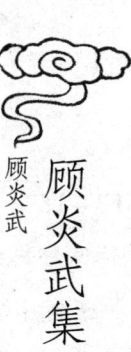

顾炎武集

顾炎武

导　读

顾炎武（1613—1682），字宁人，人称"亭林先生"，江苏昆山人。

顾炎武从小过继给未婚守节的"堂婶"王氏，王氏是中国的全套旧女性：未婚守节、断指疗姑、得贞孝牌坊，最后在明末清初时期，以"我虽妇人，然受国恩矣。设有大故，必死。"的信念，在六十岁时候，绝食十五天而死。遗命顾炎武"无为异国臣子，无负世世国恩，无忘先祖遗训。"从此顾炎武自三十三岁到七十岁死去，都不肯做清朝的官，"刀绳俱在，无速我死！"他曾多次不惜一死来拒绝。终于完成了一个伟大的不合作主义者。

顾炎武最恨一般知识分子的逃避现实。他说"君子之为学，以明道也，以救世也。徒以诗文而已，所谓雕虫篆刻，亦何益哉？"又说："今日之清谈，有甚于前代者；昔之清谈谈老庄，今之清谈谈孔孟。……以明心见性之空言，代修己治人之实学。"这种沉痛与气魄，真是古今罕有。

顾炎武以"体国经野之心"，去"登山临水"，每次用两匹马、两匹驴驮着书，到处研究他的实学。他一生标榜"博学于文""行己有耻"。在这两方面，他都立下伟大的风范。

亭林文集卷之一

北岳辨

古之帝王，其立五岳之祭，不必皆于山之巅，其祭四渎，不必皆于其水之源也。东岳泰山于博，中岳泰室于嵩高，南岳灊山于灊，西岳华山于华阴，北岳恒山于上曲阳，皆于其山下之邑。然四岳不疑而北岳疑之者，恒山之绵亘几三百里，而曲阳之邑于平地，其去山趾又一百四十里，此马文升所以有改祀之请也。河之入中国也，自积石而祠之临晋；江出于岷山而祠之江都；济出于王屋而祠之临邑，先王制礼，因地之宜而弗变也。考之《虞书》："十有一月朔，巡狩至于北岳。"《周礼》："并州其山镇曰恒。"《尔雅》："恒山为北岳。"注并指为上曲阳。三代以上虽无其迹，而《史记》云："常山王有罪迁。天子封其弟于真定，以续先王祀，而以常山为郡。"然后五岳皆在天子之邦。《汉书》云："常山之祠于上曲阳。"应劭《风俗通》云："庙在中山上曲阳县。"《后汉书》："章帝元和三年春二月戊辰，幸中山。遣使者祠北岳于上曲阳。"

《郡国志》："中山国上曲阳，故属常山。恒山在西北。"则其来旧矣。《水经注》乃谓此为恒山下庙，汉末丧乱，山道不通，而祭之于此。则不知班氏已先言之，乃孝宣之诏太常，非汉末也。《魏书》："明元帝泰常四年秋八月辛未，东巡，遣使祭恒岳。太武帝太延元年冬十一月丙子，幸邺。十二月癸卯，遣使者以太牢祀北岳太平真君。四年春正月庚午，至中山。二月丙子，车驾至于恒山之阳，诏有司刊石勒铭。十一年冬十一月，南征，径恒山，祀以太牢。文成帝和平元年春正月，幸中山，过恒岳，礼其神而反。明年，南巡，过石门，遣使者用玉璧牲牢礼恒岳。"夫魏都平城，在恒山之北，而必南祭于曲阳，遵古先之命祀而不变者，犹之周都丰镐，汉都长安，而东祭于华山，仍谓之西岳也。故吴宽以为帝王之都邑无常，而五岳有定。历代之制，改都而不改岳。太史公所谓"秦称帝都咸阳，而五岳四渎皆并在东方"者也。《隋书》："大业四年，秋八月辛酉，帝亲祠恒岳。"《唐书》定州曲阳县："元和十五年，更恒岳曰镇岳，有岳祠。"又言："张嘉贞为定州刺史，于恒岳庙中立颂。"予尝亲至其庙，则嘉贞碑故在。又有唐郑子春、韦虚心、李荃、刘端碑文凡四，范希朝、李克用题名各一，而碑阴及两旁刻大历、贞元、元和、长庆、宝历、太和、开成、会昌、大中、天祐年号某月某日祭，初献、亚献、终献某官姓名，凡百数十行。宋初，庙为契丹所焚。淳化二年重建，而唐之碑刻未尝毁。至宋之醮文碑记尤多，不胜录也。自唐以上征于史者如彼，自唐以下得于碑者如此，于是知北岳之祭于上曲阳也，自古然矣。古之帝王望于山川，不登其巅也，望而祭之，故五岳之祠皆在山下；而肆觐诸侯，考正风俗，是亦必于大山之阳，平易广衍之地，而不在险远旷绝之区也明甚。且一岁之中，巡狩四岳，南至湘中，北至代北，其势有所不能。故《尔雅》诸书并以霍山为南岳，而汉人亦祭于灊。禹会诸侯于涂山，涂山,近滱之地也。《水经注》曰:"上曲阳故城,本岳牧朝宿之邑也。古者天子巡狩常山,岁十一月至于北岳,侯伯皆有汤沐邑以自斋洁。周衰,巡狩礼废,邑郭仍存。秦以立县,县在山曲之阳,是曰曲阳。有下,故此为上矣。"而文升乃谓宋失云中,始祭恒山于此,岂不谬哉!五镇惟医无闾最远,自唐于柳城郡东置祠遥礼,而宋则附祭于北岳之祠。然则宋人之遥祭者,北镇也,非北岳也。世之儒者,唐宋之事且不能知也,而况与言三代之初乎?先是倪岳为礼部尚书,已不从文升议,而万历中,沈鲤驳大同抚臣胡来贡之请,又申言之,皆据经史之文而未至其地。予故先至曲阳,后登浑源,而书所见以告后之人,无惑乎俗书之所传焉。

马文升疏曰:"《虞书》:肇十有二州,盖每州表山之高大者以为镇,而恒山为北岳,在今大同府浑源州。历秦、汉、隋、唐俱于山所致祭。五代河北失据,宋承石晋割赂之后,以白沟为界,遂祭恒山于真定府曲阳县,文之曰:地有飞来石,不经甚矣。然宋都汴,而真定为其北边,是亦不得已权宜之道也。迨我太祖高皇帝建都金陵,视真定为远,因循未曾厘正。文皇帝迁都北平,真定反在都南,当时礼官不能建明,尚循旧陋,礼官罪也。夫《周礼》曰:恒山为并州镇,在正北。《一统志》曰:恒山在浑源州南二十里。又浑源庙址犹存,故老传说,的的不虚,乞行礼部再加详考。如臣言是,即令山西并大同巡抚官员斟酌工费,于浑源州恒山庙旧址增修如制,以祀北岳。撰文勒石,昭示将来。"浑源之说始于此。自成化以前,初无此语。端肃似未曾见十七史者,道听途说,一至于此。浑源之庙并无古迹,不知作于何时。如泰山、华山之上亦各有宫,而大庙俱在其下,特曲阳相距稍远,而今制又分直隶、山西二辖,人遂因此疑之。疏中所云"故老传说",正足见其不出于史书,而得诸野人之口。

后人知其不通，乃更为之说云：舜北狩，大雪，止于曲阳。有石飞来，因而望祀。不知此谁见之而谁传之？盖又文升之蛇足也。

革除辨

革除之说何自而起乎？成祖以建文四年六月己巳即皇帝位，夫前代之君若此者，皆即其年改元矣。不急于改元者，本朝之家法也；不容仍称建文四年者，历代易君之常例也。故七月壬午朔诏文一款——"今年仍以洪武三十五年为纪，其改明年为永乐元年"。并未尝有革除字样，即云革除，亦革除七月以后之建文，未尝并六月以前及元二三年之建文而革除之也。故建文有四年而不终，洪武有三十五年，而无三十二、三十三、三十四年。夫《实录》之载此明矣。自六月己巳以前书四年，庚午以后特书洪武三十五年，此当时据实而书者也。第儒臣浅陋，不能上窥圣心，而嫌于载建文之号于成祖之《录》，于是创一无号之元年以书之史。使后之读者彷徨焉不得其解，而革除之说自此起矣。夫建文无《实录》，因成祖之事不容阙此四年，故有元年以下之纪。使成祖果革建文为洪武，则于建文之元，当书洪武三十二年矣。又使不纪洪武，而但革建文，亦当如《太祖实录》之例书己卯矣。今则元年、二年、三年、四年书于成祖之《录》者，犁然也。是以知其不革也。既不革矣，乃不冠建文之号于元年之上，而但一见于洪武三十一年之中，若有所辟而不敢正书，此史臣之失，而其他奏疏文移中所云洪武三十二、三十三、三十四年者，则皆臣下奉行之过也。且《实录》中每书必称建文君，成祖即位后与世子书，亦称建文君，而后之人至目为革除君。夫建文不革于成祖，而革于传闻，不革于诏书，而革于臣下奉行者之文，是不可以无辩。或曰，洪武有三十五年矣，无三十二、三十三、三十四年，可乎？考之于古，后汉高祖之即位也，仍称天福十二年，其前则出帝之开运三年。故天福有十二年，而无九、十、十一年，是则成祖之仍称洪武，岂不暗合者哉？

原姓

男子称氏，女子称姓，氏一再传而可变，姓千万年而不变。最贵者国君，国君无氏，不称氏称国。践土之盟，其载书曰：晋重、鲁申、卫武、蔡甲午、郑捷、齐潘、宋王臣、莒期。荀偃之称齐环，卫太子之称郑胜、晋午是也。次则公子，公子无氏，不称氏称公子。公子彄、公子益师是也。最下者庶人，庶人无氏，不称氏称名。然则氏之所由兴，其在于卿大夫乎？故曰：诸侯之子为公子，公子之子为公孙，公孙之子以王父字若谥、若邑、若官为氏。氏焉者，类族也，贵贵也。考之于传，二百五十五年之间，有男子而称姓者乎？无有也。女子则称姓。古者男女异长，在室也称姓，冠之以序，叔隗、季隗之类是也；已嫁也，于国君则称姓，冠之以国，江芈、息妫之类是也；于大夫则称姓，冠以大夫之氏，赵姬、卢蒲姜之类是也。在彼国之人称之，或冠以所自出之国若氏，骊姬、梁嬴之于晋，颜懿姬、鬷声姬之于齐是也；既卒也，称姓，冠之以谥，成风、敬嬴之类是也；亦有无谥而仍其在室之称，仲子、少姜之类是也。范氏之先，自虞以上为陶唐氏，在夏为御龙氏，在商为豕韦氏，在周为唐杜氏。士会之帑处秦者为刘氏，夫概王奔楚为堂溪氏，伍员属其子于齐为王孙氏，智果别族于太史为辅氏，故曰：氏可变也。孟孙氏小宗之别为子服氏，为南宫氏；叔孙氏小宗之别为叔仲氏。季孙氏之支子曰季公鸟、季公亥、季寤，称季不称孙，故曰贵贵也。鲁昭公娶于吴，为同姓，谓之吴孟子；崔武子欲娶棠姜。东郭偃曰："男女辨姓。今君出自丁，臣出自桓，不可。"夫崔之与东郭氏，异昭公之与夷昧，代远，然同姓百世而婚姻不通者，周道也。故曰姓不变也。是故氏焉者，所以为男别也，姓焉者，所以为女坊也。自秦以后之人，以氏为姓，以姓称男，而周制亡，而族类乱。作原姓。窃谓秦以后以氏为别，同氏者婚姻不通，以族望为类族，贵贵周制之遗意故在也。锡恭识。

郡县论九篇

郡县论一

知封建之所以变而为郡县，则知郡县之敝而将复变。然则将复变而为封建乎？曰，不能，有圣人起，寓封建之意于郡县之中，而天下治矣。盖自汉以下之人，莫不谓秦以孤立而亡。不知秦之亡，不封建亡，封建亦亡；而封建之废，固自周衰之日而不自于秦也。封建之废，非一日之故也，虽圣人起，亦将变而为郡县。方今郡县之敝已极，而无圣人出焉，尚一一仍其故事，此民生之所以日贫，中国之所以日弱，而益趋于乱也。何则？封建之失，其专在下；郡县之失，其专在上。古之圣人，以公心待天下之人，胙之土而分之国；今之君人者，尽四海之内为我郡县犹不足也，人人而疑之，事事而制之，科条文簿日多于一日，而又设之监司，设之督抚，以为如此，守令不得以残害其民矣。不知有司之官，凛凛焉救过之不给，以得代为幸，而无肯为其民兴一日之利者，民乌得而不穷，国乌得而不弱？率此不变，虽千百年，而吾知其与乱同事，日甚一日者矣。然则尊令长之秩，而予之以生财治人之权，罢监司之任，设世官之奖，行辟属之法，所谓寓封建之意于郡县之中，而二千年以来之敝可以复振。后之君苟欲厚民生，强国势，则必用吾言矣。

郡县论二

其说曰：改知县为五品官，正其名曰县令。任是职者，必用千里以内习其风土之人。其初曰试令，三年，称职，为真；又三年，称职，封父母；又三年，称职，玺书劳问；又三年，称职，进阶益禄，任之终身。其老疾乞休者，举子若弟代；不举子若弟，举他人者听；既代去，处其县为祭酒，禄之终身。所举之人复为试令。三年称职为真，如上法。每三四县若五六县为郡，郡设一太守，太守三年一代。诏遣御史巡方，一年一代。其督抚司道悉罢。令以下设一丞，吏部选授。丞任九年以上得补令。丞以下曰簿、曰尉、曰博士、曰驿丞、曰司仓、曰游徼、曰啬夫之属，备设之，毋裁。其人听令自择，报名于吏部；簿以下得用本邑人为之。令有得罪于民者，小则流，大则杀；其称职者，既家于县，则除其本籍。夫使天下之为县令者，不得迁又不得归，其身与县终，而子孙世世处焉。不职者流，贪以败官者杀。夫居则为县宰，去则为流人，赏则为世官，罚则为斩绞，岂有不勉而为良吏者哉！

郡县论三

何谓称职？曰：土地辟，田野治，树木蕃，沟洫修，城郭固，仓廪实，学校兴，盗贼屏，戎器完，而其大者则人民乐业而已。夫养民者，如人家之畜五牸然：司马牛者一人，司刍豆者复一人，又使纪纲之仆监之，升斗之计必闻之于其主人，而马牛之瘠也日甚。吾则不然。择一圉人之勤干者，委之以马牛，给之以牧地，使其所出常浮于所养，而视其肥息者赏之，否则挞之。然则其为主人者，必乌氏也，必桥姚也。故天下之患，一圉人之足办，而为是纷纷者也。不信其圉人，而用其监仆，甚者并监仆又不信焉，而主人之耳目乱矣。于是爱马牛之心，常不胜其吝刍粟之计，而畜产耗矣。故马以一圉人而肥，民以一令而乐。

郡县论四

或曰：无监司，令不已重乎？子弟代，无乃专乎？千里以内之人，不私其亲故乎？夫吏职之所以多为亲故挠者，以其远也。使并处一城之内，则虽欲挠之而有不可。自汉以来，守乡郡者多矣。曲阜之令鲜以贪酷败者，非孔氏之子独贤，其势然也。若以子弟得代而虑其专，蕞尔之县，其能称兵以叛乎？上有太守，不能举旁县之兵以讨之乎？太守欲反，其五六县者肯舍其可传子弟之官而从乱乎？不见播州之杨传八百年，而以叛受戮乎？若曰：无监司不可为治，南畿十四府四州何以自达于六部乎？且今之州县，官无定守，民无定奉，是以常有盗贼戎翟之祸，至一州则一州破，至一县则一县残，不此之图，而虑令长之擅，此之谓不知类也。

郡县论五

天下之人各怀其家，各私其子，其常情也。为天子为百姓之心，必不如其自为，此在三代以上已然矣。圣人者因而用之，用天下之私，以成一人之公而天下治。夫使县令得私其百里之地，则县之人民皆其子姓，县之土地皆其田畴，县之城郭皆其藩垣，县之仓廪皆其囷窌。为子姓，则必爱之而勿伤；为田畴，则必治之而勿弃；为藩垣囷窌，则必缮之而勿损。

自令言之，私也，自天子言之，所求乎治天下者，如是焉止矣。一旦有不虞之变，必不如刘渊、石勒、王仙芝、黄巢之辈，横行千里，如入无人之境也。于是有效死勿去之守，于是有合从缔交之拒，非为天子也，为其私也。为其私，所以为天子也。故天下之私，天子之公也。公则说，信则人任焉。此三代之治可以庶几，而况乎汉、唐之盛，不难致也。

郡县论六

今天下之患，莫大乎贫。用吾之说，则五年而小康，十年而大富。且以马言之：天下驿递往来，以及州县上计京师，白事司府，迎候上官，递送文书，及庶人在官所用之马，一岁无虑百万匹，其行无虑万万里。今则十减六七，而西北之马骡不可胜用矣。以文册言之：一事必报数衙门，往复驳勘必数次，以及迎候、生辰、拜贺之用，其纸料之费率诸民者，岁不下巨万。今则十减七八，而东南之竹箭不可胜用矣。他物之称是者，不可悉数。且使为令者得以省耕敛，教树畜，而田功之获，果蔬之收，六畜之挚，材木之茂，五年之中必当倍益。从是而山泽之利亦可开也。夫采矿之役，自元以前，岁以为常，先朝所以闭之而不发者，以其召乱也。譬之有窖金焉，发于五达之衢，则市人聚而争之；发于堂室之内，则唯主人有之，门外者不得而争也。今有矿焉，天子开之，是发金于五达之衢也；县令开之，是发金于堂室之内也。利尽山泽而不取诸民，故曰此富国之策也。

郡县论七

法之敝也，莫甚乎以东州之饷，而给西边之兵，以南郡之粮，而济北方之驿。今则一切归于其县，量其冲僻，衡其繁简，使一县之用，常宽然有余。又留一县之官之禄，亦必使之溢于常数，而其余者然后定为解京之类。其先必则壤定赋，取田之上中下，列为三等或五等，其所入悉委县令收之。其解京曰贡、曰赋；其非时之办，则于额赋支销，若尽一县之入用之而犹不足，然后以他县之赋益之，名为协济。此则天子之财，不可以为常额。然而行此十年，必无尽一县之入用之而犹不足者也。

郡县论八

善乎叶正则之言曰："今天下官无封建而吏有封建。"州县之敝，吏胥窟穴其中，父以是传之子，兄以是传之弟。而其尤桀黠者，则进而为院司之书吏，以掣州县之权，上之人明知其为天下之大害而不能去也。使官皆千里以内之人，习其民事，而又终其身任之，则上下辨而民志定矣，文法除而吏事简矣。官之力足以御吏而有余，吏无所以把持其官而自循其法。昔人所谓养百万虎狼于民间者，将一旦而尽去，治天下之愉快，孰过于此！

郡县论九

取士之制，其荐之也，略用古人乡举里选之意；其试之也，略用唐人身言书判之法。县举贤能之士，间岁一人试于部。上者为郎，无定员，郎之高第得出而补令；次者为丞，于其近郡用之；又次者归其本县，署为簿尉之属。而学校之设，听令与其邑之士自聘之，谓之师不谓之官，不隶名于吏部。而在京，则公卿以上仿汉人三府辟召之法，参而用之。夫天下之士，有道德而不愿仕者，则为人师；有学术才能而思自见于世者，其县令得而举之，三府得而辟之，其亦可以无失士矣。或曰：间岁一人，功名之路无乃狭乎？化天下之士使之不竞于功名，王治之大者也。且颜渊不仕，闵子辞官，漆雕未能，曾皙异撰，亦何必于功名哉！

钱粮论二篇

钱粮论上

自禹、汤之世，不能无凶年，而民至于无饘卖子、夫凶年而卖其妻子者，禹、汤之世所不能无也；丰年而卖其妻子者，唐、宋之季所未尝有也。往在山东，见登、莱并海之人多言谷贱，处山僻不得银以输官。今来关中，自鄠以西至于岐下，则岁甚登，谷甚多，而民且相率卖其妻子。至征粮之日，则村民毕出，谓之人市。问其长吏，则曰，一县之鬻于军营而请印者，岁近千人，其逃亡或自尽者，又不知凡几也。何以故？则有谷而无银也。所获非所输也，所求非所出也。夫银非从天降也，廿人则既停矣，《周礼·地官司徒》：廿人，廿，古矿字。海舶则既撤矣，中国之银在民间者已日消日耗；而况山僻之邦，商贾之所绝迹，虽尽鞭挞之力以求之，亦安所得哉！故谷日贱而民日穷，民日穷而赋日诎。逋欠则年多一年，人丁则岁减一岁，率此而不变，将不知其所终矣。且银何自始哉？古之为富者，菽粟而已。为其交易也，不得已而以钱权之。然自三代以至于唐，所取于民者，粟帛而已。自杨炎两税之法行，始改而征钱，而未有银也。汉志言秦币二等，而银锡之属施于器饰，不为币。自梁时始有交、广以金银为货之说。宋仁宗景祐二年，始诏诸路岁输缗钱，福建二广易以银，江东以帛。所以取之福建二广者，以坑冶多而海舶利也。至金章宗始铸银，名之曰：承安宝货，公私同现钱用。哀宗正大间，民但以银市易而不用铸。至于今日，上下通行而忘其所自。然而考之元史，岁课之数，为银至少。

然则国赋之用银，盖不过二三百年间尔。今之言赋必曰钱粮，夫钱，钱也，粮，粮也，亦恶有所谓银哉？且天地之间，银不益增而赋则加倍，此必不供之数也。昔者唐穆宗时，物轻钱重，用户部尚书杨于陵之议，令两税等钱皆易以布帛丝纩，而民便之。《旧唐书·穆宗纪》："元和十五年八月辛未，兵部尚书杨于陵总百寮钱货轻重之议，取天下两税榷酒盐利等，悉以布帛任土所产物充税，并不征见钱，则物渐重，钱渐轻，农人见免贱卖匹段。请中书门下、御史台诸司官长重议施行。从之。"吴徐知诰从宋齐丘之言，以为钱非耕桑所得，使民输钱，是教之弃本逐末也。于是诸税悉收谷帛紬绢。是则昔人之论取民者，且以钱为难得也，以民之求钱为不务本也，而况于银乎？先王之制赋，必取其地之所有。今若于通都大邑行商麇集之地，虽尽征之以银，而民不告病，至于遐陬僻壤，舟车不至之处，即以什之三征之而犹不可得。以此必不可得者病民，而卒至于病国，则曷若度土地之宜，权岁入之数，酌转般之法，而通融乎其间？凡州县之不通商者，令尽纳本色，不得已，以其什之三征钱。钱自下而上，则滥恶无所容而钱价贵，是一举而两利焉。无蠲赋之亏，而有活民之实；无督责之难，而有完逋之渐；今日之计，莫便乎此。夫树谷而征银，是畜羊而求马也；倚银而富国，是恃酒而充饥也；以此自愚，而其敝至于国与民交尽，是其计出唐、宋之季诸臣之下也。

钱粮论下

呜呼！自古以来，有国者之取于民为已悉矣，然不闻有火耗之说。火耗之所由名，其起于征银之代乎？此所谓正赋十而余赋三者与？此所谓国中饱而奸吏富者与？此国家之所峻防，而污官滑胥之所世守，以为子孙之宝者与？此穷民之根，匮财之源，启盗之门，而庸愞在位之人所目睹而不救者与？原夫耗之所生，以一州县之赋繁矣，户户而收之，铢铢而纳之，不可以琐细而上诸司府，是不得不资于火。有火则必有耗，所谓耗者，特百之一二而已。有贱丈夫焉，以为额外之征，不免干于吏议，择人而食，未足厌其贪惏。于是借火耗之名，为巧取之术，盖不知起于何年，而此法相传，官重一官，代增一代，以至于今。于是官取其赢十二三，而民以十三输国之十；里胥之辈又取其赢十一二，而民以十五输国之十。其取则薄于两而厚于铢，凡征收之数，两者，必其地多而豪有力，可以持吾之短长者也；铢者，必其穷下户也，虽多取之，不敢言也。于是两之加焉十二三，而铢之加焉十五六矣。薄于正赋而厚于杂赋。正赋，耳目之所先也，杂赋，其所后也。于是正赋之加焉十二三，而杂赋之加焉或至于十七八矣。解之藩司，谓之羡余，贡诸节使，谓之常例，责之以不得不为，护之以不可破，而生民之困，未有甚于此时者矣。愚尝久于山东，山东之民，无不疾首蹙额而诉火耗之为虐者。独德州则不然。问其故，则曰：州之赋二万九千，二为银八为钱也。钱则无火耗之加，故民力纾于他邑也。非德州之官皆贤，里胥皆善人也，势使之然也。又闻之长老言，近代之贪吏，倍甚于唐、宋之时。所以然者，钱重而难运，银轻而易赍；难运，则少取之而以为多，易赍，则多取之而犹以为少。非唐、宋之吏多廉，今之吏贪也，势使之然也。然则银之通、钱之滞；吏之宝，民之贼也。在有明之初，尝禁民不得行使金银，犯者准奸恶论。夫用金银，何奸之有？而重为之禁者，盖逆知其弊之必至于此也。当时市肆所用，皆唐、宋之钱，而制钱则偶一铸造，以助其不足耳。今也泉货弱而害金兴，市道穷而伪物作，国币夺于上，民力单于下，使陆贽、白居易、李翱之流而生今日，其咨嗟太息，必有甚于唐之中叶者矣。陆贽《上均节财赋六事》其二言："凡国之赋税，必量人之力，任土之宜，故所入者，惟布、麻、缯、纩与百谷而已。先王惧物之贵贱失平，而人之交易难准，又定泉布之法，以节轻重之宜。敛散弛张，必由于是。盖御财之大柄，为国之利权，守之在官，不以任下。然则谷帛者，人之所为也，钱货者，官之所为也。是以国朝著令，租出谷，庸出绢，调出缯、纩、布，曷尝有以钱为赋者哉？今之两税独异旧章，但估资产为差，使以钱谷定税。唯计求得之利宜，靡论供办之难易。所征非所业，所业非所征，遂或增价以买其所无，减价以卖其所有，一增一减，耗损已多。"《李翱集》有《疏改税法》一篇，言："钱者，官司所铸，粟帛者，农之所出。今乃使农人贱卖粟帛，易钱入官，是岂非颠倒而取其无者耶？由是豪家大商，皆多积钱以逐轻重，故农人日困，末业日增，请一切不督见钱，皆纳布帛。"《白居易集》有《赠友》诗云："私家无钱炉，平地无铜山，胡为秋夏税，岁岁输铜钱！钱力日以重，农力日以殚，贱粜粟与麦，贱贸丝与绵，岁暮衣食尽，焉得无饥寒？吾闻国之初，有制垂不刊，庸必算丁口，租必计桑田。不求土所无，不强人所难，量入以为出，上足下亦安。兵兴一变法，兵息遂不还，使我农桑人，顦顇畎亩间。谁能革此弊，待君秉利权，复彼租庸法，令如贞观年。"曰：子以火耗为病于民也，使改而征粟米，其无淋尖踢斛，巧取于民之术乎？曰：吾未见罢任之仓官，宁家之斗级，负米而行者也，必鬻银而后去。有两车行于道，前为钱，后为银，则大盗之所睨，常在其后车焉。然则岂独今之贪吏倍甚于唐、宋之时，河朔之间所名为响马者，亦当倍甚于唐、宋之时矣。

生员论三篇

生员论上

国家之所以设生员者何哉？盖以收天下之才俊子弟，养之于庠序之

中，使之成德达材，明先王之道，通当世之务，出为公卿大夫，与天子分
猷共治者也。今则不然，合天下之生员，县以三百计，不下五十万人，而
所以教之者，仅场屋之文。然求其成文者，数十人不得一，通经知古今，
可为天子用者，数千人不得一也。而嚣讼逋顽，以病有司者，比比而是。
上之人以是益厌之，而其待之也日益轻，为之条约也日益苛。然以此益厌
益轻益苛之生员，而下之人犹日夜奔走之如鹜，竭其力而后止者何也？一
得为此，则免于编氓之役，不受侵于里胥；齿于衣冠，得于礼见官长，而
无笞、捶之辱。故今之愿为生员者，非必其慕功名也，保身家而已。以十
分之七计，而保身家之生员，殆有三十五万人，此与设科之初意悖，而非
国家之益也。人之情孰不为其身家者？故日夜求之，或至行关节，触法抵
罪而不止者，其势然也。今之生员，以关节得者十且七八矣，而又有武
生、奉祀生之属，无不以钱鬻之。夫关节，朝廷之所必诛，而身家之情，
先王所弗能禁，故以今日之法，虽尧、舜复生，能去在朝之四凶，而不能
息天下之关节也。然则如之何？请一切罢之，而别为其制。必选夫五经兼
通者而后充之，又课之以二十一史与当世之务而后升之。仍分为秀才、明
经二科，而养之于学者，不得过二十人之数，无则阙之。为之师者，州县
以礼聘焉，勿令部选。如此而国有实用之人，邑有通经之士，其人材必盛
于今日也。然则一乡之中，其粗能自立之家，必有十焉，一县之中，必有
百焉。皆不得生员以芘其家，而同于编氓，以受里胥之凌暴，官长之笞
捶，岂王者保息斯人之意乎？则有秦汉赐爵之法，其初以赏军功，而其后
或以恩赐，或以劳赐，或普赐，或特赐，而高帝之诏有曰："今吾于爵，
非轻也。其令吏善遇高爵，称吾意。"至惠帝之世，而民得买爵。夫使爵
之重得与有司为礼，而复其户勿事，则人将趋之。开彼则可以塞此，即
入粟拜爵，其名尚公，非若鬻诸生以乱学校者之为害也。夫立功名与保

身家，二涂也；收俊乂与恤平人，二术也；并行而不相悖也，一之则敝矣。夫人主与此不通今古之五十万人共此天下，其芘身家而免笞捶者且三十五万焉，而欲求公卿大夫之材于其中，以立国而治民，是缘木而求鱼也。以守则必危，以战则必败矣。

生员论中

废天下之生员而官府之政清，废天下之生员而百姓之困苏，废天下之生员而门户之习除，废天下之生员而用世之材出。今天下之出入公门以挠官府之政者，生员也；倚势以武断于乡里者，生员也；与胥史为缘，甚有身自为胥史者，生员也；官府一拂其意，则群起而哄者，生员也；把持官府之阴事，而与之为市者，生员也。前者噪，后者和；前者奔，后者随；上之人欲治之而不可治也，欲锄之而不可锄也，小有所加，则曰是杀士也，坑儒也。百年以来，以此为大患，而一二识治体能言之士，又皆身出于生员，而不敢显言其弊，故不能旷然一举而除之也。故曰废天下之生员而官府之政清也。天下之病民者有三：曰乡宦，曰生员，曰吏胥。是三者，法皆得以复其户，而无杂泛之差，于是杂泛之差，乃尽归于小民。今之大县至有生员千人以上者，比比也。且如一县之地有十万顷，而生员之地五万，则民以五万而当十万之差矣；一县之地有十万顷，而生员之地九万，则民以一万而当十万之差矣。民地愈少，则诡寄愈多，诡寄愈多，则民地愈少，而生员愈重。富者行关节以求为生员，而贫者相率而逃且死，故生员之于其邑人无秋毫之益，而有丘山之累。然而一切考试科举之费，犹皆派取之民，故病民之尤者，生员。故曰：废天下之生员，而百姓之困苏也。天下之患，莫大乎聚五方不相识之人，而教之使为朋党。生员之在天下，近或数百千里，远或万里，语言不同，姓名不通，而一登科第,则有所谓主考官者,谓之座师;有所谓同考官者,谓之房师;同榜之士,谓之同年;同年之子,谓之年侄;座师、房师之子,谓之世兄;座师、房师之谓我,谓之门生;而门生之所取中者,谓之门孙;门孙之谓其师之师谓之太老师;朋比胶固,牢不可解。书牍交于道路,请托遍于官曹,其小者足以蠹政害民,而其大者,至于立党倾轧,取人主太阿之柄而颠倒之,皆此之繇也。故曰:废天下之生员,而门户之习除也。国家之所以取生员而考之以经义、论、策、表、判者,欲其明六经之旨,通当世之务也。今以书坊所刻之义,谓之时文,舍圣人之经典,先儒之注疏与前代之史不读,而读其所谓时文。时文之出,每科一变,五尺童子能诵数十篇而小变其文,即可以取功名,而钝者至白首而不得遇。老成之士,既以有用之岁月,销磨于场屋之中,而少年捷得之者,又易视天下国家之事,以为人生之所以为功名者,惟此而已。故败坏天下之人材,而至于士不成士,官不成官,兵不成兵,将不成将,夫然后寇贼奸宄得而乘之,敌国外侮得而胜之。苟以时文之功,用之于经史及当世之务,则必有聪明俊杰通达治体之士,起于其间矣。故曰:废天下之生员,而用世之材出也。

生员论下

问曰:废天下之生员,则何以取士?曰:吾所谓废生员者,非废生员也,废今日之生员也。请用辟举之法,而并存生员之制,天下之人,无问其生员与否,皆得举而荐之于朝廷,则我之所收者,既已博矣,而其廪之学者为之限额,略仿唐人郡县之等:小郡十人,等而上之,大郡四十人而止;小县三人,等而上之,大县二十人而止。约其户口之多寡,人材之高下而差次之,有阙则补,而罢岁贡举人之二法。其为诸生者,选其通儁,皆得就试于礼部,而成进士者,不过授以簿尉亲民之职,而无使之骤进,以平其贪躁之情。其设之教官，必聘其乡之贤者以为师，而无隶于仕籍；罢提学之官，而领其事于郡守。此诸生之中，有荐举而入仕者；有考试而成进士者；亦或有不率而至于斥退者；有不幸而死，及衰病不能肄业，愿给衣巾以老者。阙至于二人三人，然后合其属之童生，取其通经能文者以补之。然则天下之为生员者少矣。少则人重之，而其人亦知自重。为之师者不烦于教，而向所谓聚徒合党，以横行于国中者，将不禁而自止。若夫温故知新，中年考较，以蕲至于成材，则当参酌乎古今之法，而兹不具论也。或曰：天下之才，日生而无穷也，使之皆壅于童生，则奈何？吾固曰：天下之人，无问其生员与否，皆得举而荐之于朝廷，则取士之方，不恃诸生之一途而已也。夫取士以佐人主理国家，而仅出于一涂，未有不弊者也。

亭林文集卷之二

音学五书序

《记》曰："声成文谓之音。"夫有文斯有音，比音而为诗，诗成然后被之乐，此皆出于天而非人之所能为也。三代之时，其文皆本于六书，其人皆出于族党庠序，其性皆驯化于中和，而发之为音无不协于正。然而《周礼·大行人》之职："九岁属瞽史，谕书名，听声音。"所以一道德而同风俗者又不敢略也。是以诗三百五篇，上自商颂，下逮陈灵，以十五国之远，千数百年之久，而其音未尝有异。帝舜之歌，皋陶之赓，箕子之陈，文王周公之系无弗同者。故三百五篇，古人之音书也。魏晋以下，去古日远，词赋日繁，而后名之曰韵；至宋周颙、梁沈约而四声之谱作。然自秦、汉之文，其音已渐戾于古，至东京益甚。而休文作谱，乃不能上据雅南，旁摭骚子，以成不刊之典，而仅按班、张以下诸人之赋，曹、刘以下诸人之诗所用之音，撰为定本，于是今音行而古音亡，为音学之一变。下及唐代，以诗赋取士，其韵一以陆法言《切韵》为准，虽有独用、同用之注，而其分部未尝改也；至宋景祐之际，微有更易；理宗末年，平水刘渊始并二百六韵为一百七；元黄公绍作《韵会》因之，以迄于今。于是宋韵行而唐韵亡，为音学之再变。世日远而传日讹，此道之亡，盖二千有余岁矣。炎武潜心有年，既得《广韵》之书，乃始发悟于中而旁通其说。于是据唐人以正宋人之失，据古经以正沈氏唐人之失，而三代以上之音部分秩如，至赜而不可乱。乃列古今音之变，而究其所以不同，为《音论》二卷，考正三代以上之音；注三百五篇，为《诗本音》十卷；注《易》，为《易音》三卷；辨沈氏部分之误，而一一以古音定之，为《唐韵正》二十卷；综古音为十部，为《古音表》二卷，自是而六经之文乃可读。其他诸子之书，离合有之，而不甚远也。天之未丧斯文，必有圣人复起，举今日之音而还之淳古者。子曰："吾自卫反鲁，然后乐正，《雅》《颂》各得其所。"实有望于后之作者焉。

音学五书后序

余纂辑此书三十余年，所过山川亭鄣，无日不以自随，凡五易稿而手书者三矣。然久客荒壤，于古人之书多所未见，日西方莫，遂以付之梓人，故已登版而刊改者犹至数四，又得张君弨为之考《说文》，采《玉篇》，仿《字样》，酌时宜而手书之；二子叶增、叶箕分书小字；鸠工淮上，不远数千里累书往复，必归于是，而其工费则又取诸鬻产之直，而秋毫不借于人，其著书之难而成之之不易如此。然此书为三百篇而作也，先之以《音论》，何也？曰：审音学之原流也。《易》文不具，何也？曰：不皆音也。《唐韵正》之考音详矣，而不附于经，何也？曰：文繁也。已正其音而犹遵元第,何也?曰:述也。《古音表》之别为书,何也?曰:自作也。盖尝四顾踌躇,几欲分之,几欲合之,久之然后胪而为五矣。呜呼!许叔重《说文》始一终亥,而更之以韵,使古人条贯不可复见,陆德明《经典释文》割裂删削,附注于九经之下,而其元本遂亡。成之难而毁之甚易,又今日之通患也。孟子曰:"流水之为物也,不盈科不行。"记曰:"不陵节而施之谓孙。"若乃观其会通,究其条理,而无轻变改其书,则在乎后之君子。李君因笃每与余言诗,有独得者,今颇取之,而以答书附之于末。上章涒滩病月之望,炎武又书。

初刻日知录自序

炎武所著《日知录》,因友人多欲钞写,患不能给,遂于上章阉茂之岁刻此八卷。历今六七年,老而益进,始悔向日学之不博,见之不卓,其中疏漏往往而有,而其书已行于世,不可掩。渐次增改,得二十余卷,欲更刻之,而犹未敢自以为定,故先以旧本质之同志。盖天下之理无穷,而君子之志于道也,不成章不达。故昔日之得,不足以为矜;后日之成,不容以自限。若其所欲明学术,正人心,拨乱世以兴太平之事,则有不尽于是刻者,须绝笔之后,藏之名山,以待抚世宰物者之求,其无以是刻之陋而弃之则幸甚!

左传杜解补正序

《北史》言周乐逊著《春秋序义》，通贾、服说，发杜氏违。今杜氏单行，而贾、服之书不传矣。吴之先达邵氏宝有左觿百五十余条，又陆氏粲有左传附注，傅氏逊本之为辨误一书，今多取之，参以鄙见，名曰补正，凡三卷。若经文大义，左氏不能尽得，而公、谷得之；公、谷不能尽得，而啖、赵及宋儒得之者，则别记之于书而此不具也。

营平二州史事序

昔神庙之初，边陲无事，大帅得以治兵之暇留意图籍。而福之士人郭君造卿在戚大将军幕府，网罗天下书志略备，又身自行历蓟北诸边营垒，又遣卒至塞外穷濡源，视旧大宁遗址，还报与书不合，则再遣覆按，必得实乃止，作《燕史》数百卷。盖十年而成，则大将军已不及见。又以其余日作《永平志》百三十卷，文虽晦涩，而一方之故颇称明悉。其后七十年而炎武得游于斯，则当屠杀圈占之后，人民稀少，物力衰耗，俗与时移，不见文字礼仪之教，求郭君之志且不可得，而其地之官长暨士大夫来言曰："府志稿已具矣，愿为成之。"嗟乎！无郭君之学，而又不逢其时，以三千里外之人，而论此邦士林之品第，又欲取成于数月之内，而不问其书之可传与否，是非仆所能。独恨《燕史》之书不存，而重违主人之请，于是取《二十一史》《通鉴》诸书，自燕、秦以来此邦之大事，迄元至正年而止，纂为六卷，命曰营平二州史事，以质诸其邦之士大夫。世之人能读全史者罕矣，宋宣和与金结盟，徒以不考营、平、滦三州之旧，至于争地构兵，以此三州之故而亡其天下，岂非后代之龟鉴哉！异日有能修志者，古事备矣，续今可也。或曰：及营，何也？曰：中国之弃营久矣。夫营，吾州也，其事与平相出入焉，焉得不纪！若夫合幽并营，以正古帝王之疆域，必有圣人作焉，余以此书俟之。

金石文字记序

余自少时，即好访求古人金石之文，而犹不甚解。及读欧阳公集古录，乃知其事多与史书相证明，可以阐幽表微，补阙正误，不但词翰之工而已。比二十年间，周游天下，所至名山、巨镇、祠庙、伽蓝之迹，无不寻求，登危峰，探窈壑，扪落石，履荒榛，伐颓垣，畚朽壤，其可读者，必手自钞录，得一文为前人所未见者，辄喜而不寐。一二先达之士知余好古，出其所蓄，以至兰台之坠文，天禄之逸字，旁搜博讨，夜以继日。遂乃抉剔史传，发挥经典，颇有欧阳、赵氏二录之所未具者，积为一帙，序之以贻后人。夫祈招之诗，诵于右尹，孔悝之鼎，传之戴记，皆尼父所未收，六经之阙事，莫不增高五岳，助广百川，今此区区，亦同斯指。恨生晚不逢，名门旧家大半凋落，又以布衣之贱，出无仆马，往往怀毫舐墨，踯躅于山林猿鸟之间，而田父伧丁，鲜能识字，其或褊于闻见，窘于日力，而山高水深，为登涉之所不及者，即所至之地，亦岂无挂漏？又望后人之同此好者继我而录之也。

钞书自序

炎武之先家海上，世为儒。自先高祖为给事中，当正德之末，其时天下惟王府官司及建宁书坊乃有刻板，其流布于人间者，不过四书、五经、通鉴、性理诸书。他书即有刻者，非好古之家不蓄，而寒家已有书六七千卷。嘉靖间，家道中落，而其书尚无恙。先曾祖继起为行人，使岭表，而倭阑入江东，郡邑所藏之书与其室庐俱焚，无孑遗焉。洎万历初，而先曾祖历官至兵部侍郎，中间莅方镇三四，清介之操，虽一钱不以取诸官，而性独嗜书，往往出俸购之，及晚年而所得之书过于其旧，然绝无国初以前之板。而先曾祖每言："余所蓄书，求有其字而已，牙签锦轴之工，非所好也。"其书后析而为四。炎武嗣祖太学公，为侍郎公仲子，又益好读书，增而多之，以至炎武，复有五六千卷。自罹变故，转徙无常，而散亡者什之六七，其失多出于意外。二十年来赢縢担囊以游四方，又多别有所得，合诸先世所传，尚不下二三千卷。其书以选择之善，较之旧日虽少其半，犹为过之，而汉、唐碑亦得八九十通，又钞写之本别贮二麓，称为多且博矣。自少为帖括之学者二十年，已而学为诗古文，以其间纂记故事，年至四十，斐然欲有所作；又十余年，读书日以益多，而后悔其向者立言之非也。自炎武之先人皆通经学古，亦往往为诗文，本生祖赞善公文集至数百篇，而未有著书以传于世者。昔时尝以问诸先祖，先祖曰："著书不如钞书。凡今人之学，必不及古人也，今人所见之书之博，必不及古人也。小子勉之，惟读书而已。"先祖书法盖逼唐人，性豪迈不群，然自言少时日课钞古书数纸，今散亡之余犹数十帙，他学士家所未有也。自炎武十一岁，即授之以温公《资治通鉴》，曰："世人多习纲目，余所不取。凡作书者，莫病乎其以前人之书改窜而为自作也。班孟坚之改《史记》，必不如《史记》也；宋景文之改《旧唐书》，必不如《旧唐书》也；朱子之改《通鉴》，必不如《通鉴》也。至于今代，而著书之人几满天下，则有盗前人之书而为自作者矣，故得明人书百卷，不若得宋人书一卷也。"炎武之游四方十有八年，未尝干人，有贤主人以书相示者则留，或手钞，或募人钞之，子不云乎："多见而识之。知之，次也。"今年至都下，从孙思仁先生得《春秋纂例》《春秋权衡》《汉上易传》等书，清苑陈祺公资以薪米纸笔，写之以归。愚尝有所议于左氏，及读《权衡》，则已先言之矣。念先祖之见背，已二十有七年，而言犹在耳，乃泫然书之，以贻诸同学李天生。天生今通经之士，其学盖自为人而进乎为己者也。

西安府儒学碑自序

西安府儒学先师庙之后，为亭者五。环之以廊，而列古今碑版于中，俗谓之碑洞。自嘉靖末地震，而记志有名之碑多毁裂不存，其见在者，犹足以甲天下。余游览之下，因得考而序之。昔之观文字，模金石者，必其好古而博物者也。今之君子有世代之不知，六书之不辨，而旁搜古人之迹，叠而束之，以饲蠹鼠者。使郡邑有司烦于应命，而工墨之费计无所出，不得不取诸民，其为害已不细矣。或碑在国门之外，去邑数十武，而隶卒一出，村之蔬米，舍之鸡豚，不足以供其饱，而父老子弟相率蹙额，以有碑为苦；又或在深山穷谷，而政令之无时，暑雨寒冰，奔驰僵仆，则工人隶卒亦无不以有碑为苦者，而民又不待言。于是乘时之隙，掊而毁之，以除其祸。余行天下，所闻所见如此者多矣，无若醴泉之最著者。县凡再徙，而唐之昭陵去今县五十里。当时陪葬诸王公主功臣之盛，墓碑之多，见于崇祯十一年之志，其存者犹二十余通，而余亲至其所，止见卫景武公一碑，已划其姓名。土人云，他碑皆不存，存者皆磨去其字矣。夫石何与于民，而民亦何雠于石？所以然者，岂非今之浮慕古文之君子阶之祸哉！若夫碑洞之立，凡远郊之石，并舁而致之其中，既便于观者之留连，而工人麕集其下，日得数十钱以给衣食，是则害不胜利。今日之事，苟害不胜利，即君子有取焉，予故详列之以告真能好古者。若郊外及下邑之碑，予既不能遍寻，而恐录之以贻害，故弗具。且告后之有司：欲全境内之碑者，莫若徙诸邑中；而有识之君子，慎无以好古之虚名，至于病民而残石也！

仪礼郑注句读序

《记》曰："优优大哉！礼仪三百，威仪三千。"礼者，本于人心之节文，以为自治治人之具，是以孔子之圣，犹问礼于老聃，而其与弟子答问之言，虽节目之微，无不备悉。语其子伯鱼曰："不学礼，无以立。"《乡党》一篇，皆动容周旋中礼之效。然则周公之所以为治、孔子之所以为教，舍礼其何以焉？刘康公有言："民受天地之中以生，所谓命也。是以有动作礼义威仪之则，以定命也。"三代之礼，其存于后世而无疵者，独有仪礼一经。汉郑康成为之注，魏、晋已下至唐、宋通经之士，无不讲求于此。自熙宁中，王安石变乱旧制，始罢仪礼，不立学官，而此经遂废，此新法之为经害者一也。南渡已后，二陆起于金溪，其说以德性为宗。学者便其简易，群然趋之，而于制度文为一切鄙为末事。赖有朱子正言力辨，欲修三礼之书，而卒不能胜夫空虚妙悟之学，此新法之为经害者二也。沿至于今，有坐皋比，称讲师，门徒数百，自拟濂、洛，而终身未读此经一遍者。若天下之书皆出于国子监所颁，以为定本，而此经误文最多，或至脱一简一句，非唐石本之尚存于关中，则后儒无由以得之矣。济阳张尔岐稷若笃志好学，不应科名，录仪礼郑氏注，而采贾氏、陈氏、吴氏之说，略以己意断之，名曰《仪礼郑注句读》。又参定监本脱误凡二百余字，并考石经之误五十余字，作正误二篇，附于其后，藏诸家塾。时方多故，无能板行之者。后之君子，因句读以辨其文，因文以识其义，因其义以通制作之原，则夫子所谓以承天之道而治人之情者，可以追三代之英，而辛有之叹，不发于伊川矣。如稷若者，其不为后世太平之先倡乎？若乃据石经，刊监本，复立之学官，以习士子，而姑劝之以禄利，使毋失其传，此又有天下者之责也。

广宋遗民录序

子曰："有朋自远方来，不亦乐乎？"古之人学焉而有所得，未尝不求同志之人，而况当沧海横流，风雨如晦之日乎？于此之时，其随世以就功名者固不足道，而亦岂无一二少知自好之士，然且改行于中道，而失身于暮年，于是士之求其友也益难。而或一方不可得，则求之数千里之外；今人不可得，则慨想于千载以上之人；苟有一言一行之有合于吾者，从而追慕之，思为之传其姓氏而笔之书。呜呼！其心良亦苦矣。吴江朱君明德，与仆同郡人，相去不过百余里而未尝一面。今朱君之年六十有二矣，而仆又过之五龄，一在寒江荒草之滨，一在绝障重关之外，而皆患乎无朋。朱君乃采辑旧闻，得程克勤所为宋遗民录而广之，至四百余人。以书来问序于余，殆所谓一方不得其人，而求之数千里之外者也。其于宋之遗民，有一言一行或其姓氏之留于一二名人之集者，尽举而笔之书，所谓今人不可得，而慨想于千载以上之人者也。余既斟闻，且耄矣，不能为之订正，然而窃有疑焉：自生民以来，所尊莫如孔子，而《论语》《礼记》皆出于孔氏之传，然而互乡之童子，不保其往也；伯高之赴，所知而已；孟懿子、叶公之徒，问答而已；食于少施氏而饱，取其一节而已。今诸系姓氏于一二名人之集者，岂无一日之交而不终其节者乎？或邂逅相遇而道不同者乎？固未必其人之皆可述也。然而朱君犹且眷眷于诸人，而并号之为遗民，夫亦以求友之难而托思于此欤？庄生有言："子不闻越之流人乎？去国数日，见其所知而喜；去国旬月，见所尝见于国中者喜；及期年也，见似人者而喜矣。"余尝游览于山之东西、河之南北二十余年，而其人益以不似。及问之大江以南，昔时所称魁梧丈夫者，亦且改形换骨，学为不似之人。而朱君乃为此书，以存人类于天下，若朱君者，将不得为遗民矣乎？因书以答之。吾老矣，将以训后之人，冀人道之犹未绝也。

朱子斗诗序

国家之所以常治而不乱者，人材也。人材之出于天下者，固将爱之重之；夫苟人材之出于其宗，则尤爱之而尤重之。以文王之明德作人，而其用之也，常先同姓而后庶姓；周公为太宰，康叔为司寇，聃季为司空；成王顾命，而六卿之长，五为同姓。周公、祭公、毛伯、凡伯之属，每见于春秋，而与周相终始。汉、唐而下，以同宗而为丞相，筹中书者不可胜数。然则自古以来，待宗人之失，未有如有明者也。庸疏而舍戚，内羁而外亲，既不得筮仕为吏，而复限之于国城之中，若无罪而拘之者。故其不肖者怙侈放辟，以为民害，而其贤者亦仅仅守己洁行，学为词赋，以自附于文苑之徒。于是举天子之宗，无一人焉任国家之事，以生草泽之心，而召蛮裔之侮，宁以其四海之大，宗祧之重，畀之非族者而不恤，呜呼！此亦后世有天下者之大监也已。余闻万历以来，宗室中之文人莫盛于秦，秦之宗有七子，而子斗最少。及崇祯之末，六子皆先逝，而子斗独年至八十，后先帝十一年乃卒，故其为诗多离乱之作，有闵周哀郢之意而不敢深言。余又闻其人孝弟忠信，而又明于当世之故，盖宗之贤者也。子斗名谊泩，永兴王府奉国中尉。当天启时，开科举之途，而子斗久以诗文为关中士人领袖，其次子存柘彦衡乃得为诸生，中副榜。贼陷西安，存柘义不屈，投井死。长子存杠伯常，扶其父逃之村墅得免。子斗没后八年而余至关中，访七子之后，其六子皆衰落不振，而伯常年已六十有二。独其家遗书尚存，而为人亦温恭蒽慎，以求全于世，惟恐人目之为故王孙者，反不若庶姓之人，犹得盱衡扼腕，言天下之事于朋友之前而无所忌。虽时势则然，亦繇国家向日裁抑太过，无有强宗大豪如南阳诸刘，得以挠新莽之威而保先人之祚者也。余悲夫以子斗之贤，使其立朝，必能为天子正纪纲，补阙失；其在封疆，必能秉一节，遏寇虣；乃终老不用，历变故以卒，而仅以其诗著，故序而传之。七子者：惟燿伯明、惟焜叔融、怀埊士简、怀玐长生、怀㸌季凤、谊㴻伯闻与子斗为七，皆号能诗。而又有谊眔明远、存㯱春夫二中尉者，贼至时同不屈死。明远中崇祯九年举人，此皆秦宗之有学行者。子斗诗中往往及之，故并举而列之于篇。呜呼！孰谓宗室无人材也哉！

程正夫诗序

尝读商颂之那曰："自古在昔，先民有作。"而夫子之称诗亦曰："昔吾有先正，其言明且清。"是以古人之立言也，必称诸祖考而本诸先正先民；在朝则称于朝，高宗之言"先正保衡"是也；与人交则称于友，叔孙豹之言"先大夫臧文仲"是也。降及末世，人心之不同既已大拂于古，而反讳其行事，召旻之诗曰："维今之人，不尚有旧。"而周公之戒后王也，亦曰："乃逸乃谚，既诞，则曰：昔之人无闻知。"余自少时侍于先王父，其终日言而无择者，大率皆祖考之世德，乡先生之行事；既得见于先王父之友，则其言亦然；既又得见于异邦之名公耆硕，则其言亦复然。距今三十余年，而邈焉不可作矣。贪欲以为能，捷径以为巧，苟同以为贤，而罔念夫昔之人者，天下皆是也。余至德州，工部正夫程君出其所作，于其州之自国初以来士大夫二十一人合为一章，而序之曰《先贤诗》。于其高祖以下四公各为一章，而序之曰《程氏先贤诗》。是诸君子者，行谊不同而无不明于出处取与之分，有古贤人之遗焉。工部之为是作也，其亦所谓"景行行止"者乎？昔赵文子观乎九原而愿随武子之为人，孟僖子述正考父之鼎铭，以卜其后之将有达者。故子孙不忘其祖父，孝也；后人不忘其先民，忠也；忠且孝，所以善俗而率民也。是乡大夫之职也。然则工部之为此也，殆古人之义而亦其先大夫之遗训也夫！

莱州任氏族谱序

予读唐书韦云起之疏曰："山东人自作门户，更相谈荐，附下罔上。"袁术之答张沛曰："山东人但求禄利。见危授命，则旷代无人。"窃怪其当日之风，即已异于汉时；而历数近世人材，如琅邪、北海、东莱，皆汉以来大儒所生之地，今且千有余年，而无一学者见称于时，何古今之殊绝也？至其官于此者，则无不变色咋舌，称以为难治之国，谓其齐民之俗有三：一曰逋税，二曰劫杀，三曰讦讼。而余往来山东者十余年，则见夫巨室之日以微，而世族之日以散；货贿之日以乏，科名之日以衰，而人心之日以浇且伪；盗诬其主人而奴讦其长，日趋于祸败而莫知其所终。乃余顷至东莱，主赵氏、任氏，入其门，而堂轩几榻无改于其旧；与之言，而出于经术节义者，无变其初心；问其恒产，而亦皆支撑以不至于颓落。余于是欣然有见故人之乐，而叹夫士之能自树立者，固不为习俗之所移。任君唐臣因出其家谱一编，属余为之序。其文自尊祖睦族以至于急赋税，均力役，谆谆言之，岂不超出于山东之敝俗者乎？子不云乎："得见有恒者，斯可矣。"恒者久也，天下之久而不变者，莫若君臣父子，故为之赋税以输之，力役以奉之，此田宅之所以可久也。非其有不取，非其力不食，此货财之所以可久也。为下不乱，在丑不争，不叛亲，不侮贤，此邻里宗族之所以可久也。夫然，故名节以之而立，学问以之而成，忠义之人、经术之士出乎其中矣。不明乎此，于是乎饮食之事也而至于讼，讼不已而至于师，小而舞文，大而弄兵，岂非今日山东之大戒？而若任君者，为之深忧过计，而欲倡其教于一族之人，即亦不敢讳其从前之失，而为之丁宁以著于谱。昔召穆公思周德之不类，故纠合宗族于成周而作诗曰："凡今之人，莫如兄弟。"任君其师此意矣。余行天下，见好逋者必贫，好讼者必负，少陵长，小加大，则不旋踵而祸随之，故推任君之意，以告山东之人，使有警焉，或可以止横流而息燎原也。

吕氏千字文序

吕氏《千字文》者，待诏余姚吕君裁之之所作也。盖小学之书，自古有之。李斯以下，号为《三苍》，而《急就篇》最行于世。自南北朝以前，初学之童子无不习之。而《千字文》则起于齐梁之世，今所传"天地玄黄"者，又梁武帝命其臣周兴嗣取王羲之之遗字次韵成之，不独以文传，而又以其巧传。后之读者苦《三苍》之难，而便《千文》之易，于是至今为小学家恒用之书。而崇祯之元，有仁和卓人月者，取而更次之，以纪先帝初元之政，一时咸称其巧。吕君以为事止于一年，未备也，于是再取而更次之，而明代二百七十年之事乃略具。若夫错综古人之文如己出焉，不亦进而愈巧者乎？盖吾读史游《急就篇》，博之于名物制度，浩瀚而不可穷，而其末归于"汉地广大，万方来朝，中国安宁，百姓承德"。而吕君此文其首曰："大明洪武，受命配天。"其末曰："臣吕章成，顿首敬书。"则犹史游之意也。史游在元帝时为黄门令，日侍禁中，当汉室之无事；而吕君身为宰辅之后，丁板荡之秋，遁迹山林而想一王之盛，匪风之怀，下泉之叹，有类于诗人，而过于齐、梁文士之流者也。不然，崔浩之书改汉强而为代强者，今岂无其人乎？而吕君弃之不顾，曰：吾将退而训于蒙士焉。其风节又岂在两龚下哉？夫小学，固六经之先也，使人读之而知尊君亲上之义，则必自其为童子始，故余于是书也乐得而序之。

劳山图志序

劳山在今即墨县东南海上，距城四五十里，或八九十里。有大劳小劳，其峰数十，总名曰劳。志言："秦始皇登劳盛山，望蓬莱。"因谓此山一名劳盛，而不得其所以立名之义。按《南史》：明僧绍隐于长广郡之崂山，则字或从山。又《汉书》：成山作盛山，在今文登县东北，则劳盛自是两山。古人立言尚简，齐之东偏，三面环海，其斗入海处南劳而北盛，则尽乎齐东境矣。其山高大深阻，旁薄二三百里，以其僻在海隅，故人迹罕至。凡人之情以罕为贵，则从而夸之，以为神仙之宅，灵异之府。其说云：吴王夫差登此山，得灵宝度人经。考之《春秋传》：吴王伐齐，仅至艾陵，而徐承率舟师自海道入齐，为齐人所败而去。则夫差未尝至此，而于越入吴之日，不知度人之经将焉用之？余游其地，观老君、黄石、王乔诸迹，类皆后人之所托名，而耐冻白牡丹花在南方亦是寻常之物。惟山深多生药草，而地暖能发南花，自汉以来，修真守静之流多依于此，此则其可信者。乃自田齐之末，有神仙之论，而秦皇、汉武谓真有此人在穷山巨海之中，于是八神之祠遍于海上，万乘之驾常在东莱，而劳山之名由此起矣。夫劳山皆乱石巉岩，下临大海，逼仄难度，其险处土人犹罕至焉。秦皇登之，是必万人除道，百官扈从，千人拥挽而后上也。五谷不生，环山以外，土皆疎瘠；海滨斥卤，仅有鱼蛤，亦须其时。秦皇登之，必一郡供张，数县储偫，四民废业，千里驿骚而后上也。于是齐人苦之而名曰劳山也，其以是夫？古之圣王劳民而民忘之；秦皇一出游，而劳之名传之千万年，然而致此则有由矣。汉志言：齐俗夸诈，自太公、管仲之余，其言霸术已无遗策。而一二智慧之士倡为迂怪之谈，以耸动天下之听，彼其意不过欲时君拥篲，辩士诎服，以为名高而已，岂知其患之至于此也。故御史黄君居此山之下，作《劳山志》未成，其长君朗生修而成之，属余为序。黄君在先朝抗疏言事，有古人节概，其言盖非夸者。余独考劳山之故，而推其立名之旨，俾后之人有以鉴焉。

亭林文集卷之三

与友人论学书

比往来南北,颇承友朋推一日之长,问道于盲。窃叹夫百余年以来之为学者,往往言心言性,而茫乎不得其解也。命与仁,夫子之所罕言也;性与天道,子贡之所未得闻也。性命之理,著之易传,未尝数以语人。其答问士也,则曰"行己有耻";其为学,则曰"好古敏求";其与门弟子言,举尧、舜相传所谓危微精一之说一切不道,而但曰:"允执其中,四海困穷,天禄永终。"呜呼!圣人之所以为学者,何其平易而可循也,故曰:"下学而上达。"颜子之几乎圣也,犹曰:"博我以文。"其告哀公也,明善之功,先之以博学。自曾子而下,笃实无若子夏,而其言仁也,则曰:"博学而笃志,切问而近思。"今之君子则不然,聚宾客门人之学者数十百人,"譬诸草木,区以别矣",而一皆与之言心言性,舍多学而识,以求一贯之方,置四海之困穷不言,而终日讲危微精一之说,是必其道之高于夫子,而其门弟子之贤于子贡,祧东鲁而直接二帝之心传者也。

我弗敢知也。《孟子》一书，言心言性，亦谆谆矣，乃至万章、公孙丑、陈代、陈臻、周霄、彭更之所问，与孟子之所答者，常在乎出处、去就、辞受、取与之间。以伊尹之元圣，尧、舜其君其民之盛德大功，而其本乃在乎千驷一介之不视不取。伯夷、伊尹之不同于孔子也，而其同者，则以"行一不义，杀一不辜，而得天下不为"。是故性也，命也，天也，夫子之所罕言，而今之君子之所恒言也；出处、去就、辞受、取与之辨，孔子、孟子之所恒言，而今之君子所罕言也。谓忠与清之未至于仁，而不知不忠与清而可以言仁者，未之有也；谓不忮不求之不足以尽道，而不知终身于忮且求而可以言道者，未之有也。我弗敢知也。愚所谓圣人之道者如之何？曰"博学于文"，曰"行己有耻"。自一身以至于天下国家，皆学之事也；自子臣弟友以至出入、往来、辞受、取与之间，皆有耻之事也。耻之于人大矣！不耻恶衣恶食，而耻匹夫匹妇之不被其泽，故曰："万物皆备于我矣，反身而诚。"呜呼！士而不先言耻，则为无本之人；非好古而多闻，则为空虚之学。以无本之人，而讲空虚之学，吾见其日从事于圣人而去之弥远也。虽然，非愚之所敢言也，且以区区之见，私诸同志而求起予。

与友人论易书二首

与友人论易书一

承示图书、象数、卜筮、卦变四考，为之叹服。仆尝读刘歆移太常博士书所谓"辅弱扶微，兼包大小之义"，而讥时人之"保残守缺，雷同相从"，以为师说，未尝不三复于其言也。昔者汉之五经博士，各以家法教授：《易》有施、孟、梁丘、京氏；《尚书》欧阳、大小夏侯；《诗》齐、鲁、韩、毛；《礼》大小戴；《春秋》严、颜，不专于一家之学。晋、宋以下，乃有博学之士会稡贯通。至唐时立九经于学官，孔颖达、贾公彦为之正义，即今所云疏者是也。排斥众说，以申一家之论，而通经之路狭矣。及有明洪武三年、十七年之科举条格，《易》主程、朱传义，《书》主蔡氏传，《诗》主朱子集传，俱兼用古注疏。《春秋》主左氏、公羊、谷梁、胡氏、张洽传，《礼记》主古注疏，犹不限于一家。至永乐中，纂辑大全，并本义于程传，去春秋之张传及四经之古注疏，前人小注之文稍异于大注者不录，欲道术之归于一，使博士弟子无以大全为业，而通经之路愈狭矣。注疏刻于万历中年，但颁行天下，藏之学官，未尝立法以劝人之诵习也。试问百年以来，其能通十三经注疏者几人哉？以一家之学，有限之书，人间之所共有者，而犹苦其难读也，况进而求之儒者之林，群书之府乎？然圣人之道，不以是而中绝也，故曰："仁者见之谓之仁，知者见之谓之知。"昔之说《易》者，无虑数千百家，如仆之孤陋，而所见及写录唐宋人之书亦有十数家，有明之人之书不与焉。然未见有过于程传者。且夫《易》之为书，广大悉备，一爻之中，具有天下古今之大，而注解之文，岂能该尽？若大著所谓此爻为天子，此爻为诸侯，此爻为相，此爻为师，盖本之崔憬解《系辞》二与四、三与五同功异位之说。然此特识其大者而已，其实人人可用，故曰："君子所居而安者，《易》之序也；所乐而玩者，爻之辞也。"故夫子之传《易》也，于"见龙在田"，而本之以学问宽仁之功；于"鸣鹤在阴"，而拟之以言行枢机之发；此爻辞之所未及，而夫子言之。然天下之理实未有外于此者。"素以为绚"，礼后之意也；"高山景行"，好仁之情也；诸姑伯姊，尊亲之序也。夫子之说《诗》，犹夫子之传《易》也。后人之说《易》也，必以一人一事当之，此自传注之例宜然，学者举一隅而以三隅反，可尔。且以九四或跃之爻论之，舜禹之登庸，伊尹之五就，周公之居摄，孔子之历聘，皆可以当之，而汤武特其一义，又不可连比四五之爻，为一时之事，而谓有"飞龙在天"之君，必无"汤武革命"之臣也。将欲广之，适以狭之，此举业以来之通弊也。是故尽天下之书皆可以注《易》，而尽天下注《易》之书，不能以尽《易》，此圣人所以立象以尽意，而夫子作大象，多于卦爻之辞之外，别起一义以示学者，使之触类而通，此即举隅之说也。天下之变无穷，举而措之，天下之民者亦无穷，若但解其文义而已，韦编何待于三绝哉！"子所雅言，诗、书、执礼。"诗、书、执礼之文，无一而非易也。下而至于春秋二百四十二年之行事，秦、汉以下史书百代存亡之迹，有一不该于易者乎？故曰："《易》有圣人之道四焉：以言者尚其辞，以动者尚其变，以制器者尚其象，以卜筮者尚其占。"愚尝劝人以学《易》之方，必先之以诗、书、执礼，而《易》之为用存乎其中，然后观其象而玩其辞，则道不虚行，而圣人之意可识矣。不审高明以为然否？

与友人论易书二

《小过》之五其辞曰："公，公亦君也。"《归妹》之五辞曰："其君帝女之贵，以侄娣视之。"则亦君也。若曰：必天子而后谓之君，此后人之见耳。三代以上分土而治，尊卑之势无大相远，天子诸侯并称曰后。《书》曰："三后成功。"先儒以为象称先王者，惟施于天子，称后者兼诸侯，然则后与君公一例也。今谓凡五必为王者，而《小过》之五为群阴胁制，乃贬其号曰公。然则益之三四，其辞何以不曰"告王"而曰"告公"乎？岂周公《系》《爻》之前，先有一五为天子之定例乎？物之不齐，物之情也。六十四卦岂得一一齐同？《易》不可为典要，唯变所适。执事徒见夫五之为人君也，而不知《剥》、《明夷》、《旅》之五不得为人君也；徒见夫《比》、《家人》、《涣》之五之言王也，而不知《离》之上九，《升》之六四特言王用而非五也；《随》之上六，《益》之六二兼言王用而非五也。记曰："夫言岂一端而已，夫各有所当也。"必欲执一说以概全经，所谓"固哉，高叟之为诗"，而咸丘蒙疑瞽瞍之非臣者与之同失矣。

与友人论父在为母齐衰期书

承教以处今之时，但当著书，不必讲学。此去名务实之论，良获我心。惟所辨父在为母服一事，则终不敢舍二礼之明文，而从后王之臆制，狥野人之恩，而忘严父之义也。夫为父斩衰三年，为母斩衰三年，此从子制之也。父在，为母齐衰期，此从夫制之也。《仪礼·丧服传》曰："何以期也？屈也。至尊在，不敢伸其私尊也。"《问丧篇》曰："父在不敢杖，尊者在故也。"《丧服四制》曰："资于事父以事母而爱同。"天无二日，土无二王，国无二君，家无二尊，以一治之也。故父在，为母齐衰期者，见无二尊也。所谓三纲者，夫为妻纲，父为子纲。夫为妻之服除，则子为母之服亦除，此严父而不敢自专之义也。奈何忘其父为一家制礼之主，而论异同，较厚薄于其子哉？伯鱼之母死，期而犹哭，夫子闻之曰："谁与哭者？"门人曰："鲤也。"夫子曰："嘻！其甚也。"伯鱼闻之，遂除之。伯鱼之母，孔子之妻也。孔子为妻之服既除，则伯鱼不敢为其母之私恩而服过期之服，所谓先王制礼，不敢过也。《丧服子夏传》曰:"禽兽知母而不知父。野人曰:父母何算焉,都邑之士则知尊祢矣。"《丧服小记》曰:"祖父卒,而后为祖母后者三年。"是则父在而不得伸其三年者,厌于父也;祖父在而不得伸其三年者,厌于祖父也。服之者,仁也,不得伸者,义也。品节斯,斯之谓礼。虽然,传曰:"父必三年然后娶,达子之志也。"然则十五月而禫之外,为之子者岂忍遂食稻衣锦而居于内乎?志之为言,即心丧之谓。以父之尊厌之,而又以父之三年不娶者达之,圣人所以处人父子之间者,仁之至,义之尽矣。自礼教不明,丧纪废坏,而徒以衰麻之服为丧,宜执事之疑而不敢安也。经传言三年之丧,不谓之三年之服也。夫三日不怠,三月不解,期悲哀,三年忧者,此三年之丧也。练而慨然,祥而廓然者,此三年之丧也。泣血三年未尝见齿者,此三年之丧也。丧云丧云,衰麻云乎哉!且执事谓今之父在为母者,果能服三年之服乎?卒哭之后,固有屈于父而易为缟白浅淡之衣者矣。是则并其衰麻之服亦有所不尽行。然而二十七月之内,不听乐,不昏嫁,不赴举,不服官,则自周公以来固已如此矣。且夫礼有母为长子三年之文,先儒以为不得以父在屈至期,何也?从乎父也。父除,则虽子之为母而不敢不除;父未除,则虽母之为子而不敢除。故子有为母期者,母有为长子三年者。孟子曰"礼之实,节文斯二者"是也。若但曰:父母之亲同,其爱同,其服同,则孩提之童无不知之者矣。何待圣人为之制哉?曾子问曰:"并有丧,如之何?何先何后?"孔子曰:"葬先轻而后重;其奠也,先重而后轻。"以父为重,以母为轻,苟非斯言之出于圣人,则亦将俗儒之所议矣。若夫上元、洪武改革之繇,卢履冰、元行冲、褚无量驳正之说,当亦执事旧闻,不烦更述,惟祈详察。

与友人论服制书

增三年之丧为三十六月，起于唐弘文馆直学士王元感，已为张柬之所驳，而今关中士大夫皆行之。《丧服小记》曰："再期之丧，三年也。"三年问曰："至亲以期断，然则何以三年也？"曰："加隆焉尔也。焉使倍之，故再期也。"古人以再期为三年，而于其中又有练祥之节，杀哀之序，变服之渐，以其更历三岁而谓之三年，非先有三年之名，而后为之制服也。今于礼之所繇生者既已昧之，抑吾闻之，君子之所贵乎丧者，以其内心者也。居处不安，然后为之居倚庐以致其慕；食旨不甘，然后为之疏食水饮以致其菲；去饰之甚，然后为之袒括、衰麻、练葛之制以致其无文。今关中之士大夫，其服官赴举，犹夫人也，而独以冠布之加数月者为孝，吾不知其为情乎？为文乎？先王之礼，不可加也，从而加之，必其内心之不至也。其甚者，除服之日而有贺。夫人情之所贺者，其不必然者也。得子也，拜官也，登科也，成室也，不必然而然，斯可贺也。故曰：婚礼不贺，人之序也。以其为人事之所必然，故不贺也。丧之有终，人事之必然者也，何贺之有？抑吾不知其贺者，将于除服之日乎？君子有终身之丧，忌日之谓也。是日也，以丧礼处之而不可以除。将以其明日乎？则又朝祥暮歌之类也。贺之为言，稍知书者已所不道，而王元感之论则尚遵而行之。使有一人焉，如颜丁、子羔之行，其于送死之事，无不尽也，而独去其服于中月而禫之日，其得谓之不孝哉？虽然，吾见今之人略不以丧纪为意，而此邦犹以相沿之旧，不敢遽变，是风俗之厚也。若乃致其情而去其文，则君子为教于乡者之事也。

与友人论门人书

伏承来教，勤勤恳恳，闵其年之衰暮，而悼其学之无传，其为意甚盛。然欲使之效曩者二三先生招门徒，立名誉，以光显于世，则私心有所不愿也。若乃西汉之传经，弟子常千余人，而位高者至公卿，下者亦为博士，以名其学，可不谓荣欤？而班史乃断之曰："盖禄利之路然也。"故以夫子之门人且学干禄。子曰："三年学，不至于谷，不易得也。"而况于今日乎？今之为禄利者，其无藉于经术也审矣。穷年所习，不过应试之文，而问以本经，犹茫然不知为何语。盖举唐以来帖括之浅而又废之，其无意于学也，传之非一世矣。矧纳赀之例行，而目不识字者，可为郡邑博士；惟贫而不能徙业者，百人之中尚有一二读书，而又皆躁竞之徒，欲速成以名于世。语之以五经则不愿学，语之以白沙、阳明之语录则欣然矣，以其袭而取之易也。其中小有才华者颇好为诗，而今日之诗，亦可以不学而作。吾行天下，见诗与语录之刻，堆几积案，殆于"瓦釜雷鸣"，而叩以"二南"、《雅》《颂》之义，不能说也。于此时而将行吾之道，其谁从之！"大匠不为拙工改废绳墨，羿不为拙射变其彀率"，若徇众人之好，而自贬其学，以来天下之人，而广其名誉，则是枉道以从人，而我亦将有所不暇。惟是斯道之在天下，必有时而兴，而君子之教人，有私淑艾者，虽去之百世而犹若同堂也。所著《日知录》三十余卷，平生之志与业皆在其中，惟多写数本以贻之同好，庶不为恶其害己者之所去，而有王者起，得以酌取焉，其亦可以毕区区之愿矣。夫道之污隆，各以其时，若为己而不求名，则无不可以自勉。鄙哉硁硁所以异于今之先生者如此，高明何以教之？

与友人辞祝书

昨见子德云：明府将以贱辰光临赐祝。窃惟生日之礼，古人所无。小弁之逐子，始说我辰；哀郢之故臣，乃言初度。故唐文皇以劬劳之训，垂泣以对群臣；而近时孙退谷、张篑山著论欲废此礼。彼居常处顺者，犹且辞之，况鄙人生丁不造，情事异人，流离四方，偷存视息。若前史王华、王肃、陆襄、虞荔、王慧龙之伦，便当终身布衣疏食，不听音乐，不参喜事。即不能然，而又以此日接朋友之觞，炫世俗之目，岂不于我心有戚戚乎？知我者当闵其不幸而吊慰之，不当施之以非礼之礼，使之拂其心而夭其性也。用是直摅衷曲，布诸执事，惟祈鉴之。

病起与蓟门当事书

天生豪杰，必有所任，如人主于其臣，授之官而与以职。今日者拯斯人于涂炭，为万世开太平，此吾辈之任也。仁以为己任，死而后已，故一病垂危，神思不乱。使遂溘焉长逝，而于此任已不可谓无尺寸之功，今既得生，是天以为稍能任事而不遽放归者也，又敢怠于其职乎？今有一言而可以活千百万人之命，而尤莫切于秦、陇者，苟能行之，则阴德万万于于公矣。请举秦民之夏麦秋米及豆草一切征其本色，贮之官仓，至来年青黄不接之时而卖之，则司农之金固在也，而民间省倍蓰之出。且一岁计之不足，十岁计之有余，始行之于秦中，继可推之天下。然谓秦人尤急者，何也？目见凤翔之民举债于权要，每银一两，偿米四石，此尚能支持岁月乎？捐不可得之虚计，犹将为之，而况一转移之间，无亏于国课乎？然恐不能行也。《易》曰："牵羊悔亡，闻言不信。"至于势穷理极，河决鱼烂之后，虽欲征其本色而有不可得者矣。救民水火，莫先于此。病中已笔之于书，而未告诸在位。比读国史，正统中，尝遣右通政李畛等官粜米得银若干万，则昔人有行之者矣。特建此说，以待高明者筹之。

与李湘北书

关中布衣李君因笃顷承大疏荐扬，既征好士之忱，尤羡拔尤之鉴。但此君母老且病，独子无依，一奉鹤书，相看哽咽，虽趋朝之义已迫于戴星，而问寝之私倍悬于爱日。况年逾七十，久困扶床，路隔三千，难通啮指，一旦祷北辰而不验，回西景以无期，则缾罍之耻奚偿，风木之悲何及！昔者令伯奏其愚诚，晋朝听许；元直指其方寸，汉主遣行。求贤虽有国之经，教孝实人伦之本。是用遡风即路，沥血叩阍。伏惟执事弘锡类之仁，悯向隅之泣，俯赐吹嘘，仰徼俞允，俾得归供菽水，入侍刀圭，则自此一日之斑衣，即终身之结草矣。若炎武者，黄冠蒯屦，久从方外之踪，齿豁目盲，已在废人之数，而以生平昆弟之交，理难坐视，辄敢通书辇下，布其区区。

答汤荆岘书

两函并至，深感注存。足下有子产博物之能，子政多闻之敏，而下问及于愚耄，不知臣精销亡，少时所闻，十不记其二三矣。闻之前辈老先生曰:"《太祖实录》凡三修:一修于建文之时,则其书已焚,不存于世矣;再修于永乐之初,则昔时大梁宗正西亭曾有其书,而洪水滔天之后,遂不可问;今史戚所存,及士大夫家讳《实录》之名,而改为《圣政记》者,皆三修之本也。然而再修、三修所不同者,大抵为靖难一事。如弃大宁而并建立之制,及一切边事书之甚略,是也。至于颍、宋二公若果不以令终,则初修必已讳之矣。"闻之先人曰:"《实录》中附传于卒之下者,正也;不系卒而别见者,变也。当日史臣之微意也。"王元美先生作信国公诗曰:"所以恩泽终,颍、宋乃反是。"盖谓二公之不得其死,而不可谓之诛。且以汉事言之:武帝之于刘屈牦,谓之诛,可也;成帝之于翟方进,谓之诛,不可也。是史臣之所以微之也。今观卒后恩典之有无隆杀,则举一隅而三可反矣。至于即主位之月日,当如来谕,以《实录》为正耳。自万历以还,是非之涂,樊然殽乱,姑以目所尝见之书,其刻本则如《辛亥京察记事》、《辽事实录》王在晋、《清流摘镜》王岳、《傋庵野钞》、《同时尚论录》二书并蔡士顺、《悫书》蒋德璟;钞本则如《酌中志》刘若愚、《恸余杂记》史惇之类皆不可阙,而遽数之不能终也。搜罗之博,裁断之精,是在大君子而已。

与叶𬭎庵书

去冬韩元少书来,言曾欲与执事荐及鄙人,已而中止。顷闻史局中复有物色及之者。无论昏耄之资,不能黾勉从事,而执事同里人也,一生怀抱,敢不直陈之左右。先妣未嫁过门,养姑抱嗣,为吴中第一奇节,蒙朝廷旌表。国亡绝粒,以女子而蹈首阳之烈。临终遗命,有"无仕异代"之言，载于志状，故人人可出而炎武必不可出矣。记曰："将贻父母令名，必果；将贻父母羞辱，必不果。"七十老翁何所求？正欠一死！若必相逼，则以身殉之矣！一死而先妣之大节愈彰于天下，使不类之子得附以成名，此亦人生难得之遭逢也。谨此奉闻。

与史馆诸君书

视草北门，紬书东观，一代文献，属之巨公，幸甚幸甚。列女之传，旧史不遗，伏念先妣王氏未嫁守节，断指疗姑，立后训子，及家世名讳并载张元长先生传中。崇祯九年，巡按御史王公一鹗具题，奉旨旌表。乙酉之夏，先妣时年六十，避兵于尝熟县之语濂泾。谓不孝曰："我虽妇人，身受国恩，义不可辱。"及闻两京皆破，绝粒不食，以七月三十日卒于寓室之内寝。遗命炎武读书隐居，无仕二姓。迄今三十五年，每一念及，不知涕之沾襟也。当日间关戎马，越大祥之后，乃得合葬于先考文学之兆。今将树一石坊于墓上，藉旌门之典，为表墓之荣。而适当修史之时，又得诸公以卓识宏才膺笔削之任，共姬之葬，特志于春秋，漆室之言，独传于中垒，不无望于阐幽之笔也。炎武年近七旬，旦暮入地，自度无可以扬名显亲，敢沥陈哀恳，冀采数语存之简编，则没世之荣施，即千载之风教矣。

与公肃甥书二首

与公肃甥书之一

修史之难,当局者自知之矣。求藏书于四方,意非不美,而西方州县以此为苦,宪檄一到,即报无书。所以然者,正缘借端派取解费,时事人情,大抵如此。窃意此番纂述,止可以邸报为本,粗具草稿,以待后人,如刘昫之《旧唐书》可也。唐武宗以后无实录。忆昔时邸报至崇祯十一年方有活板,自此以前,并是写本。而中秘所收,乃出涿州之献,岂无意为增损者乎?访问士大夫家,有当时旧钞,以俸薪别购一部,择其大关目处略一对勘,便可知矣。吾自少时,先王父朝夕与一二执友谈论,趋庭拱听,颇识根源,但年老未免遗忘,而手泽亦多散佚,史稿之成,犹可辩其泾渭。今日作书,正是刘昫之比,而诸公多引洪武初修元史故事,不知诸史之中,元史最劣,以其旬月而就,故舛谬特多。如列传八卷速不台,九卷雪不台,一人作两传;十八卷完者都,二十卷完者拔都,一人作两传,几不知数马足,何暇问其骊黄牝牡耶?然此汉人作蒙古人传,今日汉人作汉人传,定不至此。亦有如谷林苍以张延登、张华东为两人者。惟是奏章是非同异之论,两造并存,而自外所闻,别用传疑之例,庶乎得之。此虽万世公论,却是家庭私语,不可告人以滋好事之腾口也。

与公肃甥书之二

所谓大臣者,以道事君,不可则止。吾甥宜三复斯言,不贻讥于后世,则衰朽与有荣施矣。此中自京兆抵二崤皆得雨,陇西、上郡、平凉皆旱荒,恐为大同之续。与其赈恤于已伤,孰若蠲除于未病。又有异者,身为秦令,而隔河买临晋之小儿,阉为宦者,以充僮竖,至割死一人,岂非自陕以西别一世界乎？诚欲正朝廷以正百官，当以激浊扬清为第一义，而其本在于养廉。故先以俸禄一议附览，然此今日所必不行，留以俟之可耳。说经之外，所论著大抵如此。世有孟子，或以之劝齐梁，我则终于韫匵而已。

答原一公肃两甥书

老年多暇，追忆曩游，未登弱冠之年，即与斯文之会，随厨、俊之后尘，步杨、班之逸躅，人推月旦，家擅雕龙，此一时也。已而山岳崩颓，江湖沸渭，酸枣之陈词慷慨，尚记臧洪；睢阳之断指淋漓，最伤南八。重泉虽隔，方寸无瞑，此又一时也。已而奴隶鸱张，亲朋澜倒，或有闻死灰之语，流涕而省韩安；览穷鸟之文，抚心而明赵壹。终凭公论，得脱危机，此又一时也。凡此三者之人，骑箕化鹤，多不可追；哲嗣闻孙，往往而在。此即担簦戴笠，陌路相逢，犹且为之叙殷勤，陈夙昔，班荆郑国之野，贳酒黄公之垆。而况吾甥欲以郡中之园为吾寓舍，寻往时之息壤，不乏同盟，坐今日之皋比，难辞后学。使鸡黍蔑具，干糇以愆，既乖良友之情，弥失故人之望。且吾今居关、华，每年日用约费百金。若至吴门，便须五倍，吾甥能为办之否乎？又或谓广厦之欢，可以大庇寒士；九里之润，亦当施及吾侪。而曰：吾尔皆同声气同患难之人，尔有鼎贵之甥，可无挹注之谊？因罴觅菟，见弹求鸮，有如退之诗所云，"偶然题作木居士，便有无穷祈福人"者，吾甥复能副之否乎？虽复田文、无忌，不可论之当今，假使元美、天如，当必有以处此，而如其不然，则必以觖望之怀，更招多口之议。况山林晚暮，已成独往之踪；城市云为，终是狗人之学。然则吾今日之不来，非惟自适，亦所以善为吾甥地也。

与彦和甥书

万历以前，八股之文可传于世者，不过二三百篇耳。其间却无一字无来处。偶为门人讲吴化事君数一节，文中有謇谔二字。《楚辞·离骚》："余固知謇謇之为患兮，忍而不能舍也。"此謇字之所出也。《史记·商君传》："千人之诺诺，不如一士之谔谔。武王谔谔以昌，殷纣墨墨以亡。"此谔字之所出也。陆机《辨亡论》："左丞相陆凯以謇谔尽规。"韩文公《郾城联句》："九迁弥謇谔。"则古人已用之矣。今欲吾甥集门墙多士十数人，委之将先正文字注解一二十篇来，以示北方学者。除事出四书不注外，其五经子史古文句法一一注之，如李善之注《文选》，方为合式。此可以救近科杜撰不根之弊也。

与施愚山书

理学之传，自是君家弓冶。然愚独以为理学之名，自宋人始有之。古之所谓理学，经学也，非数十年不能通也。故曰："君子之于春秋，没身而已矣。"今之所谓理学，禅学也，不取之五经而但资之语录，校诸帖括之文而尤易也。又曰："《论语》，圣人之语录也。"舍圣人之语录，而从事于后儒，此之谓不知本矣。高明以为然乎？近来刊落枝叶，不作诗文，敬拜佳篇，未得訓和。而音学五书之刻，其功在于注《毛诗》与《周易》，今但以为诗家不朽之书，则末矣。刊改未定，作一书与力臣先印《诗经》并《广韵》奉送，有便人可往取之。

答汪苕文书

远惠手书，奖挹过甚，殊增悚愧。至于悯礼教之废坏，而望之斟酌今古，以成一书，返百王之季俗，而跻之三代，此仁人君子之用心也。然斯事之难，朱子尝欲为之而未就矣，况又在四五百年之后乎？弟少习举业，多用力于四经，而三礼未之考究。年过五十，乃知"不学礼无以立"之旨，方欲讨论，而多历忧患，又迫衰晚，兼以北方难购书籍，遂于此经未有所得。而所见有济阳张君稷若名尔岐者，作《仪礼郑注句读》一书，根本先儒，立言简当，以其人不求闻达，故无当世之名，而其书实似可传，使朱子见之，必不仅谢监岳之称许也。向见五服异同之书，已相叹服。窃意出处升沈，自有定见，如得殚数年之精力，以三礼为经，而取古今之变附于其下，为之论断，以待后王，以惠来学，岂非今日之大幸乎？弟方纂录《易》解，程、朱各自为书，以正大全之谬，而桑榆之年，未卜能成与否，不敢虚期许之意，而仍以望之君子也。

答俞右吉书

所论春秋诸家及胡文定作传之旨，极为正当。在汉之时，三家之学各自为师，而范宁注《谷梁》，独不株守一家之说。至唐啖、赵出而会通三传，独究遗经；至宋孙、刘出而掊击古人，几无余蕴。文定因之，以痛哭流涕之怀，发标新领异之论，其去游、夏之传，益以远矣。今陆氏之《纂例》，刘氏之《权衡》《意林》，并有其意，惟尊王发微未见，而后儒之辨《春秋》，其散见于志书文集者，亦多钞录，未得会稡成帙。若鄙著《日知录》《春秋》一卷，且有一二百条，如："君氏卒。""禘于太庙，用致夫人。"当从《左氏》；"夫人子氏薨。"当从《谷梁》；"仲婴齐卒。"当从《公羊》；而"二国来媵"，则愚自为之说，盖见《硕人》诗云："东宫之妹"，《正义》以为"明所生之贵"，而非敢创前人所未有也。因乏写手，一时未得奉寄，惟就来书所问二事，敬录以上，未知合否？祈为正之。

与戴枫仲书

大难初平，宜反己自治，以为善后之计。昔傅说之告高宗曰："惟干戈省厥躬。"而夫子之系易也，曰："山上有水，蹇。君子以反身修德。"孟子曰："行有不得者，皆反求诸己。"《左传》载夫子之言曰："臧武仲之智而不容于鲁，有由也。作不顺而施不恕也。"苟能省察此心，使克伐怨欲之情不萌于中，而顺事恕施，以至于"在邦无怨，在家无怨"，则可以入圣人之道矣。以向者横逆之来，为他山之石，是张子所谓"玉女于成"者也。至于臧否人物之论，甚足以招尤而损德。自顾其人能如许子将，方可操汝南之月旦，然犹一郡而已，未敢及乎天下也。不务反己而好评人，此今之君子所以终身不可与适道，不为吾友愿之也。

与李星来书

今春荐剡，几遍词坛，虽龙性之难驯，亦鱼潜之孔照。乃申屠之迹，竟得超然，叔夜之书，安于不作，此则晚年福事。关中三友：山史辞病，不获而行；天生母病，涕泣言别；中孚至以死自誓而后得免，视老夫为天际之冥鸿矣。此中山水绝佳，同志之侣多欲相留避世。愚谓与汉羌烽火但隔一山，彼谓三十年来在在筑堡，一县之境，多至千余，人自为守，敌难遍攻，此他省之所无，即天下有变而秦独完矣。未知然否？

答李紫澜书

常叹有名不如无名，有位不如无位。前读大教，谬相推许，而不知弟此来关右，不干当事，不立坛宇，不招门徒。西方之人或以为迂，或以为是。而同志之李君中孚，遂为上官逼迫，异至近郊，至卧操白刃，誓欲自裁。关中诸君有以巨游故事言之当事，得为谢病放归。然后国家无杀士之名，草泽有容身之地，真所谓威武不屈。然而名之为累，一至于斯，可以废然返矣！或曰："君子疾没世而名不称"，何欤？曰：君子所求者，没世之名，今人所求者，当世之名。当世之名，没则已焉，其所求者，正君子之所疾也，而何俗士之难瘳欤？城郭沟池以为固，甲兵以为防，米粟刍茭以为守，三代以来，王者之所不废。自宋太祖惩五季之乱，一举而尽撤之，于是风尘乍起，而天下无完邑矣。我不能守，贼亦不能据，而椎埋攻剽之徒乃尽保于山中。于是四皓之商颜，刘、阮之天姥，凡昔日兵革之所不经，高真之所托迹者，无不为戎薮盗区。故避世之难，未有甚于今日，推原其故，而艺祖、韩王有不得辞其咎者矣。读书论世而不及此，岂得为"开拓万古之心胸"者乎？

答曾庭闻书

南徐一别，三十六年，足下高论王霸，屈迹泥涂，读严武、隗嚣之句，未尝不为之三叹。弟白首穷经，使天假之年，不过一伏生而已，何敢望骐骥之后尘，而希千里之步？然以用世之才如君者，而犹沦落不偶，况砥鄙如弟，率彼旷野，死于道涂，固其宜也。奚足辱君子勤勤之问乎？宣尼有言："自南宫敬叔之乘我车也而道加行。"今之人情则异乎是。即有敬叔之车，而季、孟之流，不问杏坛之字。然一生所著之书，颇有足以启后王而垂来学者。《日知录》三十卷已行其八，而尚未惬意。《音学五书》四十卷，今方付之剞劂，其梨枣之工，悉出于先人之所遗，故国之余泽，而未尝取诸人也。"君子之道，或出或处"，君年未老，努力加餐。

复陈蔼公书

山史西来，得接赐札，并读并记。一门尽节，风教凛然，诚彤管之希闻，中垒所未记者矣。弟久客四方，年垂七十，形容枯槁，志业衰隤，方且逃名寂寞之乡，混迹渔樵之侣，不改效百泉、二曲为讲学授徒之事，亦乌有所谓门墙者乎？若乃过汝南而交孟博，至高密而访康成，则当世之通人伟士，自结发以来，奉为师友者，盖不乏人，而未敢存门户方隅之见也。《诗》曰:"风雨如晦,鸡鸣不已。"又曰:"乐彼之园,爰有树檀,其下维谷。他山之石,可以攻玉。"是则君子所以持己于末流,接人于广坐者,必有不求异而亦不苟同者矣。辱承来教,实获我心,率此报谢。

亭林文集卷之四

答李子德书三首

答李子德书之一

　　三代六经之音，失其传也久矣，其文之存于世者，多后人所不能通，以其不能通，而辄以今世之音改之，于是乎有改经之病。始自唐明皇改《尚书》，而后人往往效之，然犹曰：旧为某，今改为某，则其本文犹在也。至于近日锓本盛行，而凡先秦以下之书率臆径改，不复言其旧为某，则古人之音亡而文亦亡，此尤可叹者也。开元十三年敕曰："朕听政之暇，乙夜观书，每读《尚书·洪范》，至'无偏无颇，遵王之义'，三复兹句，常有所疑，据其下文并皆协韵，惟'颇'一字实则不伦；又《周易·泰卦》中'无平不陂'，《释文》云：'陂字亦有颇音。'陂之与颇，训诂无别，其《尚书·洪范》'无偏无颇'字宜改为'陂'。"盖不知古人之读义为我，而颇之未尝误也。《易·象传》："鼎耳革，失其义也，覆公餗，信如何也。"《礼记·表记》："仁者右也，道者左也；仁者人也，道者义也。"是义之读为我，而其见于他书者，遽数之不能终也。王应麟曰："宣和六年诏：《洪范》复旧文为颇。"然监本犹仍其故，而《史记·宋世家》之述其书，则曰"毋偏毋颇"，《吕氏春秋》之引此书，则曰"无偏无颇"，其本之传于今者，则亦未尝改也。《易·渐》上九："鸿渐于陆，其羽可用为仪。"范谔昌改陆为逵，朱子谓以韵读之良是。而不知古人读仪为俄，不与逵为韵也。《小过》上六："弗遇过之，飞鸟离之。"朱子存其二说，谓仍当作"弗过遇之"，而不知古读离为罗，正与过为韵也。《杂》卦传："晋昼也，明夷诛也。"孙奕改诛为昧，而不知古人读昼为注，正与诛为韵也。《楚辞·天问》："简狄在台訾何宜，玄鸟致诒女何嘉。"后人改嘉为喜，而不知古人读宜为牛何反，正与嘉为韵也。《招魂》："魂兮归来，北方不可以止些。增冰峨峨，飞雪千里些。归来归来，不可以久些。"五臣文选本作"不可以久止"。而不知古人读久为几，正与止为韵也。《老子》："朝甚除，田甚芜，仓甚虚。服文采，带利剑，厌饮食，财货有余，是为盗夸。"杨慎改为盗竽，谓本之韩非子，而不知古人读夸为刳，正与除为韵也。《淮南子·原道训》："以天为盖，以地为舆。四时为马，阴阳为驺。乘云陵霄，与造化者俱。纵志舒节，以驰大区。"后人改驺为御，_{据吴才老韵补引此作驺。}而不知古人读驺为邹，正与舆为韵也。《史记·龟策传》："雷电将之，风雨迎之，流水行之。侯王有德，乃得当之。"后人改迎为送，而不知古人读迎为昂，正与将为韵也。《太史公自序》："有法无法，因时为业；有度无度，因物与舍。"今《汉书·司马迁传》亦正作舍。而后人改为合，不知古人读舍为恕。正与度为韵也。栢梁台诗上林令曰："去狗逐兔张罝罘。"今本改为罝罝，又改为罝罳，而不知古人读罘为扶之反，正与时为韵也。扬雄《后将军赵充国颂》："在汉中兴，充国作武，赳赳桓桓，亦绍厥后。"五臣文选本改后为绪，而不知古人读后为户，正与武为韵也。繁钦《定情诗》："何以结相于，金薄画搔头。"后人改于为投，而不知古人读头为徒，正与于为韵也。陆云《答兄平原诗》："巍巍先基，重规累构。赫赫重光，遐风激骛。"今本改骛为鹜，而不知古人读构为故，正与骛为韵也。齐武帝《估客乐》："昔经樊邓役，阻潮梅根冶。深怀怅往事，意满辞不叙。"今本改冶为渚，不知宋书百官志：江南有梅根及冶塘二冶，而古人读冶为墅，正与叙为韵也。《隋书》载梁沈约《歌赤帝辞》："齐醍在堂，笙镛在下，匪惟七百，无绝终古。"今本改古为始，不知"长无绝兮终古"，乃《九歌》之辞，而古人读下为户，正与古为韵也。《诗》曰："泛彼柏舟，在彼中河。髧彼两髦，实惟我仪，之死矢靡他。"则古人读仪为俄之证也。《易·离》九三："日昃之离，不鼓缶而歌，则大耋之嗟。"则古人读离为罗之证也。张衡《西京赋》："徼道外周，千庐内附。卫尉八屯，巡夜警昼。"则古人读昼为注之证也。《诗》曰："君子偕老，副笄六珈。委委佗佗，如山如河，象服是宜。子之不淑，云如之何。"则古人读宜为牛何反之证也。又曰："何其久也，必有以也。"又曰："吉甫燕喜，既多受祉。来归自镐，我行永久。"则古人读久为几之证也。左思《吴都赋》："横塘查下，邑屋隆夸。长干延属，飞甍舛互。"则古人读夸为刳之证也。《汉书·叙传》："舞阳鼓刀，滕公厩驺。颖阴商贩，曲周庸夫。攀龙附凤，并乘天衢。"则古人读驺为邾之证也。《庄子》："不将不迎，应而不藏，故能胜物而不伤。"又曰："无有所将，无有所迎。"则古人读迎为昂之证也。《曲礼》："将适舍，求无固。"《离骚》："余固知謇謇之为患兮，忍而不能舍也。指九天以为正兮，夫惟灵修之故也。"则古人读舍为恕之证也。秦始皇《东观刻石文》："常职既定，后嗣循业，长承圣治。群臣嘉德，祗诵圣烈，请刻之罘。"则古人读罘为扶之反之证也。《诗》曰："予曰有疏附，予曰有先后；予曰有奔走，予曰有御侮。"则古人读后为户之证也。《史记·龟策传》："今寡人梦见一丈夫，延颈而长头。衣元绣之衣而乘辎车。"则古人读头为徒之证也。《荀子》："肉腐出虫，鱼枯生蠹。怠慢忘身，祸灾乃作。强自取柱，柔自取束。邪秽在身，怨之所构。"作、束并去声，则古人读构为故之证也。马融《广成颂》："然后缓节舒容，裴徊安步，降集波籞。川衡、泽虞，矢鱼陈罟。兹飞、宿沙，田开、古冶。挥终葵，扬关斧。刊重冰，拨蛰户。测潜鳞，踵介旅。"则古人读冶为墅之证也。《诗》曰："于以奠之，宗室牖下。谁其尸之，有齐季女。"则古人读下为户之证也。凡若此者，遽数之不能终也。其为古人之本音而非叶韵，则陈第已辨之矣。若夫近日之锓本，又有甚焉。阮瑀《七哀诗》："冥冥九泉室，漫漫长夜台。身尽气力索，精魂靡所能。"今本改能为回，不知《广韵》十六咍部元有能字，姚宽证之以《后汉书·黄琬传》："欲得不能，光禄茂才。"以为不必是鳌矣。张说《陇右节度大使郭知运神道碑铭》："河曲回兵，临洮旧防。手握金节，魂沈玉帐。千里送丧，三军凄怆。"唐文粹本改防为址，以叶上文喜、祉诸字，不知《广韵》四十一漾部元有防字，而"峻岨塍，埒长城。豁险吞，若巨防"，已见于左思之《蜀都赋》矣。卢照邻《奉使益州诗》："峻岨埒长城，高标吞巨防。"正用《蜀都赋》语。今本卢诗改防为舫。李白《日夕山中有怀》诗："久卧名山云，遂为名山客。山深云更好，赏弄终日夕。月衔楼间峰，泉漱阶下石。素心自此得，真趣非外借。"今本改借为惜，杜甫《郑典设自施州归》诗同。不知《广韵》二十二昔部元有借字，而"伤美物之遂化，怨浮龄之如借"，已见于谢灵运之《山居赋》矣。凡若此者，亦遽数之不能终也。其详并见《唐韵正》本字下。嗟夫！学者读圣人之经与古人之作，而不能通其音；不知今人之音不同乎古也，而改古人之文以就之，可不谓之大惑乎？昔者汉西平四年，议郎蔡邕奏求正定《五经》文字，乃自书丹于碑，使工镌刻，立于太学门外，后儒晚学咸取正焉。魏正始中，又立古文篆隶三字石经。自是以来，古文之经不绝于代。传写之不同于古者，犹有所疑而考焉。天宝初，诏集贤学士卫包，改为今文，而古文之传遂泯，此经之一变也。汉人之于经，如先后郑之释《三礼》，或改其音而未尝变其字。《子贡问乐》一章，错简明白，而仍其本文不敢移也，注之于下而已。所以然者，述古而不自专，古人之师传，固若是也。及朱子之正《大学》《系辞》，径以其所自定者为本文，而以错简之说注于其下，已大破拘孪之习。后人效之，《周礼》五官互相更易，彼此纷纭；《召南》《小雅》且欲移其篇第，此经之又一变也。闻之先人，自嘉靖以前，书之锓本虽不精工，而其所不能通之处，注之曰疑；今之锓本加精，而疑者不复注，且径改之矣。以甚精之刻，而行其径改之文，无怪乎旧本之日微，而新说之愈凿也。故愚以为读《九经》自考文始，考文自知音始。以至诸子百家之书，亦莫不然。不揣寡昧，僭为《唐韵正》一书，而于《诗》《易》二经各为之音，曰《诗本音》，曰《易音》。以其经也，故列于《唐韵正》之前，而学者读之，则必先《唐韵正》而次及《诗》《易》二书，明乎其所以变，而后三百五篇与《卦》《爻》《彖》《象》之文可读也。其书之条理最为精密，窃计后之人必有患其不便于寻讨，而更窜并入之者，而不得不豫为之说以告也。夫子有言："齐一变至于鲁，鲁一变至于道。"今之《广韵》，固宋时人所谓"菟园之册"，家传而户习者也。自刘渊韵行，而此书几于不存。今使学者睹是书，而曰：自齐、梁以来，周颙、沈约诸人相传之韵固如是也，则俗韵不攻而自绌。所谓"一变而至鲁"也。又从是而进之《五经》三代之书，而知秦汉以下至于齐梁历代迁流之失，而三百五篇之《诗》，可弦而歌之矣。此所谓"一变而至道"也。故吾之书，一循《广韵》之次第而不敢辄更，亦犹古人之意，且使下学者易得其门而入，非托之足下，其谁传之？今钞一帙附往，而考古之后，《日知》所无，不能无所增益，则此之书犹未得为完本也。

答子德书之二

老弟虽上令伯之章，以我度之，未必见听。昔朱子谓陆放翁能太高，迹太近，恐为有力者所牵挽，不得全其志节，正老弟今日之谓矣。但与时消息，自今以往，别有机权，公事之余，尤望学《易》。吾弟行年四十九矣，何必待之明岁哉？更希余光下被，俾暮年迂叟得自遂于天空海阔之间，尤为知己之爱也。

答子德书之三

接读来诗，弥增愧侧，名言在兹，不啻口出，古人有之。然使足下蒙朋党之讥，而老夫受虚名之祸，未必不由于此也。韩伯休不欲女子知名，足下乃欲播吾名于士大夫，其去昔贤之见，何其远乎？"人相忘于道术，鱼相忘于江湖"，若每作一诗，辄相推重，是昔人标榜之习，而大雅君子所弗为也。愿老弟自今以往，不复挂朽人于笔舌之间，则所以全之者大矣。

与潘次耕书

著述之家，最不利乎以未定之书传之于人。昔伊川先生不出《易传》,谓是身后之书,即如近日力臣札来,五书改正约有一二百处:《诗·祈父》"靡所底止",《小旻》"伊于胡底"误作底,注云:十一荠,而不知其为五旨也。《五经》无底字,皆是厎字,惟《左传》襄二十九年"处而不厎",昭元年"勿使有所壅闭湫厎以露其体",乃音丁礼反耳。今《说文》本厎字有下一画,误也。字当从氏。《诗》"周道如砥",孟子引之作厎,以砥厎音同而古亦可通也。今本误为底字。童而习之,并《诗》之砥字亦读为邸矣。《商颂·烈祖》诗上云"以假以享",下云"来假来飨",《石经·上》作享,《下》作飨。欧阳氏曰:"上云以享者,谓诸侯皆来助享于神也;下云来飨者,谓神来至而歆飨也。"享飨二义不同,享者,下享上也,《书》曰"享多仪"是也。飨者,上飨下也,《传》曰"王飨醴"是也。故《周颂》"我将我享"作享,"既右飨之"作飨;《鲁颂》"享以骍牺"作享,"是飨是宜"作飨。今《诗经》本《周》《商》二颂上下皆作享,非矣。举此二端,则此书虽刻成而未可刷印,恐有舛漏以贻后人之议。马文渊有言:"良工不示人以璞。"今世之人速于成书,躁于求名,斯道也将亡矣。前介眉札来索此,原一亦索此书并欲钞《日知录》,我报以《诗》《易》二书今夏可印,其全书再待一年,《日知录》再待十年;如不及年,此年字如"赵孟不复年"之年。则以临终绝笔为定,彼时自有受之者,而非可豫期也。《诗》云:"如切如磋,如琢如磨。"此之谓也。

答次耕书

来书北山南史一联,语简情至,读而悲之。既已不可谏矣,处此之时，惟退惟拙，可以免患。吾行年已迈，阅世颇深，谨以此二字为赠。子德书来云："顷闻将特聘先生，外有两人。"此语未审虚实。"君子之道，或出或处"，鄙人情事与他人不同。先妣以三吴奇节，蒙恩旌表，一闻国难，不食而终，临没丁宁，有无仕异朝之训。辛亥之夏，孝感特束相招，欲吾佐之修史，我答以果有此命，非死则逃。原一在坐与闻，都人士亦颇有传之者，耿耿此心，终始不变！幸以此语白之知交。前札中劝我无入都门及定卜华下，甚感此意。回环中腑，何日忘之！

先生之得为圣人之徒，毕竟以此等书，所谓"行己有耻"是也。

与次耕书之一

于天空海阔之中，一旦为畜樊之雉，才华累之也。虽然，无变而度，无易而虑，古人于远别之时，而依风巢枝，勤勤致意，愿子之勿忘也。自今以往，当思中材而涉末流之戒，处钝守拙。孝标策事，无侈博闻；明远为文，常多累句。务令声名渐减，物缘渐疏，庶几免于今之世矣。若夫不登权门，不涉利路，是又不待老夫之灌灌也。

与次耕书之二

大家续孟坚之作，颇有同心；巨源告延祖之言，实为邪说。展读来札，为之怆然！吾昔年所蓄史事之书，并为令兄取去，令兄亡后，书既无存，吾亦不谈此事。久客北方，后生晚辈益无晓习前朝之掌故者。令兄之亡十七年矣，以六十有七之人，而十七年不谈旧事，十七年不见旧书，衰耄遗忘，少年所闻，十不记其一二。又当年牛、李、洛、蜀之事，殊难置喙。退而修经典之业，假年学易，庶无大过，不敢以草野之人，追论朝廷之政也。然亦有一得之愚，欲告诸良友者。自庚申至戊辰邸报皆曾寓目，与后来刻本记载之书殊不相同。今之修史者，大段当以邸报为主，两造异同之论，一切存之，无轻删抹，而微其论断之辞，以待后人之自定，斯得之矣。割补两朝从信录尚在吾弟处，看完仍付来，此不过邸报之二三也。

与李中孚书二首

与李中孚书之一

衰疾渐侵，行须扶杖，南归尚未可期。久居秦晋，日用不过君平百钱，皆取办囊橐，未尝求人。过江而南，费须五倍，舟车所历，来往六千，求人则丧己，不求则不达，以此徘徊未果。华令迟君谋为朱子祠堂，卜于云台观之右，捐俸百金，弟亦以四十金佐之。七月四日买地，十日开土，中秋后即百堵皆作。然堂庐门垣，备制而已，不欲再起书院。惟祠中用主像，遵足下前谕，主题曰太师徽国文公朱子神位，像合用林下冠服，敢祈足下考订明确示之。太夫人祠已建立否？委作记文，岂敢固辞，以自外于知己。顾念先姚以贞孝受旌，顷使舍侄于墓旁建一小祠，尚未得立，日夜痛心。若使不立母祠，而为足下之母作祠文，是为不敬其亲而敬他人矣。足下亦何取其人乎？贵地高人逸士甚不乏人，似不须弟；若谓非弟不可，则时乎有待，必鄙愿已就，方可泚笔耳。

与李中孚书之二

先生已知蟊屋之为危地，而必为是行，脱一旦有意外之警，居则不安，避则无地，有焚巢丧牛之凶，而无需沙出穴之利，先生将若之何？至云置死生于度外，鄙意未以为然。天下之事，有杀身以成仁者；有可以死，可以无死，而死之不足以成我仁者。子曰："吾未见蹈仁而死者也。"圣人何以能不蹈仁而死？时止则止，时行则行，而不胶于一。孟子曰："大人者言不必信，行不必果。"于是有受免死之周，食嗟来之谢，而古人不以为非也。使必斤斤焉避其小嫌，全其小节，他日事变之来，不能尽如吾料，苟执一不移，则为荀息之忠，尾生之信，不然，或至并其斤斤者而失之，非所望于通人矣。承惓惓相爱之切，故复为此忠告，别有札与宪尼，嘱其恳留先生也。

答王山史书

仲复之言，自是寻常之见。虽然，何辱之有？《小星》《江汜》，圣人列之《召南》，而纪叔姬笔于《春秋》矣。或谓古人媵者皆侄娣，与今人不同。诚然。然记曰："父母有婢子，甚爱之，虽父母没，没身敬之不衰。"夫爱且然，而况五十余年之节行乎？使乡党之人谓诸母之为尊公媵者，其位也；其取重于后人，而为之受吊者，其德也。《易》曰："利幽人之贞，未变常也。"诸母当之矣。君子以广大之心而裁物制事，当不尽以仲复之言为然。将葬，当以一牲告于尊公先生而请启土。及墓，自西上，不敢当中道；既窆，再告而后反。其反也，虞于别室，设座不立主，期而焚之。先祖有二妾，炎武所逮事，其亡也，葬之域外。此固江南士大夫家之成例，而亦周官冢人或前或后之遗法也。今诸母之丧，为位受吊，加于常仪，以报其五十余年之苦节足矣。若遂欲祔之同穴，进列于左右之次，窃以为非宜。追惟生时"实命不同"，"莫敢当夕"之情，与夫今日葬之以礼，"没身敬之不衰"之义，固不待宋仲几、鲁宗人衅夏之对也。

谨复。

与王山史书

朱子祠堂之举,适有机缘。今同令弟及诸君相视形势,定于观北三泉之右,择平敞之地,二水合流之所,建立一堡,止用地四五亩,缭以周垣,引泉环之,并通流堂下。前为石坊,列植松柏,内住居民三四家守之。虽所费不訾,但有百金即便兴工,不患无助。春仲弟自来视工。望作一家报,凡择地委人一切托之令弟允塞,仍移书报弟,速为措办可也。

与王仲复书

华阴王君无异有诸母张氏,年二十六,其君与小君相继殇。无异以兄子为后,方四龄,张氏独守节以事太君。二十五年太君亡,又三十余年年八十一,及见无异之曾孙而终。无异感其节,将为之发丧受吊而疑所服。仆以免服告之。读来教与无异书,未之许也。窃惟礼经之言免者不一,而详其制有二焉。其重也,自斩至缌皆有免;其轻也,五世之亲为之袒免。夫五服之制,有冠有衰,免则无冠也。郑氏曰:以布广一寸,自项中而前,交于额上,却绕紒,如着幓头矣。是故有免而衰者,有免而袒者;在五服之内则免而衰,五服之外则免而袒。袒者,非肉袒也,无衰,故谓之袒也。传言晋惠公获于秦,穆姬"使以免服衰绖逆",是免而衰者矣。史言汉高为义帝发丧,"袒而大哭,兵皆缟素",是无衰而袒者矣。今张氏之卒；无异将为之表其节而报其恩，其可以无服乎哉？童汪踦幼而勿殇，县贲父卑而有诔，国固有之，家亦宜然。请为之免而布素，既葬而除，敢以质之君子。若曰："汰哉，叔氏，专以礼许人！"则吾岂敢。

复张又南书

华下有晦翁旧事，历五百余年始得山史为之表章，又十二年，而炎武重游至此。乃今不创，更待何人？今移买山之资，先作建祠之举。若改岁之初，旌驺至止，当于华下奉迎。白石清泉，共谈中悰，慰二载之阔悰，订千秋之大业，幸甚幸甚！至鄙人侨居之计，且为后图，而其在此，亦非敢拥子厚之皋比，坐季长之绛帐。倘遂听不察，以为自立坛坫，欲以奔走天下之人，则东林覆辙，目所亲见，有断断不为者耳！

与三侄书

新正已移至华下。祠堂、书院之事虽皆秦人为之，然吾亦须自买堡中书室一所，水田四五十亩，为饔飧之计。秦人慕经学，重处士，持清议，实与他省不同。黄精松花，山中所产，沙苑蒺藜，止隔一水，终日服饵，便可不肉不茗。然华阴绾縠关、河之口，虽足不出户，而能见天下之人，闻天下之事。一旦有警，入山守险，不过十里之遥；若志在四方，则一出关门，亦有建瓴之便。今年三月乘道涂之无虞，及筋力之未倦，出崤、函，观伊、雒，历嵩、少，亦有一二好学之士闻风愿交，但中土饥荒，不能久留，遂旋车而西矣。彼中经营方始，固不能久留于外也。

与李霖瞻书

犹子衍生前岁曾蒙青盼，今已随其师至关中，稍知礼法，不好嬉戏，竟立以为子。而昆山从弟子严连得二孙，又令荆妻抱其一，以为殇儿之后。桑榆末景，或可回三舍之戈。此间风俗大胜东方，虽未卜居，亦有安土之怀矣。

与王虹友书

流寓关、华，已及二载，幸得栖迟泉石，不与弓旌。而此中一二绅韦颇知重道，管幼安之客公孙，惟说六经之旨；乐正裘之友献子，初无百乘之家。若使戎马不生，弦歌无辍，即此可为优游卒岁之地矣。惟是筋力衰隤，山川缅邈。获麟西野，粗成拨乱之书；化鹤东州，未卜归来之日。言念邦族，憬然如何！

与周籀书书

昔年过访尊公于江村寓舍中，其时以去国孤踪，相逢话旧。遇声子于郑郊，久谙家世；和渐离于燕市，窃附风流。雹散蓬飘，忽焉二纪，东西南北，音信阙如。为天涯独往之人，类日暮倒行之客。乃者发函伸纸，如见故人，问道论文，益征同志，信后生之可畏，知斯道之不亡。至于鄙俗学而求六经，舍春华而食秋实，则为山覆篑，当加进往之功；祭海先河，尤务本原之学。老夫耄矣，何足咨询？而况二十年前已悔久焚之作乎？重违来旨，辄布区区。

与人书二十五首

与人书一

人之为学，不日进则日退。独学无友，则孤陋而难成；久处一方，则习染而不自觉。不幸而在穷僻之域，无车马之资，犹当博学审问，古人与稽，以求其是非之所在，庶几可得十之五六。若既不出户，又不读书，则是面墙之士，虽子羔、原宪之贤，终无济于天下。子曰："十室之邑，必有忠信，如丘者焉，不如丘之好学也。"夫以孔子之圣，犹须好学，今人可不勉乎？

与人书二

圣人所闻所见，无非《易》也。若曰扫除闻见，并心学《易》，是《易》在闻见之外也。六十四卦三百八十四爻，皆所以告人行事，所谓"拟之而后言，议之而后动"者也。若夫"堕枝体，黜聪明"，此庄周、列御寇之说，《易》无是也。

与人书三

孔子之删述六经,即伊尹、太公救民于水火之心,而今之注虫鱼、命草木者,皆不足以语此也。故曰:"载之空言,不如见诸行事。"夫春秋之作,言焉而已,而谓之行事者,天下后世用以治人之书,将欲谓之空言而不可也。愚不揣,有见于此,故凡文之不关于六经之指、当世之务者,一切不为。而既以明道救人,则于当今之所通患,而未尝专指其人者,亦遂不敢以辟也。

与人书四

诗三百篇即古人之韵谱。经之与韵,本无二也,病在后之学者执韵而论经;其不能通,则改经而就韵。夫道若大路然,安用此多岐乎?休文之四声,神珙之翻切,三代之所未有也。颜师古、章怀太子始有叶韵之说,而汉以前亦未之有也。乃援今而议古,焉得不圆凿而方枘乎?且经学自有源流,自汉而六朝而唐而宋,必一一考究,而后及于近儒之所著,然后可以知其异同离合之指。如论字者必本于《说文》,未有据隶楷而论古文者也。已僭成一书,今先刻音论附往。

与人书五

君子将立言以垂于后,则其与平时之接物者不同。孔子之于《阳货》,盖以大夫之礼待之,而其作《春秋》则书曰盗。又尝过楚,见昭王,当其问答,自必称之为王,而作《春秋》则书:"楚子轸卒。"黜其王,削其葬。其从众而称之也,不以为阿;其特书而黜之也,不以为亢,此孔子所以为圣之时也。孟子曰:"庸敬在兄,斯须之敬在乡人。"今子欲以一日之周旋,而施诸久远之文字,无乃不知春秋之义乎?

与人书六

生平所见之友，以穷以老而遂至于衰颓者，十居七八。赤豹，君子也，久居江东，得无有陨获之叹乎？昔在泽州，得拙诗，深有所感，复书曰："老则息矣，能无倦哉？"此言非也。夫子"归与归与"，未尝一日忘天下也。故君子之学，死而后已。

与人书七

每接谈论，不无感触，夜来梦作一书与执事曰："过蒲而称子路，之平陆而责距心。"嗟乎！梦中之心，觉时之心也；匹夫之心，天下人之心也。今将暂别贵地，民生利病望悉以见教。人虽微，言虽轻，或藉之而重。

与人书八

引古筹今，亦吾儒经世之用，然此等故事，不欲令在位之人知之。今日之事，兴一利便是添一害，如欲行沁水之转般，则河南必扰；开胶、莱之运道，则山东必乱矣。

与人书九

目击世趋，方知治乱之关必在人心风俗，而所以转移人心，整顿风俗，则教化纪纲为不可阙矣。百年必世养之而不足，一朝一夕败之而有余。

与人书十

尝谓今人纂辑之书，正如今人之铸钱。古人采铜于山，今人则买旧钱，名之曰废铜，以充铸而已。所铸之钱既已粗恶，而又将古人传世之宝，舂刬碎散，不存于后，岂不两失之乎？承问《日知录》又成几卷，盖期之以废铜；而某自别来一载，早夜诵读，反复寻究，仅得十余条，然庶几采山之铜也。

与人书十一

顷过里第，见家道小康，诸郎成立，甚慰。然自此少游之计多，而伏波之志减矣。况局守一城，无豪杰之士可与共论，如此则志不能帅气，而衰颓随之。敢以一得之愚献诸执事。某虽学问浅陋，而胸中磊磊，绝无阉然媚世之习，贵郡之人见之，得无适适然惊也？

与人书十二

吾辈学术，世人多所不达，一二稍知文字者，则又自愧其不如。不达则疑，不如则忌，以故平日所作，不甚传之人间。然老矣，终当删定一本，择友人中可与者付之尔。

与人书十三

读来论为之感叹！自北平、南昌二变以后，一代规模于"宗子维城"四字，竟不复讲。至崇祯之时，人心已去，虽使亲王典兵，其能者不过如汉之陈王宠，下者则唐之覃王嗣周、延王戒丕而已。积轻之势固不能有所树立，而变故萌生，难可意料，谁肯独创非常，建房琯之策者哉？虽然，苻坚不过氐酋伪主，而其疏属尚有苻登，诚得此论而用之，未必无一二才杰之士自兹而奋发也。

与人书十四

每接高谈，无非方人之论。子曰："三人行，必有我师焉。择其善者而从之，其不善者而改之。"执事之意其在于斯乎？然而子贡方人，子曰："赐也贤乎哉？夫我则不暇。"是则圣门之所孳孳以求者，不徒在于知人也。《论语》二十篇，惟《公冶长》一篇多论古今人物，而终之曰："已矣乎！吾未见能见其过而内自讼者也。"又曰："十室之邑，必有忠信，如丘者焉，不如丘之好学也。"是则论人物者，所以为内自讼之地；而非好学之深，则不能见己之过；虽欲改不善以迁于善，而其道无从也。记此二章于末，其用意当亦有在，愿与执事详之。

与人书十五

古之疑众者行伪而坚，今之疑众者行伪而脆，其于利害得失之际，且不能自持其是，而何以致人之信乎？故今日好名之人皆不足患，直以凡人视之可尔。

与人书十六

初为此诗，不过具宾主一夕之谈尔。后之作者递相祖袭，无乃失寿陵之本步乎？海内不乏能言之士，区区何足相师，惟自出己意，乃敢许为知音者耳。

与人书十七

君诗之病在于有杜，君文之病在于有韩、欧。有此蹊径于胸中，便终身不脱"依傍"二字，断不能登峰造极。

与人书十八

《宋史》言刘忠肃每戒子弟曰:"士当以器识为先,一命为文人,无足观矣。"仆自一读此言,便绝应酬文字,所以养其器识而不堕于文人也。悬牌在室,以拒来请,人所共见,足下尚不知邪?抑将谓随俗为之,而无伤于器识邪?中孚为其先妣求传再三,终已辞之,盖止为一人一家之事,而无关于经术政理之大,则不作也。韩文公文起八代之衰,若但作《原道》《原毁》《争臣论》《平淮西碑》《张中丞传后序》诸篇,而一切铭状概为谢绝,则诚近代之泰山北斗矣。今犹未敢许也。此非仆之言,当日刘叉已讥之。

与人书十九

弹琵琶侑酒,此倡女之所为,其职则然也。苟欲请良家女子出而为之,则艴然而怒矣。何以异于是?

与人书二十

某君欲自刻其文集以求名于世,此如人之失足而坠井也。若更为之序,岂不犹之下石乎?惟其未坠之时,犹可及止;止之而不听,彼且以入井为安宅也。吾已矣夫!

与人书二十一

郑康成以七十有四之年,为袁本初强之到元城,卒于军中。而曹孟德遂有郑康成行酒、伏地气绝之语,以为本初罪状。后之为处士者,幸无若康成;其待处士者,幸无若本初。

与人书二十二

井叔于崇福宫故址建祠筑垣，以祀宋提举崇福宫十有四公，可谓合礼。韩公维、吕公诲、司马公光、程公颢、颐、刘公安世、范公纯仁、杨公时、李公纲、李公郁、朱公熹、倪公思、王公居安、崔公与之。今介石复建一堂于此祠之前，而迁二程、朱子之位于中，奉之以为一院之主。其尊师重学之意，非不甚至，但其中若韩公、吕公、司马公、刘公，皆与二程同时，而官品多在二程之上，以朱子视之，则皆前辈也。杨龟山先生，又朱子师之师也。同一祠秩，非有所分别也，而俨然独处于前堂，使诸公并世而生，必不安于其位也。夫鬼神之情，人之情也。子曰："未能事人，焉能事鬼。"窃谓宜仍井叔之旧，而别建一祠以奉程、朱，庶乎得之。

与人书二十三

能文不为文人，能讲不为讲师，吾见近日之为文人、为讲师者，其意皆欲以文名，以讲名者也。子不云乎："是闻也，非达也，默而识之。"愚虽不敏，请事斯语矣。

与人书二十四

顷者东方友人书来，谓弟盍亦听人一荐，荐而不出，其名愈高。嗟乎！此所谓钓名者也。今夫妇人之失所天也，从一而终，之死靡慝，其心岂欲见知于人哉？然而义桓之里，称于国人，怀清之台，表于天子，何为其莫之知也？若曰：必待人之强委禽焉而力拒之，然后可以明节，则吾未之闻矣。

与人书二十五

君子之为学,以明道也,以救世也。徒以诗文而已。所谓"雕虫篆刻",亦何益哉!某自五十以后,笃志经史,其于音学深有所得。今为五书以续三百篇以来久绝之传,而别著《日知录》上篇《经术》,中篇《治道》,下篇《博闻》共三十余卷。有王者起,将以见诸行事,以跻斯世于治古之隆,而未敢为今人道也。向时所传刻本,乃其余绪耳。

亭林文集卷之五

圣慈天庆宫记

泰山之西南麓有宋天书观，大中祥符年间建。后废为碧霞元君之宫，前一殿奉元君。万历中，尊孝定皇太后为九莲菩萨，构一殿于元君之后奉之。崇祯中，尊孝纯皇太后为智上菩萨，复构一殿于后奉之。乃更名曰圣慈天庆宫，而按察使左佩玹为之碑。宫成于十七年之三月，神京沦丧，即此月也。窃惟经传之言曰："为之宗庙，以鬼享之。"又曰："为天子父，尊之至也。"孔子论政必也正名。昔自明太祖皇帝之有天下也，命岳渎神祇并革前代之封，正其称号。而及其末世，至以天子之母，太后之尊若不足重，而必假西域胡神之号以为崇，岂非所谓国将亡而听于神者耶？然自国破以后，宗庙山陵之所在，樵夫牧竖且或过而慢焉，而此二殿独以托于泰山之麓，元君之宫，焚香上谒者无敢不合掌跪拜，使正名之曰皇太后，固未必其能使天下之人虔恭敬畏之若此。是固大圣人之神道设教，使民由之而不知者乎？其与宋之托天书以夸契丹者，相去远矣。以其事为国史之所不及载，故序而论之，俾后之人有以览焉。悲愤之词，非正论也。

裴村记

呜呼！自治道愈下而国无强宗，无强宗，是以无立国，无立国，是以内溃外畔而卒至于亡。然则宗法之存，非所以扶人纪而张国势者乎？余至闻喜县之裴村，拜于晋公之祠，问其苗裔，尚一二百人，有释耒而陪拜者。出至官道旁，读唐时碑，载其谱牒世系，登陇而望，十里之内邱墓相连，其名字官爵可考者尚百数十人。盖近古氏族之盛，莫过于唐，而河中为唐近畿地。其地重而族厚，若解之柳，闻喜之裴，皆历任数百年，冠裳不绝。汾阴之薛凭河自保于石虎、苻坚割据之际，而未尝一仕于其朝。猗氏之樊、王举义兵以抗高欢之众，此非三代之法犹存，而其人之贤者又率之以保家亢宗之道，胡以能久而不衰若是？自唐之亡，而谱牒与之俱尽。然而裴枢辈六七人犹为全忠所忌，必待杀之白马驿而后篡唐。氏族之有关于人国也如此。至于五代之季，天位几如弈棋，而大族高门，降为皂隶。靖康之变，无一家能相统帅以自保者。夏县之司马氏举宗南渡，而反其里者，未百年也。呜呼！此治道之所以日趋于下，而一旦有变，人主无可仗之大臣，国人无可依之巨室，相率奔窜，以求苟免，是非其必至之势也与？是以唐之天子，贵士族而厚门荫，盖知封建之不可复，而寓其意于士大夫，以自卫于一旦仓黄之际，固非后之人主所能知也。予尝历览山东、河北，自兵兴以来，州县之能不至于残破者，多得之豪家大姓之力，而不尽恃乎其长吏。及至河东，问贼李自成所以长驱而下三晋之故，慨焉伤之。或言曰：崇祯之末，辅臣李建泰者，曲沃人也。贼入西安，天子临朝而叹。建泰对言："臣郡当贼冲，臣请率宗人乡里出财百万，为国家守河。"上大喜，命建泰督师，亲饯之正阳门楼。举累朝所传之御器而酌之酒，因以赐之。未出京师，平阳、太原相继陷，建泰不知所为。师次真定，而贼已自居庸入矣。此其人材之凡劣，固又出于王铎、张浚之下，二人皆唐末宰相，统师出讨而败绩者。而上之人无权以与之，无法以联之，非一朝一夕之故矣。乃欲其大臣者以区区宰辅之虚名，而系社稷安危之命，此必不可得之数也。《周官》："太宰以九两系邦国之民，五曰宗，以族得民。"观裴氏之与唐存亡，亦略可见矣。夫不能复封建之治，而欲借士大夫之势以立其国者，其在重氏族哉！其在重氏族哉！

齐四王冢记

自青州而西三十余里，淄水之东，牛山之左，大道之南，穹然而高者，四大冢焉。郦道元《水经注》曰："水南山下有四冢，方基圆坟，咸高七尺。东西直列，是田氏四王冢也。"余考田氏之称王者五，而王建迁于共以死，所谓四王，则威、宣、湣、襄是矣。威、宣二王当齐全盛之日，其厚葬固宜；独是湣王杀死于莒，齐之七十余城皆已为燕，田氏之绝而无主者五年，而田单以一邑之兵，一战破燕，收数千里之地，而迎王子于城阳之山中。其时君臣新立，人民新定，死者未吊，伤者未起，反故王之丧于莒而葬之，其制不少杀于威、宣二王之旧。吾是以知襄王之孝，田单之忠，而三代以下之为人臣子者莫能及也。吾尝考地理之志，有周厉王之墓，在霍州东北。王流于彘，卒且葬焉。宣王即位而未之能复也。诗人志之曰："韩侯取妻，汾王之甥。"厉王也而谓之汾王，刺宣王也。故厉王称汾，而滑王不称莒也，是襄王之孝也。或曰：厚葬，非礼也。子奚取焉？曰：此常论也。乃齐之二王既以为故事矣。宋元公告其群臣，请无及先君，而仲几不可，又况于处变之日乎？然则后之人君，不幸而遇国家之变，其如齐之襄王，其如周之宣王，请择于斯二君者。

五台山记

五台山在五台县东北一百二十里，西北距繁峙县一百三十里。史照《通鉴注》曰："五台山在代州五台县，山形五峙，相传以为文殊示现之地。"《华严经疏》云："清凉山者，即代州雁门五台山也。岁积坚冰，夏仍飞雪，曾无炎暑，故曰清凉；五峰耸出，顶无林木，有如垒土之台，故曰五台。"余考昔人之言五台者过侈，有谓：环基所至五百余里；有谓：四埵去中台各一百二十里，东埵为赵襄子所登，以临代国；南埵为帝尧遭洪水系舟之处；北埵夏屋山，后魏孝文驻跸之所；西埵天池，隋炀帝避暑之龙楼凤阁者，皆太广远而失其实。惟今山志所言五台者近是。北台最高，后人名之叶斗峰。有龙湫，其东二十里为华严岭。又东二十里为东台，上可观日出，其东为龙泉关路。自北台而南二十里为中台，其巅西北有大华泉。又西十五里为西台，其西叠嶂数十里，北有秘魔崖，东南有清凉岭，惟南台稍远，去中台可五十里。五峰周遭如城，其巅风甚烈，不可居。而佛寺之大者五六皆在谷中，其地寒不生五谷，木有松无柏，亦有民人以樵采射猎为业。在古建国时当为林麓之地，中代以下，而吾人之逃于佛者居焉，于是山始名而亦遂为其教之所有。然余考之：五台在汉为虑虒县，而山之名始见于齐。其佛寺之建，当在后魏之时，而彼教之人以为摄摩腾自天竺来此，即居是山。不知汉孝明图像之清凉台在雒阳而不在此也。余又考之，《北齐书》但言："突厥入境，代、忻二牧，马数万匹，在五台山北柏谷中避贼。"《隋书》但言："卢太翼逃于五台山，地多药物，与弟子数人庐于岩下，萧然绝世，以为神仙可致"而已。至《唐书·王缙传》始言："五台山有金阁寺，铸铜为瓦，涂金于上，照耀山谷，费钱巨亿万。缙为宰相，给中书符牒，令台山僧数十人分行郡县，聚徒讲说以求货利"，于是此山名闻外夷。至"吐蕃遣使求五台山图"，见于敬宗之纪，而《五代史》则书：有胡僧游五台山，"庄宗遣中使供顿，所至倾动城邑"。又书：五台山僧继颙为刘承钧鸿胪卿，"能讲《华严经》，四方供施多积蓄以佐国用。五台当契丹界上，继颙常得其马以献，号'添都马'"。《元史》则书：武宗至大二年，二月"癸亥，皇太后幸五台山"。三月己丑，"令高丽王随太后之五台山"。英宗至治二年，五月甲申，"车驾幸五台山"，庚寅，"祭星于五台山"。夫以王缙之为相，庄宗、武宗、英宗之为君，其事亦可知矣。然此皆山志所不载，问之长老，亦无有知其迹者。此在三四百年之间，而不能记述已如是矣，而况于摩腾之始来，文殊之示现乎？其山中雨夜时吐光焰。《易》曰："泽中有火革。"深山巨壑无佛之处亦往往有之，不足辨。呜呼！韩公《原道》之作，至于"人其人，火其书，庐其居"，而李文饶为相，能使张仲武封刀付居庸关，而不敢纳五台之逃僧。盖君子之行王道者，其功至于如此。而吾以为当人心沉溺之久，虽圣人复生，而将有所不能骤革，则莫若择夫荒险僻绝之地，如五台山者而处之，不与四民者混，犹愈于纵之出没于州里之中，两败而不可禁也。作《五台山记》。

拽梯郎君祠记

忠臣义士，性也，非慕其名而为之。名者，国家之所以报忠臣义士也。报之而不得其名，于是姑以其事名之，以为后之忠臣义士者劝，而若人之心何慕焉，何恨焉。平原君朱建之子骂单于而死，而史不著其名；田横之二客自刭以从其主，而史并忘其姓。录其名者而遗其晦者，非所以为劝也。谓忠义而必名，名而后出于忠义，又非所以为情也。余过昌黎，其东门有拽梯郎君祠，云：方东兵之入遵化，薄京师，下永平而攻昌黎也，俘掠人民以万计，驱使之如牛马。是时昌黎知县左应选与其士民婴城固守，而敌攻东门甚急。是人者为敌舁云梯至城下，登者数人，将上矣，乃拽而覆之。其帅磔诸城下。积六日不拔，引兵退，城得以全。事闻，天子立擢昌黎知县为山东按察司佥事，丞以下迁职有差。又四年，武陵杨公嗣昌以巡抚至，始具疏上请，邑之士大夫皆蒙褒叙，民兵死者三十六人立祠祀之。而杨公曰："是拽梯者虽不知何人，亦百夫之特。"乃请旨封为拽梯郎君，为之立祠。呜呼！吾见今日亡城覆军之下，其被俘者，虽以贵介之子，弦诵之士，且为之刈薪刍，拾马矢，不堪其苦而死于道路者何限也！而郎君独以其事著。吾又闻奢寅之攻成都也，一铳手在贼梯上，得间向城中言曰："我良民也，贼以铁索系我守梯，我仰天发铳，未尝向官军也。今夜贼饮必醉，可来救我。"官军如其言，夜出斫营，火其梯，贼无得脱者，而铳手死矣。若然，忠臣义士岂非本于天性者乎？郎君之祠且二十余年，而幸得无毁，不为之记，无以传后。张生庄临，亲其事者也，故以其言书之。

复庵记

旧中涓范君养民，以崇祯十七年夏自京师徒步入华山为黄冠。数年，始克结庐于西峰之左，名曰复庵。华下之贤士大夫多与之游，环山之人皆信而礼之。而范君固非方士者流也。幼而读书，好《楚辞》、诸子及经史，多所涉猎，为东宫伴读。方李自成之挟东宫二王以出也，范君知其必将西奔，于是弃其家走之关中，将尽厥职焉。乃东宫不知所之，而范君为黄冠矣。太华之山，悬崖之巅，有松可荫，有地可蔬，有泉可汲，不税于官，不隶于宫观之籍。华下之人或助之材，以创是庵而居之。有屋三楹，东向以迎日出。余尝一宿其庵，开户而望大河之东，雷首之山，苍然突兀，伯夷、叔齐之所采薇而饿者，若揖让乎其间，固范君之所慕而为之者也。自是而东，则汾之一曲，绵上之山，出没于云烟之表，如将见之。介子推之从晋公子，既反国而隐焉，又范君之所有志而不遂者也。又自是而东，太行、碣石之间，宫阙山陵之所在，去之茫茫而极望之不可见矣。相与泫然，作此记，留之山中。后之君子登斯山者，无忘范君之志也。

贞烈堂记

古之人所以传于其后者，不以其名而以其实，不以其天而以其人。以其名，以其天者，世人之所以为荣；以其实，以其人者，君子之所修而不敢怠也。晋生文煜，关中之通士也。名其堂曰贞烈，而请为之记。其言曰："余之祖妣，临潼王府镇国中尉怀墀女也。归于晋，生余考及二姑。年十九而余祖考亡，余考方四岁，守节不二，迄六十有八而终。崇祯末巡按御史金公毓峒以事上闻，请行旌表。命未下而寇至，二姑死焉，故堂以贞烈名也。"余又读朝邑李君楷所为传，则二姑者，一适西安右卫昭信校尉王弘祖，一适临潼王府奉国中尉谊㵮，并封安人。早寡，寇至之日，各自投于井。长姑之子寅年十三，从焉。盖三世而其节不陨，可无愧其名也已。史言郭昌娶真定恭王女，号郭主。主虽王家女，而好礼节俭，有母仪之德，生光武郭皇后。此特居室之常行尔，而当时称之，史册载之，其后郭后虽出，而东海恭王犹得保其余庆，以垂于后嗣。乃晋氏之先祖妣其治家如郭主，加以柏舟之节，其女与外孙守死不辱，有卓绝之殊轨焉。属当岸谷之变，门户衰微，无能光大其业，使声闻烜赫，传之彤管，而仅以一堂之名托之文字，以示子孙不忘，此又其遇之悬于天，"实命不同"，而可为悲悼者也！然君子之为教，于家有百世之规，而不以一时之所遇为兴替。《易》不云乎："家人，利女贞。"自今以往，晋氏之为女者必贞，以宜其家；为子者必孝于亲，必忠于君，以显于其国；则受介福于王母以大其门者，不在其身，将在其子孙。而斯堂之名，永世弗坠，必有继中垒而修列女之传者焉。余濡笔俟之矣。

杨氏祠堂记

　　天下之事，盛衰之形，众寡之数，不可以一定，而君子则有以待之。所以抚盛而合众者，中人以上之所能，若夫为盛于衰，治众于寡，孑然一身之日，而有万人百世之规，非大心之君子莫克为之矣。古之君子，虑先人之德久而弗昭，于是为之祠堂以守之，其盛者及于始祖。古之君子，虑宗人之涣而无统，于是岁合子姓于祠而教之孝；奠爵献俎，毕而馂食，以教之礼。其子孙之众，或至于数千百人，此祠堂之所由兴，而祭法之所由传也。常熟杨子常先生，通经之士。于先朝之末，由训导除都昌知县，未任，以疾归，而遭国变，至于今，先生年七十有二矣。先有一子，年二十余以卒，晚得一子又殇，而其兄子亦中岁夭折。今其族孙之在者，不过二十余人。其先世自关中来，祖、父并为农，风尚朴质。高祖以上，不能举其讳字。自迁常熟以来，复无显者，及先生始仕宦。今白首老矣，无亲子孙。夫人之情，于身且若此，遑恤其后乎？而先生曰："不然。吾父虽农，在里中颇能言民疾苦，以达于县吏，而除其蠹，当不至于无嗣。以五服之间，得一二十人，以合其欢而教之以孝以礼；岂必其中无能学以大其宗者。以吾之年虽老且独，而幸有薄田之入，为先祖父所遗，可以举先人未行之事而传之其后人。"于是即祖墓之旁，建屋三楹，为祠堂，以奉其先人并诸父兄子姓之亡者。其下为田若干亩，以供岁时之祭。定其仪，秩其品，简而文，约而不陋。曰："及吾身存，与诸孙行礼其中，使诸孙之继我，如今日焉，先德其毋坠已。"又于其墓之旁植木开河通水，凡世俗所为安死利生之法无不备，此非所谓衰而有盛之心，寡而能众之事者乎？《易》曰："可大则贤人之业。"《传》曰："人定能胜天。"吾以卜杨氏之昌于其后，必也。承先生之命而为之记。

华阴王氏宗祠记

昔者孔子既没，弟子录其遗言以为《论语》，而独取有子、曾子之言次于卷首，何哉？夫子所以教人者，无非以立天下之人伦，而孝弟，人伦之本也；慎终追远，孝弟之实也。甚哉，有子、曾子之言似夫子也。是故有人伦，然后有风俗；有风俗，然后有政事；有政事，然后有国家。先王之于民，其生也，为之九族之纪，大宗小宗之属以联之；其死也，为之疏衰之服，哭泣殡葬虞祔之节以送之；其远也，为之庙室之制，禘尝之礼，鼎俎笾豆之物以荐之；其施之朝廷，用之乡党，讲之庠序，无非此之为务也。故民德厚而礼俗成，上下安而暴慝不作。自三代以下，人主之于民，赋敛之而已尔，役使之而已尔，凡所以为厚生正德之事，一切置之不理，而听民之所自为，于是乎教化之权常不在上而在下。两汉以来，儒者之效亦可得而考矣。自二戴之传，二郑之注，专门之学以礼为宗，历三国、两晋、南北、五季干戈分裂之际而未尝绝也。至宋程、朱诸子卓然有见于遗经，而金元之代，有志者多求其说于南方以授学者。及乎有明之初，风俗淳厚，而爱亲敬长之道达诸天下。其能以宗法训其家人，而立庙以祀，或累世同居，称之为义门者，亦往往而有。十室之忠信，比肩而接踵，夫其处乎杂乱偏方闰位之日，而守之不变，孰劝帅之而然哉？国乱于上而教明于下。《易》曰："改邑不改井。"言经常之道，赖君子而存也。呜呼！至于今日而先王之所以为教，贤者之所以为俗，殆澌灭而无余矣！列在搢绅而家无主祏，非寒食野祭则不复荐其先人；期功之惨，遂不制服，而父母之丧，多留任而不去；同姓通宗而不限于奴仆；女嫁，死而无出，则责偿其所遣之财；昏媾异类而胁持其乡里，利之所在，则不爱其亲而爱他人，于是机诈之变日深，而廉耻道尽。其不至于率兽食人而人相食者几希矣！昔春秋之时，弑君三十六，亡国五十一，而秉礼之邦，守道之士不绝于书，未若今之滔滔皆是也。此五帝三王之大去其天下，而乾坤或几乎息之秋也。又何言政事哉！吾友华阴王君弘撰，邻华先生之季子，而为征华先生后者也。游婺州，二年而归，乃作祠堂以奉其始祖，聚其子姓而告之以尊祖敬宗之道。其乡之老者喟然言曰：不见此礼久矣，为之兆也，其足以行乎？孟子有言："恻隐之心，仁之端也。"夫躬行孝弟之道，以感发天下之人心，使之惕然有省，而观今世之事若无以自容，然后积污之俗可得而新，先王之教可得而兴也。王君勉之矣。

书孔庙两庑位次考后

予居苏之昆山。崇祯初，先师庙东西两庑坏。予时为博士弟子，一日过之，见神位在瓦砾中，与同学二三生拾取，命工修完，奉之东斋，告于邑之长官。越二年，始复其故。因考《史记》《家语》及今代《阙里》之书，多有不同，以《大明会典》为定。而友人归生庄作《两庑位次考》一通，受而藏之几五十年。来关中，得郃阳宁生浤《丁祭考义》，亦崇祯中作，大略相同。然两庑位东西相对，以次列及门弟子毕，而后及左氏、公羊、谷梁三子暨汉以下诸儒，此旧制也。嘉靖九年，采诸臣之议，有黜者，有改祀者，于是东庑之弟子三十三，而西庑二十九。左丘明跻秦非之上，伏胜跻颜哙之上，孔安国跻谷梁赤之上，而自此以下，时代先后大率倒误。当日东西之位仍如旧次，虽有阙者而不复更移，盖亦知二郑、贾、服诸儒传经之功不可没，而有待于异日之重议，此秉礼者之微意也。予恐后之人不知，而欲循时代以正东西之次，又悲夫亡友之遗墨犹存，而不获共论此也，乃书其末，以俟后人。归生名庄，更名祚明，工草隶，为东吴高士。

书广韵后

余既表广韵而重刻之,以见自宋以前所传之韵如此,然惜其书之不完也。路史曰:"周有井伯,《广韵》曰:子牙后。"今井下无此文。又曰:"《广韵》云:汉有郱城后。"今郱字灰等二韵两收而亦无此文。又引郱下云:"乡名,在右扶风。"而今灰韵注但"乡名"二字。《困学记闻》曰:"《广韵》以赉为姓,古有勇士赉育。"今赉下但"亦姓"二字。又曰:"《广韵》云:后蜀录有法部尚书屯度。"又曰:"《广韵》引《何氏姓苑》有:'况姓,庐江人。'"今屯下况下但"又姓"二字。《礼部韵略》引《广韵》彼字注云:"《论语》:子西彼哉。"轲字注云:"孟子居贫轗轲,故名轲,字子居。"今并无此文。又注鼮字云:"汉光武得此鼠,窦攸识之。《广韵》以为终军,误。"今亦无终军之文也。太原傅山曰:"宋姚宽《战国策》后序引《广韵》七事:晋有大夫芬质,芊干者著书显名,安陵丑,雍门中大夫蓝诸,晋有亥唐,赵有大夫厪贾,齐威王时有左执法公旗蕃。"盖注中凡言"又姓"者,必以其人实之,而今书皆无其文。又史照《通鉴释文》所引《广韵》,其不载于今书者亦多也。十干皆引《尔雅》岁阳,而戊下不引著雍。又考之《玉海》,言《广韵》凡二万六千一百九十四言,注一十九万一千六百九十二字。今仅二万五千九百二言,注一十五万三千四百二十一字。则注之删去者,三万八千二百七十一,而正文亦少二百九十二言矣。又《文献通考》曰有陆法言、长孙讷言、孙愐三序,今止愐序。又言首载景德、祥符敕牒,今亦无之,则亦后人删去之矣。其幸而存者,天之未丧斯文也。呜呼,惜哉!

读宋史陈遘

吾读《宋史·忠义传》至于陈遘，史臣以其婴城死节，而经制钱一事为之减损其辞，但云天下至今有经总制钱名，而不言其害民之罪。又分其咎于翁彦国，愚以为不然。《鹤林玉露》曰："宣和中，大盗方腊扰浙东，王师讨之。命陈亨伯宋人讳高宗嫌名，称其字曰亨伯。以发运使经制东南七路财赋，因建议如卖酒、鬻糟、商税、牙税，与头子钱、楼店钱皆少增其数，别历收系，谓之经制钱。其后卢宗原颇附益之，至翁彦国为总制使，仿其法，又收赢焉，谓之总制钱。靖康初，诏罢之。军兴，议者请再施行，色目寖广，视宣和有加焉。以迄于今，为州县大患。初，亨伯之作俑也，其兄闻之，哭于家庙。谓剥民敛怨，祸必及子孙。其后叶正则作外稿，谓必尽去经总钱，而天下乃可为，治平乃可望也。"然则宋之所以亡，自经总制钱，而此钱之兴，始于亨伯。虽其固守中山，一家十七人为叛将所害，而不足以偿其剥民之罪也。孔子述古书之文，凡纣之臣附上而雠敛者，虽飞廉之死，不得与于三仁之列。若亨伯之为此也，其初特一时权宜之计，而遗祸及于无穷。是上得罪于艺祖、太宗，下得罪于生民，而断胫决腹，一暝于中山，不过匹夫匹妇之为谅而已，焉得齿于忠义哉！知此，然后天下之为人臣者，不敢怀利以事其君，而但以一死自托于忠臣之列矣。

汝州知州钱君行状

崇祯十四年二月辛亥，贼陷汝州，知州钱君死之。君讳祚征，字君远,其先吴越王裔,居池之青阳。国初迁于莱,为掖县人。君七岁出嗣其从叔父一夔为之子,事其嗣大母杜氏如其父母。大母之党有烦言,君言于大母,施予诸姻属甚周,以是大母安之。中天启元年举人。大母终,哀毁如父丧。署恩县教谕,三年,除汝州知州。汝为流贼出入孔道,又有土贼聚至万人,依山为巢,百姓苦之。君至,则简乡勇衙兵得千余人,佯为城守计。忽夜半开门出,从间道踰山谷,步行抵其巢,贼方纵酒不为备,急击,大破之。君策贼众难尽诛,乃释其俘招之,仍令民千家立一寨,有警相救。贼屡失利,其头目鲁加勒等遂诣州降。南召、登封诸贼闻之,亦来降。君简其骁健,送军门效用,余给牛种遣之。汝人少休。君守汝三年,多善政。及是年正月,贼陷河南府,遂犯汝州。君斩麾下之言款贼者以徇,率兵婴城固守。贼攻城,君中流矢,力疾乘城督战数日。二月庚戌,大风霾,贼以火箭射城上,城上发炮应之,风逆火反,楼堞尽焚。贼乘之入,君被执,大骂不屈,被击仆地,加以炮烙,一宿死。年四十七。弟祉征,从子青,仆十余人皆死,无一还者。巡抚臣高名衡以闻,奉旨下部议恤,未覆。子大受,县学生。痛父节未表于先朝,惧后世之没而无传也,乃质言其事以告于余而为之状。

吴同初行状

自余所及见,里中二三十年来号为文人者,无不以浮名苟得为务,而余与同邑归生独喜为古文辞,砥行立节,落落不苟于世,人以为狂。已而又得吴生。吴生少余两人七岁,以贫客嘉定。于书自左氏下至南北史,无不纤悉强记。其所为诗多怨声,近《西洲》《子夜》诸歌曲。而炎武有叔兰服，少两人二岁；姊子徐履忱少吴生九岁，五人各能饮三四斗。五月之朔，四人者持觥至余舍为母寿。退而饮，至夜半，抵掌而谈，乐甚，旦日别去。余遂出赴杨公之辟，未旬日而北兵渡江，余从军于苏，归而昆山起义兵，归生与焉。寻亦竟得脱，而吴生死矣。余母亦不食卒。其九月，余始过吴生之居而问焉，则其母方茕茕独坐，告余曰："吴氏五世单传，未亡人惟一子一女。女被俘，子死矣！有孙，二岁，亦死矣！"余既痛吴生之交，又念四人者持觥以寿吾母，而吾今以衰绖见吴生之母于悲哀其子之时，于是不知涕泪之横集也。生名其沆，字同初，嘉定县学生员。世本儒家，生尤夙惠，下笔数千言，试辄第一。风流自喜，其天性也。每言及君父之际及交友然诺，则断然不渝。北京之变，作大行皇帝、大行皇后二诔，见称于时。与余三人每一文出，更相写录。北兵至后，遗余书及记事一篇，又从余叔处得诗二首，皆激烈悲切，有古人之遗风。然后知闺情诸作，其寄兴之文，而生之可重者不在此也。生居昆山，当抗敌时，守城不出以死，死者四万人，莫知尸处。以生平日忧国不忘君，义形于文若此，其死岂顾问哉？生事母孝，每夜归，必为母言所与往来者为谁，某某最厚。死后，炎武尝三过其居，无已，则遣仆夫视焉。母见之，未尝不涕泣，又几其子之不死而复还也。然生实死矣！生所为文最多，在其妇翁处，不肯传；传其写录在余两人处者，凡二卷。

书吴潘二子事

先朝之史，皆天子之大臣与侍从之官承命为之，而世莫得见。其藏书之所，曰皇史宬。每一帝崩，修实录，则请前一朝之书出之，以相对勘，非是莫得见者。人间所传止有《太祖实录》。国初人朴厚，不敢言朝廷事，而史学因以废失。正德以后，始有纂为一书附于野史者，大抵草泽之所闻，与事实绝远，而反行于世，世之不见《实录》者从而信之。万历中，天子荡然无讳，于是《实录》稍稍传写流布，至于光宗而十六朝之事具全。然其卷帙重大，非士大夫累数千金之家不能购，以是野史日盛，而谬悠之谈遍于海内。苏之吴江有吴炎、潘柽章二子，皆高才，当国变后，年皆二十以上，并弃其诸生，以诗文自豪。既而曰："此不足传也，当成一代史书，以继迁、固之后。"于是购得《实录》，复旁搜人家所藏文集奏疏，怀纸吮笔，早夜矻矻，其所手书，盈床满箧，而其才足以发之。及数年而有闻，予乃亟与之交。二子皆居江村，潘稍近，每出入，未尝不相过。又数年，潘子刻《国史考异》三卷，寄予于淮上，予服其精审。又一年，予往越州，两过其庐。及余之昌平、山西，犹一再寄书来。会湖州庄氏难作，庄名廷鑨，目双盲，不甚通晓古今。以史迁有"左丘失明，乃著《国语》"之说，奋欲著书。其居邻故阁辅朱公国桢家，朱公尝取国事及公卿志状疏草命胥钞录，凡数十帙，未成书而卒，廷鑨得之，则招致宾客，日夜编辑为《明书》，书冗杂不足道也。廷鑨死，无子，家赀可万金。其父允城流涕曰："吾三子皆已析产，独仲子死无后，吾哀其志，当先刻其书，而后为之置嗣。"遂梓行之。慕吴、潘盛名，引以为重，列诸参阅姓名中。书凡百余帙，颇有忌讳语，本前人诋斥之辞未经删削者。庄氏既巨富，浙人得其书，往往持而恐吓之，得所欲以去。归安令吴之荣者，以赃系狱，遇赦得出。有吏教之买此书，恐吓庄氏。庄氏欲应之，或曰："踵此而来，尽子之财不足以给，不如以一讼绝之。"遂谢之荣。之荣告诸大吏，大吏右庄氏，不直之荣。之荣入京师，摘忌讳语密奏之，四大臣大怒，遣官至杭，执庄生之父及其兄廷钺及弟侄等，并列名于书者十八人皆论死。其刻书鬻书，并知府推官之不发觉者，亦坐之。发廷鑨之墓，焚其骨，籍没其家产。所杀七十余人，而吴、潘二子与其难。当鞫讯时，或有改辞以求脱者，吴子独慷慨大骂，官不能堪，至拳踢仆地。潘子以有母故，不骂亦不辨。其平居孝友笃厚，以古人自处，则两人同也。予之适越，过潘子时，余甥徐公肃新状元及第，潘子规余慎无以甥贵稍贬其节，余谢不敢。二子少余十余岁，而予视为畏友，以此也。方庄生作书时，属客延予一至其家，予薄其人不学，竟去，以是不列名，获免于难。二子所著书若干卷，未脱稿，又假予所蓄书千余卷尽亡。予不忍二子之好学笃行而不传于后也，故书之。且其人实史才，非庄生者流也。

歙王君墓志铭

王君以崇祯十四年卒。后三年国变，王君之子玑流寓于吴，又一年而不孝始识王生，因以知王生之人与其世德之概。与王生交一年，而王生以状请铭，不孝以母未葬，弗敢作也。又一年，卜葬，葬有日，而王生复来请铭，不孝不获辞而铭之。君讳时沐，字惟新，其先歙之泽富人。在唐曰秘阁校正希羽，十七传至名关者，避元乱徙而东，为龙溪始祖，又八传至于君。君大父讳福凤，始业行盐，父讳正宠，承其业，以至于君。君以其故不克读书。然君虽业盐，而孝友、急公好施，有远见，能自树，乃过于世之君子。若所云事其慈母与父妾尽礼，而友爱弟时洸终其身，则其孝友也。祖墓之木为不肖者伐，且鬻其旁地，君为捐金赎之；泽富有宗祠，君重作之龙溪，其急大义也。叔正完客杭而病，曰：于我葬；外舅卒，遗孤一人，曰：于我长；其他恤人穷，振人困多类是，是其好施也。同事欲因君请院司据西龙为盐窝，君止之，无何，并抵罪，西龙商独免，其有远见也。好从士君子而耻谒贵人，邑有司欲宾之，不就，其能自树也。凡此皆余之所信于王生者也。君享年六十有七，娶朱氏，子四：长玑，杭州府钱塘县学生员，次文秩，次文秋，次文杞。孙六，曾孙二。以卒之年十二月甲子，葬于其里象山之麓。盖王氏中世为商，而通经义思用之天下者，自玑始。自君之殁而家益落，玑遂走京师，历蓟，抵宁远，观列边之大势。每以大计干当事者，不用，转客东莱，而闻京师之变，哭先皇帝于莱山之阳。驰至南都，而公卿又无下士者，遂僦居于吴，著信书一编以示余，而为之太息焉。此固宋之遗臣所隐晦而不敢笔之书者也。而王生之不挠于时若此，其抱济物之才，而发愤于大义又若此，非世德之遗而能然乎！铭曰：不知其人视其子。子为信人为节士。呜呼君兮永宅此！

山阳王君墓志铭

往余在吴中，常郁郁无所交，出门至于淮上，临河不度，彷徨者久之，因与其地之贤人长者相结，而王君起田最与余善，自此一二年或三四年一过也。王君与余同年月生，而长余二十余日，其行事虽不同而意相得，凡余心之所存，及其是非好恶无不同者。虽不学古而暗合于义，仁而爱人，乐善不倦，其天性然也。生八岁而孤，事母孝，事其兄恭，其居财也有让。少为帖括之学，及中年，遂闭户不试。家颇饶裕，每受人之负，折券不较，以是其产稍落，而四方宾客至者，未尝不与之周旋。当余在太原，而余友潘力田死于杭，系累其妻子以北。少弟耒年十八，子身走燕都，介余一苍头以见王君。王君曰："我固闻之。宁人尝与我言，潘君力田，贤士也，不幸以非命终。而宁人之友之弟，则犹之吾弟也。"迎而舍之。比其归也，则曰："家破矣，可奈何！吾有女年且笄，将婿子。"间二年，耒遂就昏。王君与耒非素识也，特以宁人之友故，而余在远，弗及为之从臾也。每为余言："子行游天下二十年，年渐衰，可已矣！幸过我卜筑，一切居处器用，能为君办之。"逡巡未果。而别君之日，持觞送我大河之北，留一宿，视余上马，为之出涕，若将不复见者。乃明年，余遂有山东之厄，而海、岱以南地大震，君亦为里中儿所齮龁，意不自得。又明年六月庚午，君卒。惟君生平以朋友为天伦，其待余如昆弟，而余以穷厄蹇连，无能申大义于诈愚凌弱之日者。以十九年之交，再三之约，而不获与之分宅卜邻，同晨共夕；其终也，又不获视其含敛，而抚其遗孤，吁，可悲矣！君讳略，字起田，淮安山阳人。家清江浦之南，卒时年五十七。娶方氏，子一，宽。将以卒之某年某月某日葬于某地之先茔，而子婿耒以状及宽书来，是不可以无铭。铭曰：

少而孝，长而恭。好礼而敦，乐善而从。为义勇而与人忠。胡天不吊，而降此鞠凶！士绝弦，人罢舂。以斯铭，告无穷。

富平李君墓志铭

关中故多豪杰之士，其起家商贾为权利者，大抵崇孝义，尚节概，有古君子之风，而士人独循循守先儒之说不敢倍。嘉靖中，高陵、三原为经生领袖，其后稍衰。而一二贤者犹能自持于新说横流之日，以余所闻李君，盖可谓笃信好学而不更其守者耶？李氏之先，山西之洪洞人，元时迁美原，洪武初，县废，为富平人。数传至君之曾祖讳朝观者，为边商，以任侠著关中，与里豪争渠田，为齮龁以死。而君之祖讳希奎，走阙下上书愬，天子直其事，大猾以次就法，报父雠，名动天下，乃其家遂中落。至君之考讳效忠，中武举，稍复振。君始以文补邑诸生。君少而刚方，绩学不怠。当万历之末，士子好新说，以庄、列百家之言窜入经义，甚者合佛老与吾儒为一，自谓千载绝学，君乃独好传注，以程、朱为宗。既得事恭定冯先生，学益大进。君事亲孝，其于诸父昆弟恭而有让，待人以严而引之于道，治家冠婚丧祭一如礼法，以是年虽少，乡人重之如王彦方、黄叔度焉。崇祯七年四月壬午以疾卒，年二十七。君卒之三月，而关中大乱。君之考武举君以哭子继君以没。而寇至里中，姒杨氏与族人登楼，并焚死。李氏之门合良贱死者八十有一人。呜呼，憯矣！而孤子因笃方三岁，迪笃二岁，从其母田氏走之外家以免。其后因笃既长，乃折节读书，已为诸生，旋弃之。为诗文，有闻于时，而尤潜心于传注之书，以力追先贤。盖近年以来关中士子为大全、蒙引之学者，自君父子倡之。君没越十有三年，十月癸酉，因笃始葬君于韩家村东南之新阡。因笃既与昆山顾炎武为友，且数年，而曰："吾先人之墓石未立，将属之子。"炎武不敢辞，乃为之撰次，其详则因笃之状存焉。君讳映林，字晖天。其没也，乡人私谥曰贞孝先生。孙男三人：汉、渭、泗，铭曰：

李氏之先，以节侠闻。及至于君，乃续斯文。刊落百氏，以入圣门。好义力行，乡邦所尊。何不永年，遭室之焚。有封若堂，于韩之原。惟德绳绳，在其后昆。

谒攒宫文四首

谒攒宫文一
伏念臣草野微生，干戈余息。行年五十，慨驹隙之难留；涉路三千，望龙髯而愈远。兹当忌日，祗拜山陵。履雨露之方濡，实深哀痛；睹松楸之勿翦，犹藉神灵。敢陈于沼之毛，庶格在天之驭。臣某谨言。

谒攒宫文二
自违陵下，即度太行，远历关河，再更寒暑。兹以孟秋之望，重修拜奠之仪。身先旅雁，过绝塞而南飞；迹似流萍，随百川而东下。感河山之如故，悲灌莽之方深！庶表忱思，伏祈昭鉴！

谒攒宫文三
臣炎武，臣因笃，江左竖儒，关中下士。相逢燕市，悲一剑之犹存；旅拜桥山，痛遗弓之不见。时当春暮，敬撷村蔬，聊摅草莽之心，式荐园陵之事。告四方之水旱，及此弥年；乘千载之风云，未知何日？伏惟昭格，俯鉴丹诚！

谒攒宫文四
自违陵下，今又八年。蓑落关河，差池烽火，想遗弓而在望，怀短策以靡前。每届春秋，独泣苍梧之野；多更甲子，仍怜绛县之人。朔气初收，光风渐转，敬羞蕰藻，重展松楸。虽鼎俎之久虚，幸罘罳之未坏。黄图如故，乍惊失鹿之辰；白首无归，终冀攀龙之日。仰凭明命，得遂深祈。

华阴县朱子祠堂上梁文

盖闻宣气为山，众阜必宗乎乔岳；明征在圣，群言实总于真儒。自夫化缺三雍，风乖四始。两汉而下，虽多保残守缺之人；六经所传，未有继往开来之哲。惟绝学首明于伊雒，而微言大阐于考亭，不徒羽翼圣功，亦乃发挥王道，启百世之先觉，集诸儒之大成。然而代运当屯，蓍占得遁。官方峻直，难久立于朝端；祠禄优游，每自安于林下。睠此云台之侧，实为寄禄之邦。子静书中，羡希夷之旧隐；启蒙序末，题真逸之新名。虽风声远隔于殊方，而道德实同乎一统。家传户诵，久已无间寰区；春祀秋尝，独此未瞻庙貌。于是邑之荐绅耆旧，以及学士青衿，无不博考遗编，深嗟阙典，睇琳宫之绚烂，悲木铎之幽沉。爰有廷揆张君、山史王君搜采于前，子德李君、适之宋君宣扬于后；而会炎武跋涉关河，留连原巘，发遐情于五岳，寻坠绪于千年。即云台旧院之西，度香火专祠之地，重邀茂宰。华阴令迟维城，赞此良图。萃人力以作新，捐缗钱而倡导，卜神涓吉，庀材效工。右带流泉，来惠风之习习；前凭岳麓，状盛德之峨峨。将使俎豆增崇，章逢无绝，敬泚衰芜之笔，式陈邪许之辞。

亭林文集卷之六 补遗

军制论 乙酉岁作

　　法不变，不可以救。今已居不得不变之势，而犹讳其变之实，而姑守其不变之名，必至于大弊。今日之军制，可谓高皇帝之军制乎？其名然，其实变矣。而上下相与守之至于极，而因循不改，是岂创制之意哉？高皇帝云："吾养兵百万，不费民间一粒。"自今言之，费乎不费乎？百万之兵安在乎？而犹以为祖制则然，此所谓相蒙之说也。尝考古《春秋》《周礼》寓兵于农之说，未尝不喟然太息，以为判兵与农而二之者，三代以下之通弊；判军与兵而又二之者，则自国朝始。夫一民也，而分之以为农，又分之以为兵，是一农而一兵也，弗堪；一兵也，而分之以为军，又分之以为兵，是一农而二兵也，愈弗堪；一兵也，而分之以为卫兵，又分之以为民兵，又分之以为募兵，是一农而三兵也，又益弗堪。不亟变，势不至尽驱民为兵不止，尽驱民为兵，而国事将不忍言矣。二祖之制：京师设都督府五，卫七十二；畿甸设卫五十；各省设都指挥使司一十一，留守司二，卫百九十一，守御屯田群牧千户所二百十有一；边徼设宣慰安抚长官司九十五，番夷都司卫所百有七。以五千六百人为卫，千一百二十人为千户所，百十有二人为百户所，给军田，立屯堡，且耕且守。人受田五十亩，赋粮二十四石，半赡其人，半给官俸，及城操之军有儆，朝发夕至。若是，天下何病乎有兵，而又乌乎复立兵？久安弛备，政圮伍虚。正统末，始令郡县选民壮。弘治中，制里佥二名若四五名，有调发，官给行粮。正德中，计丁粮编机兵银，人岁食至七两有奇，悉赋之民。此谓之机快民壮。而兵一增，制一变。又久备益弛，盗发雍豫，蔓延数省。民兵不足用，募新兵倍其糈，以为长征之军，而兵再增，制再变。屯卫者曰：我乌知兵？转漕耳，守御非吾任也。故有机壮而屯卫为无用之人。民壮曰：我乌知兵？给役耳，调发非吾任也。故有新募而民壮为无用之人。臣尝合天下卫所计之，兵不下二百万。国家有兵二百万，可以无敌，而曾不得一人之用；二百万人之田，不可谓不赡，而曾不得一升一合之用。故曰：高皇帝之法亡矣。然则将尽卫所之军而兵之，官而将之乎？曰不能。抑将尽卫所之军而废之，田而夺之乎？曰不能。请于不变之中，而寓变之之制，因已变之势，而复创造之规。举尺籍而问之，无缺伍乎？缺者若干人？收其田，以新兵补之。大集伍而阅之，皆胜兵乎？不胜者免，收其田，以新兵补之。五年一阅，汰其赢，登其锐，而不必世其人。若然，则不费公帑一文，而每卫可得若干人之用，推之天下，二百万之兵可尽复也。矧今日驻跸南中挽漕之卒，岁省数倍，以为兵则强，以为农则富，而不及时之宜一为变通，俾此百十万人袭兵之名，糜兵之食，而不能张卷注矢，为国家毫毛之用，是国家长弃此百十万人，并此百十万人之田，而终世不复也。则物力乌得不诎？军政乌得不窳？又何以兆谋敌忾，成克复之勋哉？

形势论

昔之都于南者，吴、东晋、宋、齐、梁、陈、南唐、南宋凡八代。当吴之世，三方鼎峙，西以巴邱，北以皖城、濡须为境。迨其亡也，则以长江之险，先为晋有。永嘉南渡，荆、豫、青、兖及徐之半入于刘石，梁、益入于李雄，以合淝、淮阴、寿阳、泗口、角城为重镇。至苻、姚、慕容之乱，始得青、兖、梁、益，而宋因之。及元嘉北伐，磧碌丧师，佛狸之马，屯于瓜步，于是乎守江矣。拓跋奄有中原，齐梁嗣主江左，淮南北并为战场。太清内祸，承圣寻兵，齐略淮南，魏收蜀汉，而江陵沦陷。陈氏轶兴，西不得蜀汉，北失淮淝，以长江为境，于是乎守江矣。幅员日狭，国祚弥短，采石京口同时并济，卒并于隋。南唐既失淮南，亦以江为境，国遂不支。宋都临安，与金人盟，中淮流为界，西拒大散关。端平灭金蔡州，挑兵蒙古。宝祐失蜀，咸淳失襄樊，元兵南下，幼主衔璧，岂非大势然耶？尝历考八代兴亡之故，中天下而论之，窃以为荆襄者，天下之吭，蜀者，天下之领，而两淮山东，其背也。蜀据天下之上流。昔之立国于南者，必先失蜀而后危仆从之。蜀为一国而不合于中原，则犹可以安。孙吴之于汉，东晋之于李雄是也。蜀合于中原，而并天下之力，资上流之势，以为我敌则危。王浚自巴丘东下，刘整谋取蜀以规宋是也。故守先蜀。若辑蜀之人，因其富，出兵秦、凤、泾、陇之间，以撼天下不难。故战先蜀。赵鼎言：经营中原自关中始，经营关中自蜀始，幸蜀自荆襄始。陈亮言：荆襄据江左上流，西接巴蜀，北控关洛，楚人用之虎视齐晋，与秦争帝。东晋以来，设重镇以扼中原。孟珙言：襄樊，国之根本，百战复之，当加经理。盖宋人之论如此。及元取宋，果自襄阳樊城以度鄂，故以天下之力围二城者五年，及其渡江，不二年而取临安矣。故无蜀犹可以国，东晋是也；无荆襄不可以国，楚去陈徙寿春是也。无淮南北，而以江为守则亡，陈之祯明、南唐之保大是也。故厚荆襄急。古之善守者，所凭在险，而必使力有余于险之外，守淮者不于淮，于徐泗；守江者不于江，于两淮。此则我之战守有余地，而国势可振。故阻两淮急。或曰，高皇帝尝以南取北矣，而何廑廑守之谓？愚曰固也。夫取天下者，必居天下之上游而后可以制人。英雄无用武之地，则事不集。且人知高皇帝之都金陵，而不知高皇帝之所以取天下，当江东未定，先以大兵克襄汉，平淮安，降徐宿，而后北略中原，此用兵先得地势也。且楚之霸也在郢；汉高之起自沛入秦，自南阳析郦；光武起自南阳；宋武灭南燕，自淮入泗，灭秦自汴入河，此皆古来以南伐北之明证，有地利而后动者也。如愚之策，联天下之半以为一，用之若常山之蛇，则虽有苻秦百万之师，完颜三十二军之众，不能窥我地；而蓄威固锐，以伺敌人之暇，则功可成也。此战守兼得之谋，而用兵之上术也。

田功论

天下之大富有二：上曰耕，次曰牧。国亦然。秦杨以田农而甲一州；乌氏、桥姚以畜牧而比封君，此以家富也。弃颖粟而邰封，非子蕃息而秦胙，此以国富也。事有策之甚迂，为之甚难，而卒可以并天下之国，臣天下之人者莫耕若。尝读宋魏了翁疏，以为："古人守边备塞，可以纾民力而老敌情，唯务农积谷为要道。"又言："有屯田，有垦田。大兵之后，田多荒莱，诸路闲田当广行招诱，令人开垦，因可复业，则耕获之实效，往往多于屯田。盖并边之地，久荒不耕则谷贵，贵则民散，散则兵弱；必地辟耕广则谷贱，贱则人聚，聚则兵强。请无事屯田之虚名，而先计垦田之实利。募土豪之忠义者，官为给助，随便开垦，略计所耕可数千顷，明年此时便收地利，可食贱粟。况耕田之甿，又皆可用之兵，万一有警，家自为守，人自为战，比于仓卒遣戍，亦万不侔。无屯田之名，而有屯田之实；无养兵之费，而又可潜制骄悍之兵；不惟可以制虏，而又以防他盗之出入。不数年间，边备隐然，以战则胜，以守则固。"愚以为此正今日之急务。夫承平之世，田各有主，今之中土，弥漫蒿莱，诚田主也疾力耕，不者籍而予新甿，不可使吾国有旷土，若是人必服，一易；屡丰之日，视粟为轻。今干戈相承，连年大饥，人多艰食，必劝于耕，二易；古之边屯多于沙碛，今则大河以南厥土涂泥。水田扬州，陆田颍寿，修羊杜之遗迹，复上元之旧屯，三易；久荒之后，地力未泄，粟必倍收，四易。然而有三难：大农告绌，出数十万金钱求利于三四年之后，一难；朝不能久任，人不甘独劳，蕲以数年之力专任一人，二难；天有旱涝，岁有丰凶，若何承矩之初年种稻，霜早不成，几于阻格，三难。愚请捐数十万金钱，予劝农之官，毋问其出入，而三年之后，以边粟之盈虚贵贱为殿最。此一人者，欲边粟之盈，必疾耕，必通商，必还定安集。边粟而盈，则物力丰，兵丁足，城圉坚，天子收不言利之利，而天下之大富积此矣。

钱法论

莫善于国朝之钱法，莫不善于国朝之行钱。考之史：景王铸大钱，周钱盖一变。汉承秦半两，已为荚钱，为四铢，为三铢，为五铢，为赤仄，为三官。逮于灵、献，为四出，为小钱。汉钱凡九变，唐铸开通，已更铸大钱，则有乾封、乾元、重棱、唐钱凡四变。宋仿开通旧式，西事起铸大钱，崇宁铸当十；嘉定铸当五，又杂用铁钱、交子、会子，而法弥弊。宋钱亦三四变。每钱之变，货物腾跃，轻重无常，而民苦之。国朝自洪武至正德十帝而仅四铸，以后帝一铸，至万历而制益精。钱式每百重有十三两，轮郭周正，字文明洁，盖仿古不爱铜惜工之意。而又三百年来无改变之令，市价有恒，钱文不乱，民称便焉。此钱法之善也。然至于今，物日重，钱日轻，盗铸云起，而上所操以衡万物之权，至于不得用，何哉？盖古之行钱者，不独布之于下，而亦收之于上。汉律：人出算百二十钱，是口赋之入以钱。《管子·盐筴》：“万阵之国，为钱三千万。”是盐铁之入以钱。商贾缗钱四千而一算，三老、北边骑士轺车一算，商贾轺车二算，船五丈以上一算，是关市之入以钱。令民占卖酒，租升四钱，是榷酤之入以钱。隆虑公主以钱千万为子赎死，是罚锾之入以钱。晋氏南渡，凡田宅奴婢马牛之券，每直一万税四百，是税契之入以钱。张方平言屋庐正税、茶盐酒醋之课，率钱募役，青苗入息之法，以敛天下之钱。而上之赍予禄给，虑无不用钱，自上下，自下上，流而不穷者，钱之为道也。今之钱则下而不上，伪钱之所以日售，而制钱日壅，未必不由此也。请略仿前代之制，凡州县之存留支放，一切以钱代之。使天下非制钱不敢入于官而钱重，钱重，而上之权重。贾山有言：“钱者，无用器也，而可以易富贵。富贵者，人主之操柄也。令民为之，是与人主共操柄，不可长也。”故计本程息之利小，权归于上之利大。今市肆之钱恶，而制钱亦与俱恶，以故市肆之钱贱，而制钱亦与俱贱。是上无权，以下为权也。上亦何利之有？此无他，上不收钱，钱不重也。愚故曰：莫不善于今之行钱，是贾生所谓"退七福而行博祸"者也。

子胥鞭平王之尸辨

人之大伦曰君臣，曰父子。臣事君，犹子事父也，苟为父报雠，则必甘心焉而后已。甘心焉而后已者，于凡人可也，于君则有不得以行之者矣。太史公言子胥鞭楚平王之尸，春秋传不载，而予因以疑之。疑春秋以前无发冢戮尸之事，而子胥亦不得以行之平王也。郑人为君讨贼，不过斫子家之棺而已。齐懿公掘邴歜之父而刖之，卫出公掘褚师定子之墓，焚之于平庄之上，传皆书之以著其虐，是春秋以前无发冢戮尸之事也。平王固员之父雠，而亦员之君也。且淫刑之罪，孰与篡弑？一人之雠，孰与普天？报怨之师，孰与讨贼？唐庄宗尚不加于朱温，而子胥以加之平王，吾又以知其无是事也。考古人之事必于书之近古者。《谷梁传》云："吴人楚，挞平王之墓。"《贾谊新书》亦云："《吕氏春秋》云：鞭荆平之墓三百。"《越绝书》云："子胥操捶笞平王之墓。"《淮南子》云："阖闾鞭荆平王之墓，舍昭王之宫。"而《季布传》亦言："此伍子胥所以鞭平王之墓也。"盖止于鞭墓，而传者甚之以为鞭尸，使后代之人，蔑弃人伦，雠对枯骨。赵襄子漆智伯之头，王莽发定陶恭王母丁姬之冢，慕容隽投石虎尸于汉水，姚苌倮挞苻坚，荐之以棘，王颁发陈高祖陵，焚骨取灰，投水而饮之，杨琏真珈取宋诸帝之骸，与牛马同瘗，或快意于所仇，或肆威于亡国，未必非斯言取之也。然则鞭墓可乎？亦曰：员之所以为员而已矣。

顾与治诗序

与治之先自吴郡。洪武中,以赀徙都下,遂为金陵人。从曾祖华玉先生,官至南京刑部尚书,以文章闻于代。至与治亦号能诗。当崇祯之世,天下多故,陪京独完,得以余日赋诗饮酒,极意江山,流连卉木,骋笔墨之长,写风骚之致。晚值丧乱,独身无子,迫于赋役,困踬以终。今读其诗郁纡凄恻,有郊岛之遗音焉。余兄事与治,曩北行时,谓与治曰:"兄平生作诗多散佚,今老矣,可无传乎?"与治曰:"有一编在故人沈子迁所,其它稿杂旧笥中,病未理也。"余行三岁乃归,次扬州,而与治卒。宣城施尚白欲集其诗刻之,未果。明年冬,余过六合,子迁出其一编并所搜辑者共二百六十首,余为删其大半,授子迁刻之。呜呼!士之生而失计,不能取舍,至有负郭数顷,不免饥寒以死,而犹幸有故人录其遗诗,以垂名异日,君子之所以贵乎取友也如是。与治名梦游,前贡士。其书法尤为时所重云。

方月斯诗草序

与方子定交自单阏之岁,今且六年。余客钟山而方子亦侨居云间,不数数见。顷冬春之际,余以仇家之讼至云间,逆旅中困不自聊,而方子时时相过慰藉,与余周旋两月,因出其诗草示余,读之,如听河上之歌,令人感慨欷歔而不能止也。方子生于楚,长于吴,以绝群之姿;遭离困厄,发而为言,磊块历落,自其所宜。余独喜方子之诗在楚无楚人剽悍之气,在吴无吴人浮靡之风;不独诗也,其人亦然。夫方子以妙年轶才,当天下有事之日，明习掌故，往往为设方略，可见之行，岂独区区称能言之士哉！子曰："诵诗三百，授之以政，不达；使于四方，不能专对，虽多亦奚以为？"若方子者，吾望其能从政继先公为名臣矣。

天下郡国利病书序

崇祯己卯，秋闱被摈，退而读书。感四国之多虞，耻经生之寡术，于是历览二十一史以及天下郡县志书，一代名公文集及章奏文册之类，有得即录，共成四十余帙。一为舆地之记，一为利病之书。乱后多有散佚，亦或增补，而其书本不曾先定义例，又多往代之言，地势民风与今不尽合，年老善忘，不能一一刊正，姑以初稿存之箧中，以待后之君子斟酌去取云尔。

肇域志序

此书自崇祯己卯起，先取一统志，后取各省府州县志，后取二十一史参互书之。凡阅志书一千余部，本行不尽，则注之旁；旁又不尽，则别为一集曰备录。年来糊口四方，未遑删订，以成一家之书。叹精力之已衰，惧韦编之莫就，庶后之人有同志者为续而传之，俾区区二十余年之苦心不终泯没尔。

下学指南序

今之言学者必求诸语录，语录之书始于二程，前此未有也。今之语录几于充栋矣。而淫于禅学者实多，然其说盖出于程门。故取慈溪黄氏日钞所摘谢氏、张氏、陆氏之言，以别其源流，而衷诸朱子之说。夫学程子而涉于禅者，上蔡也，横浦则以禅而入于儒，象山则自立一说，以排千五百年之学者，而其所谓"收拾精神，扫去阶级"，亦无非禅之宗旨矣。后之说者递相演述，大抵不出乎此，而其术愈深，其言愈巧，无复象山崖异之迹，而示人以易信。苟读此编，则知其说固源于宋之三家也。呜呼！在宋之时，一阴之姤也，其在于今，五阴之剥也。有能繇朱子之言，以达夫圣人下学之旨，则此一编者，其硕果之犹存也。孟子曰："能言距杨墨者，圣人之徒也。"得不有望于后之人也夫！

吴才老韵补正序

余为《唐韵正》，已成书矣。念考古之功，实始于宋吴才老，而其所著《韵补》，仅散见于后人之所引而未得其全。顷过东莱任君唐臣，有此书，因从假读之月余。其中合者半，否者半，一一取而注之，名曰《韵补正》，以附《古音表》之后。如才老可谓信而好古者矣。后之人如陈季立、方子谦之书，不过袭其所引用，别为次第而已。今世甚行子谦之书，而不知其出于才老，可叹也。然才老多学而识矣，未能一以贯之，故一字而数叶，若是之纷纷也。夫以余之谫陋，而独学无朋，使得如才老者与之讲习，以明六经之音，复三代之旧，亦岂其难，而求之天下，卒未见其人，而余亦已老矣，又焉得不于才老之书而重为之三叹也夫！

书故总督兵部尚书孙公清屯疏后

国家当危乱之日，未尝无能任事之人，而尝患于不用；用矣，患不专；用之专且效矣，患于轻徙其官，使之有才不得遂其用，以至于败，而国随之。若总督兵部尚书孙公之事，可悲矣！方崇祯朝，流贼为秦患且五六年，天子一旦用公巡抚陕西，于是兵且日增而饷绌。公以为国家之所以足军食者，屯田也。承平既久，而额设之田乃为权豪有力者所据，以至隐占侵没，弊孔百出而军食亏；军食亏，而国家且不得一军之用，是国家之患不在贼，而在隐占侵没之人也。于是下令清屯，健丁一授田百亩，免其租课，其余地分为三等，征粮济饷。先行之于西安三卫，而军果大哗，斩李进成等七人而后定。持之不变，期月之间，所清厘而归之天子者，计兵得九千余，饷银一十四万。天子为降诏褒赏进秩，而关中之贼或斩，或擒，或抚。三年，关中几无贼矣，而东边告急。天子用武陵杨公之言，召公入援。遂用之督师蓟州，又移之保定，而公请陛见，不许，因以病辞，且得罪，下狱。及贼陷襄雒，复出公总督军务，公至关中而事已不可为矣。使当日用他将统勤王之师，而自陕以西悉委之公，十年而奏其效，则他边方虽溃败，而公必能为国家保有关中，以待天子；且使贼不得关中，必不敢长驱而向阙也。一诏移公，而国之存亡乃判于此。予读公清屯疏及文移而深有感焉。公之子世瑞世宁，请为公立传，而功状缺佚，不得其详。故特举其大者书之于此，以见公以一身而系天下之重。然则天下未尝无人，而患于不用；又患于用之而徙。用徙之间无几何时，而大事已去，此忠臣义士所以追论而流涕者。呜呼！先帝末年之事，可胜叹哉！

广师

苕文汪子刻集，有《与人论师道书》，谓："当世未尝无可师之人，其经学修明者，吾得二人焉，曰：顾子宁人，李子天生。其内行淳备者，吾得二人焉。曰：魏子环极，梁子曰缉。"炎武自揣鄙劣，不足以当过情之誉，而同学之士，有苕文所未知者，不可以遗也，辄就所见评之。夫学究天人，确乎不拔，吾不如王寅旭；读书为己，探赜洞微，吾不如杨雪臣；独精三礼，卓然经师，吾不如张稷若；萧然物外，自得天机，吾不如傅青主；坚苦力学，无师而成，吾不如李中孚；险阻备尝，与时屈伸，吾不如路安卿；博闻强记，群书之府，吾不如吴任臣；文章尔雅，宅心和厚，吾不如朱锡鬯；好学不倦，笃于朋友，吾不如王山史精心六书，信而好古，吾不如张力臣。至于达而在位，其可称述者，亦多有之，然非布衣之所得议也。

与卢某书

夙仰鸿名，未获奉教，良深倾仰。兹有白者：阊门外义学一所，中奉先师孔子，旁以寒宗始祖黄门公配食。黄门，吴人，而此地为其读书处，是以历代相承，未之有改。尝为利济寺僧所夺，寒宗子姓讼而复之，史郡伯祁抚台记文昭然可据，非若乡贤祠之列置前献，可以递增也。近日瞻拜间，忽添一卢尚书牌位，不胜疑讶，问之典守，则云：有令侄欲为奉祀生员，而借托于此者。夫尚书为君家始祖，名德著闻，与我祖黄门岂有优劣？然考尚书当日固尝从祀学宫，而嘉靖九年奉旨移祀其乡矣。尚书之乡为涿郡，涿郡则今之涿州也；尚书之官为九江、庐江二郡太守，则今之庐州、寿州也。汉史本传尚书当日足迹从未至吴，既非吴人，又非吴官，为子孙者欲立家祠，自当别创一室，特奉一主，而逼处异姓之卑宫，援附无名之血食，于义何居？夫吴中顾陆，河北崔卢，并是名门，各从本望。天下之忠臣贤士多矣，国家之制，止于名宦乡贤，是以《苏州府志》载本君氏族一卷，有顾无卢；载本郡祠庙一卷，有顾野王而无卢某。府志出自君家教谕所修，乃犹不敢私为出入，岂非前哲之公心，史家之成法，固章章若此乎？夫国乘不书，碑文不纪，宪册不载，邦人不知，既非所以章先德而崇大典，又况几筵不设，炉供不具，而以尺许之木主，侧置先师之坐隅，于情为不安，于理为不顺。寒宗子姓啧有繁言，不佞谓范阳大族，岂无知礼达孝之士，用敢直陈于左右，伏祈主持改正，使两先贤各致其尊崇，而后裔得免于争讼，所全实多矣。临楮翘切！

答友人论学书

《大学》言心不言性，《中庸》言性不言心。来教单提心字而未竟其说，未敢漫为许可，以堕于上蔡、横浦、象山三家之学。窃以为圣人之道，下学上达之方，其行在孝弟忠信；其职在洒扫应对进退；其文在《诗》《书》《三礼》《周易》《春秋》；其用之身，在出处、辞受、取与；其施之天下，在政令、教化、刑法；其所著之书，皆以为拨乱反正，移风易俗，以驯致乎治平之用，而无益者不谈。一切诗、赋、铭、颂、赞、诔、序、记之文，皆谓之巧言而不以措笔。其于世儒尽性至命之说，必归之有物有则，五行、五事之常，而不入于空虚之论。仆之所以为学者如此，以质诸大方之家，未免以为浅近而不足观，虽然，亦可以弗畔矣夫。杨子有云："多闻则守之以约，多见则守之以卓。少闻则无约也，少见则无卓也。"此其语有所自来，不可以其出于子云而废之也。世之君子苦博学明善之难，而乐夫一超顿悟之易，"滔滔者天下皆是也"，无人而不论学矣，能弗畔于道者谁乎？相去千里，不得一面，敢率其胸怀，以报嘉讯，幸更有以教之。

与友人辞往教书

羁旅之人，疾病颠连，而托迹于所知，虽主人相爱，时有蔬菜之供，而饔飧一切自给，在我无怍，于彼为厚，此人事之常也。若欲往三四十里之外，而赴张兄之请，则事体迥然不同。必如执事所云：有实心向学之士，多则数人，少则三四人，立为课程，两日三日一会，质疑问难，冀得造就成材，以续斯文之统，即不能尽依白鹿之规，而其遗意须存一二，恐其未必办此，则徒餔啜也，岂君子之所为哉？一身去就，系四方观瞻，不可不慎！广文孙君与弟有旧，同张兄来此，剧论半日，当亦知弟为硁硁踽踽之人矣。

规友人纳妾书

　　董子曰："君子甚爱气而谨游于房。是故新壮者十日而一游于房，中年者倍新壮，始衰者倍中年，中衰者倍始衰，大衰者以月当新壮之日，而上与天地同节矣。"炎武年五十九，未有继嗣，在太原遇傅青主，浼之诊脉，云尚可得子，劝令置妾，遂于静乐买之。不一二年而众疾交侵，始思董子之言而瞿然自悔。立侄议定，即出而嫁之。尝与张稷若言："青主之为人，大雅君子也。"稷若曰："岂有劝六十老人娶妾，而可以为君子者乎？"愚无以应也。又少时与杨子常先生最厚，自定夫亡后，子常年逾六十，素有目眚，买妾二人，三五年间目遂不能见物。得一子已成童而夭亡，究同于伯道。此在无子之人犹当以为戒，而况有子有孙，又有曾孙者乎？有曾孙而复买妾，以理言之，则当谓之不祥；以事言之，则朱子斗诗有所谓好人叹者，即西安府人，殷鉴不远也。伏念足下之年五十九同于弟，有目疾同于子常，有曾孙同于西安之"好人"，故举此为规，未知其有当否？

答徐甥公肃书

　　幼时侍先祖，自十三四岁读完《资治通鉴》后，即示之以邸报，泰昌以来颇窥崖略。然忧患之余，重以老耄，不谈此事已三十年，都不记忆。而所藏史录奏状一二千本，悉为亡友借观，中郎被收，琴书俱尽。承吾甥来札惓惓勉以一代文献，衰朽讵足副此！既切下问，观书柱史，无妨往还，正未知绛人甲子，郯子云师，可备赵孟、叔孙之对否耳。夫史书之作，鉴往所以训今。忆昔庚辰、辛巳之间，国步阽危，方州瓦解，而老成硕彦，品节矫然。下多折槛之陈，上有转圜之听。思贾谊之言，每闻于谕旨；烹弘羊之论，屡见于封章。遗风善政，迄今可想。而昊天不吊，大命忽焉，山岳崩颓，江河日下，三风不儆，六逆弥臻。以今所睹国维人表，视昔十不得二三，而民穷财尽，又倍蓰而无算矣。身当史局，因事纳规，造膝之谟，沃心之告，有急于编摩者，固不待汗简奏功，然后为千秋金镜之献也。关辅荒凉，非复十年以前风景，而鸡肋蚕丛，尚烦戎略，飞刍挽粟，岂顾民生。至有六旬老妇，七岁孤儿，挈米八升，赴营千里，于是强者鹿铤，弱者雉经，阖门而聚哭投河，并村而张旟抗令，此一方之隐忧，而庙堂之上或未之深悉也。吾以望七之龄，客居斯土，饮瀣餐霞，足怡贞性，登岩俯涧，将卜幽栖。恐鹤唳之重惊，即鱼潜之非乐，是以忘其出位，贡此狂言，请赋祈招之诗，以代麦丘之祝。不忘百姓，敢自托于鲁儒；维此哲人，庶兴哀于周雅。当事君子倘亦有闻而叹息者乎？东土饥荒，颇传行旅，江南水旱，亦察舆谣。涉青云以远游，驾四牡而靡骋，所望随时示以音问，不悉。

与杨雪臣

想年来素履康豫，盛德日新，而愚所深服先生者，在不刻文字，不与时名。至于朋友之中，观其后嗣，象贤食旧，颇复难之。郎君博探文籍而不赴科场，此又今日教子者所当取法也。人苟遍读五经，略通史鉴，天下之事，自可洞然，患在为声利所迷而不悟耳。向者《日知录》之刻，谬承许可，比来学业稍进，亦多刊改。意在拨乱涤污，法古用夏，启多闻于来学,待一治于后王,自信其书之必传,而未敢以示人也。若音学五书,为一生之独得,亦足羽翼六经,非如近时拾沈之语,而亦不肯供他人捉刀之用,已刻之淮上矣。平生志行,知己所详,惟念昔岁孤生,漂摇风雨,今兹亲串,崛起云霄,思归尼父之辕,恐近伯鸾之灶。且九州历其七,五岳登其四,未见君子,犹吾大夫,道之难行,已可知矣。尔乃徘徊渭川,留连仙掌,将营一亩,以毕余年。然而雾市云岩,人烟断绝,春畦秋圃,虎迹纵横。又不能不依城堡而架椽,向邻翁而乞火,视古人之栖山饮谷者,何其不侔哉!世既滔滔,天仍梦梦,未知此生尚得相见否?辄因便羽,附布区区。

与戴耘野

一别廿载,每南望乡关,屈指松陵数君子,何尝不缅想林宗,长怀仲蔚,音仪虽阔,志向靡移。其如一雁难逢,双鱼莫寄,而故人艮友存亡出处之间,又不禁其感涕矣!遥审素履无恙,风节弥高,已成三辅之书,独表千秋之躅。晨星硕果,非君而谁?弟生罹多难,沦落异邦,长为率野之人,无复首丘之日。然而九州历其七,五岳登其四,今将卜居太华,以卒余龄。百家之说,粗有窥于古人,一卷之文,思有裨于后代,此则区区自矢而不敢惰偷者也。《关中诗》五首、《寄次耕诗》一首呈览,可以征出处大概。昔年有篡录《南都时事》一本,可付既足持来。尊著《流寇编年》《殉国汇编》,闻已脱稿,所恨道远,无从披读。敬仁德音,以慰悬企!

与潘次耕

接手札如见故人，追念痛酷，其何以堪！古人于患难之余，而能奋然自立，以亢宗而传世者，正自不少，足下勉旃，毋怠！承谕负笈从游，古人之盛节，仆何敢当！然中心惓惓，思共晨夕，亦不能一日忘也。而频年足迹所至，无三月之淹，友人赠以二马二骡，装驮书卷，所雇从役，多有步行，一年之中，半宿旅店，此不足以累足下也。近则稍贷赀本，于雁门之北，五台之东，应募垦荒。同事者二十余人，辟草莱，披荆棘，而立室庐于彼。然其地苦寒特甚，仆则遨游四方，亦不能留住也。彼地有水而不能用，当事遣人到南方，求能造水车、水碾、水磨之人，与夫能出资以耕者。大抵北方开山之利，过于垦荒，蓄牧之获，饶于耕耨，使我有泽中千牛羊，则江南不足怀也。列子"盗天"之说，谓取之造物而无争于人。若今日之江南，锥刀之末将尽争之，虽微如蠛蠓，亦岂得容身于其间乎？文渊子春并于边地立业，足下倘有此意，则彼中亦足以豪，但恐性不能寒，及家中有累耳。徐介白久不通书，为我以此字达之，知区区未死，宇内犹有一故人也。

答毛锦衔

异姓为后见于史者，魏陈矫本刘氏子，出嗣舅氏，吴朱然本姓施，以姊子为朱后，惟此二人为贤，而贾谧之后充，则有莒人灭鄫之议矣。惟《晋书》有一事与君家相类，云吴朝周逸，博达古今，逸本左氏之子，为周氏所养。周氏自有子，时人有讥逸者，逸敷陈古事，卒不复本姓，学者咸谓为当。然亦未可引以为据，以经典别无可证也。

与毛锦衔

比在关中，略仿横渠蓝田之意，以礼为教。夫子尝言："博学于文，约之以礼。"而刘康公云："民受天地之中以生，所谓命也。是以有动作礼义威仪之则，以定命也。"然则君子之为学，将以修身，将以立命，舍礼其何由哉？吾之先元叹丞相在吴先主朝，以严见惮，先主每言："顾公在坐，使人不乐。"吾见近来讲学之师，专以聚徒立帜为心，而其教不肃，故欲反其所为。卫诗言武公之德曰："瑟兮僩兮，虽不能至，然心向往之。"倘有如阮籍之徒，猖狂妄行，而嫉礼法为仇雠者，则亦任之而已。忆昔万历庚申，吾年八岁，今年元旦作一对曰："六十年前二圣升遐之岁，三千里外孤忠未死之人。"便中有字与吴门，可代为录此，与一二耆旧知心者观之，知此迂拙之叟犹在人间耳。一诗并附。

日知录卷二十九

拜稽首

古人席地而坐，引身而起，则为长跪，首至手则为拜手，手至地则为顿首，首至地则为稽首，此礼之等也。君父之尊必用顿首拜而后稽首，此礼之渐也。必以稽首终，此礼之成也。今《大明会典》曰，后一拜叩头成礼，此古之遗意也。

古人以稽首为敬之至，《周礼·太祝》辨九拜，一曰稽首。注，稽首，拜中最重，臣拜君之礼。《礼记·郊特牲》：大夫之臣不稽首，非尊家臣，以避君也。《左传·僖公二十三年》，秦伯享晋公子重耳，公赋六月，公子降拜稽首，公降一级而辞焉。襄公三年，盟于长樗，公稽首。知武子曰，天子在而君辱稽首，寡君惧矣。二十四年，郑伯如晋，郑伯稽首，宣子辞。子西相曰，以陈国之介，恃大国而陵虐于敝邑，寡君是以请罪焉。敢不稽首。哀公十七年，盟于蒙，齐侯稽首，公拜。齐人怒，孟武伯曰，非天子，寡君无所稽首。《国语》，襄王使召公过及内史过赐晋惠公，命晋侯执玉卑拜不稽首。内史过归以告王曰，执玉卑，替其贽也。拜不稽首，诬其上也。替贽无镇，诬王无民。可以见稽首之为重也。自敌者皆从顿首，李陵报苏武书称顿首。

陈氏《礼书》曰，稽首者，诸侯于天子、大夫士于其君之礼也。然君于臣亦有稽首，《书》称太甲稽首于伊尹，成王稽首于周公是也。大夫于非其君亦有稽首。《仪礼》：公劳宾，宾再拜稽首；劳介，介再拜稽首是也。盖君子行礼于其所敬者，无所不用其至。则君稽首于其臣者，尊德也。大夫士稽首于非其君者，尊主人也。春秋之时，晋穆嬴抱太子顿首于赵宣子，鲁季平子顿首于叔孙，则顿首非施于尊者之礼也。《礼书》以顿首为首顿于手而已。

荀子曰：平衡曰拜，下衡曰稽首，至地曰稽颡。似未然。古惟丧礼始用稽颡，盖以头触地，其与稽首乃有容、无容之别。稽首俗所谓叩头，稽颡则俗所谓叩响头是也。

稽首顿首

今表文皆云稽首、顿首。蔡邕独断，汉承秦法，群臣上书皆言昧死言。王莽盗位，篡古法，去昧死，曰稽首。光武因而不改。朝臣曰稽首顿首，非朝臣曰稽首再拜。

百拜

百拜字出《乐记》。古人之拜如今之鞠躬，故通计一席之间，宾主交拜近至于百。注云，壹献，士饮酒之礼，百拜以喻多是也。徐伯鲁曰，按乡饮酒礼无百拜，此特甚言之耳。若平礼止是一拜、再拜，即人臣于君亦止再拜，孟子以君命将之，再拜稽首而受是也。礼至末世而繁，自唐以下即有四拜。《大明会典》，四拜者，百官见东宫亲王之礼。其见父母亦行四拜礼。其余官长及亲戚朋友相见止行两拜礼。是四拜唯于父母得行之。今人书状，动称百拜何也？

古人未有四拜之礼。唐李涪《刊误》曰，夫郊天祭地止于再拜，其礼至重，尚不可加。今代妇谒姑章，其拜必四。详其所自，初则再拜，次则跪献衣服、文史，承其筐筥，则跪而受之。常于此际，授受多误，故四拜相属耳。

《战国策》：苏秦路过雒阳，嫂蛇行匍伏四拜，自跪而谢。此四拜之始，盖因谢罪而加拜，非礼之常也。《黄庭经》"十读四拜朝太上"，亦是加拜。今人上父母书用百拜，亦为无理。若以古人之拜乎，则古人必稽首然后为敬，而百拜仅宾主一日之礼，非所施于父母。若以今人之拜乎，则天子止于五拜，而又安得百也？此二者过犹不及。明知其不然而书之，此以伪事其亲也。

洪武三年。上谕中书省臣曰，今人书札多称顿首再拜百拜，皆非实礼。其定为仪式，令人遵守。于是礼部定仪，凡致书于尊者称端肃奉书，答则称端肃奉复。敌己者称奉书、奉复。上之与下称书寄、书答。卑幼与尊长则曰家书敬复。尊长与卑幼则曰书付某人。

九顿首三拜

九顿首出《春秋传》。然申包胥元是三顿首，未尝九也。杜注，《无衣》三章，章三顿首。每顿首必三，此亡国之余，情至迫切，而变其平日之礼者也。七日夜哭于邻国之庭，古人有此礼乎？七日哭也，九顿首也，皆亡国之礼也，不可通用也。

韩之战，秦获晋侯，晋大夫三拜稽首。古但有再拜稽首，无三拜也。申包胥之九顿首，晋大夫之三拜也。

《楚语》，椒举遇蔡声子，降三拜，纳其乘马。亦亡人之礼也。

《周书·宣帝纪》，诏诸应拜者皆以三拜成礼。后代变而弥增，则有四拜。不知天元自拟上帝，凡冕服之类十二者皆增为二十四，而答橝人亦以百二十为度，名曰天杖，然未有四拜也。

东向坐

古人之坐以东向为尊。故宗庙之祭，太祖之位东向。即交际之礼，亦宾东向而主人西向。《汉书注》，如淳曰，君臣位南北面，宾主位东西面。新序，楚昭奚恤为东面之坛一，秦使者至，昭奚恤曰，君客也请就上位，是也。《史记·赵奢传》言，括东向而朝军吏。《田单传》言，引卒东乡坐，师事之。《淮阴侯传》言，得广武君，东乡坐，西乡对，师事之。《王陵传》言，项王东乡坐陵母。《周勃传》言，每召诸生说士，东乡坐，责之"趣为我语"。《田蚡传》言，召客饮，坐其兄盖侯南乡，自坐东乡，以为汉相尊，不可以兄故私挠。《南越传》言，王太后置酒，汉使者皆东乡。《汉书·盖宽饶传》言，许伯请之，乃往，从西阶上，东乡特坐。《楼护传》言，王邑父事护。时请召宾客，邑居樽下，称贱子，上寿。坐者百数，皆离席伏。护独东向正坐，字谓邑曰，公子贵如何？《后汉书·邓禹传》言，显宗即位。以禹先帝元功，拜为太傅，进见东向。《桓荣传》言，乘舆尝幸太常府，令荣坐东面，天子亲自执业。皆待以宾师之位。此皆东向之见于史者。《曲礼》，主人就东阶，客就西阶。自西阶而升，故东乡。自东阶而升，故西乡。而南乡特其旁位，如庙中之昭，故田蚡以处盖侯也。

《孝文纪》，西乡让者三，南乡让者再。注，宾主位东西面，君臣位南北面。是时群臣至代邸上议，则代王为主人，故西乡。

《旧唐书》，卢简求子汝弼为河东节度副使，府有龙泉亭，简求节制时，手书诗一章在亭之西壁。汝弼复为亚帅，每亭中讌集，未尝居宾位西向，俯首而已。是唐人亦以东向为宾位也。

坐

古人席地而坐，西汉尚然。《汉书·隽不疑传》，登堂坐定，不疑据地曰，窃伏海滨，闻暴公子威名旧矣是也。

古人之坐皆以两膝着地，有所敬，引身而起，则为长跪矣。《史记·范睢传》言，秦王跽而请，秦王复跽。而褚先生补《梁孝王世家》，帝与梁王俱侍坐太后前，太后谓帝曰，吾闻殷道亲亲，周道尊尊，其义一也。帝跪席举身曰，诺。是也。《礼记》，坐皆训跪。《三国志注》引《高士传》言，管宁尝坐一木榻，积五十余年，未尝箕股。其榻上当膝处皆穿。

以此。

土炕

北人以土为床而空其下以发火，谓之炕。古书不载。《诗·瓠叶·传》："炕火曰炙。"《正义》曰："炕，举也，谓以物贯之而举于火上以炙之。"宋寺人柳炽炭于位，将至则去之。《新序》，宛春谓卫灵公曰，君衣狐裘，坐熊席，隩隅有灶。《汉书·苏武传》，凿地为坎，置煴火。是盖近之，而非炕也。庾信《小园赋》："管宁藜床虽穿而可坐，嵇康锻灶既暖而堪眠。"《旧唐书·东夷·高丽传》，冬月皆作长坑，下然煴火以取暖。此即今之土炕也，但作坑字。

《水经注》，土垠县有观鸡寺，寺内有大堂，甚高广，可容千僧。下悉结石为之，上加涂塈。基内疏通，枝经脉散。基侧室外四出爨火，炎势内流，一堂尽温。此今人暖房之制，形容尽之矣。

冠服

《汉书·五行志》曰，风俗狂慢，变节易度，则为剽轻奇怪之服，故有服妖。余所见五六十年服饰之变亦已多矣，卒至于裂冠毁冕而戎制之，故录其所闻以视后人焉。

《豫章漫钞》曰，今人所戴小帽以六瓣合缝，下缀以檐如筩。阎宪副闳谓予言，亦太祖所制，若曰六合一统云尔。杨维桢廉夫以方巾见太祖，问其制，对曰，四方平定巾。上喜，令士人皆得戴之。商文毅用自编民，亦以此巾见。

《太康县志》曰，国初时，衣衫褶前七后八。弘治间，上长下短，褶多。正德初，上短，下长三分之一，士夫多中停。冠则平顶，高尺余，士夫不减八九寸。嘉靖初，服上长下短，似弘治时。市井少年帽尖长，俗云边鼓帽。弘治间，妇女衣衫仅掩裙腰，富者用罗缎纱绢织金彩。通䄌裙，用金彩膝襕。髻高寸余。正德间，衣衫渐大，裙褶渐多。衫唯用金彩补子。髻渐高。嘉靖初，衣衫大至膝，裙短褶少，髻高如官帽，皆铁丝胎，高六七寸，口周回尺二三寸余。

《内丘县志》曰，万历初，童子发长犹总角，年二十余始戴网。天启间，则十五六便戴网，不使有总角之仪矣。万历初，庶民穿䐚靿，儒生穿双脸鞋，非乡先生首戴忠靖冠者不得穿厢边云头履。俗呼朝鞋。至近日，而门快舆皂无非云履，医卜星相莫不方巾，又有晋巾、唐巾、乐天巾、东坡巾者。先年，妇人非受封不敢戴梁冠，披红袍，系拖带，今富者皆服之。又或着百花袍，不知创自何人。万历间，辽东兴冶服，五彩炫烂，不三十年而沦于虏。兹花袍几二十年矣，服之不衷，身之灾也。兵荒之咎，其将不远与。

衱衣

《通鉴》，唐僖宗乾符元年，王凝、崔彦昭同举进士，凝先及第，尝衱衣见彦昭。衱，楚懈反。《广雅》，梢袺衽谓之襀衱，一曰禈衣。李义山诗，芙蓉作裙衱。又曰，裙衱芙蓉小。

对襟衣

《太祖实录》，洪武二十六年三月，禁官民步卒人等服对襟衣。惟骑马许服，以便于乘马故也。其不应服而服者罪之。

今之罩甲即对襟衣也。《戒庵漫笔》云，罩甲之制，比甲稍长，比袄减短。正德间创自武宗，近日士大夫有服者。按《说文》，"无袂衣谓之襦。"赵宧光曰，半臂衣也。武士谓之蔽甲，方俗谓之蔽袄。小者曰背子，即此制也。《魏志·杨阜传》，阜尝见明帝着帽被缥绫半袖，问帝曰，此于礼何法服也？则当时已有此制。

胡服

自古承平日久，风气之来必有其渐。而变中夏为夷狄，未必非一二好异之徒启之也。《春秋传》，僖公二十二年，初平王之东迁也，辛有适伊川，见被发而祭于野者，曰不及百年，此其戎乎！其礼先亡矣！秋，秦晋迁陆浑之戎于伊川。《后汉·五行志》，灵帝好胡服、胡帐、胡床、胡坐、胡饭、胡箜篌、胡笛、胡舞。京都贵戚皆竞为之。其后董卓多拥胡兵，填塞街衢，虏掠宫掖，发掘园陵。《晋书·五行志》，泰始之初，中国相尚用胡床狢槃，及为羌煮狢炙。贵人富室必畜其器。言享嘉会，皆以为先。太康中又以毡为絈头及络带袴口。百姓相戏曰，中国必为胡所破。夫毡毳产于胡，而天下以为絈头带身袴口，胡既三制之矣。能无败乎？至元康中，氐羌互反。永嘉后，刘石遂篡中都，自后四夷迭据华土，是服妖之应也。《大唐新语》，武德贞观之代，宫人骑马者依周礼旧仪多着幂罗。虽发自戎衣，而全身障蔽。永徽之后，皆用帷帽施裙到头，甚为浅露。显庆中，《册府元龟》：咸亨二年九月。诏曰，百官家口咸厕士流，至于衢路之间，岂可全无障蔽？比来多着帷帽，遂弃冪罗。曾不乘车，只坐担子，过于轻率，深失礼容，宜行禁止。神龙之后，冪罗殆绝。开元初，宫人马上始着胡帽，靓妆露面，士庶咸效之。天宝中，士流之妻或衣文服，靴衫鞭帽，内外一贯矣。《唐书·车服志》，武德间，妇人曳履及线靴。开元中，初有线鞋。侍儿则着履，奴婢服襕衫，而士女衣胡服。其后安禄山反，当时以为服妖之应。《礼乐志》，玄宗好羯鼓，尝称为八音之领袖。诸乐不可方也。盖本戎羯之乐，其音太簇一均。龟兹高昌疏勒天竺部皆用之。其声焦杀，特异众乐。开元二十四年，升胡部于堂上，而天宝乐曲皆以边地名，若凉州、伊州、甘州之类。后又诏道调法曲与胡部新声合作。明年安禄山反，凉州、伊州、甘州皆陷吐蕃。元微之诗自注，太常丞宋沈傅汉中王旧说云，玄宗虽雅好度曲，然未尝使蕃汉杂奏。天宝十三载，始诏道调法曲，与胡部新声全作。识者异之，明年禄山叛。此皆已事之见于史书者也。呜呼！可不戒哉！

《册府元龟》，后汉高祖天福十二年，左卫将军许敬迁奏，臣伏见天下鞍辔器械并取契丹样装饰以为美好，安有中国之人反效戎虏之俗？请下明诏毁弃，须依汉境旧仪。勅曰，近者中华人情浮薄，不依汉礼，却慕胡风，果致狂戎来侵，诸夏应有契丹样鞍辔器械服装等，并令逐处禁断。

宋乾道二年，臣僚言，临安府风俗好为胡乐，如吹鹧鸪，拨胡琴，作胡舞，所在而然。伤风败俗，不可不惩。望检坐。绍兴三十一年，指挥严行禁止。

《太祖实录》，初元世祖起自朔漠，以有天下，悉以胡俗变易中国之制。士庶咸辫发椎髻，深檐胡帽。衣服则为袴褶窄袖，及辫线腰褶。妇女衣窄袖短衣，下服裙裳，无复中国衣冠之旧。甚者易其姓字为胡名，习胡语。俗化既久，恬不为怪。上久厌之。洪武元年二月壬子，诏复衣冠如唐制。士民皆束发于顶。官则为纱帽，圆领袍，束带黑韡。士庶则服四带巾，洪武三年二月，改制四方平定巾。杂色盘领衣，不得用黄玄。乐工冠青卍字顶巾，系红绿帛带。士庶妻首饰许用银镀金，耳珠用金珠，钏镯用银。服浅色团衫，用纻丝绫罗䌷绢。其乐妓则带明角冠皂褙子，不许与庶民妻同。不得服两截胡服。其辫发椎髻，胡服，胡语，胡姓，一切禁止。斟酌损益，皆断自圣心。于是百有余年胡俗悉复中国之旧矣。

《英宗实录》，正统七年十二月，礼部尚书胡濙等奏，向者山东左参政沈固言，中外官舍军民，戴帽穿衣，习尚胡制，语言跪拜，习学胡俗，垂缨插翎，尖顶秃袖。以中国之人，效犬戎之服，忘贵从贱，良为可耻。昔北魏本胡人也，迁雒之后，尚禁胡俗，况圣化度越前古，岂可使无知小民效尤成习？今山东右参政刘琏，亦以是为言。请令都察院出榜，俾巡按监察御史严禁，从之。

《河间府志》，陈士彦曰，今河间男子或有左衽者，而妇人尤多。至于孺子环狐狗之尾以为冠，而身被毛革以为服，谓之达妆。阮汉闻言中州之人亦然。夫被发野祭，辛有卜其为戎。晋太康中俗以毡为䄉头及络带裤口，彼此互相嘲戏，以为胡儿。未几刘石之变遂起。此书作于万历四十三年，不二期而辽东之难作矣！至于今日，胡服缦缨，咸为戎俗。高冠重履，非复华风。梁敬帝诏云。有识之士得不悼其横流，追其乱本哉？

左衽

宋周必大二老堂诗话云，陈益为奉使金国属官，过滹沱光武庙，见塑像左衽。岳珂桯史云，至涟水，宣圣殿像左衽。泗州塔院设五百应真像，或塑或刻，皆左衽。此制盖金人为之，迄于国初而未尽除。其见于《实录》者，永乐八年抚按山东给事中王铎之奏，宣德七年河南彰德府林县训导杜奉之奏，正统十三年山西绛县训导张干之奏，屡奉明旨而未即改正。信乎夷狄之难革也！

《丧大记》：小敛大敛，祭服不倒，皆左衽。注，左衽，衽乡左，反生时也。《正义》曰：衽，衣襟也。生乡右，左手解，抽带便也。死则襟乡左，示不复解也。是则死而左衽者，中国之法，生而左衽乃戎狄之制耳。

行縢

《诗》：邪幅在下。《笺》云，邪幅，如今行膝也。逼束其胫，自足至膝。《左传》：带裳幅舄。《注》同，亦作逼。《礼记》：逼屦着綦。《释名》：逼所以自逼束，今谓之行縢，言以裹脚，可以跳腾轻便也。《战国策》：苏秦嬴縢负书担囊。《吴志》：吕蒙为兵作绛衣行縢。《旧唐书》：德宗入骆谷，值霖雨，道涂险滑，卫士多亡归朱泚。东川节度使李叔明之子升及郭子仪之子曙、令狐彰之子建等六人，恐有奸人危乘舆，相与啮臂为盟，着行縢钉鞋，更鞚上马，以至梁州，它人皆不得近。及还京师，上皆以为禁卫将军，宠遇甚厚。

古人之袜大抵以皮为之。《春秋左氏传注》曰，古者臣见君解袜，既解袜，则露其邪幅，而人得见之。《采菽》之诗所以为咏。今之村民往往行縢而不袜者，古人之遗制也。吴贺邵为人美容止，着袜。始从衣字。希见其足。则汉魏之世不袜而见足者多矣。

乐府

乐府是官署之名。其官有令，有音监，有游徼。《汉书·张放传》：使大奴骏等四十余人，群党盛兵弩，白昼入乐府，攻射官寺。《霍光传》：奏昌邑王，大行在前殿，发乐府乐器。《续汉书·律历志》：元帝时，郎中京房知五声之音，六十律之数，上使太子太傅韦玄成、谏议大夫章杂试问房于乐府，是也。后人乃以乐府所采之诗即名之曰乐府，误矣。曰古乐府尤误。《后汉书·马廖传》言，哀帝去乐府。注云，哀帝即位，诏罢郑卫之音，减郊祭及武乐等人数。是亦以乐府所肄之诗即名之乐府也。

寺

今人但知寺为浮屠之名，不知其为奄竖之名，官府之署矣。

寺字自古至今凡三变。三代以上，凡言寺者，皆奄竖之名。《周礼》寺人《注》，寺之言侍也。《诗》云寺人孟子，《易》之阍寺，《诗》之妇寺，《左传》寺人貂、寺人披、寺人孟张、寺人惠墙伊戾、寺人柳、寺人罗，皆此也。崔杼使圉人驾寺人御而出。自秦以宦者任外廷之职，而官舍通谓之寺。《说文》：寺，廷也。有法度者也，此亦是汉时解耳。汉人以太常、光禄勋、卫尉、太仆、廷尉、大鸿胪、宗正、大司农、少府为九寺。又御史府亦谓之御史大夫寺。《汉书·元帝纪注》：师古曰，凡府庭所在皆谓之寺。《风俗通》曰：寺，司也。《唐书·杨收传》：汉制，总群官而听曰省，分务而专治曰寺，诸官府所止皆曰寺。《后汉书·安帝纪》：皇太后幸雒阳寺，及若卢狱，录囚徒。注，寺，官舍也。《张湛传》：告归平陵，望寺门而步。注，寺门即平陵县门也。《乐恢传》：父为县吏，得罪于令。恢年十一，常俯伏寺门。《吴志·凌统传》亦云，过本县，步入寺门。又变而浮屠之居，亦谓之寺矣。《石林燕语》，汉以来，九卿官府皆名曰寺，鸿胪，其一也。本以待四夷宾客。明帝时，摄摩腾、竺法兰自西域以白马负经至，舍于鸿胪寺。既死，尸不坏，因留寺中，后遂以为浮屠之居，即雒中白马寺也。僧居称寺本此。

省

十三布政使司，今人谓之十三省者，沿元之旧而误称之也。元时为行中书省者十一，曰辽阳等处，曰镇东，曰陕西等处，曰四川等处，曰河南江北等处，曰云南等处，曰江浙等处，曰江西等处，曰湖广等处，曰甘肃等处，曰岭北等处。国初沿元制，立行中书省。洪武七年，以京畿、应天等府直隶六部，改行中书省为布政使司。今当称十三布政司，不当称省。

职官受杖

撞郎之事始于汉明，后代因之，有杖属官之法。曹公性严，掾属公事往往加杖。《魏略》：韩宣以当受杖，豫脱裤缠裈面缚。宋刘道锡为广州刺史，杖治中荀齐文垂死。魏刘仁之监作晋阳城，杖前殷州刺史裴瑗、并州刺史王绰。隋文帝诏诸司，论属官罪，有律轻情重者，听于律外斟酌决杖。燕荣为幽州总管，元宏嗣除长史，惧辱，固辞。上知之，敕荣曰，宏嗣杖十已上罪皆奏闻。荣忿曰，竖子何敢弄我！乃遣宏嗣监纳仓粟，扬得一糠一秕，皆罚之。每笞不满十，然一日中或至三数。杜子美《送高三十五》诗："脱身簿尉中，始与捶楚辞。"唐时自簿尉以上即不加捶楚，优于南北朝多矣。

《黄氏日钞》，读韩文公赠张公曹诗云，判司卑官不堪说，未免捶楚尘埃间。《通鉴注》：唐谓州曹诸司参军为判司。然则唐之判司，簿尉类然与？然唐人之待卑官虽严，而卑官犹得以自申其法，如刘仁轨为陈仓尉，擅杀折冲都尉鲁宁是也。我朝判司簿尉以待新进士，而管库监当不以辱之，视唐重矣。乃近日上官苦役苛责甚于奴仆，官之辱，法之屈也，此事关系世道。

唐自兵兴以后，杖决之行即不止于簿尉。张镐杖杀豪州刺史闾丘晓，严武杖杀梓州刺史章彝，韩皋杖杀安吉令孙澥，柳仲郢杖杀南郑令权奕。刘晏为观察，自刺史六品以下得杖而后奏，则著之于令矣。《宋史》，理宗淳祐二年三月，诏今后州县官有罪，帅司毋辄加杖责。

《晋书·王濛传》，为司徒左西属。濛以此职有谴则应受杖，固辞。诏为停罚，犹不就。则不独外吏矣。《南齐书·陆澄传》，郎官旧有坐杖，有名无实。澄在官，积前后罚，一日并受千杖。《南史·萧琛传》，齐明帝用法严峻，尚书郎坐杖罚者皆即科行。琛乃密启曰，郎有杖，起自后汉，尔时郎官位卑，亲主文案，与令史不异，故郎三十五人，令史二十人，士人多耻为此职。自魏晋以来，郎官稍重，今方参用高华，吏部又近于通贵，不应官高昔品而罚遵曩科。所以从来弹举止是空文，许以推迁，或逢赦恩，或入春令，便得息停。宋元嘉、大明中，有被罚者，别繇犯忤主心，非关常准。泰始、建元以来，并未施行。自奉敕之后，已行仓部郎江重欣，杖督五十，无不人怀惭惧。乞特赐输赎，使与令史有异，以彰优缓之泽。帝纳之。自是应受罚者依旧不行。此今日公谴拟杖之所自始。

《世说》："桓公在荆州，耻以威刑肃物"。令史受杖，正从朱衣上过。桓式年少，从外来，云，向从阁下过，见令史受杖，上捎云根，下拂地足。桓公曰，我犹患其重。是令史服朱衣而受杖也。《南史·孔觊传》：为御史中丞，鞭令史。为有司所纠，原不问。

《南齐书·张融传》，大明五年制，二品清官，行僮干杖不得出十。《梁书·江蒨传》，弟葺为吏部郎，坐杖曹中干免官。郎官之杖，虚杖也，故至于千。僮干之杖，实杖也，不得过十。然亦失中之法。

沈统，大明中为著作佐郎。先是五省官所给干僮不得杂役，太祖世，坐以免官者前后数百人。统役僮过差，有司奏免，世祖诏曰，自顷干僮多不祗给，主可量听行杖。得行干杖，自此始也。

北朝政令比之南朝尤为严切。《高允传》言，魏初法严，朝士多见杖罚。《孝昭帝纪》言，尚书郎中剖断有失，辄加捶楚。而及其末世，则有如高阳王雍之以州牧而杖杀职官，《任城王澄传》。唐邕之以录尚书而挝挞朝士本传。者矣。

押字

《集古录》有五代时帝王将相等署字一卷。所谓署字者，皆草书其名，今俗谓之画押，不知始于何代。岳珂《古冢盆杆记》言，得晋永宁元年甓，有匠者姓名，下有文如押字。则晋已有之，然不可考。《南齐书》：太祖在领军府，令纪僧真学上手迹下名，报答书疏，皆付僧真。上观之，笑曰，我亦不复能别也。何敬容署名，敬字则大作苟，小为文。容字大为父。陆倕戏曰，公家苟既奇大，父亦不小。《魏书》，崔玄伯尤善行押之书，特尽精巧而不见遗迹。《北史》：斛律金不识文字，初名敦，苦其难署，改名为金，从其便易。犹以为难，神武乃指屋角，令识之。《北齐书》：库狄干不知书，署名为干字，逆上画之，时人谓之穿锥。又有武将王周，署名先为吉，而后成其外。《陈书》：萧引善隶书，高宗尝披奏事，指引署名曰，此字笔势翩翩，似鸟之欲飞。《唐书》：董昌僭位，下制诏皆自署名。或曰，帝王无押诏。昌曰，不亲署，何由知我为天子？今人亦谓之花字。《北·齐后主纪》：开府千余，仪同无数，领军一时二十，连判文书，各作花字，《北史》各作依字。不具姓名，莫知谁也。黄伯思谓魏晋以来法书，梁御府所藏皆是朱异、唐怀充、沈炽文、姚怀珍等题名于首尾纸缝间，故或谓之押缝，或谓之押尾。后人花押盖沿于此。又云，唐人及国初前辈与人书牍，或只用押字，与名用之无异，上表章亦或尔，近世遂施押字于檄移。癸辛杂识，古人押字谓之花押印，是用名字稍花之，如韦陟五云体是也。不知南北诸史言押字者如此之多。而韩非子言，田婴令官具押券，斗石参升之计。则战国时已有之，又不始于后世也。

《三国志·少帝纪注》：《世说》及《魏氏春秋》并云，姜维寇陇右，时安东将军司马文王镇许昌，征还击维。至京师，帝于平乐观以临军过。中领军许允与左右小臣谋,因文王辞杀之,勒其众以退。大将军已书诏于前,文王入,帝方食栗。优人云午等唱曰,青头鸡,青头鸡。青头鸡者,鸭也。帝惧不敢发。按鸭者,劝帝押诏书耳。是则以亲署为押,已见于三国时矣。南北朝谓之画敕。

邸报

《宋史·刘奉世传》：先是进奏院,每五日具定本报状,上枢密院,然后传之四方。而邸吏辄先期报下,或矫为家书,以入邮置。奉世乞革定本去实封,但以通函腾报,从之。《吕溱传》：侬智高寇岭南,诏奏邸毋得辄报。溱言一方有警,使诸道闻之者得为备。今欲人不知,此何意也？《曹辅传》：政和后,帝多微行。始民间犹未知,及蔡京谢表有轻车小辇,七赐临幸,自是邸报闻四方。邸报字见于史书盖始于此时。然唐孙樵集中有读《开元杂报》一篇,则唐时已有之矣。

范文正公

《史》言,范文正公先天下之忧而忧,后天下之乐而乐。而文正自作《鄠郊友人王君墓表》云："今兹方面,宾客满坐,钟鼓在庭,自发忧边,对酒鲜乐,岂如圭峰月下,倚高松,听长笛,欣然忘天下之际乎？"马文渊少有大志,及至晚年,犹思建功边陲。而浪泊西里,见飞鸢跕跕堕水终思少游之言,古今同此一辙,王荆公诗："岂爱京师传谷口,但知乡里胜壶头。"阮嗣宗《咏怀诗》所云："宁与燕雀翔，不随黄鹄飞。黄鹄游四海，中路将安归"者也。若夫知几之神，处亢之正，圣人当之，亦必有道矣。

辛幼安

辛幼安词："小草旧曾呼远志，故人今有寄当归。"此非用姜伯约事也。《吴志》："太史慈，东莱黄人也。后立功于孙策，曹公闻其名，遗慈书，以箧封之。发省，无所道，但贮当归。"幼安久宦南朝，未得大用，晚年多有沦落之感，亦廉颇思用赵人之意尔。观其与陈同甫酒后之言，不可知其心事哉？

骑

《诗》云，"古公亶父，来朝走马"。古者马以驾车，不可言走。董氏曰，顾野王作来朝趣马。曰走者，单骑之称。古公之国邻于戎狄，其习尚有相同者。程大昌《雍录》曰，古者乘车，今曰走马。恐此时或已变乘为骑，盖避狄之遽，不暇驾车。然则骑射之法不始于赵武灵王也。《左传·昭公二十五年》，左师展将以公乘马而归。《正义》曰，古者服牛乘马，马以驾车，不单骑也。至六国之时始有单骑，苏秦所云，车千乘，骑万匹是也。《曲礼》云，前有车骑者。《礼记》，汉世书耳，经典无骑字也。刘炫谓此左师展将以公乘马而归，欲共公单骑而归，此骑马之渐也。《周礼·

大司马》师帅执提注,提谓马上鼓,有曲木,提持鼓立马髦上者,故谓之提。《正义》曰,先郑盖据当时已有单骑,举以况周,其实周时皆乘车,无轻骑法也。王应麟谓,六韬言骑战,其书当出于周末。又引《公羊传》,齐侯唁公,以鞍为几。《公羊》亦周末之书也。

　　春秋之世,戎狄之杂居于中夏者,大抵皆在山谷之间,兵车之所不至。齐桓、晋文仅攘而却之,不能深入其地者,用车故也。中行穆子之败敌于大卤,得之毁车崇卒。而智伯欲伐仇,犹遗之大钟以开其道,其不利于车可知矣。势不得不变而为骑,骑射所以便山谷也。胡服所以便骑射也。是以公子成之徒,谏胡服而不谏骑射。意骑射之法必有先武灵而用之者矣。

　　骑利攻,车利守,故卫将军之遇虏,以武刚车自环为营。

　　《史记·项羽本纪》叙鸿门之会曰,沛公则置车骑,脱身独骑。上言车骑,则车驾之马,来时所乘也。下言独骑,则单行之马,去时所跨也。樊哙、夏侯婴、靳强、纪信四人,则皆步走也。《樊哙传》曰,"沛公留车骑,独骑马,哙等四人步从"是也。

驲

　　《汉书·高帝纪》,乘传诣雒阳。师古曰,传若今之驿。古者以车,谓之传车。其后又单置马,谓之驿骑。窃疑此法春秋时当已有之。如楚子乘驲会师于临品,祁奚乘驲而见范宣子,楚子以驲至于罗汭,子木使驲谒诸王。楚人谓游吉曰,吾将使驲奔问诸晋而以告。《国语》,晋文公乘驲,自下脱会秦伯于王城。《吕氏春秋》,齐君乘驲而自追晏子,及之国郊，皆事急不暇驾车，或是单乘驿马，而注疏家未之及也。戴侗云，以车曰传，以骑曰驲。晋侯以传召伯宗，则是车也。《说文》，传，遽也。《左传》，弦高且使遽告于郑，《注》，遽，传车。按韩非子言，齐景公游少海，传骑从中来谒。则骑亦可以谓之传。

谢在杭五杂俎曰，古者乘传皆驿车也。《史记》，田横与客二人乘传诣雒阳。《注》，四马高足为置传，四马中足为驰传，四马下足为乘传。然《左传》言郑子产乘遽而至，则似单马骑矣。《释文》以车曰传，以马曰遽。子产时相郑国，岂乏车乎？惧不及，故乘遽，其为驿马无疑矣。汉初尚乘传车。如郑当时、王温舒皆私具驲马，后患其不速，一概乘马矣。

驴骡

自秦以上传记无言驴者，意其虽有而非人家所常畜也。《尔雅》无驴而有𪖈。鼠身长须而贼，秦人谓之小驴。《逸周书》，伊尹为献，令正北空同、大夏、莎车、匈奴、楼烦、月氏诸国，以橐驼、野马、駒䭁、駃騠为献。驴父马母曰骡，马父驴母曰駃騠。《古今注》，以牡马牝驴所生谓之駏。《吕氏春秋》，赵简子有两白骡，甚爱之。李斯《上秦王书》言，骏良駃騠。邹阳《上梁王书》亦云，燕王按剑而怒，食以駃騠。是以为贵重难得之物也。司马相如《上林赋》，駒䭁橐驼，蛩蛩驒騱，駃騠驴骡。王褒《僮约》，调治马驴，兼落三重。其名始见于文。而贾谊《吊屈原赋》，腾驾罢牛兮骖蹇驴。《日者列传》，骐骥不能与罢驴为驷。东方朔《七谏》，要褭奔亡兮腾驾橐驼。刘向《九叹》，却骐骥以转运兮，腾驴骡以驰逐。扬雄《反离骚》，骋骅骝以曲囏兮，驴骡连蹇而齐足。则又贱之为不堪用也。尝考驴之为物，至汉而名，至孝武而得充上林，至孝灵而贵幸。《后汉书·五行志》，灵帝于宫中西园驾四白驴，躬自操辔，驱驰周旋，以为大乐。于是公卿贵戚习相放效，至乘辎軿以为骑从，互相侵夺，贾与马齐。然其种大抵出于胡地，自赵武灵王骑射之后，渐资中国之用。《盐铁论》，骡驴馲驼，衔尾入塞。騨騱騵马，尽为我畜。杜笃《论都赋》，房儦赈，驱骡驴，驭宛马，鞭駃騠。《霍去病传》，单于遂乘六骡。《匈奴传》，其奇畜则橐驼、驴骡、駃騠、騊駼、騨騱。《西域传》，鄯善国有驴马，多橐它。乌托国有驴，无牛。而龟兹王学汉家仪，外国人皆曰，驴非驴，马非马，若龟兹王所谓骡也。可见外国之多产此种，而汉人则以为奇畜耳。

　　人亦有以父母异种为名者，《魏书·铁弗刘虎传》，北人谓胡父鲜卑母为铁弗。

军行迟速

　　魏明帝遣司马懿征辽东，其时自雒阳出军不过三千余里，而帝问往还几日？懿对以往百日，攻百日，还百日，以六十日为休息，如此一年足矣。此犹是古人师行日三十里之遗意。夏侯渊为将，赴急疾，常出敌之不意。军中为之语曰，典军校尉夏侯渊，三日五百，六日一千。此可偶用之于二三百里之近，不然百里而趋利者蹶上将，兵家所忌也。

木罂渡军

《史记·淮阴侯传》，从夏阳以木罂甀渡军。服虔曰，以木押缚罂甀以渡是也。古文简，不言缚尔。《吴志·孙静传》，策诈令军中促具罂缶数百口，分军夜投查渎。亦此法也。其状图于喻龙德兵衡，谓之瓮筏。

海师

海道用师，古人盖屡行之矣。吴徐承率舟师自海入齐，此苏州下海至山东之路。越王勾践命范蠡、舌庸率师沿海溯淮，以绝吴路。此浙东下海至淮上之路。唐太宗遣强伟于剑南伐木造舟舰，自巫峡抵江扬，趋莱州，此广陵下海至山东之路。汉武帝遣楼船将军杨仆从齐浮渤海，击朝鲜。魏明帝遣汝南太守田豫督青州诸军，自海道讨公孙渊。秦苻坚遣石越率骑一万，自东莱出右，径袭和龙。唐太宗伐高丽，命张亮率舟师自东莱渡海，趋平壤。薛万彻率甲士三万，自东莱渡海入鸭绿水，此山东下海至辽东之路。汉武帝遣中大夫严助，发会稽兵浮海救东瓯。横海将军韩说自句章浮海击东越，此浙江下海至福建之路。刘裕遣孙处、沈田子自海道袭番禺，此京口下海至广东之路。隋伐陈，吴州刺史萧瓛遣燕荣以舟师自东海至吴，此又淮北下海而至苏州也。公孙度越海攻东莱诸县，侯希逸自平卢浮海据青州，此又辽东下海而至山东也。宋李宝自江阴率舟师败金兵于胶西之石臼岛，此又江南下海而至山东也。此皆古人海道用师之效。

海运

唐时海运之事，不详于史。盖柳城陷没之后，至开元之初，新立治所，《唐书·地理志》，营州，柳城郡。万岁通天元年，为契丹所陷。圣历二年，侨治渔阳。开元五年，又还治柳城。乃转东南之粟以饷之耳。及其树艺已成，则不复资于转运，非若元时以此为恒制也。《旧唐书·宋《通典》作宗。庆礼传》，张九龄驳谥议曰，营州镇彼戎夷，扼喉断臂，逆则制其死命，顺则为其主人，是称乐都，其来尚矣。往缘赵翙作牧，驭之非才。自经隳废，便长寇孽。大明临下，圣谋独断，恢祖宗之旧，复大禹之迹，以数千之役徒，无甲兵之强卫，指期遂往，禀命而行。于是量畚筑，执鼙鼓，亲总其役，不愆所虑。俾柳城为金汤之险，林胡生腹心之疾。寻而罢海运，收岁储，边庭晏然，河朔无扰。与夫兴师之费、转输之劳，较其优劣，孰为利害？此罢海运之一证。

《旧唐书·懿宗纪》，咸通三年，南蛮陷交址，征诸道兵赴岭南。时湘、漓溯运，功役艰难，军屯广州乏食。润州人陈璠石诣阙上书，言江西、湖南溯流运粮，不济军师，士卒食尽则散，此宜深虑。臣有奇计以馈南军。天子召见，璠石因奏，臣弟听思曾任雷州刺史，家人随海船至福建，往来大船一只可致千石。自福建装船，不一月至广州。得船数十艘，便可致三万石至广府。又引刘裕海路进军破卢循故事。执政是之，以璠石为盐铁巡官，往扬子院专督海运，于是康承训之军皆不阙供。

烧荒

守边将士，每至秋月草枯，出塞纵火，谓之烧荒。《唐书》，契丹每入寇幽、蓟，刘仁恭岁燎塞下草，使不得留牧，马多死，契丹乃乞盟是也。其法自七国时已有之。《战国策》，公孙衍谓义渠君曰，中国无事于秦，则秦且烧焫，获君之国。

《英宗实录》，正统七年十一月，锦衣卫指挥佥事王瑛言，御虏莫善于烧荒，盖虏之所恃者马，马之所恃者草。近来烧荒，远者不过百里，近者五六十里，胡马来侵，半日可至。乞敕边将，遇秋深，率兵约日，同出数百里外，纵火焚烧，使胡马无水草可恃。如此则在我虽有一时之劳，而一举坐卧可安矣。翰林院编修徐珵后改名有贞。亦请每年九月，尽敕坐营将官主边，分为三路，一出宣府抵赤城独石，一出大同抵万全，一出山海抵辽东。各出塞三五百里，烧荒哨探。如遇虏寇出没，即相机剿杀。此本朝烧荒旧制，诚守边之良法也。

家兵

古之为将者必有素豫之卒。《春秋传》，冉求以武城人三百为己徒卒。《后汉书·朱儁传》，交址贼反，拜儁刺史，令过本郡，简募家兵。张燕寇河内，逼近京师，出儁为河内太守，将家兵击却之。《三国志·吕虔传》，领泰山太守，将家兵到郡。郭祖、公孙犊等皆降。《晋书·王浑传》，为司徒，楚王玮将害汝南王亮，浑辞疾归第，以家兵千余人闭门距玮，玮不敢逼。

少林僧兵

少林寺中有唐太宗为秦王时赐寺僧教，其辞曰，王世充叨窃非据，敢违天常，法师等并能深悟几变，早识妙因，擒彼凶孽，廓兹净土。闻以欣尚，不可思议。今东都危急，旦夕殄除。并宜勉终茂功，以垂令范。是时立功者十有三人，裴漼《少林寺碑》所称志操、惠玚、昙宗等，惟昙宗拜大将军，余不受官，赐地四十顷，此少林僧兵所起。考之《魏书》，孝武帝西奔，以五千骑宿于瀍西扬王别舍。沙门都维那、惠臻负玺持千牛刀以从。《旧唐书》，元和十年，嵩山僧圆净与淄青节度使李师道谋反，结勇士数百人，伏于东都进奏院。乘洛城无兵，欲窃发焚烧宫殿。小将杨进、李再兴告变，留守吕元膺乃出兵围之。贼突围而出，入嵩岳山棚，尽擒之。《宋史》，范致虚以僧赵宗印充宣巡司参议官，兼节制军马。宗印以僧为一军，号尊胜队。童子行为一军，号净胜队。然则嵩雒之间，固世有异僧矣。

嘉靖中，少林僧月空受都督万表檄，御倭于松江。其徒三十余人，自为部伍，持铁棒击杀倭甚众，皆战死。嗟乎，能执干戈以捍疆场，则不得以其髡徒而外之矣。宋靖康时，有五台僧真宝，与其徒习武事于山中。钦宗召对便殿，命之还山，聚兵拒金。昼夜苦战，寺舍尽焚，为酋所得，诱劝百方，终不顾，曰，吾法中有口回之罪，吾既许宋皇帝以死，岂当妄言也？怡然受戮。而德祐之末，常州有万安僧起义者，作诗曰，时危聊作将，事定复为僧。其亦有屠羊说之遗意者哉？

毛葫芦兵

《元史·顺帝纪》，至正十三年，立南阳、邓州等处毛葫芦义兵万户府，募土人为军，免其差役，令防城自效。因其乡人自相团结，号毛葫芦军，故以名之。《朵尔直班传》，金商义兵以兽皮为矢房如瓠，号毛葫芦军，甚精锐。《大学衍义补》，今唐邓山居者，以毒药渍矢以射兽，应弦而倒，谓之毛葫芦。

成化三年，国子监学录黄明义言，宋时多刚县夷为冠，用白艻子兵破之。白艻子者，即今之民壮也。

方音

五方之语虽各不同，然使友天下之士而操一乡之音，亦君子之所不取也。故仲由之喭，夫子病之。鴃舌之人，孟子所斥。而《宋书》谓高祖虽累叶江南，楚言未变，雅道风流，无闻焉尔。又谓长沙王道怜素无才能，言音甚楚，举止施为，多诸鄙拙。《世说》言，刘真长见王丞相，既出，人问见王公云何？答曰，未见他异，惟闻作吴语耳。又言，王大将军年少时，旧有田舍名，语音亦楚。又言，支道林入东，见王子猷兄弟还，人问见诸王何如？答曰，见一群白项鸟，但闻唤哑哑声。《北史》谓丹杨王刘昶呵骂僮仆，音杂夷夏。虽在公坐，诸王每侮弄之。夫以创业之君，中兴之相，不免时人之议，而况于士大夫乎。北齐杨愔称裴讞之曰，河东士族，京官不少，惟此家兄弟全无乡音。其所贱可知矣。至于著书作文，尤忌俚俗。公羊多齐言，淮南多楚语，若《易传》《论语》何尝有一字哉？

若乃讲经授学，弥重文言，是以孙详、蒋显曾习周官而音革楚夏，左思《魏都赋》，盖音有楚夏者，土风之乖也。则学徒不至。《梁书·儒林传》陆倕云。李业兴学问深博，而旧音不改，则为梁人所笑。《北史》本传。邺下人士音辞鄙陋，风操虫拙，则颜之推不愿以为儿师。《家训》。是则惟君子为能通天下之志，盖必自其发言始也。

《金史·国语解序》曰，今文《尚书》辞多奇涩，盖亦当世之方音也。

《荀子》每言案《楚辞》每言羌，皆方音。刘勰《文心雕龙》云，张华论韵，谓士衡多楚，可谓衔灵均之声余，失黄钟之正响也。

国语

后魏初定中原，军容号令皆以夷语。后染华俗，多不能通，故录其本言，相传教习，谓之国语。孝文帝命侯伏、侯可、悉陵以夷言译孝经之旨，教于国人，谓之国语孝经。并《隋书·经籍志》。而历考《后魏》《北齐》二书，若孟威以明解北人语，敕在著作，以备推访。孙搴以能通鲜卑语，宣传号令。祖珽以解卑语免罪，复参相府。刘世清以能通四夷语，为当时第一，后主命作突厥语，翻《涅槃经》，以遗突厥可汗。并见遇时主，宠绝群僚。然其官名制度无一不用汉语。而魏孝文太和十九年六月己亥诏，不得以北俗之语言于朝廷，违者免所居官。《魏书·咸阳王禧传》，孝文引见朝臣，诏断北语，一从正音，禧赞成其事。于是诏年三十已上，习姓已久，容或不可卒革。三十已下，见在朝廷之人，语音不听仍旧，若有故为，当降爵黜官。若仍旧俗，恐数世之后，伊雒之下，复成被发之人。朕尝与李冲论此，冲言，四方之语，竟知谁是？帝者言之，即为正矣，何必改旧从新？冲之此言，应合死罪，乃谓冲曰，卿实负社稷！冲免冠陈谢。《北齐书·高昂传》，于时鲜卑共轻中华朝士，唯惮服于昂。高祖每申令三军，常鲜卑语。昂若在列，则为华言。孝文用夏变夷之主，齐神武亦英雄有大略者也。契丹偏居北陲，始以本国之言为官名号令，而《辽史》创立《国语解》一篇，自是金元亦多循之，而北俗之语遂载之史书，传于后代矣。

后魏《平阳公丕传》，丕雅爱本风，不达新式。至于变俗迁雒，改官制服，禁绝旧言，皆所不愿。帝亦不逼之，但诱示大理，令其不生同异。变俗之难如此。今则拓跋宇文之语不传于史册者已荡然无余，一时众楚之咻，固不能胜三纪迁殷之化也。

后唐康福善诸蕃语。明宗听政之暇，每召入便殿，咨访时事，福即以蕃语奏之。枢密使安重诲恶焉，尝面戒之曰，康福但乱奏事，有日斩之！

楼烦

楼烦乃赵西北边之国，其人强悍，习骑射。《史记·赵世家》，武灵王行新地，遂出代，西遇楼烦王于西河，而致其兵。致云者，致其人而用之也。是以楚汉之际，多用楼烦人别为一军。《高祖功臣侯年表》，阳都侯丁复，以赵将从起邺。至霸上，为楼烦将。而《项羽本纪》，汉有善骑射者楼烦。应劭曰，楼烦，胡也，今楼烦县。按楼烦地大，不止一县之人。则汉有楼烦之兵矣。《灌婴传》，击破柘公王武，斩楼烦将五人。攻龙且，生得楼烦将十人。击项籍军陈下，斩楼烦将二人。攻黥布别将于相，斩楼烦将三人。《功臣表》，平定侯齐受，以骁骑都尉击项籍，得楼烦将。则项王及布亦各有楼烦之兵矣。盖自古用四夷攻中国者，始自周武王牧野之师，有庸、蜀、羌、髳、微、卢、彭、濮。而晋襄公败秦于殽，实用姜戎为犄角之势。大者王，小者霸，于是武灵王踵此用以谋秦，而鲜卑、突厥、回纥、沙陀自此不绝于中国矣。

吐蕃回纥

大抵夷音皆无正字。唐之吐蕃即今土鲁蕃是也，唐之回纥即今之回回是也。《唐书》，回纥一名回鹘。《元史》有畏兀儿部，畏即回，兀即鹘也。其曰回回者，亦回鹘之转声也。《辽史·天祚纪》有回回国王。《元史·太祖纪》以回鹘、回回为二国，恐非。其曰畏吾儿者，又畏兀儿之转声也。《册府元龟》按国史叙铁勒种类云，伊吾以西，焉耆以北，有契弊、乌护、纥骨等部。契弊则契苾也。乌护则乌纥也，后为回鹘。纥骨则纥扢斯也，转为黠戛斯。盖夷音有缓急，即传译语不同。《大明会典》，哈密，古伊吾卢地，在敦煌北大碛外，为西域诸番往来要路。其国部落与回回、畏兀儿三种杂居。则回回与畏兀儿又为二种矣。郑所南《心史》：畏吾儿乃鞑靼为父、回回为母者也。自唐会昌中回纥衰弱，降幽州者前后三万余人，皆散隶诸道，始杂居于中华而不变其本俗。杜子美留花门诗，连云屯左辅，百里见积雪。李卫公上尊号玉册文，种类盘互，缟衣如荼，挟邪作蛊，浸淫宇内。今之遗风亦未衰于昔日也。

《旧唐书·宪宗纪》，元和二年正月庚子，回纥请于河南府、太原府置摩尼寺，许之。此即今礼拜寺之所从立也。

《新唐书·常衮传》言，始，回纥有战功者得留京师。虏性易骄，后乃创邸第、佛祠，或伏甲其间，数出中渭桥，与军人格斗，夺含光门鱼契走城外。然则自肃、代以来，回纥固已有居京师者矣。

《实录》，正统元年六月乙卯，徙甘州、凉州寄居回回于江南各卫，凡四百三十六户，一千七百四十九口。其时西陲有警，不得已，为徙戎之策，然其种类遂蕃于江左矣。正统三年八月，有归附回回三百二人，自凉州徙至浙江。

国初，于其来降者待之虽优，而防之未尝不至。福建漳州卫指挥佥事杨荣因进表至京，为回回之编置漳州者寄书于其同类，奉旨坐以交通外夷，黜为通事官，于大同立功。正统四年七月辛未。其后文教涵濡，夷风渐革，而夷狄之裔遂有登科第袭冠裳者。惟回回自守其国俗，终不肯变，结成党伙，为暴闾阎。以累朝之德化，而不能训其顽犷之习，所谓食桑葚而怀好音，固难言之矣。

天子无故不杀牛，而今之回子终日杀牛为膳，宜先禁此，则夷风可以渐革。唐时赦文每曰十恶五逆，火光行劫，持刃杀人，官典犯赃，屠牛铸钱，合造毒药，不在原赦之限。可见古法以屠牛为重也。若韩滉之治江东，以贼非牛酒不啸结，乃禁屠牛，以绝其谋。此又明识之士所宜豫防者矣。

西域天文

西域人善天文，自古已然。《唐书》，泥婆罗国颇解推测盈虚，兼通历术事。天竺国善天文历算之术。罽宾国遣使进天文经。拂苏国，其王城门楼中悬一大金秤，以金丸十二枚属于衡端，以候日之十二时。为一金人，其大如人，立于侧。每至一时，其金丸辄落，铿然发声，引唱以纪日时，毫厘无失。盖不始于回回、西洋也。《元史·张思明传》，大德初，擢左司都事。有献西域秤法，思明以惑众，不用。

《王忠文祎集》有《阿都剌除回回司天少监诰》曰，天文之学其出于西域者，约而能精。虽其术不与中国古法同，然以其多验，故近代多用之。别设官，以掌其职。

《册府元龟》载，开元七年，吐火罗国王上表，献解天文人大慕阇。智慧幽深，问无不知。伏乞天恩唤取，问诸教法，知其人有如此之艺能，请置一法堂，依本教供养。此与今之利玛窦天主堂相似，而不能行于玄宗之世者，岂非其时在朝多学识之人哉。

三韩

今人调辽东为三韩者，考之书序，成王既伐东夷，传海东诸夷驹丽、扶余、馯、貊之属。《正义》，《汉书》有高驹丽，扶余、韩。无此馯，馯即韩也，音同而字异耳。《后汉书·光武纪》，建武二十年，东夷韩国人率众诣乐浪内附。《东夷传》，韩有三种，一曰马韩，二曰辰韩，三曰弁辰。《晋》《梁》二书作弁韩。马韩在西，有五十四国，其北与乐浪、南与倭接。辰韩在东，十有二国，其北与濊貊接。弁辰在辰韩之南，亦十有二国，其南亦与倭接。凡七十八国。百济是其一国焉，大者万余户，小者数千家，各在山海间。地合方四千余里，东西以海为限，皆古之辰国也。马韩最大，共立其种为辰王，尽王三韩之地。《汉书·朝鲜传》，真番辰国欲上书见天子，又雍阏弗通。师古曰，辰谓辰韩之国。《史记》误作真番旁众国。

《三国·魏志》，齐王正始七年，幽州刺史毌丘俭破高句骊、濊貊、韩、那奚等数十国，各率种落降陈留王。景元二年，乐浪外夷韩、濊貊，各率其属来朝贡。《晋书·张华传》，东夷马韩、新弥诸国，依山带海，去州四千余里，历世未附者二十余国，并遣使朝献。杜氏《通典》，三韩之地在海岛之上，朝鲜之东南。此其封域与朝贡之本末也。刘熙《释名》，韩羊、韩兔、韩鸡，本法出韩国所为也。后魏阳固《演赜赋》，睹三韩之累累兮，见卉服之悠悠，此其风土也。《宋史·天文志》，狗国四星在建星东南，主三韩、鲜卑、乌桓、獫狁、沃沮之属。此其占象也。《宋史·高丽传》言，崇宁后始铸三韩通宝。而《辽史·外纪》有高丽王子、三韩国公勋、三韩国公颢、三韩国公俣。其《地理志》有高州三韩县，辰韩为扶余，弁韩为新罗，《北史》以辰韩为新罗。马韩为高丽。开泰中，圣宗伐高丽，俘三国之遗人置县。据此乃俘三国之人置县于内地，而取三韩之名尔。正如汉时上郡有龟兹县，不可便以为西域之国。今人乃谓辽东为三韩，是以内地而目之为外国也。原其故本于天启，初失辽阳以后，章奏之文遂有谓辽人为三韩者，外之也。今辽人乃以之自称，夫亦自外也已。

《北史》，新罗者，其先本辰韩种也，地在高丽东南。辰韩亦曰秦韩，相传言秦世亡人避役来适，马韩割其东界居之。以秦人故名之曰秦韩。其言语名物有似中国人。辰韩王常用马韩人作之，世世相传。辰韩不得自立王，明其流移之人故也。恒为马韩所制。辰韩之始有六国，稍分为十二，新罗则其一也。此又与前史不同。而《唐书·东夷传》，显庆五年平百济，分其地置五都督府，其一曰马韩。

大秦

今之佛经皆题云大秦鸠摩罗什译,谓是姚兴国号,非也。大秦乃西域国名。《后汉书·西域传》言,大秦国,在海西,地方数千里,有四百余城,小国役属者数十。又云天竺国西与大秦通,此其国名之偶同,而传以为其人民皆长大平正,有类中国,故谓之大秦,固未必然。而《晋书》载记,石季龙时,有安定人侯子光,自称佛太子,谓大秦国来当王小秦国。以中国为小秦,则益为夸诞矣。

干陀利

韩文公《广州记》有干陀利,注家皆阙。按《梁书·海南诸夷传》,干陀利国在南海洲上,其俗与林邑、扶南略同。出斑布、吉贝、槟榔。槟榔特精好,为诸国之最。梁王僧孺有《谢赐干陀利所献槟榔启》。《周弘正传》,有罪应流徙,敕以赐干陀利国。《陈书·世祖纪》,天嘉四年,干陀利国遣使献方物。惟《宋书·孝武帝纪》,孝建二年,斤陀利国遣使方物。《南史》同。以干为斤,疑误。

夷狄

历九州之风俗,考前代之史书,中国之不如夷狄者有之矣。《辽史》言,契丹部族生生之资仰给畜牧,绩毛饮湩,以为衣食。各安旧风,狃习劳事,不见纷华异物而迁。故家给人足,戎备整完,卒之虎视四方,强朝弱附。《金史》,世宗尝谓宰臣曰,朕尝见女直风俗,迄今不忘。今之燕饮音乐皆习汉风,非朕心所好。东宫不知女直风俗,第以朕故犹尚存之,恐异日一变此风,非长久之计。他日与臣下论及古今,又曰女直旧风虽不知书,然其祭天地,敬亲戚,尊耆老,接宾客,信朋友,礼意款曲,皆出自然。其善与古书所载无异。汝辈不可忘也,乃禁女直人不得改称汉姓,学南人衣装,犯者抵罪。又曰,女直旧风,凡酒食会聚,以骑射为乐。今则弈棋、双陆宜悉禁止,令习骑射。《邵氏闻见录》言,回纥风俗朴厚,君臣之等不甚异,故众志专一,劲健无敌。自有功于唐,赐遗丰腴。登里可汗始自尊大,筑宫室以居,妇人有粉黛文绣之饰。中国为之虚耗,而虏俗亦坏。昔者祭公谋父之言,犬戎树惇,能帅旧德,而守终纯固。由余之对穆公言,戎夷之俗,上含淳德,以遇其下。下怀忠信,以事其上。一国之政犹一身之治,其所以有国而长世,用此道也。及乎荐居日久,渐染华风,不务诗书,唯征玩好,服饰竞于无等,财贿溢于靡用。骄淫矜侉,浸以成习。于是中行有变俗之讥,贾生有五饵之策。又其末也,则有如张昭远以皇弟、皇子喜俳优,饰姬妾,而卜沙陀之不永。张舜民见太孙好音乐、美姝、名茶、古画,而知契丹之将亡。此固人情之所必至,而戎狄之败特速于中华者,他日未尝学问也。后之君子诚监于斯,则知所以胜之之道矣。

　　《史记》言,匈奴狱久者不过十日,一国之囚不过数人。《盐铁论》言,匈奴之俗略于文而敏于事。宋邓肃对高宗言,外夷之巧在文书简,简故速。中国之患在文书繁,繁故迟。《辽史》言,朝廷之上,事简职专,此辽之所以兴也。又曰,皇帝四时巡守,宰相已下于中京居守。一切公事,除拜官僚,止行堂帖权差,俟行在所取旨,出给诰敕。文官县令、录事已下,更不奏闻，听中书铨选。然则戎狄之能胜于中国者惟其简易而已，今舍其所长而效人之短，吾见其立弊也。

《金史·食货志》言，金起东海，其俗纯实，可与返古。初入中夏，民多流亡，土多旷闲。兵威所加，遗黎惴惴，何求不获？于斯时纵不能复井地沟洫之制，若用唐之永业口分以制民产，仿其租庸调之法以足国计，何至百年之内所为经画，纷纷然与其国相终始邪？其弊在于急一时之利，踵久坏之法。及其中叶，鄙辽俭朴，袭宋繁缛之文。惩宋宽柔，加辽操切之政，是弃二国之所长，而并用其所短也。繁缛胜必至于伤财，操切胜必至于害民。讫金之世，国用易匮，民心易离，岂不繇是与？作法不慎厥初，变法以救其弊，祗益甚焉耳。其论金时之弊，至为明切。今之为金者，有甚于此。

魏太武始制反逆、杀人、奸盗之法，号令明白，政事清简，无系讯连逮之烦，百姓安之。宋余靖言，燕蓟之地陷入契丹且百年，而民亡南顾心者，以契丹之法简易，盐麦俱贱，科役不烦故也。是则省刑薄敛之效，无论于华夷矣。

徙戎

武后时，四夷多遣子入侍，其论钦陵、阿史德、元珍、孙万荣等，皆因充侍子得遍观中国形势，其后竟为边害。先是天授三年，左补阙薛谦光上疏曰，臣闻戎夏不杂，自古所诫。夷狄无信，易动难安。故斥居塞外，不迩中国。前史所称，其来久矣。然而帝德广被，有时朝谒受向化之诚，请纳梯山之礼。贡事毕则归其父母之国，导以指南之车。此三王之盛典也。自汉魏以后，遂革其风，务节虚名。征求侍子，谕令解辫，使袭衣冠，筑室京师，不令归国。此又中叶之故事也。较其利害，则三王是而汉魏非；论其得失，则距边长而征质短。殷鉴在昔，岂可不虑？昔郭钦献策于武皇，江统纳谏于惠主，咸以戎狄入居，必生事变。晋帝不用二臣之远策，好慕向化之虚名，纵其习《史》《汉》等书，官之以五部都尉，此皆计之失也。窃惟突厥、吐蕃、契丹等，往因入侍，并叨殊奖。或执戟丹墀，策名戎秩。或曳裾庠序，高步黉门。服改毡裘，语兼中夏。明习汉法，睹衣冠之仪。目览朝章，知经国之要。窥成败于图史，察安危于古今，识边塞之盈虚，知山川之险易。或委以经略之功，令其展效。或矜其首丘之志，放使归蕃。于国家虽有冠带之名，在戎狄广其纵横之智。虽有慕化之美，苟悦于当时。而狼子野心，旋生于异日。及归部落，鲜不称兵。边鄙罹灾，实繇于此。故老子曰，国之利器不可以示人。在于齐人犹不可以示之，况于夷狄乎？谨按楚申公巫臣奔晋而使于吴，使其子狐庸为吴行人，教吴战阵，使之叛楚。吴于是伐楚，取巢取驾，克棘入州来，子反一岁七奔命。其所以能谋楚，良以此也。又按《汉书》，桓帝迁五部匈奴于汾晋，其后卒有刘石之难。向使五部不徙，则晋祚犹未可量也。鲜卑不迁幽州，则慕容无中原之僭。又按《汉书》，陈汤云，夫胡兵五而当汉兵一。何者？兵刃朴钝，弓弩不利。今闻颇得汉巧，然犹三而当一。繇是言之，利兵尚不可使敌人得法，况处之中国，而使之习见哉？昔汉东平王请《太史公书》，朝臣以为《太史公书》有战国纵横之说，不可以与诸侯。此则本朝诸王尚不可与，况外国乎？臣窃计，秦并天下，及刘项之际，累载用兵，人户凋散，以晋惠方之，八王之丧师轻于楚汉之割地，冒顿之全实过于五部之微弱。当襄时，冒顿之强盛，乘中国之虚弊，高祖馁厄平城。而冒顿不能入中国者，何也？非兵不足以侵诸夏，力不足以破汾晋。其所以解围而纵高祖者，为不习中土之风，不安中国之美。生长碛漠之北，以穹庐胜于城邑，以毡罽美于章绂。既安其所习而乐其所生，是以无窥中国之心者，为生不习汉故也。岂有心不乐汉而欲深入者乎？刘元海五部离散之余，而卒能自振于中国者，为少居内地，明习汉法，非但元海悦汉，而汉亦悦之。一朝背诞，四人谓四民。响应，遂鄙单于之号，窃帝王之名，贱沙漠而不居，拥平阳而鼎峙者，为居汉故也。向使元海不曾内徙，正当劫边人缯彩曲蘖，以归阴山之北，安能使倡乱邪？当今皇风遐罩，含识革面，凡在虺性，莫不怀驯。方使由余效忠，日殚尽节。以臣愚虑者，国家方传无穷之祚，于后脱备守不谨。边臣失图，则夷狄称兵，不在方外，非所以肥中国削四夷，经营万乘之业，贻厥孙谋之道也。臣愚以为愿充侍子者一皆禁绝，必若先在中国者，亦不可更使归蕃，则夷人保疆，边邑无事矣。

　　本朝永乐、宣德间，达虏来降，多乞留居京师，授以指挥、千百户之职，赐之俸禄及银钞、衣服、房屋、什器，安插居住，名曰达官。正统元年十二月，行在吏部主事李贤言，臣闻帝王之道，在赤子黎民，而禽兽夷狄。夫黎民而赤子，亲之也。夷狄而禽兽，疏之也。虽圣人一视同仁，其施也必自亲以及疏，未有赤子不得其所而先施惠于禽兽。况夺赤子之食以养禽兽，圣人忍为之哉？窃见京师达人不下万余，较之畿民三分之一。其月支俸米，较之在朝官员亦三分之一，而实支之数或全或半，又倍蓰矣。且以米俸言之，在京指挥使正三品，该俸三十五石，实支一石，而达官则实支十七石五斗，是赡京官十七员半矣。夫以有限之粮而资无限之费，欲百姓富庶而仓廪充实，未之有也。近者连年荒旱，五谷不登，而国家之用则不可缺。是以天下米粟水陆并进，岁入京师数百万石，而军民竭财殚力，涉寒暑，冒风霜，苦不胜言，然后一夫得数斛米至京师者，幸也。若其运至中途食不足、衣不赡,而有司督责之愈急,是以不暇救死、往往枕籍而亡者不可胜计。其达官坐享俸禄,施施自得。呜呼!既夺赤子之食以养禽兽,而又驱其力使馈之,赤子卒至于饥困以死,而禽兽则充实厌足,仁人君子所宜痛心者。若夫俸禄,所以养廉也。今在朝官员皆实关俸米一石,以一身计之,其日用之费不过十日,况其父母妻子乎?臣以为,欲其无贪,不可得也。备边所以御侮也。今边军长居苦寒之地,其所以保妻子、御饥寒者,月粮而已。粮不足以赡其所需,欲其守死不可得也。今若去此达官,臣愚以为除一害而得三利焉。何则?计达官一岁之俸不下数十万,省之可以全生民之命,可以赡边军之给,可以足京官之俸。全生民之命则本固而邦宁也,赡边军之给则效死而守职也,足京官之俸则知耻而守廉也。得此三者,利莫大焉。臣又闻圣王之道,贵乎消患于未萌。《易》曰,履霜坚冰至。臣窥见达人来降,络绎不绝。朝廷授以官职,足其俸禄,使之久处不去,腥膻畿内。无益之费尚不足惜,又有甚者焉。夫夷狄人面兽心,贪而好利,乍臣乍叛,荒忽无常。彼来降者,非心悦而诚服也,实慕中国之利也。且达人在胡,未必不自种而食,自织而衣。今在中国,则不劳力而坐享其有。是故其来之不绝者,中国诱之也。诱之不衰,则来之愈广。一旦边方有警,其势必不自安矣。前世五胡之乱,可不鉴哉!是故圣人以禽兽畜之。其来也,惩而御之,不使之久处。其去也,守而备之,不诱其复来。其为社稷生民之虑,至深远也。近日边尘数警,而达官群聚京师,臣尝恐惧而不安寝。伏愿陛下断自宸衷,为万世长久之计,乞敕兵部,将达官渐次调除天下各部司卫所。彼势既分,必能各安其生。不惟省国家万万无益之费,而又消其未萌之患矣。上是其言。

土木之变,达官东人之编置近畿者,一时蠢动,肆掠村庄,人谓之家达子。至有驱迫汉人以归寇者。户科给事中王竑、翰林院侍讲刘定之并言，宜设法迁徙，俾居南土。于是命左都督毛福寿充左副总兵，选领河间、东昌达军，往湖广辰州等处征苗。巡抚江西刑部右侍郎杨宁奏请贼平之后，就分布彼处各卫所守御，然其去者无多。天顺元年七月丁丑，兵部奏，自正统七年至景泰七年，调去云南、广东、广西、福建等处随征达官达军共一千八百人。而天顺初，兵部尚书陈汝言，阿附权宦，尽令取回。遂令曹钦得结其骁豪，与之同反。而河间、东昌之间，至今响马不绝。亦自达军倡之，据有中国，谁之咎也？

国初，安置土达于宁夏甘凉等处。承平日久，种类蕃息。至成化四年，遂有满四之变。

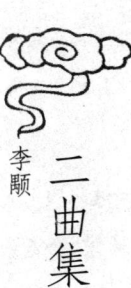

二曲集

李顒

导 读

李敖

李颙（1629—1705），字中孚，号二曲，别署"二曲土室病夫"，陕西盩厔人。他小时候，父亲为明朝殉难，没钱缴学费，老师都不收他。他母亲气起来，说："无师遂可以不学耶？经书固在，亦何必师！"她不信邪，叫他在家自己念，终于自修成为大学者。

他三十六岁，母亲死了，他把母亲和父亲的一颗牙埋在一起，守了三年丧后，四十一岁那年，徒步向河南出发，到襄城四周找他父亲遗骨。当然找不到。但这种精神，感动了襄城的县太爷张允中，县太爷为他父亲立了烈士祠，又在旧战场上盖了一座招魂冢，以安慰他。

这时候，已是清朝康熙九年（1670）的冬天了，明朝崇祯皇帝已殉国二十六年了，也就是说，清朝已经统治二十六年了。对这个他所不赞成的政权，李颙始终不肯合作。

有一次，大官人特备车马，接他去见皇上。他不肯去，躺在床上装病。大官人叫人抬他的床，一起出发，李颙气得不吃饭，相持了六天，最后逼得他要拿刀自杀，大官人才算死心，放弃送他去"召见"。

李颙七十六岁时候死去，成功地做到了他的"不合作主义"。

二曲集

学髓① 节录

人人具有此灵原②，良知良能③，随感而应。日用不知，遂失其正，骑驴觅驴，是以谓之百姓④。学之如何？亦惟求日用之所不知者而知之耳。曰：知后何如？曰：知后则返于无知。未达，曰："不识不知，顺帝之则。"⑤

知体本全，不全不足以为知，仁者见之以为仁，知者见之以不知⑥。见相一立，执着未化，终属半镜⑦。

无声无臭，不睹不闻，处而发，寂而灵，寂而神⑧，量无不包，明无不烛，顺应无不咸宜。若无故起念，便是无风无波，即所起皆善，发而为言，见而为行，可则可法，事业烜卓，百世尸祝⑨，究非行所无事，有为之为，君子不与也⑩。

水澂⑪则珠自现，心澂则性自朗，故必以静坐为基，……处明寂定为本面⑫。静而虚明寂定，是谓未发之中；动而虚明寂定，是谓中节之和⑬。时时返观，时时体验。一时如此，便是一时的圣人；一日如此，便是一日的圣人；一月如此，便是一月的圣人；终其身常常如此，缉熙不断[14]，则全是圣人，与天为一矣。

岁月易过，富贵如电，吾身尚非吾有，身以外何者是吾之有？须及时自策自励，自作主宰，屏缘涤虑[15]，独觑本真，……此一念万年之真面目也。至此，则无圣凡可言，无生死可了。先觉之觉后觉，觉此[16]也；《六经》之经后世[17]，经此也；《大学》之致知[18]，致此也；《中庸》之慎独[19]，慎此也。《论语》之时学习[20]，学习乎此也；《孟子》之必有事[21]，有事乎此也。以至濂溪之立极[22]，程门之识仁[23]，朱之主敬穷理[24]，陆之先立乎其大[25]，阳明之良[26]，甘泉之认[27]，无非恢复乎此也。外此而言学，即博尽羲皇以来所有之籍，是名玩物；著述积案充栋，是名丧志。总之，为天刑之民[28]，噫！弊也久矣！（《二曲集》卷二）

【注 释】

① 髓，即精髓。学髓，指为学（主要是修养德性）的最切要之点。

② 灵原，灵明的本性，即良知良能。

③ 语本《孟子·尽心上》："人之所不学而能者，其良能也。所不虑而知者，其良知也。"事实上不存在这种良知良能。

④ 语本《周易·系辞上》："百姓日用而不知。"百姓指一般人民。作者把一般人民看作"日用不知"的人。意思是说日常处事运用的是良知，却不认识它。骑驴觅驴，是佛家语，这里比喻忘其本身具有良知而另外寻求。

⑤ 语见《诗经·大雅·皇汉》。这里引用的意思是说，只要认识了灵原，不必有其他的知识（不识不知），行事就会符合上帝的法则。

⑥ "仁者"二句，见《周易·系辞上》。这里认为灵原本身就是一个包罗万

有的本体。仁者看见它就认为它只是仁，智者看见它就认为它只是智，都是片面的认识。

⑦ 这三句话，都是佛家术语。佛家分人的知觉认识为"见分"和"相分"。见分是能知的本体（认识的能力），相分是所知的对象（认识的对象）。两者结合，然后有知觉认识。佛家认为这种知觉认识是变幻无常，虚妄而不真实的。如果执着这种变幻虚妄的见解而不能变通，那便和半面镜子一样，不是灵原的全体了。

⑧ 虚而灵，寂而神，是说事前一念不起，心常虚寂；事来自能顺应，现出了此心灵明神妙的作用。

⑨ 炬卓，显赫卓越的意思。尸，神主。祝，在尸前祷告求福。百世尸祝，是说人们世世代代崇拜他，当作神来供奉。

⑩ 不与，不赞同。

⑪ 澂即澄的本字，水清不流动的形状。

⑫ 本面，即本来面目、真面目。本佛家语。这里是说，"灵原"的本性是虚明寂定的。

⑬ 语本《礼记·中庸》："喜怒哀乐之未发，谓之中；发而皆中节，谓之和。"这里是说，喜怒哀乐的感情无论发与未发，都能保持虚明寂定。所以未发时没有一点偏私，是中；既发后自然平和中节，是和。

⑭ 语本《诗经·周颂·敬之》："学有缉熙于光明。"朱熹《集传》："续而明之以至于光明。"本文缉熙不断，是说继续不断地发挥光明。

⑮ 这里所谓缘，指外界的事物。屏缘，屏除外界事物的干扰。涤虑，洗净一切杂念。作者认为这样就可以保持所谓虚明寂定的心。

⑯ 觉此的"此"字及下文几个"此"字，都指灵原。

⑰ 《六经》：《诗》、《书》、《易》、《春秋》、《礼》（《仪礼》等）、《乐》（《乐经》早已亡失）。"经后世"的经字，作治理讲，是说用《六

经》的道理治理后世。

⑱《礼记·大学》："欲诚其意者，先致其知，致知在格物。"

⑲《礼记·中庸》："故君子慎其独也。"慎独，谨慎于他人所不见、所不闻的地方。

⑳时学习即《论语》"学而时习之"的概括语。

㉑语见《孟子·公孙丑上》："必有事焉而勿正"。

㉒宋周敦颐字茂叔，家住濂溪，人称"濂溪先生"。著《太极图说》，强调"主静立人极"。立人极，是说树立人道的标准。

㉓程，指宋程颢，著《识仁篇》。

㉔朱，指宋朱熹。他对修身方面主敬，敬"只是随事专一，谨畏不放逸耳"（《朱子语类》卷十二）。为学方面则以博学、审问、慎思、明辨的功夫达到穷理。（《白鹿洞书院教规》）

㉕陆，指宋陆九渊。他曾说"近有议吾者云，除了'先立乎其大者'一句，全无伎俩。吾闻之曰，诚然。"（《象山语录》）先立乎其大者，意思是首先树立根本，指《中庸》所谓"尊德性"。

㉖阳明，指明王守仁。他曾筑室在阳明洞，人称"阳明先生"。阳明论学，以"致良知"为主旨。

㉗明湛若水，号甘泉。和王守仁同时。甘泉论学，以"随处体认天理"为主旨。

㉘天刑，语见《庄子·德充符》。这里天刑，是说损害了天赋的灵原。

靖江语要① 选一条

曰：近有讲学者，专主性善，言及于气质，便以为非，然乎？

先生曰：言性而舍气质，则所谓性者何附？所谓性善者何从而见？如眼之视，此气也；而视必明，乃性之善。耳之听，此气也；而听必聪，乃性之善。手之执，此气也；而手必恭，乃性之善。足之运，此气也；而足必重，乃性之善。以至于百凡应感，皆气也。应感而咸尽其道，非性之本善而能之乎？若无此气，性虽善，亦何从见其善也？善乎程子之言性也，曰："论性不论气，则不备；论气不论性，则不全。"②此纷纷之折衷③也。

【注 释】

① 靖江，县名，清属江苏常州府。《靖江语要》是李颙在靖江讲学的记要。

② 程子，指宋程颢。这两句话见《程氏遗书》卷六。"全"字原作"明"。参看本书朱之瑜《答奥村庸礼问》注③。

③ 纷纷，这里指关于人性的各种见解。折衷，亦写作折中。《史记·孔子世家》："自天子王侯，中国言《六艺（经）》者，皆折中于夫子，可谓至圣矣。"折，断也；中，中道。折衷于夫子，即以孔子的话为判断是非的标准。这里的折衷，意思是正确的说法。

锡山语要① 选一条

万物皆备于我②。苟一物不格，则一物不备矣。故君子于学也，隐而幽独危微之介③，显而人伦日用之常，以至古今致治机猷④，君子小人情伪⑤，及礼、乐、兵、刑、赋役、农屯，皆当一一究极，而可效诸用。夫是之谓大人之学。盖大人所期，原自与小人异：小人于稼圃之外，无复关怀；大人则志在天下国家。苟一物不格，则一理未明；一理未明，则临事应物，又安能中窾中会⑥，动协机宜？此不学无术，寇相之所以见说于张公⑦也。（《二曲集》卷五）

【注释】

① 锡山，在江苏无锡县境内，这是李颙在无锡讲学的记要。

② 语见《孟子·尽心上》。是说万物的道理都具备于我心。

③ 幽独，指只有自己一个人，旁人看不见自己的行为的时候。危，指人心；微，指道心。《伪古文尚书·大禹谟》："人心惟危，道心惟微。"理学家把人心解释为人欲，道心解释为天理。介同界。危微之介是说天理、人欲的分界。

④ 机猷，指治理国家的谋略。

⑤ 情伪，真伪。

⑥ 窾、会都是身上的穴。中窾、中会，譬喻措施很恰当。

⑦ 寇相，宋朝宰相寇准。张公，与寇准同时的大臣张咏。张咏曾经评论寇准不学无术。详《宋史·寇准传》。

盩厔答问① 选一条

问：何谓明体适用？曰：穷理致知，反之于内，则识心悟性；实修实证，达之于外，则开物成务②，康济③群生。夫是之谓明体适用④。

明体而不适于用，便是腐儒；适用而不本明体，便是霸儒⑤；既不明体，又不适用，徒灭裂⑥于口耳伎俩之末，便是异端。

【注释】

① 盩厔，县名，清属陕西西安府。这是李颙在家乡答人问学之语。

② 语本《周易·系辞上》。《正义》："言能开通万物之志，成就天下之务。"

③ 《尚书·蔡仲之命》："康济小民。"《传》："为政当安小民之居，成小民之业。"就是说，为政要使人民安居乐业。

④ 明礼，指上文的"识心悟性"，意即认识灵原的本体。适用，指上文的"开物成务，康济群生"，也就是事功。

⑤ 霸儒，不讲王道而讲霸道之儒。齐宣王曾问孟子五霸之事，孟子回答说："仲尼之徒，无道桓、文之事者。"宋陈亮提倡讲究事功，朱熹批评他"王、霸并用"。

⑥ 灭裂，粗率的意思。

富平答问① 选一条

问：孩提爱亲谓之良知，以其不虑而知也。当思之，孩提爱亲，似只为乳。如早委之乳母，则只爱乳母，而反不知有生母矣。若从乳起爱，不过口味之性耳。欲从生身处起爱，似非学虑后不能也。然孟子立言②自确，而瑸③心实未晓然，果何如与？

先生曰：知爱乳母而不知有生母，乳为之也，非天性之本然也。及其一知生母，而尚肯爱乳母若生母乎？吾恐虽百乳母终不肯易天性一日之爱矣。若谓由学由虑而后然，则夫甫能言而便知呼孃④，亦孰使之然乎？

【注释】

① 富平，县名，清属陕西西安府。这是李颙在富平答人问学之语。

② 《孟子·尽心上》："孟子曰：人之所不学而能者，其良能也。所不虑而知者，其良知也。孩提之童，无不知爱其亲也，及其长也，无不知敬其兄也。……"

③ 璸，李士璸，字文伯，陕西大荔人，李颙弟子。

④ 孃，同娘。

答张敦庵 节录

如欲做个德业名儒，醇正好人，则《程氏遗书》《朱子录要》《薛氏①读书录》《胡氏②居业录》，言纯师，行纯德③，于下学绳墨无毫发走作④，精研力践，尽足自树。若欲究极性命大事，一彻尽彻，一了百了，不容不以《龙溪集》⑤为点雪红炉，岚雾指南，辅以象山、阳明、近溪⑥《语录》及《圣学宗传》⑦，日日寓目，食寝与俱可也。（《二曲集》卷十六）

【注释】

①薛氏，明薛瑄，程朱派理学家。

②胡氏，明胡居仁，程朱派理学家。

③ "言不纯师,行不纯德",是扬雄批评东方朔的话,见扬雄《法言》。这里言纯师、行纯德,是言论纯正足为师法,行为合乎道德的意思。

④ 走作,越出轨范。

⑤ 《龙溪集》,王守仁的学生王畿著。王畿号龙溪。

⑥ 明罗汝芳,字近溪,属王学门下的泰州学派。

⑦ 《圣学宗传》,明泰州学派周汝登著。叙述道学正宗的传授继承。周曾问学于王畿。

观感录序 节录

昔人有迹本凡鄙卑贱,而能自奋自立,超然于高明广大之域,上之为圣为贤,次亦获称善士如心斋先生①本一盐丁也,贩盐山东,登孔庙而毅然思齐②,绍前启后,师范百世③。小泉先生④本一戍卒也,守墩⑤兰州,闻谕学而慷慨笃信,任道担当,风韵四讫⑥。他若朱光信⑦以樵竖而证性命,韩乐吾⑧以陶工而觉斯人,农夫夏云峰⑨之表正乡间,网匠朱子节⑩之介洁不苟。之数子者,初曷尝以类自拘哉⑪!彼其时身都卿相⑫,势位赫烜,而生无所闻,死无可述者,以视数子,其贵贱为何如耶!谨次其履历之概,为以类自拘者镜。窃意观则必感,感则必奋,奋则又何前修⑬之不可企及!有为者亦若是⑭,特在乎勉之而已矣。(《二曲集》卷二十二)

【注释】

① 王艮,号心斋,明泰州人,为泰州学派的创始人。

② 《论语·里仁》:"子曰:见贤思齐焉。"是说看见贤人,便想向他看齐。

③ 师范百世，道德学问为百代师表。

④ 小泉，即明周蕙。本为山丹衞（今甘肃山丹县）人，后来迁居秦州的小泉，因以小泉为号。小泉之学，一传于渭南薛敬之，再传于高陵的吕柟，对于后来关学的发展有影响。

⑤ 墩，土堆。这里指边防军戍守的堡垒。

⑥ 风韵，这里指其人道德学问所具有的感召力。风韵四讫，是说到处受人们的景仰和感动。

⑦ 朱光信，即明朱恕，王艮的学生。家贫，入山打柴，往来经过王艮的家门，听王艮讲学，受到影响，并传播王艮的学说。

⑧ 韩乐吾，名贞，明人，从朱恕受学。一面工作，一面讲学，学生千余人，多半是劳苦百姓。《明儒学案》记载说："县令闻而嘉之，遗米二石，金一锾。乐吾受米返金。令问政，对曰："侬篓人，无能补于左右，第凡与侬居者，幸无讼牒烦公府，此侬之所以报明府也。"他们这一帮人，对上位者的态度就是如此。

⑨ 夏云峰，名廷美，受到王艮的影响，发愤读书。后从泰州学派的著名学者焦竑受学。焦竑称他为"挺特丈夫"。

⑩ 明朱蕴奇，字子节，甘泉学派冯从吾的学生。西安右护卫人。家贫，与妻子织网巾为活，后成名。

⑪ 曷尝，何曾。以类自拘，是说因出身卑贱而认定自己不能有成就，拘束了自己。

⑫ 都，作居字解。身都卿相，身居卿相之位。

⑬ 前修，指有道德有学问的前人，即所谓前哲、先贤。

⑭ 语本《孟子·滕文公上》："颜渊曰：舜何人也，予何人也，有为者亦若是。"

四书反身录 选录

中庸 选三条

天生吾人，厥有恒性①。五德②具足，万善咸备。目视而明，耳听而聪，口言而从③，心思而睿④。恻隐羞恶，辞让是非⑤，随感辄应，不思不勉，自然而然，本无不率⑥。其或方然而忽不然，有率有不率，情移境夺，习使然也。能慎其所习，而先立乎其大⑦，不移不夺，动静云为⑧，惟依良知良能⑨，自无不善，即此便是率性。火然泉达⑩，日充月著，即此便是尽性。斯全乎天之所以与我者，不负天之所命，而克副天心。

天与我此性，虚灵不昧，无须臾之少离；天昭鉴我此性，凛凛⑪在上，无须臾之或离。虽欲不惧⑫，其可得乎！

若外良知而别求知，纵知圣人之所不能知，亦是无知；外良能而别求能，纵能圣人之所不能，亦是无能。以其忘本逐末，舍血脉而求皮毛，无关于作圣之功⑬也。（《四书反身录》卷二）

【注 释】

① 恒性即常性。唯心主义者的人性论，认为人都有受之于天的永恒的善性。

② 五德，仁、义、礼、智、信。

③ 从作顺解，出言顺理。

④ 睿作深通解。

⑤ "恻隐"二句，语本《孟子·告子上》："恻隐之心，人皆有之；羞恶之心，人皆有之；恭敬之心，人皆有之；是非之心，人皆有之"。就是说人性天生是善的。

⑥ 率，即《中庸》"率性之谓道"之率，做循顺解。这是说本性是善的，做事顺着本性去做，就是善良的行为。

⑦ 参《学髓》注㉕。

⑧ 云为，言论行为。

⑨ 良知良能，见《学髓》注③。

⑩ 语本《孟子·公孙丑上》："若火之始然，泉之始达"。然，古燃字。像火刚刚燃烧起来，像泉水刚刚奔流出来。这是形容那种所谓率性的"善良行为"在不停地、迅速地向前发展。

⑪ 凛凛，威严的样子。

⑫ 惧，戒慎恐惧、兢兢业业的意思。

⑬ 作圣之功，成就为一个圣人的所必须有的修养功夫。

论语下 选三条

孔门诣贤，兵农礼乐，大以成大，小以成小，平居各有以自信。今吾人平居，其所自信者何在？兵耶，农耶，礼乐耶？三者咸兼耶，仅有其一耶，抑超然于世务之外，潇洒自得，志在石隐①耶？如志非石隐，便应将经世事宜，实实体究，务求有用，一旦见知于世，庶有以自效，使斯世见儒者作用，斯民被儒者膏泽，方不枉读书一场。若只寻章摘句，以文字求知，章句之外，凡生民之休戚，兵赋之机宜，礼乐之修废，风化之淳漓②，漠不关心，一登仕途，所学非所用，所用非所学，无惑乎国家不得收养士之效，生民不得蒙至治之泽也。

问：为政莫先于足食，其足之之道奈何？曰：先儒谓制其田里，薄其赋敛，使民有常产，则仓廪实而食足矣。此在先王画井分疆之时，可以因丁授田。后世则田非井授，地各有主，富者田连阡陌，贫者苦无立锥③，虽欲制田，无田可制，无产赤丁，亦何从而得有常产乎？惟有清核④豪霸隐占之田，俵给⑤就近贫民，募垦荒田，量给牛种，许为永业。其有田之家，勤惰不一，宜仿前代劝农之制，分道劝农。每春耕秋耘之际，掌印官屏驺从⑥，按视田亩，省耕省敛⑦，其粪多力勤、禾茂地辟者，量加旌别⑧，以示鼓舞；游手好闲、不务生理⑨之人，不时稽查，勒令业农。疏沟洫，修陂堰⑩，以通水利。田内穿井，井畔种桑，道旁广栽杂树及有用果木。妇女则督之织纺，以为足食之源。官为轻其徭役，免其火耗⑪。又于婚姻丧制及宅舍服器，制为定则，不得逾分妄费，奢侈耗财。禁止末作⑫及建庙赛神演戏杂剧，皆所以节食之流，其庶几乎！

论士于今日，勿先言才，且先言守，盖有耻方有守也。

论学于今日，不专在穷深极微，高谈性命，只要全其羞恶之良，不失此一点耻心耳。不失此耻心，斯心为真心，人为真人，学为真学，道德经济，咸本于心，一真自无所不真，犹水有源，木有根。耻心若失，则心非真心；心一不真，则人为假人，学为假学。道德经济，不本于心，一假自

无所不假,犹水无源,木无根。(《四书反身录》卷五)

【注释】

① 《世说新语·排调篇》:"孙子荆年少时欲隐,语王武子当枕石漱流,误曰:漱石枕流。"唐代隐士田游岩回答唐高宗说:"臣所谓泉石膏肓,烟霞锢疾者。"(《唐书·田游岩传》)后来称隐士为石隐,义本此。

② 淳漓,厚薄。

③ 无立锥,是说穷人无立锥之地。犹言无插针之地。汉董仲舒曾对武帝说:"富者田连阡陌,贫者亡〔同无〕立锥之地。"见《汉书·食货志》。

④ 清核,清查。

⑤ 俵给,分给。

⑥ 古时贵族外出,前后有骑卒侍从。叫作驺从。屏是屏去的意思,是说不带随从。

⑦ 省耕是查看耕种的情况,省敛是查看收获的情况。

⑧ 旌别,旌善别恶的意思,这里侧重在表扬善的方面。

⑨ 不务生理,不务生产。

⑩ 修陂堰,修筑蓄水的池塘和防水的堤。

⑪ 当时以银纳税,在正税外,加征若干,以抵偿镕铸时的耗费,叫火耗。这种办法其实只是增加赋税的一种借口。

⑫ 古时称农业为本业,商贩为末作。

孟子下 选二条

每乡择老成勤力精于农事者，立为农长，俾专督农。牧民者①仍按时躬亲省耕，以验勤惰，以申鼓舞。种植之道，虽各有所宜，大约不出"粪多苗稀，熟耕勤耨②，壅本③有法，去冗④无差"四语，此人所尽知。若夫因时制宜，曲尽其法，则未必人人尽知也。其详莫备于《农政全书》⑤，撮其简易易行，同《水利书》及《泰西水法》⑥，酌取刊布乡社，揭之通衢，令人人共见共闻，庶知所从事，地无遗利。

人之所以为人，止是一心。七篇之书⑦，反复开导，无非欲人求心。孟氏而后，学知求心，若象山之先立乎其大，阳明之致良知，简易直截，令人当下直得心要，可为千古一快。而末流承传，不能无弊，往往略工夫而谈本体⑧，舍下学而务上达⑨，不失之空疏杜撰鲜实用，则失之恍惚虚寂杂于禅。程子⑩言涵养须用敬，进学在致知，朱子约之为主敬穷理，以轨一学者，使人知行并进，深得孔门博约⑪家法。而其末流之弊，高者做工夫而昧本体，事现在而忘源头；卑者没溺⑫于文义，葛藤⑬于论说，辨门户同异而已。吾人生乎其后，当鉴偏救弊，舍短取长。以孔子为宗，以孟氏为导，以程、朱、陆、王为辅；先立其大，致良知以明本体；居敬穷理，涵养省察以做工夫，既不失之支离，又不堕于空寂，内外兼诣⑭，下学上达，一以贯之矣。（《四书反身录》卷七）

【注　释】

① 牧民者，指政府官吏。

② 耨，除草。

③ 壅本，即用土培禾根。

④ 去冗，除去多余的禾苗。

⑤ 《农政全书》，明徐光启著。

⑥ 《水利书》，元任仁发著。《泰西水法》，熊三拔著。熊系意大利传教士，明时来我国。

⑦ 七篇之书，指《孟子》。《孟子》共七篇。

⑧ 本髓，指心性。

⑨ 下学，指所谓格物致知、居敬穷理的功夫；上达，指认识所谓心性——本体。

⑩ 程子，指程颐。

⑪ 博约，是《论语·雍也》"君子博学于文，约之以礼"的简括辞。据朱熹注，文是《诗》《书》六艺（礼、乐、射、御、书、数）之文。这里是说，朱熹所谓穷理即是博文，主敬即是约礼。

⑫ 没溺，即沉溺。

⑬ 葛藤，纠缠的意思。

⑭ 内指本体，外指功夫。兼诣，兼到。

唱经堂才子书

金圣叹

导 读

金圣叹（1607—1661），原名采，字若采，明朝亡后，改名人瑞，法名圣叹，江苏吴县人。他小时候，家里很穷，亲友也少，十岁才念书，又因为体弱多病，所以不能同小朋友们玩，就独自一人，整天读书。

金圣叹从小读书得间，常在书本中得到新义。长大后，王应奎说他"颖敏绝世，而用心虚明，魔来附之。……下笔益机辨澜翻，常有神助。"这简直说他的才情，是鬼使神差的了。

徐增说："圣叹无我与人相，与则辄如其人：如遇酒人则曼卿轰饮，遇诗人则摩诘沉吟，遇剑客则猿公舞跃，遇棋客则鸠摩布算，遇道士则鹤气横天，遇释子则莲花绕座，遇辩士则珠玉随风，遇静人则木讷终日，遇老人则为之婆娑，进孩赤则啼笑宛然也。以故称圣叹善者各举一端，不与圣叹交者则同声詈之，以其人之不可方物也。"

这样一位"颖敏绝世"的伟人，最后竟因向黑暗政府请愿，以"摇动人心倡乱，殊干国法"罪名，被处死刑。死刑执行前，他游戏人间，从容赴难，他的洒脱旷达，真是魔附神助了。

语录纂卷之一

杂华林

问,《易》终于卜筮,而后卒以卜筮之书存,圣人果有意乎?答,世间忧疑悔吝,都在六十四卦中,所以圣人于通邑大都之中,人赠一本,使之趋吉避凶,然后此书不废,此末法也,上文尚辞尚变尚象,正法也,以言者尚其辞,旧圣人久修之后,为法师说法,准了六十四卦说,便有个次第,以动者尚其变,新圣人发菩提心,要转凡成圣,依了六十四卦做,便有个规矩,以制器者尚其象,即象法也,化缘既毕,人根转钝,须用象法,令人增长福德故。

六十四卦为一部经,八卦为一经,十六卦为一经,乃至一卦自为一经,乃至卦中一爻,爻中一句,句中一字,亦自为一经,是五千四十八卷底一把算子,六百卷般若经为乾卦,四十卷涅槃经、八十卷杂华经为坤卦。妙法莲华,乾之终也,涅槃,坤之终也,讲乾坤卦,要把六十四卦来讲,所谓咸卦者,乾卦之某字也,所谓恒卦者,乾卦之某字也,六十四卦，乾，里边具足，坤，亦然，乾卦自"初九，潜龙勿用"起，至"用九，见群龙无首，吉"，恰是六十二字，一个字，顶一个卦，如初字即屯卦，九字即蒙卦是也。

达摩大师，用条短秤，一喝便了六十四卦钉作长秤，这句在我此卦前，这句在我此卦后。

花拳绣腿，一路短打，又手松脚快，捉摸不定，大易之文也。

问，何以必分上下篇？答，不分上下篇，则五十二字，不得清出，上篇五字，×者，天地之盛德也，下篇十字，十者，圣人之大业也，德之盛者，莫盛于圣人，而云天地之盛德，业之大者，莫大于天地，而曰圣人之大业，总之上篇说圣人，下篇亦说圣人，上篇说天地，下篇亦说天地，位天地，不得不位圣人，成就盛德，即成就大业之前方便也，五字十字，总是十方世界，十方世界，是大《易》之正本，《乾》至《未济》，是大《易》之副本，我亲见大千世界，是天地盛德，我亲见大千世界，是圣人大业，五者未经煅炼之十字，十者既经煅炼之五字，乾坤者即所学之《易》，自《屯》至《履》，乃学《易》之人也，你既是学《易》之人，我乃覆说《乾》《坤》曰《同人》《大有》，《同人》《大有》，是实法，《泰》《否》二卦，乃《同人》《大有》之楔子，《乾》《坤》另说，《屯》至《履》，是正文，《泰》《否》另说，《同人》《大有》至《颐》《大过》，是正文，把十六卦五，在方图里边横写，把十六卦十，在圆图里边竖写，自《屯》《蒙》起，每遇十六卦，便结一结，再起十六卦，不跟四十八卦走，有十六句卦，必用四十八字卦，先把十六卦摆定格式间架，将四十八卦填进去，譬诸人身，十六句卦，骨也，四十八字卦，肉也，乾坤，骨中之髓也，譬诸人伦，十六句卦，父母也，子也，乾坤，大父母也，十六句卦落墨，四十八字卦设色，先把乾坤两卦摆作红氍，乃天地之全局，然后领出屯蒙这个人来，逐出逐出演去，到得大过，戏做完了。

上经无量章句，止成就得坐身底下的坎卦，坎卦说既成，而今放心得下了，将有事于大千世界，下经无量章句，都从离卦说来成就的，所以离卦虽放在上经之末，其事都在下篇。

咸恒卦，叫做沐浴卦，从上无量章句，煅炼出来，以法流水而自沐浴，乃重新做起，遁壮不接咸恒的，听了咸恒卦，身分里边，百病千疮，一齐举发，所以续说八字卦，为忏罪法门。

上篇天地不是学者，下篇学者不是天地，学者做到十成，竟是天地了，咸恒卦纯是天地话头。

上经先天之学，下经后天之学，先天弗违，修如是因，后天奉时获如是果，后天奉时，一定要打从先天弗违来，若后天奉时，一切莫不如是，获便获了，难不曾难，获不要提起难，定要学底。上篇屯卦是学圣人第一步，到得大过，纔结个果，然后请出坎离来，以天地庄严而自庄严，是为先难，下篇听了咸恒，遁罢了，放下心丢开手便是，是为后获，先天弗违，吃尽老力，后天奉时，萧然无事。

上经前一卦人，后一卦法，人者法外之人，法者人外之法，下经前一卦法，后一卦人，法者有人之法，人者有法之人，然意在约人，不在约法，上下经所同也，上经就把下经的法，淘洗这人，下经由他尽情做人，恰好是法。

上经谈天地之盛德，终于咸恒，下经谈圣人之大业，始于遁壮，上篇全然没有天地，纯是圣人才情，发挥天地，下篇全然不见圣人，纯是天地力量，成就圣人，学者必须有震巽艮兑气力。读得上篇，必须有乾坤坎离气力，读得下篇，上经所说，旧天地，成就新圣人，下经所说，新圣人，仍是旧天地，惟天下至诚，本觉也，作圣种子，是曰圣胎，惟天下至圣，始觉也，莫不尊亲，故曰配天，《论语》，大易之内传也，仲尼祖述章，大易上下二篇之纲目也。外德是坤，内德是乾，走出来是震，走进去是巽，凡夫无智，道他走出来，圣人立教，教他走进去，其实凡夫走杀走不出来，世尊入涅槃，正入到你走不出来底所在。卦中有艮卦，便是气候，里边事有兑卦，便是说法里边事。

大易有大易之例，先有例前之义，有了例，造得这部书，有了义，立得这个例。兼三才而两之，初二为天，三四为人，五六为地，与天合德，要合阴天之德，阳天之德，与地合宜，要合刚地之宜，柔地之宜，今云为阴，今日天底幽暗，不关昨日之云，只是今云盖住，阳者，扬而去也，死在一响底下为阴，翻筋斗出去为阳，前一法为阴，后一法为阳，五岳为刚，山顶最高之处，无量却来，为罡风所刮，纤尘不着，故刚字从岳从刀，终南太行不刚，故不得名岳，柔大弓，即祖王弓也，王公设以守险，不犯手为刚，不丢手为柔，阴阳不相见底，刚柔分不开底，阴阳二字，一优一劣，刚柔无优劣，阴阳要料简得明白，分阴分阳，善知识为我分，刚柔刻刻互用，迭用柔刚，乃我自去用刚柔一定之理，阴阳无穷之理，性顺命之理曰义，命顺性之理曰仁，先师立出这义例来，故曰立天之道云云。

易与天地准，至神无方而易无体节，这是义，没有例在里边，人旁乙字，乾字里边用，坤字里边用，乃闪电之形，迅疾得紧，人旁一直是地，旁乙字是天，说天地为人而说也，《易》之为书，有两副本事，他能弥天地之道，能纶天地之道，天地之道，无处不到，此书无处不到，云弥，纶如纺车一般，天地之道，无有穷尽，此书无有穷尽。云纶，且先问天地之道，如何弥纶在那边，天刻刻做地，地刻刻做不牢地，天正是地，地正是天，用不得即字，天地二字立不定，我只寻其道，天地字圣人权巧说之，道字乃实说，为何有此道，这其中有两个缘故，即所谓幽明之故也。幽明不是理，不是事，不是境界，只是个故，只要久于其道，与他摸熟了，就摸出这个故来，故要温故，故即平等智，新是差别智，仰观俯察，就是知幽明底方便，仰观不是看，观世音之观也，事天明了而后事地察，仰以观者，仰即观之法，俯以察者，俯乃察之法，人不当意故仰，仰非人之常，人有忧愁，故俯，俯亦非人之常，学成仰法以此观于天文，学成俯法以此察于地理，古镜铭云，汉有善铜出丹阳，铸而用之清如明，如之云者，日月两行为明，今日活在这里还是来，还是去，菩萨于此想一想，岂不是个两行，幽字不作暗字解，中间不是山字，喻如蒜囊间隔，秋葵子亦然，只是一朵花，为何中间有许多隔，每隔有五粒子，一粒一颗，彼彼互非者何故，秋葵随日轮而转，不过一朵花，为因刚到柔一隔，柔到刚一隔，如子时为刚，丑时为柔，彼在时分里边团团转来，故每隔中有五子，中非幺字，乃是香烟篆，秋葵在二六时中，有许多隔，下无数种子，一切众生于二六时中，有许多隔，造无量罪业，这是幽字，我既摸熟他底性子，则知幽之故，便于二六时中，不下种子，知明之故，便于生死两行，绝不慌张，先幽后明者，自己不下种子，生死由他罢了。

郊祀后稷以配天，何不倒云郊祀天，配以后稷，盖丢了现前一法，天不可得而事，故先言后稷，后言天也。宗祀文王于明堂以配上帝，明堂四面无墙壁，宗祀文王是一法，于明堂，遂通万法，郊祀者，野祭也，宗祀者，庙祀也，圜丘方不得底，况可祀之于庙，天无方，只可野祭，文王是国之宗，自宜庙祀，然不郊祀天，则文王再祀不着，能郊祀天，则祀文王，即是祀天，纯亦不已，故云以配上帝。

乾卦文言乃统天，应云乃统地，方与乃顺承天相应，不知地无一刻做得牢地，极窒碍底东西，从没有人窒碍他，则地非地，仍天也，故不曰统地，曰统天，天没有头数，岂有众天被一天所统底理。

　　南方大火星，独称为星者，以此为定盘星故，二十八宿为天文，（亦名二十八舍。）天是正圆底，角次有许多星，亢次有许多星，则角宿亢宿亦正圆，余准此，东西南北上下为地理，物相杂故曰文，杂而不越故曰理。权说是天，天就有文了，我不见天，止见文矣，权说是地，地就有理了，我不见地，止见理矣，天文在尧典，地理在舜典，天文是地理做底，地理是天文做底，天能收拾大地以为文，地能收拾天文以为理，天文是圆底，必须观，地理是方底，可以察，轩辕镜之圆也，纯中无边，其着棹处，止一微尘，骰子之方也，纯边无中，与圆敌体不同，圆，团团是中心，方，周身没有心，（一双。）圆，着棹止少分圆，旋转无定，有无量圆，方，六面，面面看去是边，没有一个方在上面，（又一双。）圆底再走不脱方，指定一处，是处有上下前后左右，刻刻方在那边，方底只是上靠下，下靠上，前靠后，后靠前，左靠右，右靠左，刻刻圆在那里，（又一双。）圆底既没有边际，人照进去，要放荡起来，他转了百千万亿遍，所照底影子，亦转了百千万亿遍，只为单看了自己影子，已于圆中处处作大因缘，人就受了累了，方底虽六面，只得一个前面，影子在圆中所照之处就是前，所不照之处就是后，前后既立，遂有左右上下，只一个缘故，圆底遂方起来，絜矩者，于此不立前一面，则五面都立不定，前右下属凡夫，后左上属圣人。仰以观于天文，文殊也，俯以察于地理，普贤也，天文圆，断无凡夫因，地理方，已有菩萨因，天无凡夫，因为凡夫略不即溜于圆中卸落影子，就弄出七纵八横，切忌切忌，方已是凡夫，前后一絜，左右一絜，上下一絜，菩萨于其中间一无所倚，竟可脱去凡夫，且喜且喜。

　　天文只许你观，观世音遍观十方，表里洞彻，影子不落在圆器里边，然后脱得幽字，地理只是三双，你只死心塌地，不成前一法，则无前因以无后，安知前不是后，后不是前，上下左右亦然，然后证得明字。仰以视，天文，不知幽之故，俯以齐，地理，不知明之故，只要放倒自己，仰便是观，不仰便是视，俯便是察，不俯便是齐，眼看为视，不看为观，显齐为齐，密齐为察。幽字里边，凡夫住持，明字里边，圣人住持，凡夫在幽里看花饮酒，已饮无量酒，看无量花，圣人在明里看花饮酒，从不曾饮酒，不曾看花，幽字了不得，好端端一个天，却弄出凡夫来，天却迅疾得紧，不来管你，你却受了累了，所以幽字害怕，明字要紧，天文要还他一个无见顶，地理要还他一个千辐轮。

凡夫眼光短，故云生死，只得一番生死，圣人眼光长，故云死生，逃不脱死，只为逃不脱生，舍身受身之际，犹如旦暮，凡夫单理会死，圣人兼理会生，死生事大，生死事小，知死生之说，非知死生也，死生之际，岂容汝知？决定该这样曰议，团团论转来曰论，说从言从兑，兑泽也，学问充足于胸中，但照眼光，澜翻而说，无非妙义，死生之说，从没有本子，圣人述而不作，只就看见底理写出来，非劈空立说。死之必生，为你不是你做底，你便死了，做你底不死，生死凡夫所独也，死生之说，君子所独也，死生，君子与凡夫所同也。约死生不容说，约生死，生死无说，凡夫无说以处此，圣人有说以处此，死之下有生字为活路，死是实法，生是死之说也，正文只是个死之说，死之说曰生。原始反终，虽两件，只要你原始，一切众生，只为不曾原始，所以昏昏过日子，你若原始，那个始便应时在你面前翻筋斗反做终，粗粗原，他粗粗反，渐原渐反，究竟原，他究竟反。女台为始，ㅁ上为胎，下为子宫，把舌尖放在上齿里边，取了胎音，取胎之因，放下成字，成胎之果，舌乃心之苗，胎乃心所感。终左糸，是绳，不是丝，三股麻绞转来，已成绳了，还只要绞，以无限之力，绞易尽之绳，绳去不得了，绞也绞不去了，麻之为麻已连底冻，故绳从从冬，世间底事，一定有个住手，你不肯住，他住起来便了不得，逆寻泉出之处曰原，反象大垂手之形。原始原到花上露之一刻，还不是始，直要原到前世断命时节，投胎那一个八字，乃是断命那一刻八字做来，所以要临终正念，终之一刻极要紧，世间事体，无不把终来起头底，始来结局底，今世不谨慎，要带累来世，何苦害他。

神者申也，鬼者归也，一件事体，神体其前半，鬼体其后半，圣人看万物不是物，都是鬼神人为万物中之一物，独能事鬼神。神，妙万物而为言者也，鬼神两件事体，物一件事体，人是三件事体，他晓得物里边有体物者，故独谓之人，不晓得这个，仍谓之物，故不曰首出庶人，而曰庶物。识得鬼神二字，大千世界，并无一物，神连忙搬出来，鬼连忙搬进去，并无歇手。神乘旺气，来得快，鬼乘衰气，去得迟，非是我要来，神要来，非是我要去，鬼要去，人只道死了做鬼，不知死了，鬼做完了。作《易》者其于中古乎？人生四十乃道明德立之时，神送出来，鬼不曾至，学《易》在这一刻里边学，其为地也甚微，其为时也甚暂，故大《易》乃神后鬼前之书，圣人立得脚头定，立定在中古，若神做得不好，要鬼去改好，再不能个工夫，在四十以前，临断命一刻，是冬至，四十岁，是夏至。鬼神之情状，原是通商量底，听到精气二句，修定比丘云，是了是了，若我于世间有大因缘，便活千百年何难？盈天地间皆气也，气有精有粗，米中之青，乃是保合来年之太和，三鹿为麤，分鹿亦为麁，花上露一点，是气之最精者，二六时中，又有精气滋养他。血，气之粗者，乳，血之精者，母未生子时，乳在血中，故颜如舜华，一受了胎，无有微尘精气而不为乳，故人自三岁断乳后，一路都是精气，十五以后，粗气也来了，到得纯是粗气，魂便游去了，那得不死，（喜是精气，怒是粗气，哀是粗气，乐是精气。）鹅风畜，水中有乳，大鹅王知道。（水望东去，乳望西来，内则和灰亲浣，水中有乳故。）雁，风禽，风中有乳，大雁王知道，鹅是水雁，雁是旱鹅，天地之气，收转西北，鸿雁来，天地之气，行到东南，鸿雁归。一直来者是气，来便回转为魂，精气有接济底，粗气没接济底，神不来了，鬼便起头，可惜精气，成了个物，既成个物，魂便游去，到得游魂时，一切万物，都已变了，下半世刻刻是游魂，归魂止入胎一刻。是了，我晓得他底情状了。神无物而有物，少不得见者神之状，鬼有物而无物，永不得见者鬼之状，欲出生一切万物，如父母法者，神之精，欲敛藏一切万物，如盗贼法者，鬼之情，一个搬出来，一个搬回去，鬼在夏至以后，冬至以前，神在冬至以后，夏至以前。视之而见，听之而闻者物，其实体个不见闻底鬼神在里边，神脚不点地走出来，所以有物，一成了物，鬼便接进去，神与鬼交手换手，不曾遗一物在世间。那个人，镜花水月，神便欢喜那个人，巴家做活，鬼便欢喜，菩萨只要凑神底趣，不要凑鬼底趣，晓得一半鬼，一半神，合来做个人，所以齐明盛服，以迎神送鬼，乃是首出庶物之人，若不能事鬼神，只是庶物。第一知字，晓得世间有一事，第二知字，晓得事吾身有一事，第三知字，晓得世间本无一事。三番知，有三番利益：一者最胜，欢喜心，二者恐惧心，三者大安慰心。三句独故知死生之说无是字，无非则无是，死生之说，没有差在里面。如来十法界师表，孔子人法界师表。不能事鬼神，不成个人，未成乎人，不能事鬼神，季路问事鬼神，成人之文也，子路问成人，事鬼神之文也，周公能多才多艺，能事鬼神，乃元孙不能事鬼神，事鬼神有能有不能，多才多艺上，加一能字，所谓文之以礼乐也。

眼耳各各住异法界，眼不曾香里边住，耳不曾亮里边住，然而一千人底耳，都住在一个音声里，一千人底眼，都住在一个亮光里，菩萨自己身中不共，一切世界都共了，人之过也，各于其党，不共，三昧也，观过知仁，大共，三昧也，凡夫认做撮在一处底，再簇不笼来，认做再簇不笼底，偏共在这里，一善一恶，都与大千世界善恶做一片。

直指这个人，（此人。）众人中，指出一人来，中有料检，（是人。）不要指着他，心里有这个人，（斯人。）《论语》从不用此字，这是先师心里写出来底。

菩萨因三个知，一时疾发四三昧，与天地相似云云，随顺三昧，知周乎万物云云，庄严三昧，旁行而不流云云，金刚三昧，安土敦乎仁云云，月爱三昧，三知，契理而说，四三昧，契机而说。

与天地相似，他底妩媚，在相似二字，他底出丑，在与天地三字，毕竟余习尚在，于天地外，有个余影，不能合同而化，故着不违二字，亏得相似，妙绝，故满许他不违。不相像，叫做似，参差荇菜，左右流之，不知水似菜，菜似水，此太姒之德也。庄严二字反，千红万紫曰严，红炉点雪曰庄，知一物庄，三昧，如万物严，三昧，万物皆佛，是严三昧，我于中间，不曾翘然有我，是庄三昧，以佛庄严而自庄严，即以万物而自庄严也。周之时，叫做万物，济之时，叫做天下，你之知，非一人一处一刻之知，而周乎物之知，则你之道，非济一人一处一时之道，而末法一万年天下，从此济也，天地之道，不增不减，再没有本事过他。旁行而不流，二句，于彼法中，名善游步佛，天地乃如幻三昧，还不如金刚三昧之缥缈，不住金刚三昧，学者胸中有大忧，法报应三身，一个佛境界，立三个名字，遍一切处，从宾立名，主句，没一切处，所谓并无一物者，止无我一物，非无物也，不然，伤了净满体面。如来有法报应三身，清净法身，圆满报身，两身一齐起，大千世界，于其中间并无一物，此谓遍一切处，即清净法身，号毗卢遮那佛，大千世界，于其中间，无物不具，此谓净满，即圆满报身，号卢舍那佛，法身要一日成就，报身本来成就底，一切圣人，法身成就了，奇哉报身成就了，清，方才得清，净，从来是净，（约我论。）圆，本来是圆，只为你不曾圆在里边，故不满，（约他论。）千百亿化身，是圆满报身在这里化，即番番之报也，然非圆满报身之力，乃清净法身之力，譬如人，今日出外游行，是报身，日日出外游行，是化身，为何能出外游行，只是他不曾做贼，（有如来身品经。）止一个化身，两番说之，约法而论，如来大师，以清净故，则得如法，约报而论，如来大师，以圆满故，则得实报，所以大千世界，即是如来身，颠之倒之，左之右之，无不宜之，其化不可说也，凡夫不能清净，则不如法，不如法则不圆满，岂得以无量圆满而自庄严？法报二字，即天地二字也，千百亿化身，即天地之道，可一言而尽也，其为物不二，即此圆满报身，不要二个清净法身上去，则其生物不测，即化身也。那个法，再没有不做报者，那个报，再没有做定报者，清净法身，无可圆满报身，无不可，无可无不可，而后千百亿化身了，只合在里边化，法报，是两句说底，清净一点，报也不受，圆满一点，法也不讲，把两句坐在那边讲明，竟在穿衣吃饭里边现出来，化身是一事做底，大千世界，不是实法，不是实报，止是异方便，面生可疑，止是妙方便，用过即弃。

忧者，菩萨因中，不曾修清净法身，果上，不曾显圆满报身，故再不能个千百亿化，只得曳杖徐行，走头没路也，身见喻如死狗，布丝死狗尚在，不得与圆满报身相应，这是忧。最清之音，从齿上出，最浊之音，从唇上出，（狗叫，合了口门底，不能于口内取音。）太和之音，从喉间取，圣人之音，从满口取，学人从齿上取，现前一心，从舌尖取，学人防微杜渐，中间取。两唇，地狱法界，喉，天法界，舌，人法界，两颊，旁生法界，所以彼方专以音声而作佛事。我从大哉乾元里边出来，已落旁行，是故于中生大忧恼，善男子旁行不妨，要不流，普天下都在那边旁行，天之道也，非我所能为也，乐天罢了。天要我这样，我就这样，天之命也，命在这里，便知在这里，不流，是你护身帖，如金刚不可摧坏，乐天知命，乃旁行底相貌，乐天合众人说，所谓奏钧天之乐也，知命就一人说，如来从没有正行，只有无数旁行，成一法界。四三昧，三用不字者，简异于凡夫，一能者，独证为圣人，何能尔能爱也，疾发三三昧，已入月爱三昧，第四三昧，乃三昧中之王。别个三昧，叫做增上三昧，楼阁三昧，月爱三昧乃是本等三昧，别底三昧，能入底入，不能入底，再不能入，月爱三昧，生成在里边，不消修，不消入，只为凡夫云所掩，善知识于此，放三个不字进去，廿卅于月爱三昧已能了。

　　因不能故，廿卅疑为违，疑为过，疑为忧，世尊说已不违不过不忧，他已在月爱三昧中间。我不得罪于此事，曰不违；自增胜，此事亦不负我，曰不过；他增胜，别个三昧，是廿卅底，此三昧，连廿卅是这三昧做底，诸三昧，只为要与月爱三昧相应，为何不径修月爱三昧，此三昧不受修底，动手做凡夫，不是月爱三昧，动手做圣人，亦不是月爱三昧。世尊号能仁，他于仁里边能得紧，听了三个不字，于爱无所不能。美人爱月，非同犀牛望月，月爱，又不是爱月，美人底性情，竟是月做底了，廿卅只争己之月与非月，不争万法之可爱不可爱，世间万法，无有一微尘而不可爱者。此处不说月，单说爱者，廿卅已是月，不消说，走到大千法界中，无有不爱。安字从宀从女，十五六岁女儿，住在深闺中曰安。廿卅未入前三昧时，应怀德，要修习自己成个月，已是月了，你已死过了，不妨安住在生死法里边，当初三变土田，只为要成个月，既已一佛国土，一灯一花，随土可安，他人视之，只道安于小人所怀之土，这个廿卅，正是安仁。特屈这个仁，叫他是土者，此身已做了月去了，一片清凉法界，不必择一仁来安，安土竟是安仁，既已安仁，则但有敦厚之一日，岂有退失之一日，怀土则愈怀愈非，安土则愈安愈敦，一切法界，都是女儿深闺中物，故曰安。凡有所爱，皆月之爱，非汝有爱也，游行世间，何所不可，如此方谓之能，若必简仁而爱，爱是爱了，不谓之能。无我为月，纯他为爱，梵语月爱三昧，此云能仁。此时没有廿卅，但有月爱三昧，即此月爱三昧，即是廿卅，此廿卅弥满天地之道，轮转天地之道，轮转不立三际说，月爱三昧中。没有往古来今字，或者止现今而说，然不于廿卅分中现今，是月爱三昧现今，轮转不已。弥纶是周，天地之道是易，天弥乎地，（难解。）地弥乎天，（易解。）天纶乎地，（易解。）地纶乎天（难解。）天弥乎地者，正做牢地时，乃无一微尘而非天，非地弥乎天也，地纶乎天者，非另有天，迅疾而去，止亏得地于中翻筋斗，非天纶乎地也，若是并天地之名，亦立不起，此朋爱三昧，弥纶乎天地也。

范围三句，是廿卅饶盖世间相貌，今日说天地万物昼夜，不过随世流布，言天地没有天地，言万物没有万物，言昼夜无有昼夜。天地无一刻不在那边化，亏得他范围在这里，不然，天地之化，就要过了，喜化为恼，恼化为喜，不要透过了头，若透过了头，即是走了样也。遗者，于万物中漏失几件，昼不通夜，夜不通昼，则昼不知夜，夜不知昼，约法而论，化者为天地，不化者为万物，约人而论，当情者为昼，不当情者为夜。昔者庄周（至。）蘧蘧然周也，是天地之化，不知庄周（至。）必有分矣，是不过字。昔者庄周，把庄周推了出去，庄周不认帐了，自，蝴蝶自称，志，蝴蝶怀抱，喻，蝴蝶自喻，栩栩然，还带庄周作过文，不知周也，蝴蝶竟不提起庄周。不想觉了，蘧者，以草盖屋，全然不像个所在，新觉来底庄周，还不像个庄周，是庄周底草稿，才是蝴蝶，蘧然为庄周，故从蘧。若是庄周梦蝴蝶，半日折一个庄周与蝴蝶，若是蝴蝶梦庄周，可惜个蝴蝶，怎么做了庄周，必有分矣，妙在说分字。如今庄周已是庄周，不是蝴蝶，蝴蝶已是蝴蝶，不是庄周；善男子，汝但知物，未知物化，后身鼠肝虫臂，前身即是庄周，化不待一期报尽，今日之我，与明日之我，就是没相干底。庄周心里有个安家帖，故睡，不怕我被别个做了去，殊不知早被蝴蝶做去了。庄周生出来时，也是大哉乾元，偶然入梦，焉知庄周不错做庄周，蝴蝶亦然，庄周入梦，不图蝴蝶，蝴蝶出梦，又一庄周，前身化后身，竖里边化，彼身化此身，横里边化。

上失其道，民散久矣，道者范围之道也。

遂万物之性为成，成里边有个秘诀，曰曲，曲成曲字，取正吹之横笛，孔里边有个曲，逐孔逐孔吹去，从上翻到最下一孔，从下转到最上一孔，天地之调已尽了，若使再开一孔，不与调相应，再跌不下，故曰人官物曲，曲非圣人之曲，乃万物自然之曲也。今夜冬至了，明日桃树，便有红色起来，故从兆，到得开桃花，结桃实，已是顶调了核中之仁，仍收到本来，却是逞乾元底曲，调在这里做物。调唱不足，再收不转，调唱足了，自然歇手，圣人于一切世间不起分别，一片都成就去，尽世间人但凭他喜，但凭他怒，自有乾元为之节，若唱了顶调，自然去不得了，末世之民，外追于王者，不敢自尽其调，内迫于乾元，不得不尽其调，所以瞒着王者，成就下半个腔出来，朋比评告，俱出其中，弑父弑君，始终犯上，乃是别调。

始祖之庙，乃一片骨肉之地也，推所自出之帝，安知异姓诸侯，不是骨肉，十个指头，一个一个都是连心底，所以指其掌也，作如是会者，昼夜之道已通了。人昼则鼠夜，人夜则鼠昼，人气胜，日光里边亮，彼血胜，日光里边暗，彼万物昼，此万物夜，如来有四偃花长鸣鸟一部经。

列贵贱者存乎位云云，大千一位，尊贵之位，梅檀林中，无有臭草，圣人一位，从贱中来，吾少也贱是也。圣人得意在六十四卦之外，这件事体，凭你怎么样再卦不住底，但这描不成画不就者，圣人就描得成画得就，那边说起，天地自然有这篇文字，圣人亲见这篇文字，发挥大易一书，连圣人自己也在这文字里边，权且卦于此一句，权且卦于彼一句，说到六十四番，而无文字之文字，洞若观火。乾卦，约学者论，全举法界，未济，丢了法轮，普观十方，除去两头乾未济，中间止六十二卦，乾卦，未定其为卦也，未济，不成乎其为卦也。从坤至既济，乃写乾卦之正文也，圣人胸中，有一篇无文字之文字，乃是乾卦，然还不是胸中正本，只是副本，大千世界是正本，把这个副本，千零百碎说出来，有六十三番，若大千世界，不但六十三卦道不着，连乾卦也是影子，爻字谐动摇摇字，爻有坏卦之义，一动就变坏了。三画之卦，有卦无爻，六画之卦，有爻无卦，六十四卦，全是爻，没有卦，爻契机而立，爻契理而立，卦是系结，爻是解结。

　　易也者象也，拟诸形容，象也者像也，象其物宜，未写牝马之先，胸中已有坤卦贞字之象，圣人亲见其象，故以杂物写之，所谓像也。

　　学易非学卦也，学易非学爻也，非学象，非学辞也，中间有譬喻底，悉是辞，不得云象，元亨利贞，没有譬喻，悉是象，不得云辞，系于卦下皆象，系于爻下为辞。君子居则观其象而玩其辞，动则观其变而玩其占，君子本没处可居，既非凡夫，非须沱洹等，不得居于须沱洹阿那含分中，菩萨依世尊而动，凡夫不动，不得为须沱洹，须沱洹不动，不得为阿那含等，世尊以微妙章句，动那廿卅，廿卅就动了，犹树木必有四时之气来动他，今云君子居，君子动者，何也，正讲此卦时节名居，此卦本非君子所居之地，汝等去来，宝处在近，适才大城，乃化作耳，前卦有居，动而之后卦，后卦之象，即在前卦象底下变出来底。

　　圣人有以见天下之赜云云，此圣人是伏羲、文王，圣人有以见天下之动云云，此圣人是周公、孔子，极天下之赜者存乎卦，是上圣人，鼓天下之动者存乎辞，是下圣人。象跟卦走底，辞跟爻走底，圣人胸中，先有象而复有卦，这个象，叫做什么名字，因立卦以表出象来，圣人主意，要摇动他，而后算出辞来，约法则有象，约人则有辞，象与爻一合，动摇学者，圣人最得意之事，爻优象劣，卦与辞一合，约圣人不过辞，学者则有卦，卦优辞劣。无辞者为象，无象者为辞。世尊于一切经前，必入一个三昧，不入三昧，此经是说什么，象者三昧也，辞者经也，约圣人而论，全辞皆象，说了五千四十八卷，世尊只入得一个三昧，约学者论，得辞忘象，《法华经》里边，没有无量议处三昧在，奈何只照管圣人口中之辞，不照管圣人心中之象。如幻三昧，俗谛里边，说到尽情，金刚三昧，真谛里边，说到尽情，毕竟还是卦，三昧通前通后，没有名字，象卦不定底，尚非一象，何有多象，以方便故，卦在一处则有一处之象，若寻不出这个象，有卦在那边。廿卅心地，是我所动摇者，除了三百八十四爻文字，把什么去摇，如摇橹者，橹在手里，船已摇到不知哪里去了，许多底辞，只为要明白这个象，待得自己心地动摇起来，可以坏此三昧，又可以簇新立起三昧，所以卦下之象，不得便放倒，爻下之辞，不可少执着。

学者住圣人象中，圣人赶学者出象外，学者因卦一卦，得入于甚深之象，若三百八十四爻辞，由他说一遍罢了，不但辞了圣人之口，亦且辞了学者之耳，无字处暂盘桓，有字处亟走过，一时佛（象。）在舍卫国，（卦住了。）过无量佛刹，有一佛刹，（卦。）中有一世尊，（象。）有两大廿卅，（二爻五爻。）善能为众生广说佛事。（辞。）

象之一字，还要料检，多了一个境界，比于大千世界多一光影，则已走样，但不会直落下来，如人是人，狗是狗，墙壁是墙壁，凭你入三昧中之王，毕竟法身边事。

见乃谓之象，形乃谓之器，象者独见，器者共见，约凡夫，大千世界是器世界，约圣人，名应世界即象世界，若约大千，是本世界，本世界尚非圣人之应，况复凡夫之器，见乃谓之象者，圣人青莲花眼中，亲见此事，谓之象，形乃谓之器者，凡夫见为有形，他迅疾得紧，从没有形，故知凡夫是器，非世界，圣人是应，非世界。

　　成象之谓乾，效法之谓坤，法字明白，象字方满，文殊出世圣人，是象，名曰法王，普贤住世圣人，是法，名曰象王。廿卅成了三昧，成了象了，廿卅发广大愿，入妙严品来。象是光影，法是实法，象是实法上边，起一光影，实法是光影，云何光影上复起光影，制而用之谓之法，百姓日用不知，不曾制，我就把百姓所用，制一番，如药之制而去其毒也百姓不制故直用到地狱里去，三贤十圣，住果报，住象字里，惟佛一人，居净土，居法字里，一切语言道断，辞字来不得，一切心行路绝，象字来不得，叫做法，是既济卦，利用出入，民咸用之谓之神，是未济卦，象为廿卅因，法乃佛果也。象字上之未得，如法下之，不至于器，坤是第一象，既济是终象，亏得乾卦，出生许多象，亏得坤卦，起六十二象，以成未济之法，乾卦在一切象未起之先，未济在一切象既废之后，一切象从法出生，一切象从法而止。坤一路成象，一路效法，象有六十二象，只得乾卦一个成，坤六十二效，只效得后边一法。当知六十二卦，皆法之象，独未济是法非象，何以故？法无象故。乾卦是成，直成到未济卦，动摇已毕，故曰成，一路立脚不定，一成一切成，成底成了，效底正在那里效，乾卦底下没有爻辞，未济底下没有象。

　　从坤卦到小过，名渐因，从屯卦到既济，名渐果，乾卦是顿因，未济是顿果，修一渐因，获一渐果，到得未济，忽然顿果现前，法王大宝，自然而至，为因先修顿因故，乾卦是善知识心上经纶，到得既济，乾之气力已尽，坤卦是一切学人质地，到得未济，坤之气力已尽。

　　大千最妙之理，连圣人亦妙在里边，即此万物，即此妙理，一切万物，有不物者存，万物坏时，妙理不坏，这是一重象，曰君臣也，有此一副妙理，万物出生无穷，这又是一重象，曰父子也，不物者宰制万物，曰君臣，前一物出生后一物，曰父子，此物彼物，同在这里，曰夫妇，物虽有万，妙理则一，曰昆弟，彼不必舍彼而就我，我不必舍我而就彼，乌知此之非彼，乌知彼之非此，曰朋友之交也，约性而论，大千世界，纯是妙理，约修而论，君尊臣卑，父坐子立，是学问之事，五伦乃五个妙象，只一象而卦在五伦，知仁勇三字是爻，然没有正文，好学近乎知云云，所谓圣人之辞也，有五篇极奇文字，少不得知仁勇从中摇动，遂弄出八门五花。观变于阴阳而立卦，卦从阴阳霹空降下来，故六十二卦皆从乾，发挥于刚柔而生爻，爻从刚柔实地修下去，故六十二卦皆从坤。仁是本体，文殊量等虚空妙心，义以无自性故，随逐万物异类中行，阴阳拆不开，刚柔拆不开，仁义被我拆开来了。

　　天地以生为体，统举万物之生，就是天地，横里，万物一齐生，竖里，万物生生生，万物之生，充塞于天地，不是天地生万物，两行曰德，天地无有过去，无有未来，不过生生不已，此非天地因中事体，乃果上事体，故曰大德，以不知其涯略故。圣人之大宝，即圣人之大德也，天地无知，但见直行出来，不见郑重，圣人有情，定用捧持弗失，故曰大宝，坐微尘里，转大法轮，曰生，于一毫端，建宝王刹，曰位，天地不生则已，生来便是圣人之位，位者齐此一刻之生也，世间好丑是非，不要管他，总是天地之生，然则正当现起，悉是圣人之位，天地以圣人之位为生，圣人即以天地之生为位，只此一副大千世界，天地力争为生，圣人力争为位，民之所好所恶，天地之生，连忙好之恶之，圣人之位，略作迟难，圣人之位已失了，天气尘尘生，刹刹生，所以叫做大，圣人之位最小，不知尘尘刹刹，是天地之生，即是圣人之位，故亦叫做大。当知万物有不物者存，所谓不物者即仁也，宝力从外用，守力从内出，即是天地，为你守在那边，除非不生则已，生生不已，守亦在那边不已，无人住持，大千世界是生，为人住持，大千世界是位，又说不用圣人住持，生自为住持，然则位字已立不起。万物叫做物，有轻忽心，叫做万，有拣择心，故妙万物而为言曰生，好，无定相，丑，亦无定相，然不可委之天地，飏在无事甲里，都要做圣人之位，然不要外宝，但须内守，说一仁字，圣人自己推倒了，连天地都推倒。

何以聚人曰财，平天下只是理财，会得理财，便是忠信，不会得理财，就是骄泰，杂华经始于世主妙严品，终于入法界品，独许善财入。万物不应叫做物，应叫做财，常住佛性，暂时做亮光，做音声，团团旋转来，犹如财主之财。佛眼见一切万物，人不是人，狗不是狗，盖佛为世主，看去不是严，皆是妙，惟其妙，故万物不散，而至今长聚，中间有主，叫做聚落，中间无主，单叫聚，约相则散，约性则聚，单取相，叫物，外取相，内取性，叫人，不取外，单取内，叫财，大易一书，不为万物作计，不为天地圣人作计，并不为人作计，正为财作计，乃理财之书也，初日分为才，正其辞曰物，中日分，为财，正其辞曰天地圣人，后日分，为财，正其辞曰人，说过便不认账，理财无别法，只是正辞，本是个人，夺而称之曰民，不自知其为人，犹可言也，着实自己认作物，不可言也，这叫做非，以尘刹胸襟，尘刹眼孔，出尘刹音声，成尘刹义例，此书乃禁民为非之书也。

鲁论只是叩其两端，故谓之论，两端，乃段绢一匹，两头卷到中心，非两匹也，车轮鸟翼之谓两，乃彼此一合相，不做二字解，学而不思，思而不学，博我以文，约我以礼，识大识小，宗庙百官等，总是叩其两端，若非两端，即是异端，《南华》，六合之外，存而不论，六合之内，论而不议，六合者，上与下合，下与上合，乃至前后合，左右合，大千法界，尽此六合，实则是一合相，《鲁论》论而不议，《春秋》议而不辨，议有是非，论无是非，是之所在，即非之所在，非之所在，即是之所在，所以《论语》二十篇无有此字。

尧、舜，人是两个人，理只一副理，尧、舜、文、武，所谓一合相也，仲尼祖尧，述舜，宪文，章武，尧不立文字，无可述也，（《尧典》，谓之《虞书》。）尧但祖之，舜则述之，眼如望羊，心如王四国，此文王操也，故宪字从宀，（即密字。）从心，从王，从四国，心藏于密，无法度可见，而章则有片段可寻，（字法，句法，总为章法。）孔子删书，首叙尧舜者，扣两端也，尧曰光，光者纤尘不着，舜曰华，华者万象森罗，因而重之，穷劫不尽，宗庙之美，洞洞属属是光字，百官之富，济济跄跄是华字，（宗庙之美，即以其富为美，百官之富，即以其美为富。）约四表而言，尧是北方，舜是南面，约上下而言，尧典谈天文，舜典谈地理，（天以理为文，地以文为理。）约一身而言，尧是督脉，是背，舜是任脉，是胸，约《易》而言，尧是大哉乾元，管中字，舜是至哉坤元，管正字，约《诗》而言，尧是《周南》，横周四表，竖周上下，舜是《召南》，舜乐名《韶》，以音相召，中间无有圣人为能召，众生为所召，约是尊卅二相，尧是无见顶相，舜是千辐轮相，卅二相中，只重此二相，已该诸相，约菩萨摩诃萨而言，尧是文殊妙光，舜是普贤万行，仲尼删书，断自二典，惟其能为断，是以敢为删耳。南方见道之方，《易》曰相见乎离，故《易》始乾南，（文王翻为离南。）《诗》始二南，（风行无定，南则有定，中声流入于南，中声看他不定，南则可见。）于作任止灭为任，《南华》《离骚》，其义本此。圣人有自行智，有化他智，书为自行，故从北，《易》《诗》皆化他，故从南，（《易》，改过之书，《诗》，陈风之书。）《大学》以大字起结，《中庸》以至字起结，《大学》止两章，一章诚意，一章天下平，诚意章，但言诚意，不得言意诚，故以一句单结，盖意之诚不诚，直待心正修身而后见，意诚则天下平矣，平天下章，但言天下平，不得言平天下，刻刻齐其家，治其国，自到天下平田地，究竟天下平无象，故此章独无结，盖平不平，即于家国而验，若有意平天下，则我意不诚，天下之意何由而诚，而天下不平矣，《大学》一书，断自诚意始，天下平止，中间有单结，有双结，（《治国》章。）有正结，（《正心》章。）有反结，（《修身》章。）有无结，《中庸》始于天命，终于达天德，于至哉之义已尽，而又申之以《尚纲》一章，云曰相间之文，乃是将凡夫法，（从曰。）与圣人法，（从云。）特地对检，而以金刚般若结之。

《大学》统举法界，大是天地，学是圣人，有这副天地，出生这个圣人，有这个圣人，住持这副天地。由学，故知其大，为大，故成其学，此处风缝不通，必欲透进去者，不得不寻个路数。所谓道也，道何在，即是打从现前一心说起，（伏羲乾南，即现前一心。）明德者，最小之现前一心也，云现云一，实是一沤心，非全海心，全非大学体面，亏他在那边两行，故决定做得大学种草，直心为德，直心有何好处，却妙于明，明者，两行之谓也，德从来两行，我与之为两行，于现前一心，去尽思维卜度，所谓破情不破法，两明字，只一个字，为汝病在一向行，便不能十方面行，故说明假我未破，于彼全疏，故说亲，千佛同住而汝不住，故说止，三在字，逐节生起，在明明德，是说法，在亲民，是修行，在止至善，是证明明德，只是破假我，假我既破，然后亲见民为一体，民字，正对大学学字，学者觉也，民者冥冥无知之谓，乃愚痴字，不是骂他，正赞他十成具足，故民字外作磬折之形，而中写一十字，说到民之为民，已把一沤心，放到全海，渐渐大了，止于至善者，约法为至，约人为善，至，死字，善，活字，万物齐至为至，光至为善，宗门里边看人，单看善与不善善从羊，从两言，牵牛之法，人牵牛，牵羊之法，羊牵人，人做不得主，羊字是主字，两言字是会意，这边也不消，那边也不消，由他自己走，南泉云，老僧有一条水牯牛，拟向溪东牧，犯他国王水草，拟向溪西牧，犯他国王水草，不如随分纳些些，乃善字注脚也，两拟向，是不光前，两犯他，是不绝后，是两言字义，两言字，即两臂，不如随分纳些些，即烧两臂得金色身也，（坐断两头，中间正好。）至，是热火艳花字，善，乃光前绝后字，至不一定，善亦不一定，全靠止字力气，止于至善者，谓止于至，随止于善也，佛告舍利弗，止止，不须复说，上止，止舍利弗下止，佛自止也，万物这样来得整齐，我连忙随班行礼，是止，至于万物，这样去得干净，我连忙扫涂灭迹，是止于善，盖约我有现前心，约民，莫不各有，现前心，一尘一刹至，即有无量至，则一尘一刹善，即有无量善，奈何不止，然止于至，是实，止于善，是虚，空生问云何住，云何降伏，佛答两如是字，两云何，是取善字，佛两如是，是引到至字，如是，是至如是，光如是，是善，止于至，则止于善矣。

牧牛牧马牧羊俱用牧，而独取牛成字者，牧马，人节制马，牧羊，羊节制人，独牧牛，则有时人随牛，有时牛随人，取互为政意，君子不自为政，有时衣来我随穿，有时我要穿便穿，故牧牛必用童子，童子没主意，正取其没主意也。

桥陈如五人，非世尊眷属，即五阴也，世尊初坐道场，没奈何先度五人，世尊未成道时，没有眷属，止有这五人为眷属，大千世界，彼彼眷属，各有五人，讼卦中五人得度，而今五阴干净，为世尊眷属，已与圣人之流，法华五千退席，即五阴退，五阴退而后提婆达多，出地狱而蒙授记，是一句话。

六十四卦，俱无文字，独有师比为文字卦，乃方等经，咸卦为法华，恒卦为涅槃，咸卦于感字抽去心，为抽心卦，恒卦于亘字添个心，为添心卦，恒非亘到后边，乃直亘到前边，咸恒两卦，即法华涅槃，是一合相。

一切圣人文字，悉有三科，谓单提双开，及杂色也，双开，是善知识门庭施设，单提，是向学人分中，劈面提出，杂色，有奢说，切说，只是余文耳，此方圣人，以修身为单提，以诚意正心为双开，亦可云以诚意天下平为双开，其余皆杂色也，彼方以法华为单提，般若涅槃为双开，璎珞维摩等为杂色。

金刚般若，乃般若部中最尊胜之般若也，摩诃般若，文殊师利出身，金刚般若，普贤出身，即非是名是两句，而意归重是名句。金刚不指定一物，金，以言乎坚固不坏，刚，以言乎纤尘不染，刚者金之德也，金以守为体，金与火相守而流，火走不进金里去，但为火摧坏耳，金之为物，纵经烧打磨，毫厘没有增减，故以喻佛性，凡夫是金矿，圣人是精金，空生问善护念，善付嘱，意重善付嘱一边，善护念只带说耳，教菩萨法，佛所护念，诸经皆然，住为所住，降伏其心为能住，空生第七住，菩萨未到从心不逾地位，故须降伏，世尊亦先答应他降伏，而后缴还他住字。

梵语须菩萨，（有前后刻之谓须。）此名空生，亦名善见，佛说般若，即非般若，无垢称也，也即非般若，是名般若，净名也，梵语维摩诘，此云无垢称，亦云净名，譬如水火，垢称也，性火真空，性空真火，说他是火，他从来不做火，曰无垢称，既是无垢，就称他做火何妨，曰净名。

如来者，如了来，非来了如，久已好端端，如在这里，只管簇新来，庄子今之隐几者，簇新一个隐几者，乃现前实法，昔之隐几，只轻轻带过，凡夫无智，以为真正去，所以遂自立脚不定耳，生死海中，从来无有去处，只须我自不动，凡夫只为一路去，圣人坐定了，但凭他簇新来，所以鼠肝虫臂，再不打紧，我们大家坐定了，少不得送过来。

法华烧两臂，即得如来金色之身者，盖三贤十圣，乾达婆身，不过幻化光影身，现前桌子响，乃金刚不坏身，然但有色可据，于众生前一闪一闪，共云金身者，望三贤十圣之梦身而言耳，佛真有身耶，金身非有，金色非无，问，何故烧两臂，即得佛身，答，一切众生之德，从本两行，（直心为德，吉凶不定。）故曰明德，（日生东，没于西，月生西，没于东。）你若逞彼直行之势，一向行去，入地狱如箭射，他既两行，你由他两行，（无适无莫，君子所以怀德也。）连上边明字，可以放倒，此是烧两臂之文，为日月两臂，不曾清净故，既烧两臂，乃证日月净明德佛，所以菩萨为焰肩佛，佛为大焰肩佛。

我们今日都住在劫初头一刻，问，有这劫前最初头一刻么？答，亏得劫初没有头一刻，若有这一刻，那头一刻之前是何等，善男子怎么在前边寻头一刻，而今便是，所谓威音王那畔者，不要逆追转去，只齐今这一刻，盖万年一刻，本无时分，其有时分，因事端而有也。

天地之德，应时及节之德也，所谓如来者，天地之德来也，赞则喜来，骂则怒来，立春前一日曰迎春，乃迎来，非送往也，迎来，神欢人喜，若说送往，大千同哭。

善付嘱只一句，是金刚般若之正文，然必先护念者，欲证金刚般若，须打从摩诃般若经来，果然淘汰尽情，然后乃得付嘱，不然，着衣持钵，须成不得。

能住为住，所住为地，有住为住，无住为地，有地为住，无地为地，"住"字义，与"居易俟命"之"居"同，盖大千法界，现在番番变易，无有停止，险也险不过了，亏得君子于其中间，如死尸一般，随他风浪，故不谓之险，谓之易耳，人立曰位，尸立曰屄，师卦舆户，大千为舆，约大千舆尸，约君子居易也，住为体，降伏为用，住则不住，不住则住，但凭你不住，他到底住，但凭你住，他到底不住，故住不必言，下只说降伏其心，然后缴还他住字。

金刚般若只空空如三字，单说一空，空有对待，仍是色法，空空则无对待，人法二执空，曰空空，又分别俱生二执空，曰空空，约圣人论，一空无二空，约凡夫论，既空人，又空法，而人与法本如如，先师言空空，文殊出身已竟，释尊言如如，普贤妙行方来，如有所立卓尔，即此如字，如故有，有则有所，有所则立，立故卓尔，物各得其所则不乱，故云所，既得其所，即于此安身立命，故云立，卓尔者是法住法位，世间相常住，各各自立，不相倚藉之谓。

普门品，应以执金刚神得度者，即现执金刚神而为说法，此句无身字，有身故坏，无身故不坏，金刚者，纤尘不立，神者，万象森罗，执金刚，礼也，无体之谓礼，领即非义，神乐也，八音和会，领是名义，得度，立中间，破两头，说法，立两头，破中间，总是筏喻，傅大士渡河必用筏，到岸不须船，人法俱名执，悟理讵劳诠，中流仍被溺，谁论在两边，有无如取一，即被污心田，中流即中谛也，法尚应舍，何况非法，已说透离四句绝百非地位。

心无方，是大圆觉海，意有方，有上下前后左右，是曰矩，从心所欲，所欲，即意也，从是跟定不舍之谓，即慎独也，欲乃心之天德，天德颠延，止得一步，若不从而住，则必别生枝叶，而逾天德之矩矣。

世尊七处征心，所谓不在内者，不在遗外之内，不在外者，不在遗内之外，不在中间者，不在遗外内之中间，心该大千法界，故曰正心，正者，四面无缺义，显正为正，密正为定，意者，心之音也，意本自成，诚者自成也，为在善知识口中说出，故从言，诚字即平字，地平天成，大德敦化，壁如湖光如镜，大千世界都是心，小德川流，譬如水打一沤，大千世界都是意，心所同也，意所独也，海所同也，沤所独也，雨点之水，少不得平到一湖去，人死意仍归心，意有各各，心无各各，人临死时，敲磬子也敲得出来，心动成相，是名为意，新动底意，即从旧意而出。

语录纂卷之二

杂华林

业从惑生,惑因识,有识依不觉,不觉依心,维摩诘云,随其心净,则佛土净,心从本是净,只为你不能清,故不净,渟去渣滓曰清,盖心所以不清者,为住色住声香味触法,故应知色声等尘,本物有住,法华云,天风吹萎花,更雨新好者,他已一路簇新簇新下去,则我此心,亦应一路簇新簇新下去,剑去久矣,刻舟何益,顾乃目识则停住于色,耳识则停住于声,以至鼻舌等识皆然,恶臭至而恶生,恶臭去而心犹住于恶,好色至而好生,好色去而心犹住于好,岂非意之不诚其耶,意本自诚,何苦弄出把戏来,略或住色住声,便要弄出把戏来,此四果中所以必不应作念也。

圣人本怀,只为大千入涅槃,不为我一人成佛,何以故,涅槃平等,则是真成佛,但我一人,则是假,入涅槃,只是入心境界,成佛,在意上成,以无功用道,任运流入萨婆若海,不过以意求入心境界耳,故约意,大千是万佛世界,约心,则是一片涅槃境界也,虽然,涅槃境界,毕竟何在，当知祇约万佛世界，通为一佛国土，说为涅槃，今举目遍观，但见佛世界森然罗列，岂有涅槃可得哉？然虽不可得，而廿卅必当求入，何以故，万佛世界，虽实不见通为一土，然一一世界，皆不能顷刻立定，即是与涅槃不隔也，涅槃立住即是佛，佛立不住即是涅槃，大千世界中，法法变易，善知识喝住变易，令学人亲见尘刹，是名成佛，既成佛已，学人于一一尘刹，亲见变易，是名入涅槃。大涅槃海，以无量佛刹而为庄严，故廿卅见诸佛刹，当作涅槃庄严想，不应谓是佛刹，然必安住佛刹，而作涅槃庄严想，而后方有涅槃得入，故廿卅，但当发愿住佛国土，不应发愿入大涅槃海，祇约尘尘刹刹，变易不定，名为涅槃，只此能变易之尘尘刹刹，即名为佛，若夫明白亲见，乃是凡夫业力，不得名佛，然虽非佛，而是成佛之前方便，所谓求成者是也，当知求成是初心，求入是毕竟心。

《周易》上下二篇，上篇论意，下篇谈心，合上下二篇，乃得论识。竖约现在一意，名之为佛，横约一片心光，名为涅槃，虽现在一意是佛，必须一片心光来成，虽一片心光是涅槃，须要现在一意去入故佛在竖中求横处成，涅槃在横处求竖中入。意之前实无有心，而言心者意若久住世间，乃得是意，今则变易不定，以变易不定，故外相虽是意，圣人推原言之，以为心也，既属推原，当知心是假立，以假立故，若有人说，意灭下时，即复为心，此人瞎却人天眼目不小须知意灭下时，但随有机关处，仍复动出而为新意，实无心可复也，犹云天刻刻做地，不得云地刻刻做天，只是地刻刻做不牢地，仍做新地而已矣。

何者是识，意虽疾速变灭，而其余影必且尚留，是名为识，识者记也，谓前法影响灭不及，故犹记在此也，意者心之相，识者意之影，心本无相，动而为相，即是界，意本无影，留而为影，即是世，故意是实地，识是天德，既是天德，必无无识之意，人死由于意死，而今世受生之识，即是前世临死一意之余影，识未灭顷便得受生，则死生之际，不越一刻，信已，约心，直如龟毛兔角，不过是章句中所立之名字，约意，虽是实法，然只一刹那，曾不见廿卅能于此中建立道场，亦不见凡夫能于此处流浪生死，是则心之与意，并与汝无涉，当知汝今惟是识耳，（唯识论，龙树大师所造。）意是实法，识是光影，光影是实法之性子，乃天然之德，岂得是业，所可恨者，前法光影，性极迟钝，而后来实法，又甚迅疾，于是刚刚打个照面，而前法光影，揽取后来实法，造出业来，然则识自揽取出凡夫来，而非凡夫造出识来也，最初时犹自光影微，而后来实法大，积之久，遂至光影大，而后来实法微，在今已有我一报身，若复更积，安得不至地狱，云何不积。但不使光影揽取在实法之前，而使之随从在实法之后则已矣。圣人建立心字，意在显出意字，显出意字，意在沐浴识字，是故圣人说法，上不爱心，下不怒识，一双青莲华眼，单只注射中间之意，良以识如豪奴，意如家主，但将家主来历说破，则豪奴自不使势，故虽满满怀为识，而满口纯是说意。意是佛境界，而凡夫之识，如迷天大阵，专要兜揽后法，使澄清绝点之实法，不得不自投罗网，而佛境界不得清净，故善知识但以无量章句，快说意字，使凡夫之识，转成廿卅之智，晓得意是从来兜揽不住之物，则便当下冰消瓦解，而佛境界自得清净矣，故意是佛，识是菩萨也，复次，不以凡夫故而被点污，不以廿卅故而得清净者意也，未蒙点化时，要去揽取，名为凡夫，既蒙点化后，不去揽取，即名廿卅者识也，故意无优劣，识有优劣。说法者，能两眼觑定学人之识，而满口纯说意境界，方是人天师表，若不觑定彼识，而但说意，是为契理不契机，若直置意说识，则入门便要摆布识死，教人如何措手，说法之妙，只妙在到底说明白意，不说破学人之识，使之无措手处，是故我并不恨前法定要留识，但恨识定要去点染后法，我亦不恨识去点染后法，但恨后法定要自来投网，我亦不恨后法自来投网，但恨一切善知识不为我说明白意也。约识说现在，约意说不住，应知凡契经所有在字，悉是说识，不说意也，意是实法，故可变易，识是假法，云何得以变易，实法定变易故，则非我之所得有，故虽实而是无，假法不变易故，则为我之所得有，故虽假而是有，假法有故，热火艳花，实法无故，冰消瓦解，今日大千国土，花团锦簇，实应感激识不变易，异日积渐，至于阿鼻地狱，恐又将埋怨识之不能如意之撇捷也。祇为意变易故，推原而说名为心，然则变易不约心说，识祇是意之光影，当识显时，意已不知变易到何处去矣，故亦不约识说，当知变易但约意说。心是名字法，意是实法，识是盘缠法，譬如贫人，得少母钱，将出一盘，盘得子钱回家，此十日便可缠过，故云盘缠，前法，所留光影，如母钱，以此一盘，以后便逐法缠下去，故知盘横，缠竖，今欲使识不复盘缠，切不可劈头说破，但当善巧点化，令得改作随从法则已矣。从心所欲，不逾矩，从非但凭任从之谓，乃随从之谓，心所欲，即意也，不逾矩者，自然不跨到后法，后法萧然，所以为圣人之意，亦即为圣人涅槃心，从心从字妙。现在一意是佛，此意立刻变易为涅槃，我与之一齐变易为入，若欲与之一齐变易，当住不放逸法，不当住放逸法，放逸法谓涅槃，不放逸法谓佛也。

天法界止得五根五识，五根为天受用，五识为天众，此时五识各住一处，故五根不相质碍，若集在一处，即名意识，有一质碍之意识，故五根即便质碍，而不复留天法界矣。所谓因天而下也，盖以五识是意根故不到集在一处之地必不已，五根是法尘故，五识集在一处时，不得不为质碍耳。心上加音，即为意字，意字去心，即成音字，盖约意论刚柔，约识论阴阳，意以刚，故迅疾变易，复以柔，故必留余影，余影既留，后来之刚，即被所阴。阴，盖覆也，然而实不曾阴，何以故？若实被阴，则不得名刚故，当知阴是约前法余影说也，既晓得前法余影，毕竟不能阴住后法，后法从本不曾被阴，则便缩手不揽，使后法得焕然自显其刚，是名为阳，故约意法尔。刚必有柔，约识在凡名阴，在圣名阳也。十五国风，纯谈识，《小雅》，纯谈意，《大雅》，广谈大千微尘众意，又，《小雅》是凡夫识，《大雅》是廿卅识，识名风者，风动物也，意动必有识，如扇动必生风，于其中间，既不应怪扇子要动，亦不应怪动即有风，但风自不肯齐扇动而止，而又要去动起一物，是可怪耳。

大演之数五十者，五谓十方流到中心，十谓中心散到十方也，其用四十有九者，以一茎著，置之高阁，以表心之高贵也，分而为二，以象两者，二竖两横，谓以现前一响，竖而分之，则为前意后识，横而象之，则为亲根疏尘也。挂一以象三者，谓以小指挂起学人之识，而畅说现在之意，令得看破未来之意，因以如法过去之识也，法起必有识，是为五，随从前法而止，是为十，揽取之识为大过，随从之识是小过，五以学之，则既明白此事，十以学之，则竟可以无大过矣。

识是龙女，有漏之体，宝珠喻旧意，疾往南方成佛，是新成佛即新意，龙女既得成佛，转身即观世音，是无尽意之真影，故特兴问，观世音亦名海意菩萨。

《周南》唤转识来，随从前法，故《周南》乃是以北为南，《召南》放过识去，随从新法，故《召南》乃正以南为南。

因于识，缘于意，谓之男女构精，遂成今日大千世界，故圣人目男女之事为一大事因缘，然识是前法之真影，意是后来之实法，此二从来双宿双飞，云何分析得开，但不使之构精，则为大事因缘已毕，盖因缘有三，一谓小乘初教，以识为因，以意为缘，而不提起心字，此是凡夫因缘，在所必破，以必破故，名为苦切因缘，亦名刀杖因缘，二谓方等中教，以一大千分为两半，一半是千红万紫，一半是寂绝忘离，以寂绝忘离之心，等于千红万紫之意，不须破坏意，而意竟是心，是则不提起识，又假立一心，而以意为因，心为缘，故此名为虚妄因缘，亦名楼阁因缘，三谓大乘后教，以意为因，识为缘，意因如母，识缘如子，要使常忆其母，不复妄有他缘，是为母子因缘，既云母子，自无构精之事矣，当知《法华经》为穷子故，父长者密遣二人，正遣因与缘也。

日，谐声同实，乃大千实法月，谐声同阅，亦同越，即是日之弄影，日出于东方卯位者，心动为意之义也，月生于日没之方者，意灭实显之义也，初二夜酉位上一弯新月，即初一夜日之余影，若肯即时落下去，随从初一夜之日，即是圣人之月矣，无奈其定要行过东来，揽取初二日之日，故为凡夫之最初也，如是渐渐堆积，至第七日初八夜，则已与日相半，过此以往，威势转盛，竟自揽取于日，如是更积七日，前半余影犹存，后半又已揽足，故遂于卯位之上，圆满同日也，既过望后，前所揽得之余影，反自倒退下来，不久便为日所合，谓之合翔，合翔是凡夫最后结果处。

合众生心数而成日，于日之内分别为星，（日生日星。）别日为星，合星为日，月乃星宿之王，法华经宿王戏三昧是也。日月合璧，涅槃体也初三一线，童真菩萨也，初四初五，月光渐肥，前影未亡，后影复至也，初三至初八，上弦之月，乃天法界，初八至十五，盛满之月，乃人法界，下弦以后，旁生法界，晦，地狱法界有机关小地狱，有阿鼻大地狱，大地狱者，实相地狱也，出地狱便是天法界。

乾是意之来历，以大千不守自性，定要动出意来，而名为坤，此二卦约心以论意也，乃圣人之章句，震是意，巽是识，五双十支，来疾去疾，故名为震，巽，顺也，识为前法之所遗，巽顺而遗之也，识陷后法，名之为坎缩住不揽，名之为离，故坎离是圣凡交会之卦，兑是师家之说，艮是学人之证，艮，止也，谓识不复行也，是为师资之卦，当知八卦只因意陷于识，为一坎卦而立，而此坎卦，又实因巽卦而有也。

十二因缘，亦名十二璎珞，乃三世三支牵连而成者也，无明缘行一句，是过去一支，行缘识至取缘有八句，是现在一支，有缘生，生缘老死忧悲苦恼二句，是未来一支，缘非缘，而上之缘，乃是落下来，一切众生，头出头没，不外此三支也。若夫色受想行识，是阴，祇重一识字，一切众生，本具佛性，一切佛觉，亦本是识，众生所以不得成佛者，为其所阴也。五阴，亦名五蕴，蕴者，诸业所藏，阴者，现前逼清太清，为浮云点污也，色，是六尘，受，是五识，想，第六识，行，第七识，识，是第八识，种种业识，只一响中具有，乃是色、受、想、行四种方法做成，夫色等五蕴，乃三苦已成之躯，十二有支，乃三世生因之法，所以一则色列行前，一则色次行后。

空则不生，生则不空，善则不见，见则不善，心已降伏，人我等相久已放倒，是名空生，既名空生，善固善矣，见则奈何，须知应云何住，云何降伏，两云何，是欲摆布见字，佛两如是，是引到善字，引到善字更无见字，须摆布了，以受病得名，名见，以得力立名，名善，到大见遍见中来，是大千，大家见，名善见。

授记成佛，云得其位，众宝庄严，云得其禄，十号具足，云得其名，佛住几十劫，正法像法，住几十劫，云得其寿，复次，世尊成佛，是尊为天子，分身佛集，是富有四海之内，多宝佛塔，是宗庙飨之，从地涌出，是子孙保之，授记舍利弗等，栽者培之也，五千退席，倾者覆之也，五千，即五阴也，由有五阴魔，所以有大地狱，至五阴退，即提婆达多，出地狱而得授记矣，中庸通本是法华经，止末章是金刚般若，固聪明圣智，摩诘般若也，达天德者，金刚般若也，复次，固聪明圣智者，华光如来，（《尚书》先光后华。）舍利弗之结果，达天德者，天王如来，提婆达多之结果。

声色之于以化民，所谓以色见我，以音声求我也，无声无臭，声臭已是虚空法，并虚空无有，然而才言无有，大千已无不有，故曰至矣。

梵语波罗蜜，此云到彼岸，亦云彼岸到，此岸彼岸，总一大千，此岸，人也，彼岸，法也，约凡夫观之，全法界皆此岸，约圣人观之，全法界皆彼岸，彼岸要到，若到不得彼岸，实实彼岸竟是此岸，若到得，实实此岸竟是彼岸，而到之之法，并不用船筏桥梁等，但须菩萨具有大智慧光，能照见此岸即彼岸，即便到得矣，故经云，照见五蕴皆空，度一切苦厄。五蕴，此岸也，空，彼岸也，一切苦厄，此岸也，度，彼岸也，此经名为大般若，此菩萨号曰等持，然此非今所重，何也，此岸即彼岸者，其意中先已见有凡夫法，全赖菩萨照见，而后此岸是彼岸，不然，则此岸终此岸矣，若夫金刚般若则不然，盖实而言之，从本无有此岸，凡夫妄认，谓之此岸耳，今只此凡夫妄认之此岸，更不丝毫有动，久矣竟是彼岸，又安用彼等持菩萨为之照见耶？故其首告须菩提云，应如是住，如是降伏其心，谓应即于此岸住，云何欲于彼岸住耶，应即于此岸降伏其心，云何欲于彼岸求降伏耶，此岸从本如金刚，汝将舍此何之，首题特用金刚两字，全然只为赞叹此岸，并无他意，故凡经中所云，如来说何等，即非何等，是名何等三句，其得意处，全在是名何等一句也，复次，金刚般若经，有波罗蜜三字，彼大般若经六百卷，则无有者，盖谓若此岸不妙，必到彼岸乃妙，则应云波罗蜜，今则但照见而已，并不以照见故，而有到彼岸之事，云何得用波罗蜜三字耶？今金刚般若，既直尔赞叹此岸，不复提起彼岸，亦并不复用菩萨照见，则是真正到彼岸者矣，岂得不用波罗蜜三字也，复次，大般若经，若已有到彼岸之事，则今来到金刚般若经中，以种种赞叹法赞叹此岸者，岂真欲令一切菩萨实实重来此岸耶，是故当知大般若经，简去波罗蜜三字者，乃正为今金刚般若经作地也。

从佛出十二部经，从牛出乳也，从十二部出修多罗，从乳出酪也，从修多罗出方经，从酪出生酥也，从方等出摩诘般若，从生酥出熟酥也，从摩诘般若出法华涅槃，从热酥出醍醐也。

世尊说因缘法，为破我而说也，大千一切，皆因缘生法，然因缘所生法，非如父母所生子，乃纵横所成十也，众生执我成病，世尊以因缘二字为药，即将所执之我，分作两半句，半说是因，半说是缘，六根，因也，六尘，缘也，根尘合而识生焉，三法和合，是故有我，其实本无有我，二乘人闻了因缘两字，遂极力破我，渐渐想来，觉得因亲而缘疏，欲修道必须绝因，以灰身灭智为绝因，欲绝因必先破缘，以水边林下为绝缘，是又执药成病也，殊不知因缘两行，本绝妙字，谓之因者，即因于缘，谓之缘者，即缘于因，亦曰因因，亦曰缘缘，佛法破情不破法，若必绝去缘者，乃得因净，则如修灭尽定比丘，虽到旷野，保无一声入耳，便入胎受生，随声而去，世尊无可奈何，为说方等经，维摩诘者，境之别名，文殊师利，智之别名，境与智齐从不相离，维摩诘所以示疾者，为诸比丘入灭，法法皆病，故曰因众生病是故我病，小乘人灰身灭智，不任问疾，惟彼智者，可为酬对也。因缘活字，境智死字，因缘字拆不开，境智字似乎拆得开，然天下岂有离境之智、离智之境哉？境智二字，乃为洗干净因缘字而立。因缘者，为二乘人说，境智者，菩萨方等经，其实因缘二字妙，干净因者全疏，以无我故，干净缘者全亲，以纯他故，干净因缘，即净满世界，师尊始而破我，故分说因缘，既而立我，即常乐我净之我。

🗆壶蜂也，头上艸，象冠，中🗆，象背有黄黑错文，下△，象腹，九，象飞时两足之垂，冖一为天地，人立中央，会意也。中作方围而竖标之，又穿出方围之外，盖中非内之谓也，内与外对，中则无对，岂方围以外即非中耶？于是申其南北面，而达于方围之外，申其南面，是谓其中，申其北面，是谓厥中。爪就中字之四隅，各加一笔，遂成用字，非圣人有用，即中之旋变无方，是成用也。爪取用字之正北一笔，旋作回文，盖藏乎不用之地者至密，则游乎应用之涂者至备，故曰周。

　　号物之数有万，万非数也，壶蜂飞起时，上上下下，前前后后，左左右右，再数他不尽，矩义亦然。如上为因，下为缘，下为因，上为缘，以至上为因，前后为缘，下为因，左右为缘，前后左右为因，上下为缘等，极之无量无边，不可说，不可说，只此上下一副，前后一副，左右一副，是故因缘不是一副，欲于火刀火石中取水，于水珠中取火，再不能个，又不是一万副，孔子曰，不逾矩，因缘只有三副，上下一双，前后一双，左右一双，凡夫也具三双，圣人也不过三双，譬如骰子，具足六面，世间万变万化，皆从此出，再没有第七位，七日来复者，盖因地有六德，子丑寅卯辰巳过了，第七日午，不但冲坏子，连五日都冲去，午未申酉戌亥过了，又是子复转来，故圣人谓之二六时，盖阳六阴六也。

　　常住佛性中，无法不备，火性是上行，水性是下降，上行之火，因风成暖，暖气上蒸，则腾为云，云又生雨，雨盛雷发，火光遍空，是火生水，水又生火，不过一上下法，如火刀打去石上，单领了火底上性出来，下与前后左右不动，以不成因缘故，天地之气，以北为主，西左东右，水是右行，隆冬气左行，则水成冰，油是上行，则不冻，盐卤下行，则不冻，茶后行，则不冻，唾泪小便前行，则不冻，酒乱行，则不冻，与左不成因缘故，圣人身通六艺，非物物而格之，只是识得矩字耳。神农尝药草，纵能尝草，岂能尝病？他不过辩上下前后左右，是温是热是凉是寒等，某病宜如此，某病又宜如彼，自然有各种药物来应他，所谓闭门造车，开门合辙也。少阴少阳，即是太阴太阳，不守本性，厥阴阳明，阴会于阳，阳会于阴，其间便有宾主，太阴太阳，决不和会底，故云太，动不知静，静不知动，会了，才生出络来。父母赤白和会，儿子业力搅着，白住于赤，赤住于白，阳住于阴，阴住于阳，即今镌图书侵让法。太阳二经，少阳二经，太阴二经，少阴二经，阳明厥阴各二经，父母赤白二滴，有六经，儿子业力，亦有六经。阴阳不是两件东西，是两个性子，然只是一个性子，是动，动静虽则截然，到底不相离，只是不动底在这里动，动煞只是不动底，如铜钱转动，在两指端。赤白二滴，是太阳太阴，二根研摩，是少阳少阴，流出来花上露，是阳明厥阴，太是无知，少是起头，阳明厥阴，不云厥阳阴喑，妙甚，阳为动出，故前，阴不随走，故后，阳是先锋，阴扎住营在后，一人发真归元，十方虚空，应时销陨，假使无此一人，十方虚空，那一刻不销陨，但人不发真归元，故不知耳。销陨非断灭义，前一刻应时销陨，在后一刻里边，桌子响后，已销为众人之听了，发真者不被虚妄相之所瞒，归元者一凭元气之自转，故立见销陨。

　　人看花，花看人，人看花，人销陨在花里边去，花看人，花销陨到人里边来。

　　上篇泰否咸恒，只三卦，恒卦已出讲场去，下篇损益既未，亦只三卦，只得既济而住。立了乾坤，便立泰否，中间都是补出来。泰否者，世尊大乘经典也，道场里边，通前通后，只一损字，后一品微细无明，即是大哉乾元，若不去破他，四十一品无明，都生出来道场不可穷尽，损不可穷尽，上篇只泰卦要紧，下篇只损卦要紧，坐讲场中而不身心泰然，非讲场中廿卅，坐道场中，而不刻刻减损，非道场中廿卅。上篇只一泰为泰果，余皆泰因，下篇只一损为损因，余皆损果。世尊五千四十八卷，泰卦全收，欲开泰卦，先用屯卦，把大千法界，落到他本命元神去。

天地气机，自然通达无碍曰亨，天地气机，从圣人口中说曰吉亨，小往大来小字，从《小畜》来。损卦下边，都是好话，你但破我执，只管孚出来，元吉，无咎，不但现在不妨，可贞，饮酒看花，竟这样去。利有攸往，酒已许饮，花已许看，你这我见，要他做什么，曷之用只此前一法，后一法，相似相续，二簋，可用配上帝，养圣贤，今之隐几，昔之隐几，人在世间刻刻变换底，要这我见何用。以俭德辟难，俭字妙，说泰卦时，只错在说一句，听一句，开解一句，快活一句，是无始来结业，故云难，说了不听，听了不开解，不快活，是俭德，泰卦之下，定然有否，云何以奢德，而荣之以禄，因泰下有否，此损之所以不容已也。说太不说否，损卦没有来历，说损不说益，泰卦没有收场。益，利有攸往，利涉大川，不写元吉，不写无咎，不写可贞，说利有攸往，泰卦小往，真小往了，说利涉大川，泰卦大来吉亨，真大来吉亨了。

既济重既字，不重济字，怕他不济，咸者，感字之省文也，成佛是咸，决定入涅槃，是既济，决定不入，是未济。无心之谓咸，气尽之谓既。菩提心昔所本有，而今适无，原来遍虚空，尽法界，都是菩提心，只要狂妄之见应时而歇，菩提之心亦不复起，如来于燃灯佛所，发菩提心，许多文字，仙师只半个感字已尽。暨，《诗》"伊余来暨"，新新妇头一步踏在舅姑家里，故增土字，此是重新投胎时节，故气尽。凡结上文转下文，用既字，咸卦没有一件事体，如镜花水月，到得既济，真真实实，没有一件事体。

廿卅气尽了，放一切万物韯气，故转出未济。咸卦，凡夫之终，终则有始，是小终，既济圣人之终终不更始，是大终，咸卦以一刻终，恒卦以此刻始，恒虽居咸后，实不处遁前，直至既济圣人终，其力始尽。恒即亘也，不取心字，如明河之亘天，乃今旁边写出心者，正要损之也，前日深恶而痛绝之，故咸无心，然不放他出来，毕竟伏而未断，不如写出来与他决绝。咸卦无心，乃干净泰卦，其所去之心，即否卦也，恒卦即把否卦亘在那边，亘于咸之后，亘于既之前，既检出来，贼便无处可躲。未济接不着既济底，不是圣人既终，乃有未济，当凡夫未终，已有未济了，只是圣人到既济，乃与未济相应。既济曰亨小利贞，以前损之又损，只得一小未亨，到此，小都亨了，初吉终乱，吉字，从泰卦吉亨吉字来，廿卅听了大海，道是海光如镜，一到了大海，乱纵横在这里，终乱者，飘了洋也，乱字遂接未济。

六十四卦，逐对逐对为鸳鸯，十六卦为绣，八卦为金针，鸳鸯绣出从君看，已把金针度与人。约易而论，名之曰知，约简而论，名之曰能。知能是乾坤底，不是人底，凡夫却妄认知能以为我，约乾知，而不能约坤能而不知，何况于人？故曰虽圣人不知不能。约知而论，合大千夫妇之愚，叫做乾之知，然则夫妇之愚，亦与在知里边，约能而论亦然。性命是两端，约命，现前一法住在界里，约性，迅疾不停，通前通后，分说之，命永永不是性，性永永不是命，实说之，性之理，专会做命，命之理，专会做性，约命而言，一受其成形，大千世界都是命，约性而言，逝者如斯夫，大千世界都是性。现前桌子底命，依界而立，成在十年百年以前，现前桌子底性，跟世而走，一路一路坏下去了。说到这里，不知他还是性，不知他还是命，还是性走，还是命走，菩萨呆了，方才在北海，而今在南海了。

大哉乾元，本非是我，而命之为我，便做我，逝者如斯，便不必做定我。性，顺命之理，命，顺性之理，中间却有一路是道，中间没有业字，若或不顺，便有业，业在性命中间，如桃子之内，桃仁之外，有一桃核，桃核生与命俱来，死不与命俱去，性倒跟业走，所以桃子还不曾熟，核先硬了，喻如大铁围山，性命俱如幻三昧，业不是如幻三昧，身子是命，世法是业，我们今日要把桃核弄坏，方可。

朝闻道者，性顺命，命顺性，再不敢于中造业，死生者，性顺命、命顺性之路也，与你没相干，再不要着忙，一朝闻道之后，由他命顺性之理死罢了，少不得性顺命之理活转来，不云可死，而曰死可，妙，男婚女嫁，夕可死矣，安知死之后，正有大不可者存。

统而言之为人，分而言之为性命。顺字不要用聪明圣智，死及烂醉时，都是性顺命之理，命顺性之理，不须用你着力。

《齐物论》以下六篇，是正文，《逍遥游》一篇，是总叙，故首提名字，亦不同，《内篇》三七二十一字题，一字自为一义，《外篇》无题，《逍遥游》从不好处说到极好处，遥字比逍字为胜，情执既破，境界廓然，故遥；至于游，则老安少怀，与物无碍，即《鲁论》游于艺之游，岂但志据不足言，抑岂依之可言。《齐物论》至《应帝王》，与首篇异，皆从极好处说到不好处齐者，物我一齐，是非两忘。承上游字说来，有物我，则有是非，而论出矣，论者不齐之极也，以下篇名皆然。然下五篇亦一篇好似一篇，至《应帝王》而极，《应帝王》"应"字，即《逍遥游》"游"字，在《鲁论·颜渊季路侍》章，为王帝应，子路王也，天下往谓之王，敝之无憾，人见破矣，颜渊帝也，无伐无施，我见尽矣，至若孔子，则何人何我，应以种种身得度者，即现种种身而为说法，是之谓三十二应，是之谓中央混沌之帝，我为法王，于法自在。所谓皇也，三皇之世如春，天下在一鼻孔中出气，是故三皇有气而无理，五帝有理而无情，三王有情而无事，其事则齐桓晋文，故谓之伯，伯者皇帝王之糟粕也，《南华》虽始于北溟，下六篇正文，则以南郭子綦立义，承上徙于南来。

北溟是真常性海，鱼在海中，没有头数，然是仝体共气，故从昆，化而为鸟，小过卦也，法法异住，故从朋，鹏言背者，背即北溟也，大千世界，从无有未化之鱼，从无有已化之鸟，而今正是刻刻化鸟之时，故下文云犹时女也，时女才出母家，未到夫家，正及时之女。

我们修行，要修到应帝王境界，即此三字，要修到应字境界方妙，到得下手不得处，方名为应，凭你伶俐，只到帝字王字罢了，认得应帝王应字，便是游，《逍遥游》完全快活，《齐物论》，下手功夫，十长养心，一切保任，曰养生主，从地涌出，不须闭门，曰人间世，无世有界是德，有世有界是充，世界交涉是符，这就是大宗师了。

齐里边没有物，物里边没有论，论走了物底样，物走了齐底样，《南华》七篇之义，尽于一游字，其下手工夫，全在打破论字，去论而归物，由物而归齐，然后可以逍遥游矣。篇中言天籁者，齐也，言地籁者，物也，因吹成万故不齐，人籁者论也，喻于比竹，言彼我是非，相比而生也，《齐物论》是论物之性，《人间世》是论人之性，《应帝王》是论其性。

一切佛廿卅，俱从大心里边出世，名金刚极则心，是最后心，喻如腊月卅日联底冻大海水，长养心，是大年初一，早已漏泄春光，无一件不活动头，所谓大死却活也。《梵网经》廿卅心地品，先说十金刚心，而后说十长养心，听养字，不要听了生字，纯是生趣是生，没有趣底是养，若听错了，不但不是生字，竟是主字，主者，灯炷，注在一处也。前法不望后法，后法不望前法，文殊师利，三处度夏，但许你养不许你主。

全部《法华经》，要销到"妙法莲华"四字里边去。妙字，法字，莲字，华字，内各有一部《法华经》，《大学》八条目，用华严回缀之法，曰彼彼各异，执碍不通，曰物，彼彼互通，神变无方，曰天下，寂然不动，无物可指，曰心，感而遂通，纷然异名，曰物，闲聚一处，强认为我，曰身，无量毛头，莫知为谁，曰天下，本极会活，死在那边，曰心，明明不活，有无量活，曰意，本只一体，无有主伴，曰身，一人为主，余人作伴，曰家，本无有主，强自名主，曰家，各各住持，皈依一主，曰国，昔所未有，因师而有，曰知，昔所本有，非师所破，曰意，亲而言之，各秉内德，曰意，疏而言之，统成外德，曰天下。

圣人不禁民之好恶，在余一人无好恶，尽民之所好所恶，圣人不过在其中裁成辅相，庄子云，"闻在宥天下矣"，宥字妙，从密，从有，民底好恶，再不要提起，不但我不看见，连你也不曾有，譬如小儿食面致病，必要把火烧面存性以疗其病，面为火所烧坏，则火力胜，前边底面，面有气力，后边底面，火有气力，面性已坏，把新烧之面，引到旧面里边去，斗着钥匙，面与面和合而往，则旧面为火力所攻，亦渐渐存身不牢，病便愈了，面不得而知之，母亲小儿恶得而知之，此喻在宥之义甚精。

大君不要自己出头要放普天下人出头，好民好，恶好恶，所谓让善于天，天者民之谓也，故一个臣，亦不要自己出头，要放有技彦圣出头，若一毫身见未忘，则灾必逮之。上老老而民兴孝三句，是民之所好好之，所恶于上六段，是民之所恶恶之。有一个人蹲在我上边，是我所恶，再不要把我一人蹲在上边罢了，六段只一句，只是一无我句，天无私覆物，物自覆，天不自有其天，地无私载，日月无私照，此谓奉三无私。九德于十德中，只少一执我德，倒望没有一德处，立出九字来，不云具足九德，乃是单剩九德，九德而为天子，一德而为天下，此一德，乃算出来，普天下人所证之一德，即天子所无之一德也，咸字下得妙。

恭己正南面，恭字里边，已去了己，只是别人底己，流浪忘反，天子所以必要恭己，譬如有磨子，必有磨脐，磨子会得转，磨脐不会转，磨子打下来，毕竟磨脐歪了，磨脐已折，磨子依旧，所以磨子转得如法。单赞磨子，不赞磨脐，到得不如法时，单责磨脐，不责磨子，故必须恭已正南面，法喻一齐。周南是正南，没有人，召南是南面，已有人，不为周南，则是正墙，不为召南，则是正墙面。恭让二字，汤武所无，民所好好之，所恶恶之，是真让字，不动不言不赏怒，是真恭字。

昆仑是河之源，只是昆仑有许大家私，出许多水，竭了怎么处，满起来怎么处，不知水一面望东行，仍一面望西行，东之极处即是西，人只为横一西字在东头，所以说不去。人行到死，仍行到生，树行到梢，梢行到根，这个两行妙绝，一切众生，道是现前一心，望外走底，目根揽色，竟把色作眼根，故有色界。色界住于色界，无色界住于无色界，欲界寄居于色界，把欲界劈开，一半色界，一半无色界，色界无色界，是实，无色界揽了色界，被色界留住，叫做欲界，是假。眼中无色识，色中无眼识，识内二俱无余，五亦如是，大畜刚自外，来而为主于内，一切色声，谓之刚，妙绝，刚自外来，是一片冰心，而为主于内，在玉壶。

身之为言聚也，元气体在身里边，躯之为言区也，两个人躯干不同，躬字，身傍从弓，略如张弓，略不放松一步，体字骨傍加丰，骨肉停匀，乃是具足一切，躬字加穴，以如是之身，走到无出头底所在，那得不穷，字义妙绝。

世尊具足相中，有肉髻相，有时结跏趺坐，手结大三昧印，放肉髻光，表思也，光中见一切天龙八部，恭敬围绕，表学也，学者觉也，易见为子者，乃是既见之后，绍领家业，承当此事，《易》曰子克家是也。思下从心，上为囟门，囟（上非田字。）盖人身之背后腰里，脊骨两边，相倚而生者，是为两肾，两肾相交处，是为命门，头顶面前，脉脉然动者，是为囟门。腰者要也，为一身之要处，大凡有正经事，必要记得者，须记在要处，两肾专主忆持，所以特生腰里，若欲思之，必从囟门而得，（心火也火炎上。）故思之上从囟，小儿前世，想业轻清近天，都从上囟门来，情业重浊近地，都从下膝盖骨来，小时囟门未合，故写儿字，头作两半形，至前世想业，足在命门，则囟门合，前世情业，足在肾脏，则膝盖骨合，故囟门合，命门成就，膝盖合，肾脏成就也。（想多情少，想少情多，想业，如作文字等，其作文时之吟哦，即囟门之音声也。）问，两肾在内，何故能忆持外事，囟门在顶，何故能想得两肾所忆持事耶？答，此由出入息者为之夹带也，譬如忽闻大学两字，此时若无入息，则竟齐此而止矣，无奈有入息者带进，由囟门上双关夹脊，而下到腰间，交卸右肾内藏过，然后入息清净，直到脐轮，后来囟门要想时，若无出息，则想杀亦不得矣，无奈有出息者在脐轮转来，从右肾转过左肾，遂尔带出，依旧双关夹脊而上，到囟门交卸已，然后出息清净，还到鼻孔，此所以两肾能忆持，而囟门能想得也，思之义如此，谐声同丝，蚕之吐丝，止一根到底，更无别绪，思之无邪亦然，蚕食植物，丝从口出，表君子之思蜘蛛食动物，其丝旁出，为小人之思，从来思与学一合相，学之卦为震，颜渊职掌学字，子与之言，全是法界，如云用舍行藏，天下归仁等。思之卦为艮，曾子职掌思字，子与之言，乃用提喝，止得参乎吾道一以贯之一句，（颜渊曰颜渊，曾子则称子。）无量义处三昧，为思，法华三昧，是学，学而不思，思而不学，应知是料简之文，非药病之文，既是不思，则直谓之罔，不得谓之学，非谓学之所病在不思，而以思药之也，下句亦然，罔即帝网重重，于法界中，取那一件，殆，及也，危也，丢开法界，所思何事，以思无益，不如学也，还有一句在，以学无益，不如思也，总之思与学，再割不开。

《论语》者，先师所论之语也，论从伦，两物并处为伦，太阳为太阴之伦，太阴为太阳之伦，伦如举案齐眉，自天而来，故为天伦；论有八德，有论，有义，有左，有右，有分，有辨，有竞，有争，语者我本无我，因问有我，故有答也，佛说《方等经》，孔说《论语》，《论语》是讲场里边讲出来，志在春秋，不是文字，春秋是二六时中做出来，春秋将一切人物，乱纵纵写成一册，那一件不是大哉乾元，或走了元气的样，或不走元气的样，故要议，议而不辩者，于二六时中，讲不得底，春秋五始，元年（天德。）春，（动。）王，（现前。）正月，（一心。）公，（是法。）即位，（住法位。）言天德之动，而为现前，心是法，住法位也，大衍之数五十，其用四十有九，故鲁隐公之元，实平王之四十九，二百四十二年，始于己未，讫于庚申，约既济未济之义，（己为既济，未为未济。）宜止于己未冬而经止庚申，春者，乃先师更展一年，以尽未来际也。

祖述宪章，上律下袭，乃致曲里边事，此是仲尼之因，譬如天地节，不过仲尼之果，此天地之所以为大，仲尼竟是天地了，譬如节，转凡成圣，此谓灭凡夫，度圣人，犹是有余涅槃，说到小德川流，大德敦化时，但见万物育而已，无有仲尼，但见道行而已，无有仲尼，仲尼于天地中，如红炉中点雪，此谓灭圣人，度天地，岂非无余涅槃？（阿弥陀三字，即此一章，祖述云云，阿也，致曲之谓，譬如云云，弥也，天地之所以为大，他陀也。）

今人以手拍桌，随拍得响，响从十方四面来，借手桌姻缘而成响，其实手着桌处一些子地，并无有响，故响响不穷，人身众缘和合而成，中间并无些子是我，愚夫妇妄认有我，犹妄认手桌相着处有响也，惟无有我，故生生不穷，大千微尘，以不守自性故，不做定一法，不做定一法，故无所不有，无所不有，故响是大千本事，只是以手桌为机关，非手桌能生响也，但能明乎机关处，无物可生，便是歇息机关之法，非一事不作之谓也,小乘不知此旨,才听四性推检,谓手底无响而妄有。必将累我漏落三界,故遂痛恨一响。比于花箭毒药,而欲灰身灭智,以入灭尽定也。色声皆业力机关所成。色者塞也,有物当前,眼光塞住也;声者磬也,出诸口者,磬书无余,耳中莫留形迹也。音即言字,舌上为言,8口中弹舌为音,知声而不知音者,禽兽是也,剑去刻舟,梵音海潮音,一总不知,知音而不知乐者,众庶是也,如达摩大师一喝,一喝,已是干净一法,然犹住于一法,没有什么好处,惟君子为能知乐,乐者圣人大和会处,即一弹舌间,已是八音和会,如喜怒哀,一归于乐,喜即怒,怒即哀,哀即喜怒,不偏于宫,不偏于商,不偏于角徵羽,是之谓中声。

涅槃四德,常乐我净,世尊平日说无常,此则曰常,所谓无常者,常无常,常者即无常常也。坤卦先迷失道,后顺得常者,道为生死轮转之道,因众生有常见,故云先迷,即世尊诸行无常,皆生灭法之前半偈,常乃获是常色之常,因众生又有断见,故云后得,即世尊生灭灭已,寂灭为乐之后半偈,乃至涅槃言乐,与平日谈八苦不同,涅槃言我,与平日谈无我不同,涅槃言净,与平日谈五浊不同。(文殊为识涅槃,普贤为色涅槃。)

人之一身,从顶至踵,但有十八种事,(根,尘,识。)互相假合,实无有一,是则现在此身,已见其别异分张,安得死后来生,而某甲以某甲业力,重受某甲之身,某乙以某乙业力,重受某乙之身,如顶针然,不相杂乱,如是其楚楚耶,故楚王曰,楚人失弓,楚人得之,仲尼曰,去其楚而大矣,人死如失弓,死后受身如得弓,人遗弓,人得之,则所谓鼠肝虫臂,一任夫伟哉造化者,何彼常见之徒,我执未化,妄谓某甲某乙,世世受身,楚楚不乱也,问,常见与断见何别,答,断见外道,不错在响后计灭,而错在正响时妄以为有,常见外道,亦不错在响后计有,错在正响时不知是众缘和合,妄以为一耳,人死无往来,亦必不断灭,若说宛然如在，此即流注真常，除非无处不逢，乃是斩新面目。

天尊地卑，乾坤定矣，乾坤说不明白，乾可通于坤，坤可通于乾，不能个定，说乾卦，一字也不犯坤，说坤卦，一字也不犯乾，这叫做定。尊酒为尊，不用为义，酒杯为卑，承尊为义，君臣臣字，谐声为承，大宾有飨礼，有燕礼，飨礼毕，复行燕礼，有个尊，有个卑，尊放酒之物，动不得底，在杯里边吃，世间毫发许都是地，一微尘做不牢地，约前一法论，已泻而为后一法，还守着前一法，守个空尊也没干，约后一法论，不自为后一法，乃代前一法化现而已，刹刹不得少停。乾也，尘尘没有自己，坤也，刹刹都在别处用，尘尘都替别人用，乾卦百花丛里过，一叶不沾身，坤卦一叶不沾身，仍旧百花丛里过。卑高以陈，贵贱位矣，性情极和平时节，叫做乐，现喜底相貌，其实就是怒，就是哀，就是乐，但以异法出生，故喜不要认做喜，要认做中，喜之发也，怒哀乐特未发耳，四者和合并住，但凭你喜，怒哀乐已中节了，故曰皆中，此非慎独不能。中者，不要逗着喜怒哀乐走，和者，但凭你喜怒哀乐在这里做，喜，浩浩生死，中，把他做个挂杖，故曰大本，学者学个中字，四者相通无碍，故曰达道。云何分贵分贱？拱手于贝之上者曰贵，戈于贝之旁者曰贱，《涅槃经》：高贵德王廿卅是贵，算沙童子是贱，约事而论，是贱真底，约理而论，是贵假底，开眼并不见一法，是贵，比中和透头去了，众生处处着，是贱，比中和落下来了，要晓得不贵不贱是中和，凡遇经中有贵贱字，眼光要射着本等，陈有主客之形，大千世界本等事，原不消兴师动众底，只为众生个我见重，贱也贱极了，他下三步杀进来，我不得不透过了头说，是高我从上三步盖下去，位有分限，故卑高以陈如此。动静有常，刚柔断矣，纤尘不立曰刚，柔字，加一手字，即矫揉揉字，勿忘勿助，一刻一刻顶针去，歇也歇不得，抢也抢不得，法界如是活，是柔，我学人在里边死，是刚。结制为静，解制为动，结制解制，打成一片，为有常，单结制，不解制，单解制，不结制，是无常，仲尼知天命，看定子午一针，到得耳顺，二十八舍都顺了，从心所欲，乃是七纵八横都不乱，结制时，廿卅极其谨慎，是刚断，解制后，但凭天地纷纭，是柔断。方以类聚，物以群分，吉凶生矣，方以类聚，是绝待法，物以群分，是对待法，在行底人，看到方以类聚，不在行底人，必看到物以群分。万物是一类，不但平常以类聚而已，妙在方字，有情化无情，无情化有情，这一角叠得到那一角去，那一角叠得到这一角去，谓之方幅齿遇，没有一微尘漏落在外边，万物是一群了，却把来分长分短做什么？在天成象，在地成形，变化见矣，好端端的坏了，叫变，变了又好了，是化，约迅疾论，大千世界在天，约万物论，大千世界在地，形旁开，是龙须两条，看去只一条，旁三彡，则云彩尽矣。学成了例，方到义海里边游戏。

　　头一双例，刚柔最要紧底，因而弄出乾坤来，因而弄出变化来，而刚柔之能事毕矣，贵贱吉凶等，皆辞也，大千世界，无有一尘，而不刚，无有一刹，而不柔，就是柔底在那里刚，就是刚底在那里柔，众生为何不如法，法本是刚，而众生不刚，因不刚故，法本是柔，而众生不柔，法若单是刚，众生决不错，因为柔误了刚之事，因而刚误了柔之事，刚柔者众生之法器也，借他的刚，就立一个乾，借他的柔，就立一个坤，乾坤者法王之章句也，要他依旧住于刚柔之中。刚也者，天下之大本也，柔也者，天下之达道也。刚柔是众生分中真乾真坤，乾坤乃刚柔之度影。贵贱者，因众生不住本处，已落下来，故故意抬高一层，世尊于法轮未起时，有此权诈，贵贱者法轮之方便也，吉凶者，我如是说，你依我则吉，否则凶，（山陷曰凶。）世尊于法器既成后，有此料简，吉凶者，法器之料简也，所谓变化者何也？易里边，某卦变某卦，我为法王，于法自在，非学者所得可知。众生虽已失刚柔之德，毕竟还是刚，还是柔，世尊于现前一心，请出他底刚来，刚乃众生之大机，请出他底柔来，柔乃众生之大用，转不得身底所在，是大机，转得身底所在，是大用。人在万化里边要刻刻转身，因众生在大海里边乱转，转到地狱，连他也不知道，本要他转身里边，转得停当，到于转不得身底所在，逼拶定了，放尿痴溺，箭不上垛，临断命时，将何拄杖，要教他个大机。学者于震威一喝时，要转得身，头一个机不要错了，一错永错，大机假借不得，乾之以为乾也，是绝后，大用但凭假借，坤之所以为坤也，是光前。云何刚柔相摩，约刚而论，已自刚了，望了柔还有不刚底所在，约柔而论，已自柔了，望了刚还有不柔的所在，我摩你，你摩我，相观而善之谓摩。

六十四卦，都是一双一双在那边，世尊青莲花眼，看定刚柔二字，这边一摩，那边也一摩，那边一摩，这边也一摩，巴得你好我也好，六亲合一运。刚是在柔里边刚，柔是在刚那边柔，相摩者，互相检点，有一厘一毫不好，非摩之义，原来是刚柔相摩故，所以八卦相荡，不六十四不止。鼓之以雷霆六句，正撮写刚柔相摩二句出来，有一点摩得不好，八卦相荡，正未已也。约法师论，鼓之二句，约学者论，日月二句，约大千论，乾道二句，俨然是四十九年说法变相，把什么来鼓之，鼓之以雷霆，把什么来润之，润之以风雨，我为法王，于法自在，而今听者，头也不抬，在里边日月运行，一寒一暑，一条性命，交付与先师，起视大千世界，依旧好在这里，男端端，女滴滴，乾道成男，坤道成女。鼓之润之之字，是学者，一走到先师门下，便要鼓之，无量劫来个凡夫，是连底冻底人，先师兜头便是一个雷一个霆，与他商量不得，要他身毛震荡，既震荡之后，渐渐以安神定魄之药补之，故曰润之。所谓雷者，明明这句话，不打从这里说起，却大宽转从远方团团里转转来，转到这里叫做殷其雷，他把眼光放远了，殊不知我这句话已在这里劈插而出叫做霆。风以解散为义，教他不要当一件事，善男子，着什么死急，要解散他，学者身分里边，已轻松了，就是这些没正经底事体，那一件不该做，一切法，都是摩醯首罗尊天，四天下七日七夜微尘雨。这一卦鼓之以雷霆，这一卦润之以风雨，这一卦内卦，鼓之以雷，外卦鼓之以霆，风雨亦然。鼓之以雷，明明说他意中底事，却又从意外来，不说本等事，且广谈法界，他听了法界观，正要卖弄法界观，复鼓之以霆，提出现前一心来，所谓不丧匕鬯也。

日一日一周天，行过西来，月卅日一周天，行过东来，原来在这里刚柔相摩，到得月行过东来一遍，日已行过西来卅遍了，圣人境界，落到凡夫里边去听，凡夫耳朵里边，听了无数遍，身分里边，才证得些些，犹日行卅遍而月止一遍也。凡夫境界，原是圣人境界，直累到日头三十遍落山，耳朵里听熟了，恰才月一周天，略略到圣人境界住。有时说到圣人境界，滴水点冻，一寒，有时说到凡夫境界，六亲聚会，一暑，寒时寒杀阇黎，热时热杀阇黎。上经总是一寒，下经总是一暑，说者六十四番雷霆风雨，听者六十四番一寒一暑。约这件事体毕竟怎么样，摩到六十四番，乾坤乃成。所谓乾道，即乾卦中之道也，是刚；所谓坤道，即坤卦中之道也，是柔。六十四番以后，九秋末后，为何成男成女，要知老夫妻两个，起是一齐起底，结煞不在一处结煞。乾卦刚字，直到归妹卦，然后乾道以成，归妹女之终也。柔之摩刚，弄到归妹，柔完了，柔归到刚里边。坤卦柔字，直到未济卦，然后坤道以成，未济男之穷也。刚之摩柔，弄到未济，刚又完了，刚归到柔里边。前此建立刚柔字，总立不定，刚柔二字，如两龙夭矫而下，左摩右，右摩左，摩到后来，桶底脱落，到归妹未济卦中，乃知奇哉一切众生，本来成佛，成男成女，所以成物也，这四章是以例出义，游戏一番。

在天成象云云，例到这个田地，则变化见矣，上二句例，末一句义。无量劫来，只因眼光一错，刚柔并失，元明照生所，所立照性亡，仔细看来，刚亦如故，柔亦如故，只是眼光错了，本等原不错，凡夫落在刚柔底下来，圣人透到刚柔上边去，卑高话头，高出天外，吉凶话头，细入无问，法门未开用权诈，法器既成须小心。鼓之以雷，是谈菩提心，鼓之以霆，是发菩提心，不做一些正经事，是解脱，然非大解脱，入于无余涅槃，则为大解脱，世尊于一处灭则处处现，上经五字，下经十字，复次，一卦十字，一卦五字，五字四面回薄到中心，是为鼓之以雷霆，十字中心解散到四面，是为润之以风雨，上经一卦寒，一卦暑，下经亦一卦寒，一卦暑。

　　夜来所说，是法器之刚柔，今所说，是法门之乾坤，八卦相荡，正以乾坤相荡耳。乾知大始，坤作成物，八个字，八段在那边。刻刻管这念头在那边曰知，乾是管一件事体，乾卦单取眼光不错，(利见大人。)内卦之内，眼光不看见底不用，内卦之外，看见底一定不许放走，外卦之四，不看见底因看得即溜，也看见了，外卦之上，看不见底，不许只管去看。所谓督亢之地图者，约我国论则曰督，即人身督脉，督周身之脉在那边，约彼国论则曰亢，扼其亢而抚其背是也，亢龙亢字同此。人若眼光清楚，就是潜龙在渊，也看得清楚，眼光若不清楚，就是终日乾乾，也是亢龙了。乾乾者一法一法，迅疾得紧，或跃者，不知是哪一法出生，不取潜龙者，不要丢了实法，眼光没放处，不取亢龙者，不要粘住一法，眼光不即溜也。须知乾，健也不是赞乾卦，只为学者于迅疾中眼光要健耳。

　　菩萨闻了乾卦，开于天眼，闻了坤卦，开于肉眼，闻了坎卦，菩萨以肉眼失于天眼，闻了离卦，菩萨以慧眼得于法眼，闻了巽卦，菩萨开于佛眼，其实佛不开眼，以上四眼不开故，故谓之开佛眼耳。(肉眼固非，天眼亦非，天眼观实，慧眼观空，彗以扫除为义。）

履，德之基也，（至。）巽，德之制也，于六十四卦中，抽出九卦为人德之事，作一路说。履，德之基也，履不是德，达摩大师一喝，是云德基，谦，德之柄也，言兼为谦，一句而兼两句，是为话柄，（一句合头语，万劫系驴橛，失了柄了。）履与谦一双，复德之本也，凡夫仍旧归了性海，是以性海为本，把凡夫来尽情洗将去，去叫做复，恒，德之固也，难道打死凡夫，后归性海，但凭做凡夫，哪怕不是性海，叫做恒，复与恒一双，损德之修也，二六时中，认定性海，依旧原做凡夫，凡夫自然蹲身不得，叫做修。益，德之裕也，二六时中，损了凡夫，不是加了性海，性海自然裕起来，叫做裕，损与益又一双，困，德之辨也，圣人确然是圣人，凡夫确然是凡夫，须要辨得明白，井，德之地也，（放桶下去，水始上来。）转转堕到凡夫里边来，乃转转入到圣人境界去，须要脚踏实地。（圣人之位，非浮图合尖，贵而无位，所以为亢龙也。）困与井又一双，巽，德之制也，大千世界，辨不得凡夫，辨不得圣人，巽之为言入也，凡夫做了圣人，寻得出底曰适，即太师挚适齐四适之文，圣人做了圣人，依旧在凡夫里边寻不出来曰入，即鼓方叔入河三入之文也，圣人家法，定不许与妖作怪，故曰制，制即法也，守先师家法，只一句，巽，德之制也，故另为一句，不同上文。

足是极熬不定底，人若修行，足最要紧。手谐声为守，粗处收住了脚，微细里边，又要熬定手，故先云启予足，后云启予手，下临深履薄，皆言足而不及手，然当临履时，足为战战兢兢，手亦齐焉。世尊每作大三昧坐，先安其足，然后手结说法三，昧印，次安其手。

贪嗔二法，皆为痴法，人生而鼻孔具，一主吸，贪法也，一主呼，嗔法也。世间一切男子主呼，一切女人主吸，火炎上，鸟为嗔法所感，故怒而飞于天，水润下，兽为贪法所成，故手亦扒于地。

须陀洹（有前后际曰须，有彼此法曰斯，无前后彼此，曰阿。）

斯陀含（疏之则曰陀，即他字，亲之则曰那，不可得而亲疏曰罗。）

阿那含（有路数曰洹，无路数曰含，不可言其有无路数曰汉。）

阿罗汉（须陀洹以四谛十六心，发电光三昧，至阿那含而极，阿罗汉无有境界，观世音廿卅，不过在阿那含学堂中。）

须陀洹入圣人之流，圣人者，阿罗汉也。须陀洹是凡夫，不能遂证阿罗汉，则住三果阿那含，何以故？以夹带一证故，阿罗汉亦入凡夫之流，圣人证到凡夫地位，始绝无退转，所谓百尺竿头，更进一步在此。(进一步，非上去，竟是下来，妙。)然入凡夫之流，而已不入初果须陀洹，但退入二果斯陀含，如涅槃经如来背痛之说，推而言之，二果入三果，三果亦入二果。《楞伽经》：佛告大慧廿卅，能住为住，所住为地，有住为住，无住为地，有地为住，无地为地，十地即为初，初即为第八，第九复为七，七亦复为八，第二为第三，第三为第四，第五为第六，无所有何次，世尊将十地廿卅，历然分次，却又搬乱，大慧惊疑，直到无次第处，方是大般涅槃。

圣人千案

序

考死囚者，取官与囚一一往复语，备书而刀刻之曰案，治笃疾之医，亦取病之第几日，见何证，投何药，备书之曰案。案只是人家几案之属，特以死囚笃疾，其事重大，非可以一人之见为定，又不可以后之人，且有他议，于是先作为出入移换之地，故不得书之于楮，而必以案者，明一成而不可更动也。近世不知何贤，取历代圣人垂机接物之云为，凡若干章，辑之成书，名曰公案，是甚得用案字之法，譬诸死囚，则圣人与学人，只是两造质对，理长则听，其词具在，并无旁人上下一字，一听后官依科判决，又譬诸笃疾，则学人是病，圣人是药，如是病，如是药，医人胸中，本无奇特，病有千变，药即随之，因药病愈，药不任恩，执药病增，药亦非怨，纵彼服药，遂反致死，是人自死，药不死人，心不负人，面有何惭？其又冠之以公云者，言此事大道为公，并非圣人之所独得而私也，己丑夏五，日长心闲，与道树坐四依楼下，啜茶吃饭，更无别事，忽念虫飞草长，俱复劳劳，我不耽空，胡为兀坐，因据其书次第看之。看老吏手下，无得生之囚，不胜快活；看良医手下，无误用之药，又不胜快活。同其事者，家兄长文，友刘逸民，皆所谓不有博弈，贤于饱食群居者也。圣叹书。

对朕案第一

梁武帝问达摩大师，"如何是圣谛第一义？"摩曰："廓然无圣。"帝曰："对朕者谁？"摩曰："不识。"帝不悟。

梁武帝讲得一切经论，正值其时，心地要门，得得东来，于是一见便问圣谛第一义，实不为分外。每见前人因下有"不悟"二字，便斥其为义学俗汉，殊不知彼亦不以章句推度为极事，彼亦煞能劈面全提宛有大人之作，只看其被夺后，眼明口快，便问对朕者谁，可验其一切时，一切处，离于章句，别有得意之事，彼所得意之事，便与大师无二无别。真正极英灵，最真宝之大士也，只是圣谛第一义，不怕无人照管，因而烂却，何劳贤如是珍重护念？佛法在识佛法人面前，方得焕发，则不识佛法之处，一向总受平沈耶，大师初入人家，不问高低，兜头便扫者，不怪他们错，偏怪他不错，及至他撺出"对朕者谁"一句，谓之有文书，不斗口，大师只是不慌不忙，一路刀法，直逼到住，曰不识。此不识字，并无奇特，只是上楼拔梯，小作阴骘，图他转身不得，然后大用炳然，吾尝言一切众生，横以知见，八妙心中，譬如饼师，以油入面，永无出理，古之至人，于难出事，誓当出之，于是遂有宗教二家，教家则从面出油，宗家则从油出面，从面出油，似难实易，从油出面，似易实难。如此案接连两逼，恰逼出"帝不悟"三字来，正是从油出面之法，盖一切凡夫知见是油，一切菩萨知见亦是油，譬如脂油与麻油，虽有少异，但有蘸着，便非净面，梁武用处，何曾不是大师用处，却怪其以知见油，无端搀入，及至大段没依傍时，十成法界，宛然具足，曾欠何处一尘一点来？所以帝不悟时，并非达摩在明，梁武在暗，当此之时，正复打作平火，汝果不悟，我更不悟，亦且赖是不悟，若悟了，又成何用也？故此案，圣叹看来，是大师于南方大作佛事已竟。

不及案第二

摩知帝不契，潜回江北。志公入，帝举前因缘。志问："陛下亦识此人耶？"帝曰："不识。"志曰："此是观世音示现。"帝悔，欲遣使追请。志曰："莫说遣一使追不能及，便遣阖国人追，亦不能及。"

达摩出，志公入，此是何等境界？尝读《妙法华经》"佛告无尽意菩萨，普门示现威神之力，不可思议，巍巍如是"，又重颂曰"具足神通力，无刹不现身"，今始知观世音名下，真无虚士，乃梁武头醋既不酽，二醋又不辣，失一达摩，又失一志公。不思金，不博金，更欲遣人追及。《庄子》云"自此以往，巧历不得其凡"，滔滔合国人，有什么了期？休说终追不及，就使追及，此斩新之达摩，岂是适来旧达摩乎？直至此，始信满怀圣谛第一义，直是全靠不着。

不染案第三

南岳怀让禅师参六祖，祖问："什么处来？"曰："嵩山来。"祖曰："什么物恁么来？"师曰："说似一物即不中。"祖曰："还假修证否？"师曰："修证则不无，污染即不得。"祖曰："只此不污染。诸佛之所护念汝，汝既如是，吾亦如是。"

何处来？曰嵩山来。是修证，是污染？箭已上垛，还争什么内体正，外体直大小？六祖执物穷价，图别真赝。细雨洒花千点泪，淡烟笼竹一堆愁。

阶级案第四

青原行思禅师参六祖，问曰："当何所务，即不落阶级？"祖曰："汝曾作什么来？"师曰："圣谛亦不为。"祖曰："落何阶级？"师曰："圣谛尚不为，何阶级之有？"祖令首众。

此等案，最魔魅人入于讲窟。细思祖曰"汝曾作什么来"，此时如何答话即是？莫是搬柴量米、撒屙溺尿，每日六时所曾作者，尽得举呈么？不但业识茫茫，亦已无本可据。青原只是据款结案，答曰"圣谛亦不为"，借问"圣谛亦不为"，毕竟为个什么？若答圣谛不为，又为什么？此语即是真常流注，此人不脱阎老圈襀。《首楞严》云广如急流水，望为恬静，流急不见，非为无流，正谓此也。祖又问"落何阶级"，此语不是尽令而行，只是箭在弦上，不得不发。原云圣谛尚不为，何阶级之有，既已医病不得，亦须害命不得。只算二月湖水平，家家春鸟鸣，不复成一问答矣，切忌不得鼓两片皮，又讲得天花乱坠去。

一宿案第五

永嘉玄觉禅师，精天台止观法门，后遇左溪朗公激劝，直诣曹溪，振锡绕祖三匝，卓然而立。祖曰："沙门法者，具三千威仪，八百细行，大德自何方来，我慢如是？"觉曰："生死事大，无常迅速。"祖曰："何不体取无生，了无速乎？"云："体即无生，了本无速。"祖云："如是，如是。"于时大众愕然。觉方具威仪礼拜，须臾告辞。祖云："返太速乎？"云："本自非动，岂有速耶？"祖云："谁知非动？"云："仁者自生分别。"祖云："汝甚得无生之意。"云："无生岂有意耶？"祖云："无意谁当分别？"云："分别亦非意。"祖叹云："善哉。少留一宿。"时谓"一宿觉"。

不留故去，留之故宿，此处尚无牵肠，他方有何挂肚？永嘉铁打面皮，自称"一宿觉"，试思三千大千世界中间，何人曾有两宿也哉！

不会案第六

僧问："黄梅意旨，什么人得？"祖云："会佛法人得。"云："然则和尚得也？"祖云："我不会佛法。"

黄梅意旨，会佛法人得，自是平实交付，大家有分语。这僧不解"当仁不让于师"，偏生家菜不甜野菜甜，道"然则和尚得也"，逢食不抢，一世不长，今日失利，撞着这郎当汉。六祖此时，何暇更出力为人，火星迸上身来，各人且图自拂，云"我不会佛法"，汝自居心不净，又欲以云强污太清乎？谚云"走得快，只落得半边"，是日之谓矣。

镜像案第七

僧问南岳，如镜铸像，像成后，未审光向什么处去，便不鉴照，岳曰，虽然不鉴照，瞒他一点不得。

此等可谓无义之问，乃自古菩萨大师，从不以是人说无义语故，不为之苦下针扎，当知《华严经》世主妙严品，正说瞒他一点不得也。虽然，贪看夜深明月，忘却薄寒中身，将与这僧磨砖作镜，自己不觉抱得个土墼了。今日圣叹又如何与南岳出力洗发去？吾尝云菩萨摩诃萨应机说法，只与世间鸡啼狗咬一例，谓之一种鸟，一种声，譬如蚤晨，人问吃粥也未，答云未，人云未则请吃去，答云来也。菩萨摩诃萨说法只是如此。岳云虽然不鉴照，瞒他一点不得，只此十一字，何曾一字瞒过他？圣叹如是提唱，又是实不相瞒，东坡题东林寺诗："忆昔怀清赏，神游暮霭间。此行不是梦，真个到庐山。"后来看此案者，却须珍重，所谓有智无智，较三千里，诚有此事不得草草。

盐酱案第八

马大师阐化于江西。南岳曰："总未见有人持个消息来。"因遣一僧去，嘱曰："待伊上堂时，但问'作么生'，伊道底言语，记将来。"僧去一如师旨，回谓岳曰："马师云：'自从乱后，三十年不曾少盐酱。'"岳然之。

马师自住江西，遣僧去看作么可谓儿行千里，娘行千里，十地菩萨，犹有最后一品微细无明，留为法爱，大都如此。然圣叹亦为识法者惧，所以厌良为贱，其实不遣僧去看，教我又作么，恕卿无罪，急急如律令可也。"伊道底言语，记将来"，不是伊道底，何曾切忌不要记？这僧便如殷洪乔，一路去，一路来，浮沉人家信，何止多少？马师云"自从乱后，三十年不曾少盐酱"，只此一语，为是乱，为是盐酱，南岳然之。大人不择细行，不觉染指了也。

承当案第九

石头希迁禅师到青原。原问："汝什么处来？"曰："曹溪。"原乃举拂子曰："曹溪还有这个么？"曰："非但曹溪，西天亦无。"原曰："子莫曾到西天否？"曰："若到即有也。"原曰："未在更道。"曰："和尚也须道取一半，莫全靠学人。"原曰："不辞向汝道，恐已后无人承当。"

谁与撩牙拔嘴，分辨曹溪西天？只是明明拂子，如何却道是无？不是拂子实无，只是谁知道有。此事正如黑夜展锦相似，我自不见，非无文彩，学道人定须如此一回，然后大死却活，全身大机大用，诸佛不奈汝何也。青原曰"未在更道"，不是渠兵符在手、恣行赏罚，贵图油铛初热，大家再搭一个，曰和尚亦须道取一半，不得全靠某甲，棋盘街露地买卖，诸色人得作,有甚搀行夺市,原曰不辞向汝道,恐已后无人承当。古语有云,"分贝为贫,同田曰富",自从青原直至于今,毕竟得几个人承当,还仗道得底人也无。

许斧案第十

青原令希迁,持书与南岳,曰:"汝达书了速回,吾有个鈯斧子,与汝住山。"迁至彼,未呈书,便问:"不慕诸圣,不重已灵时如何?"岳曰:"子问太高生,何不向下问?"迁曰:"宁可永劫受沉沦,不从诸圣求解脱。"岳便休,迁便回。青原问:"子返何速!书信达否?"迁曰:"书亦不通,信亦不达。"去日蒙和尚许个鈯斧子,只今便请,原垂一足,迁便礼拜,辞往,住南岳。

青原、南岳各住不共三昧,有何书信须达,乃令人袖中藏却书,跋涉路途而去,心头记得斧子,跋涉路途而归,赖是石头不重已灵,不慕诸圣,甘受沉沦,不求解脱,若是脚跟下红丝不断底汉,安知半夜不被巡逻人捉去?故此案谓之青原大铺阵势,密扎刀枪,却被石头只用羽扇纶巾,弹琴赋诗,从生门上进,开门上出,如入无人,神气扬扬,已坐致太平了也。圣叹每看此案,爱他书却不呈,斧又偏请,盖到岳必用呈书,不免气嘘嘘地。归家不请斧子,一等是弄粥饭气,何不诈中其计,青原垂下一足,这老汉果然行年五十,深知四十九年之非,若夫石头则在家也是闲,得得往回,真不足惜也。至于嗣青原,住南岳,此是不共三昧,甚深境界。世之浅士末学,乌足以知之。

藏头案第十一

僧问马祖："离四句，绝百非，请师直指西来意。"祖曰："我今日劳倦，不能为汝说得，问取智藏。"僧乃问藏。藏曰："汝何不问和尚？"僧曰："和尚令某甲来问上座。"师曰："我今日头痛，不能为汝说得，问取海兄去。"僧又去问百丈，丈曰："我到这里却不会。"僧乃举似祖。祖曰："藏头白，海头黑。"

善知识在世，以无量百千法门而为己任，若是慈悲深厚，曲为来学，因而生枝布叶，巧撰楼阁，反譬侧喻，多安船筏，即好人家男女，遭他囊藏被盖，极为不少，除非慈悲浅薄，庶几还较些子。马大师、智藏、海兄，虽即共住一处，并是赤骨立汉，有甚宝箧真言，可以持赠来人？这僧吃江西饭，屙江西屎，随分盐酱，粗过一生便休，问甚离四句，绝百非？被他马大师顺水推船，不劳手脚，道"吾今日劳倦，汝问智藏去"。如此答话，谓之得官不念闲文字，谁与你之乎者也。虽亲父子老牛舐犊之恩，不过如此。不然，岂有马大师说此处无银二两，这僧若是个汉，只合喏喏道，伏承和尚尊候万福，管取一场龙头蛇尾，呵呵大笑，顾乃随声逐色，辞却和尚，别上西堂，将佛法一似百钱三处安相似。此时既已头醋不釅，岂可二醋不辣？西堂所以更不别开席面，只将和尚语，与他尽令而行，这僧三尺面皮，全不忆好女不更二夫，好客不烦二主，又辞却西堂，往见海兄，善财菩萨，曾参善知识一百八十员，若一种是这个规则，阎罗大王算鞋袜钱，铁棒吃不了也。是百丈换汤下药，买他住脚，便道"我到这里却不会"。北西厢红娘埋怨双文"你不惯，谁曾惯"，今日亦然。莫是和尚西堂却会么？故此话谓之海为龙正殿，又天是鹤他乡，三个老汉，几乎走杀这僧，自己却如外科取牙，全然不犯手势。菩萨大人，统领佛法，须是如此坦怀直示，方称真正出力为人，不然，牵真带草，沿门傍户，智足以备七十二钻，而不可脱余且之纲，如是真可衰也。至于这僧毕竟不领，重回举似，马大师恰道得"藏头白，海头黑"，有者道，西堂明头合，故白，海兄暗头合，故黑，且喜没交涉，假使马大师，道个月如弯弓，少雨多风，月如仰瓦，不求自下，又作么分疏得去，藏头海头，不过官打现在，有什么拣择？

弄巧案第十二

庞居士参马大师，问不昧本来人，请师高着眼，师直下觑，士曰，一等没弦琴，唯师弹得妙师。

直上观士礼拜，师归方丈，士随后，曰适来弄巧成拙。

除直上直下两觑外，别有本来人也无。常言只有卒客，无卒主，若非大师熟住甚深三昧，此时也大难委悉，落后十礼拜，师归方丈，少年苦决龙蛇阵，老去今从稚子嬉。士随后，曰适来弄巧成拙，贺唵萨哩嚩，馒头蒸饼，一齐下来，饥不择食，管甚咸酸苦辣娑婆诃。

独超案第十三

一夕，西堂，百丈，南泉，随侍马大师，翫月次，师问正恁么时如何，堂曰，正好供养，丈曰，正好修行。泉拂袖便行。师曰，经入藏，禅归海，唯有普愿，独超物外。

此案，譬如人家三个郎君，两个解作活计，一个破家散宅，且道阿翁怜惜那个，早见小郎君太俊也。然虽如是，切忌说虎生三子，只有一豹。看他弟兄三人，便如孙刘与曹，实有犄角之势。堂云，正好供养，圣僧前，不惜下一分衬钱，却是无人敢念三婆啰。百丈眼明手快，便云正好修行，寻常说十地菩萨，犹剩一品微细无明未尽，赖复尔尔，设使此一品又尽，将什么唤作十地菩萨，南泉此时，情知回避不及，于是拂袖便行。《庄子·人间世》曰，"天下有大戒二，其一命也，其一义也。子之于亲，命也，不可解于心；臣之事君，义也，无适而非。君也，无所逃于天地之间，是以事其亲者，不择地而安之，孝之至也；事其君者，不择事而安之，忠之盛也；知其不可奈何而安之若命，德之至也。夫子其行矣，奚暇至于悦生而恶死，正是南泉此时血脉通贯语。三个汉，明明两个唱曲，一个拍板，唱又唱得遏云绕梁，拍又拍得应时及节，马大师一时潦倒，不觉便入月爱三昧。问：何为月爱三昧？是三昧如八月十五，月光盛满，有静女人为爱月故，于自深房露井中坐，时夜转深，万响沉寂，天上地下，如水一色，是静女人，不觉微叹，而是女人，身无疾苦，亦无种种不如意事，又无远人，撄其怀抱，何以故，都无所为，但爱心起，斯发长叹，迦叶当知，是静女人，实不望月，惟自嚬哦，垂头而坐，所以者何？是时房中阑干帘幕，阶砌井床，乃至几案，上设琴筝，及于香炉壶瓶盏楪，无非月也。时女人身，鬓发璎珞，玉臂跳脱，上衣下裳，以至罗袜，亦莫不是月所映也。是以女人不望于月，但自垂头，敛肩侧身，睇诸一切，宛转而叹，复次迦叶，是静女人，正发叹时，为复爱月，为爱一切阑干等事，迦叶当知，若是女人，爱一切者，昼日无月，亦应生爱，于昼无爱，应知不爱阑干种种一切事也，是静女人，正爱于月，以月遍映阑干帘幕，阶砌井床，一切处故，故复彷徨，流睇而叹，复次迦叶，是静女人，于阑干上，爱彼月时既取月色，遗阑干否，亦复嫌于阑干诸法，污染月色，择去阑干，方爱月否，不也迦叶，月色无有，喻如虚空，不应阑干，上有月色，如世白垩，薄若鱼鳞，止因夜静，明月中时，天无纤云，以为遮障，种种一切，如阑干等，则皆呈露，清凉本体，迦叶当知阑干呈露，名为月色，非有月色，加阑干也，若加得者，便可刮去，胡故无人，刮月藏箧，然是女人，只名爱月，终不说为爱阑干者，迦叶当知。月天子者，能为众生，作大荫凉，普令一切，尘劳停息，是静女人，夜深坐月，微发叹声，是非生心，爱于彼月，正为荫凉，入其身中，无量尘劳，应时停息，尘劳息时，同体悲现，视诸阑干，一切物事，有情无情，成一眷属，别久初聚，悲极发叹，是故不得说爱阑干何以故，取种种名。名曰阑干，不取于名，非阑干也。但见呈露，纯是清凉，是故止可说为爱月，复次迦叶，是静女人，发叹声时，非特不可说爱阑干，亦复不可说为爱月，何以故？爱月义者，女人有爱，爱于外月，既是月光，流入身中，停息尘劳，悲切成爱，则是爱者，即是月成。月即是爱，爱即是月，在空成月，在心成爱，附丽不同，宛有异相，安知阑干一切身中，月光流入，亦不成爱，特以非类，互不相知，若是如来，大地菩萨，细细别知，何处非爱，以是义故。迦叶当知，此大三昧，不名爱月，名曰月爱，世人不识此境界，便谓马大师将门人在月下三等发落。

都打案第十四

僧参马大师，师画一圆相，云入也打，不入也打，僧便入，师便打。僧云，和尚打某甲不得，师靠挂杖休去。

看此公案，真乃这马驹踏杀天下，他道入也打，不入也打，恰似双关两虎，令人无下手处，其实撩天俊鹘，何处不行？这僧注定绳上死，不肯刀下亡，偏要撩衣拔步，作摧锋陷敌之事，遭此一场屈棒，着甚来由耶？后来吃痛不甘，方道打某甲不得，何不早恁分付，将谓汝要如是？昔有官人行路次，于最僻处，逢一新妇。官人遽上前抱住，呜吮其颊，妇怒曰："何得如是？"官人揖曰："只为卿欲如是。"我即有什么定见，恰与马大师靠拄杖是一副襟怀，若于此案得自由自在去，一夏茶饭，总不唐丧。

路滑案第十五

邓隐峰辞马大师。师曰："什么处去？"曰："石头去。"师曰："石头路滑。"曰："竿木随身，逢场作戏。"便去。才到石头，即绕禅床一匝，振锡一声，问："是何宗旨？"石头曰："苍天苍天。"峰无语，却回举似师，师曰："汝更去问，待他有答。"汝便嘘两声，峰又去，依前问。石头乃嘘两声，峰又无语，回举似师，师曰："向汝道石头路滑。"

什么处去，对曰"石头去"，石头又无生金窖子，用去作么？此时便应替他嘘两声。嘘两声者，人拽重物，作力太过，初歇出家之声也。杜甫诗，"昔人戒垂堂，今则奚奔命"，既知天下到处戏场，何苦偏要寻石头滑路？果然去绕床振锡，被他连唤苍天，石头道，"我若不唤苍天，别与汝说宗旨"，被汝嘘两声，当断不断，反受其乱。我却作么合煞也。后来马师教他重伸前问，待石头有答，便向他嘘两声，意思要图眼被争先得，棋须打劫赢，只是石头着什么死急，他肯答话来，一见峰再入三门，早已掇起肩头,嘘他两声,大虫本命偏有胡孙相冲,后来隐峰,云嗣马祖,他得石头针扎气力,极不少也。

湖满案第十六

马大师问僧:"什么处来?"云:"湖南来。"师云:"东湖水满也未?"云:"未。"师云:"许多时雨,水尚未满。"

便回这僧作马师,回马师作这僧,亦只好如此答。东湖水实是未满,教某甲又如何掉谎?只是湖水虽则未满,今日却浅个什么?圣教出兴于世,单为破除茫茫业识,岂有马大师倒牵人入鬼窟之理?须知东湖水满也未,是今日问,非问昨日。古云"欲识佛性义,当识时节因缘",这僧敢来马大师会下,却这一句,还欠打听在,真乃鳞甲未具,妄跳龙门,是马大师日高风便,一溜便春水船如天上坐去也,你还自眼睁睁立地,只候个什么,昔年读焦《易林》,有"隔湖为婚,期至无船,淫心失望,不见所欢"句,便赠你作像赞去,不是戏言,且图作个打发。

消息案第十七

青原问石头云:"有人道岭南有消息。"头云:"有人不道岭南有消息。"原云:"若怎么,大藏小藏,从何而来?"头云:"尽从这里去。"

原云"有人道岭南有消息",头可云"有人道岭南无消息",或可云"无人道岭南有消息",若如此答,又较多少?须知道,"有人道无消息","无人道有消息",便是消息了也,揽这般干系在身,何年得脱去?总不如他道"有人不道岭南有消息",便将青原语,花又不损,蜜又早成。青原老不歇心,又问大小藏从何而来。圣叹云:从何而来?

柴橛案第十八

石头问新到:"从什么处来?"云:"江西来。"师云:"见马大师否?"云:"见。"师乃指一橛柴云:"马师何以这个?"僧无对。

若这僧回江西,马师又问到石头曾见一橛柴否,云见,马师云"何如我",僧又无语,这僧即且置只如马师所问,还与石头是一副么?且喜迢迢千里,然则石头如是指点,毕竟图个什么,兄弟,试看这僧无对,便与踏杀天下马大师,毫厘无二去也。

露柱案第十九

僧问石头:"如何是西来意?"师云:"问取露柱。"云:"学人不会。"师云:"我更不会。"

学人不会,石头更不会,毕竟露柱又独会么?阎罗大王,若不是鬼,众鬼不服。以己之心,度人之心,想露柱亦必不会也。然虽如是,亦须为这僧通个线路,你问西来意,何不体取意?师云"问取露柱",何不体取柱?云"学人不会",何不体取会?师云"我更不会",何不体取会?老婆心切，不妨重举。你问西来意，大好意，师云问取露柱，大好柱，云学人不会，大好会，师云我更不会，大好会，如是说八千劫也不可尽。问："如是即会否？"答："只是不会。"问："然则如何？"答："大好如何？"

着⊙案第二十

径山道钦禅师，马祖令人送书到，书中作一〇，师发缄，于〇中着一⊙却封回。

一种是弄精魂事，却甚是奇特。后来乃有人检点钦师云，虽是从容下点，早被马师勾引了也，因着语云，"无风荷叶动，决定有鱼行"，殊不知马师亦为好手场中骋好手，所以有此相寄，不因钦山钟子期，他亦何故奏此高山流水之曲？然则后人亦徒知"无风荷叶动，决定有鱼行"，而未知"此处无荷叶，鱼儿也放不行"矣。

何起案第二十一

径山钦在唐代宗皇帝宫中坐，见皇帝来，起立。帝云："师何以起？"师云："檀越何得向四威仪中见贫道。"

有时起立，是坐久成劳，有时起立，是见皇帝来。且问此两起立，是同是异？一总是躬身祇侯，屈顺今时，有何骄心忝色，与协肩谄笑之别？菩萨大士，深明此三昧，便于金銮殿上、长信宫中、闹市街头、村学堂里，于彼世界不变易，令我道场又成就，无不夫子至于是邦，必闻其政去也。帝云"师何以起"，大好信心檀越，只是俗气未除，若终作如是相处，内道场浪费香花没量在。师云"何得向四威仪中见贫道"，有僧问不向四威仪中见和尚，又怎么始得，老僧自答皇帝话答了便休，那有你问处来？莫非要说离却四威仪别有全清绝点，是贫道境界么？又莫非要说皇帝自有本命元辰，不应闲管贫道四威仪么？狗口里，几曾生出象牙？

出家案第二十二

崔赵公问径山钦："弟子出家得否？"师云："出家乃大丈夫之事，非将相之所能为。"崔大悟。

谁障汝不出家，却问弟子出家得否，可惜堂堂师僧，却早罢令还俗，驱使了也。师云出家乃大丈夫之事，非将相之所能为，尝念世间，天字第一号费心费力事，悉仗将相能为，既是将相不能，然则何人堪充此役？杨花不飞飞数点，春鸟嫩鸣鸣一声，气力丝儿不费，他遍地出家去也。

吹毛案第二十三

道林禅师，见秦望山长松盘屈可爱，遂栖止其上，故谓之"鸟窠禅师"。有侍者会通，一日欲辞去，师问其何往，对云："某甲为法出家，和尚不垂慈诲，今往诸方学佛法去。"师云："若要佛法，我此间亦有少许。"云："如何是和尚佛法？"师于身上拈起布毛吹之。通顿领玄旨。

我若不垂慈诲，又特地如猿似鹤，上此长松作么？咄！圣叹切忌恶口伤人。我自真实爱其松树，盘屈如虬龙，并无别底恶心也。然则侍者要去，一任自去，一路青山绿水，柳絮桃花，断岸小桥，人行犬吠，何处天曾私覆，地曾私载？日月曾私照，却劳和尚渭城客舍，又与劳劳执手，殊不知不是鸟窠与诸方搀行夺市，我一向亦图得脱且脱，至于今日，不免将错就错，何故？不是怕他说我这里无，生恐他说别处有，这利害不浅。

灶堕案第二十四

嵩岳山坞，有庙甚灵。殿中惟安一灶，远近祭祀不辍，烹宰物命甚多。一和尚无名氏，领寺僧入庙，以杖敲灶三下，云："咄！此灶只是泥瓦合成，圣从何来，灵从何起？怎么烹宰物命？"又打三下，灶一时倾破堕落。寺僧问云："某等久侍和尚，不蒙示诲，顷打灵灶破落，是何径直道理？"师云："我只道是泥瓦合成，别也无甚道理。"僧礼拜。师云："破也破也，堕也堕也。"从此诸方称为"破灶堕和尚"。

僧问此灶毕竟灵圣从何而起正自觅起处不得今亦只问和尚领众僧入庙敲他三下说他一上，又敲三下，此与远近烹宰物命，前来祭祀不辍底人，较去多少？一种是随声逐色汉不可云和尚是圣，他是凡也，问何故，不见他道"咄，此灶只是泥瓦合成，有什么灵圣得"，然则一切无不如是和尚只是五阴合成，有什么道理得？远近保社，只是生老病死合成，有什么祸福得？牛羊鸡猪，只是血肉毛羽蹄角合成，有什么命得？岂可客来三种待，灶又如此，和尚又不如此？既是当理不当亲，便合将一例印文印破，然虽如是，我破久矣，汝正未堕，便不得不入泥入水，撩蜂剔蝎，看真有什么事出来。果然此灶灵圣异常，只见随手纷纷而堕，一时和尚不觉呵呵大笑。久慕大王暗中显应，何如此刻当面神通？此谓良田千顷，不如薄艺随身，恭喜大王与天齐寿去也。后来寺僧固问，是何径直道理，既云径直，有何道理？此灶泥瓦合成，尚且倾破堕落，汝久侍老僧，反将有灵有圣那。其僧不觉倒身礼拜，正礼拜时，前问抛向何处，破也破也，堕也堕也，然则兄弟又礼拜作么？起来与汝庙中修灶去，怕有祭祀人来。

他心案第二十五

西天大耳三藏到京，云得他心通，帝命南阳慧忠国师试验，三藏才见师，便礼拜，立于右边。师问云："汝得他心通那？"对云："不敢。"师云："汝道老僧只今在什么处？"云："和尚是一国之师，何得却去西川看竞渡？"良久再问："汝道老僧只今在什么处？"云："和尚是一国之师，何得却在天津桥上看猴孙？"师良久复问："汝道老僧只今在什么，藏罔测。"师叱云："这野狐精，他心通在什么处！"

圣叹室中，尝举摩醯首罗尊天，眉间竖亚一目，四天下七日七夜微尘雨，悉知其点数，问是什么道理。一时同学兄弟，曾下百十来妙义。圣叹眼也不眨，何故？四天下微尘雨，不可只是一点两点也。教中云，一切圣人，咸有六通，六通者，天眼、天耳、他心、宿命、神足、漏尽。尝忆先师云，诸天诸仙，为漏未尽，通不具足，一切圣人，漏尽既久，一时具足六种神通，然则我等学士，欲向一时中具足诸通，决定先学漏尽，始有是处，只如忠国师试大耳一案，应作么生看。有者道，前两番国师还将心托境，他便有处捉摸，后一番，只剩清净本心，他便杳无去处，又有道，前两番，国师在渡头桥上，他便如俊鹘得兔，后一番只在他鼻头眼底，他便家贼难防，如是分别，且喜判得忠国师大耳三藏心服，只是自己何年得漏尽去？须知真正他心通人，方在西天未发足时，将满大唐国里人，早已一一如像在镜了也。以何为证？常记古人有诗，"岁岁江南三月暮，鹧鸪声里百花香"，试问这诗，遥遥百千万劫，此是说那一岁，江南茫茫，幅员千里，今欲说那一县之那一村，三月是那一日，暮是那一刻，那一只鹧鸪，那一树什么花，那一朵香，那个人闻，汝又从何知之？只消一问，直得无言可对，无理可伸。虽然，不可谓天下无岁岁，岁岁无江南，岁岁江南无三月，三月无日日之暮，暮暮无鹧鸪声，村村无树，树树无花，花花不香也。昔者圣叹亦有一诗，"何处谁人玉笛声，黄昏吹起彻三更。沙场半夜无穷泪，未到天明便散营。"释弓年小，不解这个事，便谓此诗大佳，只是一字未安。问："何一字未安？"答："既道何处谁人，便不可知其笛之必玉也。"这个若论诗，诚可称法眼，只是汝父那有心情作诗来，因曾为之解说一遍，正与今日是一副说话。附见于此，何处者，不知其处，然少不得是一处；谁人者，不知其人，然少不得是一人；假使无此处，便无以着此人，便无处闻此笛。今只据吹笛是实，便信其处其人，须宛然自在，若云我实不见者，夫天下大矣，今亦幸因笛声，便提起有此一处，与此一人，至于彼无笛声处，处处人人，有什么限？彼既不以卿不见而不在，卿又何劳见之而始安？卿既不以不见一一而不安，奈何又以不见此一而不遂？又况不见者，今夜吹笛之人，实在者，今夜笛吹之声，乃此笛声正复无据。试听工尺五六以上四合，迅疾变灭，喻如暴雨，汝纵欲据，何处可据？是不独汝，彼沙场人，从黄昏彻三更，肠在腹中，转若车轮，泪在面上，滚如豆子，一到天明，分投各还乡里，当此之时，处处岐路，各有归人，一一归人不知伙伴，因而仰天发悲昨夜犹共住一笛声中今日已杳无的据。殊不知伙伴何足道，只据自己，腹中车轮肠，面上豆子泪，又何曾前后彼彼互知来，只是不因不知，而肠遂缺此一转，泪遂缺此一滴耳。既自己为证，便可安心放下。处处岐路，定有归人，不用我知，犹如我今到此处。彼一一人，悉不用知也。问："即与用玉字之义何涉？"答："我亦安知其是竹笛铁笛？只是彼自有彼之笛，我自用我之玉，人生并处天地之间，岂有我是奴儿婢子，应伺候他竹笛铁笛来？他若责我，我实吹竹笛，汝何得错用玉字者？我便责他，我已用玉字，汝何得错吹竹笛？总之一刻一刻，了不相借，我已一时用作玉字，便是既往不咎，于今纵改得十成，在方才济什么事，此谓之圣自觉三昧，亦名摩醯首罗，竖亚一目，亦名天眼天耳，他心宿命，神足漏尽通，汝虽年小，不可不知，今忠国师一案，正是这副道理。笑杀大耳三藏，到京，到京作么？汝道有他心通，谁人无他心通那？帝命忠国师试验，试验作么？他心通遍大唐道是真，岂可偏是他假那？看他才见了，便知是一国之师，礼拜毕立于右边，才问，便答曰不敢。此时皇帝便应向忠国师大展三拜，何故？许多年供养和尚，不图他心通果乃若是，真不枉为一国之师也。可怜这个事，只许老胡知，不许老胡会，又只许老胡会，不许老胡知。《涅槃经·圣行品》后半偈"生灭灭已，寂灭为乐"云云。

随手通

南华释名

南华何以名华？实不可说也。云何实不可说？本无实可说也。云何本无实可说得？说即非实也。且也既已实矣，又何说与？且也欲以说说实，而说本不实，今以不实之说，而说于实可乎？且也甚欲说实，而都不知实则何在也，谓实又别在，此非实也；说实，则必云实现见在此。夫实现见在此，吾则知之，非众人之所及也，今欲众人的知实乃现见在此，则非起大权道必无由。且也实现见在此，知之固难。若夫知之而祈到之，则尤难也。且也众人未知有实，则不得已告之曰实。若真知有实，又真到于实，当是时又讵真有实，又讵真名实哉？且也此固实也。而众人惘然莫知其为实，是诚大错，乃此固无有实也。而吾嗷嗷然必号之曰实，又岂非大错？是故经置实而言华，华者非他，即是实之所开敷也；华者无他，至于废落则仍实也。问："有未开敷为华之实耶？有未废落为实之华耶？"曰："无之。"何故无之？如有未开敷为华之实，则是实在华前；如有未废落为实之华，则是实在华后，则是华时遂无实也。若华时无实，则必华自华，实自实，离实乃有华，离华乃有实，则必华本非实。夫华本非实，则实与华且无与，然则何云开敷时为华，废落时为实。夫开敷时为华者，从未有未开敷之时者也。废落时为实者，终无有既废落之时者也。自古如是开敷，终竟亦如是开敷。今日现见果如是开敷，自古虽已废落，终竟已不烦重有废落。今日现见本是废落，曰今日现见废落，何得今日又现见开敷？此则有二。一者，众人但见开敷，未见废落，故且顺情亦云开敷；二者，今虽本无开敷，后亦更无废落，然而今则无奈开敷后则必归废落，直待废落此开敷，方复开敷此废落，则虽今日明明眼见废落，且不得不口说开敷，说开敷者所以供废落云尔。

南华字制

字非天堕地涌，其制起于苍颉。厥文从密从孳者，言从圣人密心中展转孳化而出也。自仲尼既没以来，其学都绝。汉儒许慎，虽有《说文》十四篇，然心不知其事，仅乃就其肤廓，抄掇成部形似略近，并就䆳䩄，间常取而观之。世人晓者，彼亦稍通，若我不知，彼便缺然矣。因思书之为学，列在六艺，七十二子并所通达，岂非论道之金匙，登圣之宝筏？胡可徐氏兄弟，匠意丰满，王家父子，随手诡诈，沿习既久，都忘本旨，脱有能言之者，则一国之人皆狂，反以不狂者为怪，弥日擗心，竟夜啼泣，圣人不作，便成异国，心烦体热，终竟何补。故前岁长夏，欲就舍下后堂，开局建标，延诸道士，并共论撰，述为《童寿六书》，大都一百卷，而迁延两月，竟亦中辍，所以然者，行年四十，心血虽竭，黾勉著书，尚不敢爱，独是日夜矻矻，发须为之尽白，而其书一成，便遭痛毁，不惟无人能读乃至反生一障，是为无救于上圣，而反有累于后来也。今年二三学者，请以夏九十日，解衣露顶，快说漆园遗书，于谊莫辞，竟受斯托，话言既多，诠释略具，存之未全，弃之可惜，则命儿子释弓掌而记之，别题为《南华字制》一卷。此则庄氏一家之经用，并非仓帝字海之备观。同学传写，藏而读之，不可以之示人，何则？锦心绣口，世岂真有其人哉？设真遇之，是彼其人必能多方购索，乃至判命相要，募贼来窃。审若如是，是真此人，然后可与观之。如或不尔，即是成群，而生成群而死之徒，彼不能益我书，我书亦不益彼，一概与观，谓之大柱，欲速流行，反成陷害，故须郑重如受诅盟也。

序童寿六书

《六书》之作，其来尚矣，圣叹曰，造字不必专于苍颉，造字必专苍颉，然则苍颉之名不必专于一人，予何言之？夫世但有圣人，仰观俯察，原始反终，蕴于神襟，抒为妙构，即皆字也。故人患不圣人也，不圣人则虽传持旧字，而失堕十九，殽讹又十九，如牛羊眼不识方隅，如禽兽迹了无起尽，昔之圣人幸而死也。昔之圣人不幸不死，彼睹此纵横涂泥，有不恼哭者哉？人而圣人也，彼则知天之文无尽，知地之法有势，知万物之大和会，知四时之非往来，于是横手所指，横口所说，横目所到，横脚所踏，无非字者。夫后之圣人犹尚如此，况万古以来，圣人之与如麻若粟，而必苍帝独造字哉！且予观之，天地无物不造，而独不造字；圣人顺承天地，不敢有造，而独造字，此则非天地不能造字，而圣人者代之补造也。

夫天地造物而圣人造字，造字者，造天地所造之物之字也，造天地所以造物之字也，既而天地造物，物又能自造一切种种事，于是造字者，又造物所造一切种种事之字也。故夫造字而字多也，亦其法不得不多也，非作也，述也，不独述天地，亦述物，天地之所无，则无此字也，物之所无，则无此字也。此非一圣人能之也，远古远古圣人尽能之，未来未来圣人尽能之，夫何故？天地不变异，物不变异，物所作业不变异，则字法不能变异也。夫远古远古未来未来之圣人，吾乌乎知其为某甲某乙，特以字法不能变异而必知其尽能造字；尽能造字，则无论某甲某乙尽名苍颉，犹如班固云，黄帝特中央自然自然之理，非有其人，夫化理藏于中央，名曰皇帝，然则造字起于东方，是名苍颉，盖一例也，而必一人独名苍颉哉！

一

此即伏羲作《易》最初下笔之第一字也。象形者，未形何象？指事者，未事何指？会意者，廓然无意何会？谐声者，寂然无声何谐？假借则无物不借也，而物物自足，何曾少借？转注则转何者，注何者，转至何处，谁转之者？故此一字，乃《六书》之所不能收，而伏羲独仰而思，俯而笑，心起手落，冥裁而显设之，有不知者，曰："此壹字也。"而伏羲叱之曰："此非壹字。"有知之者，曰："此乾字也。"而伏羲又叱之曰："此非乾字。"夫何故？此若壹字，则将更有十百千万字也，此若乾字，则岂此字尚非牛羊鸡犬虫鱼字哉？夫伏羲之所知，非天下之人所知也；夫伏羲之所知，乃伏羲之所不能知也；然而伏羲之所不知，则即天下之人之所知者正是，是故断然置画，心安如海，我前万年，不知若干圣人出，吾无谬焉；我后万年，不知若干圣人出，吾无惑焉。夫何故？盖此字未生，则非此字，此字既坏，亦非此字；非此字者，人谁能知，我亦何能使人知？今则不先不后，此字出现，辟如日轮，赫然照面，而谁不见，而谁不知？汝但能知汝之所知，汝当能知汝之所不知；汝之所不知者，所谓非此字是也。汝之所知，则此字是也，汝之所不知者，我亦不能知，盖非此字则不复能知也，乃汝之所知者，我亦不能知，盖未生本非此字，既坏复非此字，则正照面时，决定非此字，决定非此字，则决定不能知也。鸣呼，夫我且决定不能知之矣，而兹又欲汝知之者，我亦欲汝知此字之虽圣人亦决定不知，汝则不应于此字正照面时，又自妄计以为我能知之也！鸣呼，此伏羲之秘旨奇文，为圣人教后学之一片心地也。

一

此即前第一字也，乃伏羲画而观，观而叹，我则欲人知此字之非此字，故不得已建立此字也。然而人根不齐，虽有九百九十九人见之而悟，岂无一人见之而迷者哉？其悟者曰，此字非此字也，非一相，故非此字也，非一性，故非此字也，非先来不先去，故非此字也，非后来不后去，故非此字也。不必以此字分布作一切字，亦不必以一切字统汇入于此字，而此字自然无字不摄，故非此字也，彼迷者岂不曰，此字则此字也，所谓非此字者，又别在此字未生以前，与此字既坏以后也。哀哉愚人，此字尚不应取相说云有此字，顾反欲于无端荒唐之乡，又取一非此字相哉？伏羲于是乎大戚，不得已因重取前第一字拆而露其白焉，使之认之，呜呼，我所云非此字者，即岂在此字未生之前，与此字既坏之后哉。

重取前画，析而为两，此亦非伏羲之独断也，乃一切万物自然之事相也。草木两瓣，人身两窍，天地之间，无非两者夫何故，中间者天地之路，出亦于此路，入亦于此路，故非万物之所得而住也是故，欲识伏羲之第一字，则于两瓣两窍之中间可也，欲识伏羲之第二字，则两瓣两窍是也,有无其字而实无其字者,亦有有其字而实无其字者,有有其字而实有其字者,亦有无其字而实有其字者,无其字而实无其字者。如凡夫之人,每日食亦食,卧亦卧,一生百年,莽莽忽忽是也,有其字而实无其字者,如史籀李斯变古文为篆,而后人复变篆为隶,至今官府通行等字是也。有其字而实有其字者,如苍帝所造字是也;无其字而实有其字者,如伏羲心地,流成八卦是也,故不观苍帝所造字,斯无以辨史籀李斯之破乱也,不原伏羲心地所流八卦,斯无以知仓帝之本事也。夫出仓帝之手者,皆有字之字也;若藏伏羲之心者,乃无字之字也。有字之字,后天而奉天时者也,无字之字,先天而天弗违者也,则夫无字者字之母也,伏羲苍帝之师也,学字者胡可不求端于画卦也。

三

我于伏羲之第一字,而识圣人之胆也,胆不决不敢下此笔也;我于伏羲之第二字而识圣人之才也,才不奇不能变此笔也。虽然,前圣人有奇才,后圣人亦有奇才,盖后圣人之胸中,其实即前圣人之胸中,乃后圣人之笔法,则何必又用前圣人之笔法乎?夫伏羲欲世之人知天无画处也,而世人荒荒然不知何者为无画处也,于是不得已为之下一画焉,曰此一画也者,无此一画者也,而世之人又荒荒然以为此一画外则别有所谓无一画者也。呜呼,于是伏羲大戚,不得已因出其惊天惊地之奇才,便取前画而折示之,必使之知夫无一画者即此一画正是,乃文王读而叹焉,曰:嗟乎,圣人之不达愚人之心,犹夫愚人之不达圣人之心哉!夫伏羲则岂不欲世之人知夫无一画者正此一画是耶?然使世之人真能睹伏羲之一画,而遂已畅然于无画,则亦何烦伏羲之出与于世哉?夫欲其知无画而先示之画,是犹欲其行而系之于椿也,虽复折而示之,丁宁反复,而椿系如故,则彼终不得畅然遂行也。夫欲其知无画，则莫如直示之以无画，因为之作元字之上半字焉，曰二是，即后世搨石，所用双钩之法者也。夫双钩之中间，则岂非一画，然双钩之中间，则岂有一画乎哉？其时在冬至之半夜，黑然无形，萧然无事，失然无意，寂然无声，无敢借，无能转，前乎此一发许犹收敛未毕，后乎此一发许即黄泉之下苏苏动矣，此不前不后如贬眼许之一刻，是去年千红万紫之归宿也，是明年千红万紫之根本也，所谓黄钟之宫也，此一刻曾不少停，少停即动矣，动即元之下半字也。所谓巛也，象形如口吐气也，谐声为原初之原，愚袁切也，故人或言元气，或言春气，或言气机，或言化机，皆下半字也，非上半字也，何也？上半字乃双钩空处，双钩空处则无字也。

元字之上半，非一二之二字也，乃双钩空处，即老子所云无名天地之始，又云象帝之先，又云当其无有车之用者也，仁字之旁即用此字也，贞字之内亦即用此字也，仁字之旁，贞字之内，皆不用一二之二字也。

元字之上半双钩空处，即孔子所云寂然不动，下半象口吐气，即孔子所云感而遂通也，上半即老子所云无名天地之始，下半即老子所云有名万物之母也，上半即释迦所云色究竟天，下半即释迦所云光音天也，不独上半非世人所知，即其下半尚非世人之所知也。

有元字，则不必更有原字也，何也？会意同作始也。然有元字又必有原字者，盖元为天地流行之所自来，而原者，穷泉之所出而至于岩下也，元者无心顺行之始也，原者有心逆寻之始也。

元亨利貞

昔者文王读伏羲之第一画儿象之以辞曰"元亨利貞"，文王若曰，夫伏羲欲人知此画之无此画也，夫人则徒知今日之在亨而烂然有画也，而殊不知前日之在元之上半，实寂然无此画也。冬至之后夜，动若芒忽焉，徐之徐之而立春，春者，蠢也，大地之下无处不蠢动也。又徐之徐之而惊蛰，则动而出于大地之上也，夫人则徒知亨之中间有此⊙，如满锅之尽熟也，而殊不知锅之底有此○焉，沸而出于锅之面有此○焉？徐之徐之，而锅之底凡所有○无不毕沸而出于锅之面为○者也，而后乃今满锅尽熟也。是故，元之上半，则是冬至之半夜也；元之下半，则是冬至之后夜也。亨之♀，则是立春也；亨之古则是惊蛰也，亨之中间之⊙，则是夏至也。自夏至以后，万物成实，实者万物之归路也，谷草穗重倒垂而其叶离披焉，犹未知其已尽归乎未乎，约至于刀刈之日斯归尽矣，故利之为字氺也刀也，归尽则仍入冬至之半夜矣，是复为元字之上半也。元字之上半何在？在所成实中。故贞字之内即元字之上半，而贞字之宀则象谷壳也，言四面包裹无渗漏也。下八处则明年之出路也，亦即元字之下半所由而动也。

兲

既于元字作双钩法以明一画之无一画矣，斯不必又屡用双钩法也，故直作兀，此即元字也，下又作兀，此又即元字也。夫元之下又元者，是造化自然之势也，《易》曰自强不息，《诗》曰于穆不已，《中庸》曰至诚无息，《老子》曰其犹橐籥乎？动而愈出，释迦曰健相三昧，无有休息，皆谓是也。故一年为元，有起有尽，故称元也；二元为天，吾则不知其于乎起于乎尽也。夫天者自然之都名，世人不知，乃指苍苍者为其质，而又云有帝焉居之，皆诬也。

丩

元之巜，气动于下也，动于下，斯见于上矣，见于上者莫先于草，故先字，下用元，上用草也。《易》曰"雷雨作而草甲坼"，古乐府曰"春气动，草萌芽"是也。

生

初动于下，微见于上为先，动而不已尽出于上为生。象形草出地上，根底毕露也，有云草在土上非也。

人

元之上半，寂然不动也，其下半，则不动者初动也，虽然，使寂然不动者必不动，则至初动之日亦何由而动乎？不知不动之中有常动者存，何谓常动者存？夫今年之动而出者，即去年之动而入者也，动而入至于底尽处，其为动也甚微，有似乎不动焉而非不动也。故人字象形为果实中两瓣，而微作曲者，象其性不得定也，吾故尝训人字为动义也。

兀

果实者两瓣为人，然此徒象其行，又岂知其中有无形者，是能生生不穷，故傍用元字之上半，会意也。

艸

万物至不齐也，然至夏至日而大齐，象形三种齐秀，元气宣畅于外也。

囗

万物至不匀也，然至冬至日而极匀，象形包裹缜密，万物合同于内也。（因元字更及数字，其篇遂止。）

序离骚经 有引

孔子曰，作《易》者其有忧患乎？《易》，忧患之书也，《周易》非以昭代立名，周其体也，易其用也，亦可云周其用、易其体也。约法而论，周以常住为义、易以变易为义，双约人法，则周乃圣人之能事，易乃大千之变易。大千本无一有，更立不定，日新日日新又日新之谓也。圣人独能以忧患之心周之，尘尘刹刹，无不普遍，又复尘尘周于刹刹，刹刹周于尘尘，然后世界自见其易，圣人时得其常，故云《周易》。漆园氏以庄著姓，而自锡嘉名曰周，即此义也。若约夏殷二氏以迄于周，则夏之为言大也，破身见也，身见不破，不名为大，殷之为言中也，断命根也。现在为命，过未为根，周监于二代，言其无不备也。周本西国而化行于南，即坤卦西南方也，坤卦刹刹变易，尘尘具足，则周仍约法之字，而人亦在其中，故言周必言易，言易必言周，犹离体则无用，离用则无体也。昔夏之世，书曰《连山》，殷之世，书曰《归藏》，谈连谈山谈归谈藏，其中并不谈周易，故不得言《连山易》《归藏易》也。《周易》如主将，《连山》《归藏》，如两副将，不认得两副将，则主将认不清楚。故连山、归藏，正是搜根剔齿，除去了连山、归藏，便通体是周、通体是易矣。《周易》全是圣人一种忧患之心迫而成书，后惟屈子《离骚》，深得其旨，故《离骚》居首篇，亦得名经，准之《华严》四无碍。《周易》，理无碍之书也；《书》《春秋》，事无碍；事事无碍之书，《诗》及《论语》；理事无碍之书也，故《论语》必叩其两端云云。

序略

　　《离骚》者，屈子之书之总名也，《经》者，《离骚》第一篇之专称也，《离骚》第一篇何以得称为《经》？先儒云，屈子即未尝自称《经》，乃其后时门人宋玉唐勒景差之徒，过尊其师而仰谥之。夫《离骚》如《九歌》《天问》《九章》《远游》《卜居》《渔父》诸篇，皆尽有名，而故独于开宗之首撰，靳不为之名，此则曷故哉？汉宣与屈，相去未远，九重之上，时劝嗟欢，谓为深合经术，无过此书。夫许之以经而又服其术，汉宣于骚洵云深矣，后之解者，不能精思以求其故，于是粗掇毛肤，聊相牵附，遂谓陈尧舜之耿介，称禹汤之祗敬，得典诰之体矣。讥桀纣之昌披，伤羿浇之陨首，合规讽之旨矣，虬龙以喻君子，云蜺以譬谗邪，拟比兴之义矣。每一故而掩涕，叹君门之九重，尽忠怨之辞矣，夫深合之为言，极尽学事，允符圣心，前古可作，芒无留憾者也，仅曰如是而已，则是翻窜《诗》《书》，规削《论语》，渡江伧父，标义救饥，此人皆复经术者也，今亦姑舍汉宣之叹不能深道，何则？人殁言绝，何但仲尼？由汉迄今，亦云远矣，夫性天辨海，端木未闻，阳秋玄文，偃商辍笔，彼亲炙圣师，犹乃如此，我顾欲于坑寒灰尽之后，续凫胫以取深忧，亦独何为乎哉？夫君子之读书以致其学也，力学以正其志也，笃志以修其身也，立身以致其用也，善用以成其业也，卒业以报其亲也。业不卒，则无以报吾亲也；用不善，则无以成其业也；身不立，则无以致其用也；志不笃，则无以修吾身也。今欲正吾志，则必致吾学也；欲致吾学，则必读吾书。而试上下三古之书，诚自《易》《书》《诗》《春秋》以还，其孰有如《离骚》者哉？往之读《离骚》者，有五丑焉，成书非不在案也，句亦不损，字亦不漫也，而如有禁锢者然，手不暂撸，目不暂睹，徒耳闻有冬烘先生之言，谓屈子遭人谗间，不得于君，憔悴枯槁，怀石沉死，《离骚》则其临绝命之辞云尔。于是遂如甚知《离骚》也者，一生但逢衣冠之会，杯斝之夕，有人谭及，辄复奋袂张髯，声泪并集，数屈子忠，数屈子过，数屈子怨，数屈子急，而实未曾涉读全文一通，此一丑也。或则饱食始毕，无人与嬉，闲窗偶陈，信手开阅，遥望兰、蕙、荪、蘅、桂、椒、荃、芷、辛夷、揭车、芰荷、薜荔，纵横重沓，莫有端绪，加以女嬃、重华、虙妃、蹇修、有娀、高辛、灵氛、巫咸、义和、望舒、丰隆、飞廉、蛟龙、鸾凰、鸩鸟、雄鸠，人鬼虫沙，歘忽明灭，兰皋、椒丘、苍梧、悬圃、白水、阆风、穷石、洧盘、昆仑、不周、流沙、西极，下上缭亘，无可道里，因而不觉摇头搔颈，吐舌闭目，如捉烧铁，手不再措，此二丑也。爱君者，屈子之平情，然则其书真屈子之平文也，抱平情以抒平文，此奚待有多言者乎？兹不得已而终至于多言。然则吾知其皆平情之自成曲折，平文之自为连断也，夫情至于曲折之时，则必为其转声焉，故文当夫连断之间，则必有其转字焉。信知笔端之转字，为即喉中之转声，今先不察其声，因而不识其字，则方不晓过此以下之胡为复有如是纚纚不绝者耶，又况《离骚》之纚纚不绝，乃不止于一番而已。以如此之书，遭如此之人，人既不入书，书又不入人，此则正如被摄行云雾中，自乃不知度几崔嵬，凌几荡潏，为未一里，为已百里千里万里者耶，命之曰全然无知，然而其书则罗毕鸾龙，捆载香草，略下数签，不须尽轴，童蒙高胸，大见撑拄，于是挦剥剔括，缝联补接，一盲始眷，众盲接写，逮于人既乐推，彼亦不让，坛成帜立，归家省读，则终不识屈子云何，此三丑也。《离骚》之文，得已必已，谁即无君父，而屈子独为是哉，兹则不惟不能已而已，乃至再转再转而犹尚不已，此必有其一定之故也。今夫寡妇夜哭，岂有宿撰，痛激于中，悲达乎外，如抡繰车，一声而已，然而不哭则已，哭必通更。情既云郁,文亦泉涌,其去缓也,如纵,其来急也,若绝。邻人为之下床,过雁迟而不度,岂非以其泛引之非羡文,重言之无复句耶?《离骚》正犹是也,痛故转,不痛不转也,转故痛,不转不痛也。故夫《离骚》一转一痛也,《离骚》之转,皆《离骚》之痛也,必谓其有羡文之与复句也者,是必疑其中间或有不痛而转,转而不痛之时,则谓《离骚》曾寡妇之哭不如也。读《离骚》之法,寻其前,寻其后,寻而不得,不能置也,复寻其前,复寻其后,务必得夫屈子之至痛,而后乃今始,知《离骚》之转而不已,更无羡与复焉。今之读《离骚》之家,则适如无行沙门,受衬诵经,不缺一字,亦已贤矣,其又谁能翻覆两读乎哉?此四丑也。《离骚》者非屈子之书而已,是屈子赋于天之性、受于家之学、立于世之人、垂于后之教也。夫曰天赋,则吾闻忠孝为人油然之性,不闻死为人油然之性也;曰家学,则吾闻学为忠孝之人不闻其学死也;曰立世,则吾闻以忠孝立,不闻以死立也;曰垂教,则吾不闻教人忠孝而随教之死者也。故夫《离骚》真非必死之书,而屈子也终亦竟死,吾尝为之伏而深思,夫屈子则亦以己之忠孝故而著书,抑以死故而著书哉?如曰忠孝,忠孝旧矣,不应至屈子始乃有书;若曰死也,人且死矣,又何书耶?吾因而悟忠孝固万万不必至于死也,忠孝而必不得已亦至于死,此自忠孝一端之致,而非忠孝之必然也。屈子自伤,我于今日,乃必死矣,彼后之人,其谓之何?后之人而谓忠孝必死,我不听也;后之人而谓忠孝亦可不死,而屈子何故必死,我不受也。夫死自是忠孝之尽期,而岂我之尽期哉?然则今日自是忠孝穷而我以死,而岂我穷于忠孝而以死哉?故其必忍须臾之命,又作《离骚》,凡以曲折自明番番避死而终不得,所谓屈子之天性,之家举,之立人垂教,尽在于斯,而读者顾必刺刺切责之无少休,则吾未知彼以屈子之死为易事耶,为难事耶?如不知死之为易为难,则吾未知彼以忠孝为易事耶，为难事耶？此五丑也。善读《离骚》之书也者，必当释名第一，循本第二，明志第三，审时第四，历变第五，择正第六，彰后第七，谋篇第八，格物第九，避谪第十。释名者，屈子既已尽吐幽思，明教方来，乃投笔告备，无所名之而名《离骚》。夫骚者，忧也，言无昼无夜，无群无独，无首无尾，无可寻揽，如马之驰骛而不知所驾，如蚤之扰动而莫能扪摸也；离者，罹也，屈子自伤，不幸毕其生罹于忧中，不能自拔出也。自屈子自沉到今，二千余年，其书盛行，名必云尔，今则试思屈子之罹于忧中，不复能自拔出，为在上官夺令，怀王始疏之日乎？为在张仪佯来，献地绝齐之日乎？为在误听郑袖，复释张仪之日；为在稚子惜欢，卒入武关之日；为在王竟客死，持丧归葬之日；为在二竖齐怒，顷襄再逐之日乎？吾独心知此，皆未足以明屈子，夫屈子之罹于忧中，则固自左右摄提，正指陬月，日在庚寅，伯庸揽揆之一刻始也。夫人之生未有不本父母者也，人生未有无身者也，生必本父母，而能不忧吾父母为何人，抑吾父母又有其本，推而上之，而能不忧吾祖吾曾吾高吾始并为何人。生必有身，而能不忧此身百年当立何处地上，抑覆身者苍天，照身者日月，充身者水谷，被身者文绣，与身周旋者人伦，而能不忧吾将如何？乃始毕答而无负之，夫上下四旁，往古来今，此非听我容与自如之场也。前之人，非空无所贻于我；后之人，非恬无所望于我者也。前后之人，既已同在上下四旁，往古来今之中间，则知比比皆是不听容与自如之人。然则所贻我者，固必皆其一生厞侧，万端凌压，存即不了，死必难置之故忧；所望我者，又必皆其始交难生，耳目草昧，敬依故老入国问禁之新忧，此直可不问而诸之也。皇古吾不能数，先屈子而忧者，此皆明睹虞舜其人，下此即周公其是已，夫以遥遥诸古，而曾是忧人止于虞舜周公而已，抑虞舜周公，彼皆遭遇父子兄弟君臣之变而亦出此，设使幸不遭变，而彼二圣曾当不忧也哉？夫忧固不必其定遭变也，遭变则其忧遂为旁人之所知耳，若夫旁人不得而知之时，圣人固无日无刻不几乎以沉忧损年者也。舜之上有尧而尧吐口则必曰咨，此非忧之声与，周公之下有仲尼，仲尼教人必曰居敬，敬岂非忧之异名乎哉？传曰无忧者惟文王，夫文王无忧，即又何为而演《易》耶？吾独谓忧之甚者无如文王，此于何知之，于《易》焉知之。夫《易》六十四象，三百八十四爻象，此真《离骚》之底本也，其指远，其用近，其称物也小，其取类也大。其立言也，杂而不越，曲而必中；其示人也，不为典要，惟变所适。《离骚》之文正犹是耳，此非降《易》以俪《骚》也，此非尊《骚》以附《易》也。其事同，其心同，则其艰难同，而其忧自不能不同。夫《易》，世皆知为古之圣人展转求生之宝书，《离骚》之书，复胡为不同？（此唱经未完稿也。相其笔势，如黄河发足昆仑，正不知其何以遂止，惜哉！）

先后天胜义幢

乾南坤北，离东坎西，伏羲先天之卦也；离南坎北，震东兑西，文王后天之卦也。先天者，先乎天，后天者，后乎先也，天无先后，先后者圣人。伏羲之学，先乎天，天不违，则天来与我齐；文王之学，后乎天，奉天时，则住在天之内。伏羲方图，文王圆图。乾南坤北，乃印板八卦；离南坎北，乃千变万化之八卦也。圣人之学，极重南北，觌面亲见者为南，我所不得见者为北，南亲而北疏，然以能见见于所见，则南似亲实疏，我虽不得见，而统体住在里边，则北似疏实亲。为是之故，伏羲之卦，坤在正北；文王之卦，坎在正北也。约伏羲乾卦，是现前一心，坤卦，是微尘法界。伏羲正南方，是顶位，坐在法界里边，止要照管现前一心，眼光看定，即西方圣人方，眼光略错，便是东方凡夫方，至其坐身底下，乃正北字，不但凡夫不知道，并圣人亦不知道不过说乾卦时，陪说坤卦，要学者看定乾卦耳，盖现前一心，总是大地全力，持在那边，所以说者必借重坤之威力以说乾，而听者只须听乾卦也。文王之卦，打从正东方起，帝出乎震是也，与伏羲不同。伏羲先天立体，以立体为义，是曰义海。文生后天致用，以致用为义，是曰义龙，非此海不能容此龙，非此龙不能翻腾此海，固已，然而有翻腾之所及，震离艮巽，文王下面之卦也，有翻腾之所不及，而已莫不翻腾者，乾坤兑坎，文王反面之卦也。盖文王八卦，坎为大寂灭海，与坤之位于正北同，但有无量尘，与一尘，之别，坎中一画，实法也，离中偶画，空性也，文王约法先约人，置乾父坤母于西北西南，而以坎离中男中女为应时及节之用，故能生长万物，而出乎震焉，善男子莫不共此大寂灭海中，宜如光如影，而乃据现前实法而生我相人相等，罔知实相本空，非有法师，为之演说正法，云何应时入南方无垢世界成等正觉耶？既不能相见乎离，即又恶能于艮卦成佛，于巽卦入涅槃，故兑卦说卦也，法师之卦，说言乎兑是也，震为当机，兑为法师，其所说者，正北人所不见之坎卦，即以乾坤两义幢轮转以尽其缊，故兑少女，介乾父坤母之间，尔时长子，疾得大法，于南方见道，即于东北方成佛，成言乎艮是也。东北方佛，第十六我释迦牟尼佛，艮之为言止也。所谓战乎乾，致役乎坤者，止止不须复说，而后法师功德成就，既成佛，已定于今日中夜入无余涅槃，巽入也，而亦兼出之义，在众生谓之出，在成佛以后谓之入耳，帝出乎震，齐乎巽，震是当机一人，齐乃万物共住。庄生《齐物论》齐字极妙，齐字，千红万紫字，鲁字，滴水点冻字，故齐一变至鲁云云。

大势至缘起

圣人为大千世界劈空造出元字,元字者,即大千世界替身字也。伏羲胸中,先有此元字,而后写出乾坤两卦。文王读乾坤两卦,已心会得元字,因而叹伏羲之所谓乾者,乃正说元之健处也;伏羲之所谓坤者,乃正说元之顺处也。人只道有乾坤而以元亨利贞说之,不知实先有元字而以乾坤说之也,元字正面说不能尽,故分作两番说之,先师所谓叩其两端,即此义也。乾元者,最健这个元;坤元者,最顺这个元也。乾元坤元,一元无两元,不然,六十四卦,应有六十四元矣。约元之健,迅疾不可见,约元之顺,一微尘一微尘皆可见,故但与言健元,却永永不见元,于是又与言顺的元,认得坤字,则真认得元矣。元字既经两番说,已无遗义,毕竟乾坤字难看,先师不立个大字至字,何以知元之健元之顺耶?从元而分健顺,从健顺而分大至,说虽三层,理惟一致而已。元上非二画,乃双绣一画,而空其中,言现前一法毕竟非实,下如口吹气形,言此现前一法迅疾而去也。法才现前,迅疾而去,一处留他不住,寻他不着,健得紧,然一处留他不住,他却处处出现,一处寻他不着,他又仍在一处,顺得紧,元亨天德也。元字澄清绝点,辜则元之相貌也,喻如锅中滚水,水火既济,下直透上,上又翻到下,大千形状如是。元亨颠延不已,故云天德,利贞,圣人下手处也,将刀刈禾曰籾。弥勒问世尊:一切众生,舍生趋生,流浪生死,可复还无始以来面目否?世尊曰:不能,譬如以谷播地,地气发动,则芽而干,干而秀,秀而实,可复还原谷否?只是谷生芽后,依旧成谷,等无有异,勒住现前心,毕竟成佛,所谓不远复也,弥是佛果,勒是现前因,弥勒带果修因,以因填果,一生补处,只是个利字。贠字,上一点谷种,中二画,即元字上半,真空之理,宛在于是,下仍作口吹气形者，谷种播地发芽，吾不能包他不动也。元字是转身字，贞字是结果字，乾卦元亨，据一人转身而言，元切亨奢，坤卦元亨，据万法一齐转身而言，元奢亨切；乾卦利贞，是一番结果，凭你怎么样利，还你一个结果，坤卦利贞，是番番结果，寻着他的结果，利也利不过了也。文王元字，乃大《易》文中第一个字，伏羲眼光看定此字，因而有乾坤字，乾元坤元者，不得云乾之元、坤之元，乾卦从其健处说之，说得不尴不尬，故坤卦又从其顺处说之也。周公眼光看定此字，因而有见龙字，约法为龙，约人为见，若无此一见者，不知龙在何处，此一见不可无，然有此一见者，即是我见而为群龙之首，此一见不可有，所以二爻立一见字，连忙衬个利字，见而不利，则失一龙，得一鼠，是为见小人而非见大人矣。下文全是推倒此处见字也，先师眼光亦看定此字，因而有大哉至哉字，周公所画之龙，有大字至字，遂有画龙所点之睛也。⑦字作两半读，⊥字亦作两半读，大字上一点，乃当机菩萨现前一心，至字下一横，乃讲主座全举大千世界，大字下四挂脚至字上倒文字，乃首楞严健相三昧，（只重相，不重健。）与学者没分。何谓倒文？即庄子视子以地文是也。一画为地，地生万物，乃是地倒出这等文字故倒写之，即大字四卦之究竟处也，至下一横，与大上一点不同，现前心是一点，但凭说者说至下一横，听者看定大上一点，总要销归到一点上去，所谓一以贯之也。看定大上一点，听于至下一横，始不被大上一点骗去，听于至下一横，看定大上一点，始不被至下一横骗去，凡夫被一点骗去，义学沙门，被一横骗去，而今已骗我不去，然已骗去了，乃是大字四挂脚骗到至上倒文里边来也。夫乾，其静也专，其动也直，七日为期，制在大上一点，故云专，解制之后，迅疾而去了，是四挂脚，故云直；夫坤，其静也翕，其动也辟，至下一横，全与大千，故云翕，上倒文从四面出，故云辟。（门开四面为辟，单开两扇为开。）

至下一横，是讲主座，是假底，大上一点，当机菩萨是真底，讲主讲下一画，全靠当机，这一点说出来，学者单要照管自己底机，如来所说，实是虚妄，以赴众生之机，故不妄耳，听得熟了，亲眼见他迅疾而去，乃是大字四挂脚，推开窗来，梅花这样开了，是至上倒文字，至字下横，大字上点，乃结制之图，制心一处，何事不办？大上一点是制，至下一横是结，四卦脚，倒文字，乃解制之图，说大字至字，只要你认得乾字坤字，楼阁弹指即开，单要看开处，不要看楼阁，大至字，即辨才楼阁也。谈坤卦之妙，莫妙于乾，以有大字，谈乾卦之妙，莫妙于坤，以有至字，大上一点甚小，以一点不住于一点，故曰大哉。至字非到字，一身毛发，数不能尽，而各各至在那边，彼尘刹皆然，初至为到，到了坐定曰至，一至永至，无有未至字，亦无有初至字。至字，圣人法中字，到字，凡夫分中字，约一尘一刹至，即尘尘刹刹至，故不曰小哉坤元，而曰至哉。哉者转来转去之字，哉生明哉字，不作始字解，乃是既晦之月，转来此日生明也。圣人凡用哉字，悉此义，所谓天上之载，熙帝之载，载即哉也。《大学》以大字起，以大字结；《中庸》以至字起，以至字结。我法中，大至字，如日月相望；彼法中，大势至菩萨，插进一地势坤势字在中间，越说得迅疾，是即元字之势也。

念佛三昧

娑婆世界，释尊住持，华藏世界，卢舍那世尊住持，释尊新成佛，卢舍那本成佛也，他方世界，有阿弥陀佛，住于极乐国土，一花一世尊，非算数譬喻之所能及，所以《阿弥陀经》，为无问自说经，首题佛说阿弥陀，下加不得一佛字。

然灯佛者，一微尘佛也，释迦佛者，无量微尘佛也，释迦佛者，名为病愈，阿弥陀者，名本无病，世尊说《阿弥陀经》，另一施设，与诸经不同，乃是为一切众生，毕竟不能破我故，特地全举法界，说你本住在极乐国土中，各各莲花化生，有甚不好，譬如丑妇人一般，贮之洞房深宫，亦自觉标致也。喜怒哀乐四字，以乐为极，所以知之学者，好之圣人，乐之即天地也，莲花取相连义曰莲，（三世相连，花有房，房有密。）因非实相曰花，一一众生，各坐一花，花开见佛，则见释迦佛也。极乐国土，九品化生，上品上生者，乃是弥勒一生补处，于此成佛，下品下生者，乃是阿鼻大地狱罪人，于此成佛，是人因犯极恶大罪，下阿鼻狱有善知识，以种种因缘，唱阿弥陀佛，如千年暗室，一灯照之，而此罪人闻此名字，地狱即在莲花中，而此莲花，即在极乐国土中，而此极乐国土，为阿弥陀佛世界中，此阿弥陀佛世界，乃即在无量大地狱内一罪人之八识田中，是人总犯极恶大罪，不敌阿弥陀名字，所以地狱应时粉碎，此谓下品下生也。

菩萨不愿住于恶浊世界，则不得不求生极乐，然而得生极乐，乃是果事，欲获果者，先须造因，云何造因，念佛三昧是也。念佛之法，不可以妄心念于遥佛，亦不可以妄心念于妄心，何以故？妄心者，是生死因，不能感通于本际故。以生死不能感通故，故佛本不遥而遂遥也。复次，妄心念于妄心者，凡夫正为妄心连持，至堕地狱，今复教以如是念佛，彼即以前妄心为念，后妄心为佛，或以前妄心为佛，后妄心为念，如是即与世间流浪何异？是故此法所不应用。夫念佛之法，不应先见佛，次作念，正应先念成，次见佛，所以者何，若先见佛，佛是何事，如是名为大妄语人，又即使感应道交，佛或示现，然佛来寻念，佛去久矣，又况能念，正是妄心，妄心何可唐突于佛？所谓先念成，次见佛者，念是实，佛是假，菩萨以本际为念，而以妄心为佛，问：何故不以妄心为念，本际为佛？答：本际者不可见，不可见则不能令行人发欢喜心，又本际纤尘不立，若行人于念处用力，即大不应，又师子乳用玻璃盏盛，他器不受，若行人欲以妄心念本际，辟如毒器，盛师子乳，终竟不受，又念佛三昧，对住生死，若用妄心追逐，终入生死海无疑也。

江南采莲曲释

陈隋间，有《江南采莲曲》，是赞叹第七不动住菩萨，惜千年以来，人只作乐府诵法也。彼于第二句，先有田田字，田田者千佛世界相，菩萨于道场中，不起于座，偏作佛事，即非由此达彼之法，正是一切佛刹，叇塞一心耳，故下云鱼戏莲叶，东西南北，非是鱼有游行宛转绕彼莲叶，盖莲叶围绕，鱼故不动，然而于十方面已无不到也。

《江南采莲曲》后半云，"鱼戏莲叶东，鱼戏莲叶西，鱼戏莲叶南，鱼戏莲叶北"，此非一莲叶在中央，而鱼围绕而戏之也。菩萨莲叶，叇塞十方，七住圣鱼，安住不动，以安住不动故，西有莲叶，鱼即在东，东有莲叶，鱼倒在西，北有莲叶，鱼即在南，南有莲叶，鱼正在北也。是菩萨鱼，心安如海，于一时中，十方遍作佛事也。

沈吟楼借杜诗

游龙门奉先寺

一游直遂去，几欲失招提。
月直夜将半，霜寒鸟未啼。
下民全梦寐，上界八玻瓈。
心地能无动，榛苓我念西。

铜瓶

美人脱纤手，此日下寒泉。
泥蚀夔龙尽，天令体格全。
遭时方丧乱，欲汝更迁延。
明福全无信，深为蚤出怜。

可惜

花汝有何限,连朝力疾飞。
不愁樽罄尽,可惜兴全非。
子美篇篇老,陶潜顿顿饥。
迟生又千载,怅惘与谁归。

从韦二明府续处觅绵竹三数丛

可惜舍前江水清,只争舍后竹林成。
华轩得省幸蚤寄,莫误明年春笋生。

寄高三十五詹事

乱后人逾少,年高心最孤。
何曾一日夕,不忘问泥涂。
水落双鱼尽,春深一雁无。
不然虽宦达,未至弃潜夫。

李监宅二首

　　天且忘龙种，人犹选雀屏。
　　春风开二室，花烛对三星。
　　特达排时俗，分明合礼经。
　　亦知鹰集器，一为刷毛翎。
　　龙子应归海，鹓儿暂借巢。
　　曲房花灼灼，深院鸟交交。
　　挥手停箫管，封侯觅鼓铙。
　　出门骑马去，昨夜妇亲教。

酬高三十五适人日见寄

　　连年人日多春阴，今年人日稍称心。
　　便觉病体得苏息，行下草堂窥树林。
　　树林微光作年好，柳条梅蕊尤能蚤。
　　妻子殊方泥杀人，不然此时我醉倒。
　　是日东风尔许来，心疑尔正行春回。
　　椎牛杀羊酒无算，吹角击鼓喧如雷。
　　酒酣皷止双扶退，四面如花卧屏内。
　　纵使殷忧到两京，那望故人承一睐。
　　初八上弦初九晴，十三十五放灯明。
　　计程恰是人日发，诗到草堂真可惊。

认印开缄见名字,走之刺眼光相媚。
其中感愤皆人伦,至于清新且余事。
因思是日我正愁,安得如尔十数辈。
东西南北有牖户,我欲共尔先绸缪。
诗云今年不如愿,未必明年又能健。
天子虎臣此何语,老夫龙钟尚能饭。
珍重裁诗答故人,草堂不为养闲身。
但使青云求补衮,还将白发着纶巾。

寄常徵君

六月风林好葛巾,徵君忍热去垂绅。
野凫眠岸梦何事,老树着花思媚人。
深恐事烦还服食,更愁参谒露天真。
嵇康敢向山公说,我欲时时一欠伸。

熟食日示宗文宗武

消渴春尤甚,兵戈道正长。
今朝吾熟食,他日汝还乡。
梦寐通坟墓,神灵缺酒浆。
会期殊不远,何以答祠堂。

又示两儿

令节非吾事,他时识此言。
悬知多涕泪,且复强盘飧。
骸骨判如此,田园曷用存。
江州与长葛,随汝去招魂。

湘夫人

缘江水神庙,云是舜夫人。
姊妹复何在,虫蛇全与亲。
搴帏俨然坐,偷眼碧江春。
未必思公子,虚传泪满筠。

上巳日徐司录林园宴集

白发了无兴,青春勉就人。
祓除全怯水,杯酒暂沾唇。
不弃群贤德,难支老病身。
明年谁会此,天道最泯泯。

宴胡侍御书堂（公自注李尚书之劳郑祕监审同集归字韵）

余日帘钩尽，新花院落飞。
移樽近书架，点笔候灯辉。
天下吾侪事，文章举世非。
厌厌毕今夜，仆马汝先归。

吾宗

吾宗老孙子，无誉足耕田。
僮仆皆知命，羊牛尽太平。
三秋陈晒日，五柳扳门前。
日照便便腹，遗经百十篇。

虎

青溪闻最远，未必接华筵。
何事烟霞客，陈身七箸前。
呦呦微不慎，濯濯竟难全。
苹草今从长，余生已不还。

天宝初，南曹小司寇舅，于我太夫人堂下，累土为山，一篑盈尺，以代彼朽木。承诸焚香瓷瓯，瓯甚安矣，旁植慈竹，盖兹数峰，嵚岑婵娟，宛有尘外数致，乃不知兴之所至而成诗。

  经营同爱弟，岩壑入庭除。
  真有云烟出，兼之竹树疏。
  诸天香裊裊，万寿乐徐徐。
  至性何多媚，终身天宝初。

王十五司马弟出郭相访兼遗营草堂资

  生涯丁此日，吾道在江边。
  直为林塘好，非求卜筑偏。
  城中盛冠盖，表弟独哀怜。
  不特存衰老，兼能割俸钱。

提封

  提封盛唐国，犹故太宗时。
  直以军书下，翻令百姓疑。
  臣尝闻俎豆，素不学旌旗。
  田野荒无甚，深忧黠者知。

王十五前阁会

晚晴江岸湿，老病杖藜难。
值汝登高阁，来呼心所欢。
江鱼不厌细，破腹未容餐。
竹叶禁三爵，银花只满盘。

愁（公自注强戏为吴体）

江水流春不当春，江花江草故愁人。
开头捩舵汝何往，击鼓鸣铙皆不伦。
巫峡啼猿真迸血，楚天朝雨最通神。
老夫欲寄精诚去，凭仗高风达紫宸。

燕子来舟中作

无官只合置天涯，偏有寻人燕子斜。
旧岁未成为地主，今春真累过寒家。
村村社鼓邀分肉，岸岸朱轮赴看花。
谅汝从来飞不惯，滩边篷底寂无哗。

燕子

殿中双唱御经筵,殿下千官未进笺。
燕子不知防执法,衔花正堕圣人前。

清明

清明正是落花时,百舌声中折一枝。
恼杀东风太无赖,公然来我手中吹。

闻笛

何处谁人玉笛声,黄昏吹起彻三更。
沙场半夜无穷泪,不得天明尽散营。

今春

今春刻意学庞公,齐日闲居小阁中。
为汲清泉淘钵器,却逢小鸟吃青虫。

唱经诗不一格,总之出入四唐,渊涵彼土,而要其大致,实以老杜为归,兹附刻借杜诗数章,岂惟虎贲貌似而已?矍斋识。

左传释

郑伯克段于鄢

初,郑武公娶于申,曰武姜,

此是二初三遂之文,首句特标"初"字,只贯到"娶于申,曰武姜,生庄公及公叔段"便止,以下便转入遂字科内。特详"娶于申"者,通篇姜氏二字之注也。看他先出姜氏,便知后来兄弟二人,无数乖迕,都是姜氏无端生出来。人家儿女幼时,待之胡可不慎,下写庄公衔恨处,都是姜氏事,写叔段,不过是骄纵。

生庄公及共叔段。

一母生二子,亦人家恒事耳,何至有此一篇文字?段奔共,终焉,故曰"共叔"。

庄公寤生,惊姜氏,故名曰寤生,遂恶之。

履霜坚冰，只为尔许。庄公寤生，便名为寤生，段居京城，便谓之京城太叔，只两人称谓相形处，便极其不堪。有才口妇人，实实有此事，当时亦只是摇弄唇舌，后来便成极大是非，可恨可痛。庄公闻呼其寤生，哪不恼？后又闻呼段为京城太叔，哪又不恼？姜氏之为祸首如此。一篇文字，凡用三"遂"字作关锁：此志姜氏之于庄公也，曰"遂恶之"，恶得急遽无理，亲所生子，何至于此？后志庄公之于姜氏也，曰"遂寘于城"，寘得急遽无理，身实生焉，何至于此？末结二人曰"遂为母子如初"，却正就他急遽无理处，一翻翻转来。于此可见圣人教人迁善改过，妙用如许。左氏备书之，以劝戒后来，为一大部书门面不诬也。

爱共叔段，欲立之，亟请于武公，公弗许。

为庄公者，中心藏之，何日忘之。须知"爱共叔段，欲立之"七个字，反面便是"废庄公而杀之"六个字。读书人须要眼光穿出纸背，只为此等句。易储大事，只为小小爱憎起，妇人胡可复与语！此姜氏第一案。

及庄公即位，为之请制。公曰："制，

兄代有国，弟得食邑，足矣，何必有择而请？且兄代有国，弟得食邑，分也，何必代为之请哉？姜氏代为之请者，必欲得制故也；必欲得制者，据其要害，以便图庄公也。呫呫老妪，那复可堪？

庄公才即位姜氏便请制，写出老妪眼光射定，刻不能待；姜氏才请制，公便接口将"制"字一顿，写出孽子机警迅疾，狭路不容，读之真使人遍身不乐。

岩邑也，虢叔死焉。

公只急口对副七个字，便似劈面抽刀直戳来。看他急口相接处，不惟姜氏平日处心积计，即庄公平日亦处心积计，知其必请制也。此姜氏第二案。

他邑，唯命。"请京，

"他邑，唯命"是满口相许语，盖是决不与制之辞耳；又孰料其请制不得，接口便请京哉？请制，庄公所料，请京，非所料也，故下文有"姜氏欲之"一语。本欲请制，是据险以图郑也，不得，便请京，是择其易完聚者终欲图郑也。姜氏心计如许。此姜氏第三案。

使居之，谓之京城太叔。

不曰"公曰：'诺。'"，而曰"使居之"，若曰而既欲之，则而竟居之，奚问我哉？盖骤闻请制，是一重着恼；续又闻请京，是又一重着恼。恼极，忽然将"他邑，唯命"四字，变出"使居之"三字来，母子、兄弟至此日，真是狼虎相聚。姜氏既得请京，便为太叔立号，是爱之，是害之？胡可胜叹。"使居之"三字，写尽庄公面目不善；"谓之京城太叔"六字，写出姜氏满心欢喜。母子之仇，至此日而成矣。

祭仲曰："都城过百雉，国之害也。先王之制，大都，不过参国之一；中，五之一；小，九之一。今京不度，非制也，君将不堪。"公曰："姜氏欲之，焉辟害？"

看他答祭仲，便一口咬定姜氏"害"，即祭仲所云害也，焉辟之，为言害自外来犹可辟，今自内成胡可辟，非祭仲忧之而庄公不忧，此正极忧之辞也。祭仲徒知外痈，庄公自言内毒，君臣二人，各言所见，全不对针,故下文祭仲又劝。"参国之一"句法,已自千锤百炼;下"中,五之一;小,九之一"句,却又省去二"都"字、"不过"字、二"国"字,益复奇绝。直呼"姜氏",全非母子,照下"为母子如初"句。

对曰:"姜氏何厌之有?不如蚤为之所,无使滋蔓。蔓句难图也,蔓句草句犹不可除,况君之宠弟乎?"公曰:"多行不义,必自毙。子姑待之。"

"无使滋蔓","不如蚤为之所",自是处宠弟正论,乃庄公则正欲其滋蔓而后毙之,以见杀之有名。曰彼自毙也,嗟乎,他日伐诸京,又伐诸鄢,为是段自毙,为是公毙段?自之一字,何其为心阴毒磣刻之至于斯也!"姑待之",非姑待其自毙,姑待其多行不义也。读书如断狱,务要判得明尽。下文,左氏"讥失教也"四字,便从此处入罪。"姜氏何厌之有?不如蚤为之所,无使滋蔓",只三句,其文已了。下忽从"蔓"字,生出"难图"一句来,可谓尽情极致。文至此,乃更无转手处,却不谓下又从"蔓"字草头上,又转出两句"蔓难图也"来。一句若曰,"蔓不过是草,犹忧其难图",又一句曰,"今以君之宠弟而蔓,是岂易图乎",只就一个"蔓"字,凡作三层翻跌。试取本文,依我所句读之,便见纸上祭仲,眉毛都动。一部左氏文字,妙绝千古处,只是这个读法,便会提笔做出《史记》来。"君之宠弟"四字,正与"草"一字作对仗,长短参差都好,三"蔓"字双管,"草"与"君之宠弟"字,是小小章法。

既而太叔命西鄙、北鄙二于已。公子吕曰:"国将不堪二,君将若之何?欲与太叔,臣请事之;若弗与,则请除之,无生民心。"公曰:"无庸,将自及。"

一则曰"自毙",再则曰"自及",必欲杀之有名,只用一句写出。曰"姑待",曰"无庸",庄公岂无策而处此?外廷少算,固未如君之多算矣。"欲与太叔,臣请事之",故作一折,文态奇甚,后篇将立州吁,乃定之矣,便是再用此法,可见是左氏得意之笔。秀才读至"太叔命西鄙、北鄙二于己"句,便谓太叔骄横至此,我窥左氏命笔之意,殊不尔,只看他于西鄙、北鄙不敢便收为己邑,而姑先使二之。先使二之者,贪二鄙,畏国法,二者交动于心,而姑且试之也。此时只须庄公不许,便令一家母子兄弟,宽然有以得全,乃庄公则特特不肯出此,但低声谓公子吕曰"无庸,将自及"云云者,盖言不要说破,他渐来了,明明排下虎机等他亲身踏入。下文便接书云,"太叔又收二以为己邑",可见全是庄公要他如此。只就二鄙,分作两段写,便全是庄公心地,不是写太叔作孽。写彼人而令此人分外出色,此真千古神奇之笔,非《史记》以下书,所得及也。秀才读至此等处,便骂太叔痴,吾谓卿痴亦不减太叔也。全照"讥失教也"一句写出来。

太叔又收二以为己邑,至于廪延。

必至之势,至于廪延,是将所收界址注一句,谓之自注法。

子封曰:"可矣。厚,将得众。"公曰:"不义不昵,厚,将崩。"太叔完聚,缮甲兵,具卒乘,将袭郑。夫人将启之。公闻其期,曰:"可矣"。

子封,即公子吕也。前"无庸,自及"之语,出口入耳之际,封已稔公之计,故至此径将"可矣"二字,直投入来,乃他人愈急,公即愈缓,所以然者。看他"不昵"二字,便明明已有人于太叔之侧,风吹草动,无不备悉，不劳又有第二人为我着急也。下"缮甲兵，具卒乘"，是实有其事者，若"将袭郑""将启之"是尚无其形者，只看左氏连用二"将"字，便是天下大疑狱也。二"将"字句，下便紧接"公闻其期"句，可见平日已先布置奸细于太叔之侧，其事益明。不尔者，如此机密事，公何从便知？且外庭多人不闻，而深宫一人独闻，真必无之事也。至此际，却写庄公陡然于口中漏出两字，曰"可矣"，更无第二句，却宛然天成，便是子封口中之"可矣"两字。今试思"可矣"竟是何等语，茕茕太叔，久为机上之肉，读之真令人遍身不乐也。人家骨肉有嫌，动托外人侦伺，夫受托则恒思有功于其间，岂肯复毫不增加哉？"将袭"，"将启"，特书二"将"字，以明太叔与姜氏之冤，为万世之鉴戒也。问曰："将袭，将启，则太叔与姜氏诚冤，若缮甲兵，具卒乘，此即反形已著，岂复有冤乎？"答曰："是亦冤也，夫缮甲兵，具卒乘，而有将袭、将启之实也者，是即反也。若使无之，则吾乌知其缮且具者之非聊以固吾圉也？"他日读《诗》至两《叔于田》之章，而后知其甲兵卒乘，亦为狩猎之事而已，夫而后哀太叔真冤，直是无处可诉。乃孔子于《春秋》，既书《郑伯克段》之文，于《诗》，复留国人爱段之咏，然后知圣人之恶郑伯，盖有如此之甚。援两经以明太叔之不反，而太叔之冤大白，白太叔之冤者，非欲反狱庄公，吾亦深恶姜氏之生二子而不能养，而无端参差，几杀其一，为万世之鉴戒也。孔子之恶郑伯，恶其无以长一国也；吾之恶姜氏，恶其无以长一家也。要知虽有两"将"字，乃"公闻其期"，却只是闻将袭之期，盖袭之为名，轻师以掩我不备也，有问彼何从知我是日不备者，则连及姜氏曰是实"启之"，总是苦一弟段，以泄愤于姜氏。通篇郑伯毒气，全射姜氏如此。

命子封帅车二百乘以伐京，京叛太叔段，

兄责其弟也，一呼即至，奚以车二百乘为，庄公于是乎不遗余力矣。问曰："吾读两《叔于田》之诗见京人之爱太叔，有如是者也，至此而忽叛，何也？"答曰："太叔可爱也。车二百乘，亦可畏也。庄公者，方将甘心于其母，而又何有于太叔？夫不有于太叔，何有于全京之民？盖叛太叔者，车二百乘之故也。"

段入于鄢，公伐诸鄢。

伐太叔，为其据京而袭郑也。既已去京而入鄢矣，公必又伐，是亦不可以少缓乎？入者，不复再来之辞，所以深明于京必伐，于鄢不必伐，而公又必伐者，乃今而知公必杀太叔，为姜氏不为京，固非祭仲子封之所知也。

五月，辛丑，太叔出奔共。

日之者难之也，难之也者。公以车三百乘，伐诸京，又伐诸鄢，太叔即岂得有奔共之日哉！五月辛丑，几几乎不免也。（此句，经不书。）

书曰："郑伯克段于鄢。"

出经，看他叙事正极忙时，忽然折笔走出篇外去，另作训诂之文，落后却重折入来，再续上叙事，文极忙，笔极闲，千古绝奇之法。

段不弟，故不言弟；如二君，故曰克；称郑伯，讥失教也；

分释经。

谓之郑志。

又总释经。上文释经，言"段不弟"，"如二君"，"讥失教"，夫"段不弟"，似谓段志也，"如二君"，似谓祭仲子封以至全郑之人之志也，"讥失教"，似谓孔子之志也。左氏复自释曰，皆非也，盖此三言也者，谓之郑志，郑志之为郑庄公之志也。"段不弟"也者，自幼而长而壮，母之爱段愈深者，我之仇段亦愈深，仇之则不复弟之，是郑志也。"如二君"也者，段请京，则听之，命二，则听之，收二，则听之，听之而使段自拟二君，又使祭仲子封等拟段二君矣，而后起而伐之，则天下万世莫能谓我何也，是郑志也。"讥失教"也者，夫公，则有为公也，侯，则有为侯也，伯，则有为伯也，子男，则有为子男也；居天子之前，而参天地之化，裁成辅相，以授之于天子者，是公也；居天子之后，候天子之化，而承行之者，是侯也；不能候于天子，须天子颁宣而后知之，然能率众而顺行之者，是伯也；不能候于天子，须天子颁宣之，然又必有率之，而后与众顺而行之者，是子男也；今郑庄公，上不至为公侯，下亦不至为子男，则是率众而顺行之者也，今也，一弟之不能率，何郑国之能率？于弟于母，而全以逆行，何郑国顺行？称郑伯以讥之，讥其前，讥其后，讥其前曰，一父一母，而徒生二人，于二人中，若为之伯，伯则啼笑玩弄，果饵衣带，奔走扑跌，何事不可以教叔？而并心积计，必不教之。并心积计，必不教之者，母固恶我，我固恶段，母固爱段，我固恶段也。夫姜氏之遂恶郑伯者，偶也，若姜氏之终恶郑伯，则是郑伯自为之。终恶郑伯，郑伯为之，然则姜氏之甚爱叔段，非即郑伯之为之耶？讥其后曰，其初之不教其弟也，畏姜氏故也，方姜氏亟请立段之时，我几几乎无言之皆罪，而敢于段有所言乎哉！今日而既得立矣，苟援夫死从子之义，为郑伯者，力尚可以教姜氏，何一弟之不能教？诚令当日，为之立师傅以训迪之，陈典常以灌沃之，慎容貌以款接之，和声音以奖能之，优而柔之，驯而至之，则是段者，尚将可以学而进于圣人，段而后快然叹曰：呜呼！吾母当日之欲舍吾君而立我也，岂其然哉？夫得立者，将以为郑伯也，段乃今而后知伯之为伯也，其道也如是，段小人何知，而吾母遽欲及之，我不几为吾母误耶！如是，则是郑伯信矣无忝尔职者也。即曰，段不必及此，则亦为之沃地以处之，善人以辅之，礼以坊之，时而见之，更有不率，则犹可以大义责之，夏楚威之，亦何至于身为千乘之君，而无法以处一匹夫子弟者乎！夫郑伯之自幼而长而壮，其并心积计，必不教段者，志在于必欲杀段故也。郑伯亦明知段之无罪，而必欲杀之者，杀段犹杀姜氏也，又杀姜氏快，而杀段之快，又快于杀姜氏，是郑伯之志也，是段快于杀姜氏，而又明知段之无罪，则不妨姑且待之以俟其有罪，夫人罪胡可以俟，则郑伯之志曰，我但失教即不忧段无罪，然则我但失教，则不忧段不杀，是郑志也。前讥，讥伯叔之伯字，后讥，讥公侯伯子男之伯字。分释经，前箭犹轻，总释释，后箭极重，如此行文，真非《史记》以下书所得有，安望秀才知之。

不言出奔，难之也。

别释经。何故不书"奔共"？盖一篇文字，若为段立，则应书"奔共"，若为庄公立，则不应书"奔共"，盖杀段是庄公志，脱段非庄志，庄公之志，已决不令段得脱，而段得脱，难之也。看他一篇庄公文字，便不便写段事入来。古人谨严如此，《史记》以后书，都只是浪笔。

遂寘姜氏于城句

陡然写出"遂"字，便与篇初"遂恶之""遂"字，如叫斯应。大冤得报，何止十年，写庄公一生心事，灼然如镜，上文若不连及"夫人将启"四字，此际安得遂寘诸城？作此快意之举，或人不知，乃疑因叔段累姜氏，殊不知正是因姜氏累叔段，然则上正为欲立夫人将启一案，故连及叔段有将袭之罪，看他一弟一母，全用镜花水月手段，两边挽作死结，其狠毒阴险，真非人法界中所曾有也。寘城之法，筑墙如城，四面无门，而处罪人于中，盖是论成弃市，而不便加刑，故不得已变而行此法，以示深恶痛绝之至也。秀才不识，却将"城"字连下"颍"字共读，谓之"城颍"，而又自为注曰，城颍，郑地名，如卿幸自无事，那复须读左氏也。

颍，句

姜氏为庄公何人？此际但论城不城，岂论颍不颍，左氏于此，又必自注一颍字者，盖姜氏而终槁死于城中而已，则不须复知城之在颍。若姜氏别有见天之路，则人且将问曰："姜氏已寘于城，至此何得复出？"即不得不应之曰："惟考叔感激之故。"彼即又问曰："郑人实繁有徒，何为独有考叔？"激，即不得不又应之曰："惟考叔为颍谷封人故。"彼即又问曰："考叔为颍封人，何故常感激公？"则不得不又应之曰："寘姜氏之城，适在考叔封口中故。"如此问答重复，几至通幅不了，今不如行文时，但于"城"字下只轻轻注一"颍"字，便省却无数繁聒之笔不宁惟是，且又图作落花游丝法，天然巧生过接。吾尝言作文无秘诀，只着乖便是，此其一验也。

而誓之曰："不及黄泉，无相见也。"

誓文极毒。人死而葬，则阙地；阙地深，则有泉；泉从黄土中出，其色混黄，谓之黄泉。及黄泉者，言葬日也。异日姜氏死，庄公不得不葬，葬之日，我一见汝，即不然，我死，我死谁复禁汝不出，汝出而临我之葬，汝一见我，谓之相见，设使汝既不死，我又不死，则永不愿见。盖深恶痛绝之至也。秀才亦不知其解，遂以黄泉为鬼国，自汉至今，从来旧矣。自篇初至"寘姜氏于城"句，一篇文字已毕，至此又注颍字，又详载誓文，是另起一篇文字，别自有波澜。

既而悔之。

看他上文如许怨毒，到此忽然有"悔之"二字，何意寒谷有此一线之春？答曰，此见庄公之处叔段与姜氏，已是二十分快豁。凡人于报复之事，只有一分未畅快，他还二十分都是怨毒，只须此一分也快畅了，他便陡然有个不安之心，从中直动出来。须知此际，正是他二十分都满处，只看左氏笔下，写出一"既"字便可见。"既"者尽也，尽情尽力了，自然不觉生出懊悔来。此正是人性极好处，然恰是不好已透头了，此"透头"二字妙绝，世界劫坏更成，地狱尽时反生第三禅天，只是者个道理，但此处全要一个人扶掖得他正好。譬如大病后人，初有一点活理，此时全赖有人调养得好，不惟大惊大恼来不得，即大喜大笑也来不得。左氏写此四字，便恰好接着颍考叔一段下文。传云，惟圣人为能至诚，惟至诚为能尽人物之性，惟能尽人物之性者，为可以赞天地之化育，只左氏便实有此本事，吾亲眼见得。

颍考叔为颍谷封人，闻之，有献于公。

"闻之"，闻公悔，非闻公城母也。悔与城接连，闻与悔接连，献与闻接连，都是一日中事。读至此，始信上先注一"颍"字之妙，不然，良心之发，其来也至疾，其灭也亦至易，若使城自在一处，悔自在一处，颍考叔自在一处，则欲求庄公之悔，乃如龟毛兔角。即使能悔，然顷刻之间，已如妙喜见阿閦佛国，一见不可再见，到得颍考叔来，更要重理前案，正如锲舟求剑，剑去已久，岂得又有所济。秀才不知，只谓寘城是一日事，悔是一日事，有献是一日事，彼食瓮齑肠胃，安能知圣贤之事哉？隘口曰谷，象形石门对峙，下通车马，职掌谷口，讥察行李，曰封人。故仪封人自通曰，君子之至于斯，吾未尝不得见，讥察之职然矣。颍有口，口有封人，是日，庄公亲至颍，寘姜氏于城，誓毕而归，归未出谷而悔，悔而考叔在侧，适乃闻之矣，贤者无时无地，不思为君尽忠补过，然又以事关骨肉，不容直致其辞，则于是进而有献矣。当献而献，是意在献，不当而献，是意不在献，意不在献，则不书献某物矣，但云有献，设使此处误书献某物，则某物之名为无取矣。

公赐之食，句食句舍肉。

《礼》，臣有献，君亦有赐，酬酢之道也。臣有献，君则受之，君有赐，臣则对君食之既，不敢亵君之余也。臣有献，君亦有赐，故考叔之意，不在献，在于钓君之赐也，君有赐，臣即对君食之既，故考叔之意，乃并不在赐，在于食之不既，以钓公之问也。传言臣事君以忠，考叔如是，可谓忠矣，夫忠岂犯颜强谏自谓哉。方朔怀肉遗细君，便从此处化去。然彼却是寓言禄薄，又有不同。

公问之，

公先开口，故妙，永为进谏之法矣。

对曰："小人有母皆句

五字字字妙绝。五字，便写尽孺慕之乐。五字，字字沥入庄公耳根。五字，在考叔口中，只如一声小鸟，在庄公耳中，便如百叫清猿，便令寸心一时迸碎。五字，吾读之，亦欲洒出泪来，何况当时说者、听者？五字，不知左氏何法炼成，便觉"锦心绣口"四字，亦赞他不着；五字，吾剔灯思之，三更不能尽其妙，只得且睡，留与世间绝世聪明人，明日共思之。读书人都会说《陈情表》"臣无祖母"四句好，却偏不会说这五个字好。一篇《陈情表》，只就这五个字化出来，然而其间繁简雅俗，真乃不啻河汉。人都不知得，夫天下岂有无母之人哉？天下之人，岂有不与母偕之日哉？封颍谷耳，莫小于此，而得君升斗，与母乐之，此时即使与我全郑，而欲夺吾母不使得偕，吾宁有负吾母赴东海而死耳，岂能为豚狗之行？轻置吾母而以得郑国为乐，此是考叔心上口下隐隐含蓄语，然却又不直吐出来，只轻轻说得五字，令他自作橄榄回想，真是绝代妙人。

尝小人之食矣，未尝君之羹，请以遗之。"

特地有献，特地望赐，特地舍肉，特地被问，费三四周折，只为要说出上文五个字，至于此三句便全算，余文只为他既问舍肉，便不好不说完耳。

公曰："尔有母遗，繄勾我独无。"

繄，古兮字，秀才未识也。便作婴儿呻吟之声，妙绝。上文"公曰：'制，岩邑也，虢叔死焉。他邑，唯命。'""公曰：'姜氏欲之，焉辟害？'""公曰：'子姑待之。'""公曰：'无庸，将自及。'""公曰：'厚，将崩。'""公曰：'不及黄泉，无相见也。'"悉不是此等声调，纯是造化转作出来，真哀哀父母之言。

颖考叔曰："敢问何谓也？"

只如不知者，如此正好，也只好如此。左氏笔墨停匀，便如从称等上称等过来。

公语之故，

无母之故，好句法。

且告之悔。

悔誓，不悔城，读下文自见，句法又好，如此一篇大文，只缩作八个字。

对曰："君何患焉？若阙地，句及泉，句隧句而相见，其谁曰不然？"

处事如救火捕贼，正是稍迟不得，看他便连忙设出计策来，安计其事之合礼与不合礼？只图当时且得凑手，迨及事定之后，便有一群秀才，出来说长论短，此譬如咬人矢橛，非复好狗，何足惜也。汉隽不疑判伪太子狱，正是一对好手，又妙在自设计，自又先喝破无人说不然，不是箝定天下之口，正是缚住庄公之心，看他来得快，捉得辣，一句话里，却有两番本事，假如人问此时说不然者是谁，当知正是庄公也，故此句妙绝。若阙地，及泉，穿隧，分明是葬之日光景，写得处大事只如儿戏，妙妙！盖恶寤生，爱叔段，只是儿戏事。处之以一群凡夫，便构出天大祸事，弑母杀弟，已成天大祸事，处之以一个圣人，便只以儿戏解之。人生世上，亦何得不学为圣人也。

公从之。

便藏去回车重入颍谷,阙地,见泉,穿隧等字,谓之省句法。

公入而赋:句"大隧之中,其乐也融融!"姜出而赋:句"大隧之外,其乐也泄泄。"

通篇散叙,至此忽作排体,文势诡变之极。入者,入于隧道,穿至城中,迎姜氏也;出者,由隧道而穿出城外也。入则身正在隧道之中,故其赋之首句,亦曰"大隧之中",即事成诗也;出则身已在隧道之外,故其赋之首句,亦曰"大隧之外"也。公入而即赋者,无怩于悔矣,中心畅然,更无疑滞,不觉浏然出之于口也;姜出而后赋者,城我之誓,犹在于耳,隧而迎我,岂其梦耶?不则眯与,胡为而来哉?盖随公而出,至于隧道之半,犹未敢全信其果无中变耳,迨其既出,直至于隧道之外矣,而后乃今始敢释然而答所赋也。"融融"之"融"字,从鬲,从虫,如鬲斯温,如虫斯动也。庄公平生心地,一片冷毒,一块坚忍,至此日,而稍稍和暖,微微苏动,照通篇下字也;"泄泄"之"泄"字,如山川泄云,郁极而得舒也。姜氏一寘于城,惊魂已绝,永不望有母子复见之日,今不意之间,忽然穿隧,惊定方惊,未知今之果得出耶。忧疑彷徨,直至出隧,而后放下,照大隧之外下字也,故写融融,知其写庄公也;写泄泄,知其亦写庄公也,此左氏之章法也。何意如此一篇文字,后却见两乐字,此是左氏异样刷色。

遂为母子如初。

不唯结还遂字,乃至直结还初字,一篇大文字,初字起,初字住,奇绝。

君子曰："颍考叔，纯孝也，
一篇庄公文字，临结却叹考叔纯孝，如此不堪，哪复可耐也！

爱其母，施及庄公。"
吾闻君之有德，则施及臣民，未闻小人之能施及其君者也，如此不堪，哪复可耐也！

《诗》曰："孝子不匮，永锡尔类。"其是之谓乎！
考叔，公之类也，公反为考叔之类，而无以锡考叔者，而反受锡于考叔，即何以伯于郑国者乎！如此不堪，哪复可耐也！通篇庄公文字，公然取考叔作结，文人之予夺如此。

周郑始恶

郑武公、庄公为平王卿士。王贰于虢，
郑始封为桓公友，厉王之子，而宣王之母弟也，相宣王为司徒，受封于荥阳，至是，凡三世矣，而武公庄公，犹相继入为司徒，既世秉重权，又吾迹庄公前后行事，必多不堪于平王者，于是而有王贰于虢之事。贰副也，庄公为司徒，而又分其任于西虢公也。君子以为平王于是乎失天子之体矣，天子置公孤百执之臣，惟进退黜陟之自柄，其谁敢因而奸之者，司徒将纳民于亲逊者也。郑之祖父而既世之矣，彼庄公者，无坏厥职，则王可以无贰于虢，而郑伯将陵于天子，王则直以郑畀西虢，而退郑伯使致其卿，甚且削其封焉，无不可者，如之何私置其副于虢而已也，下左氏一则曰要之以礼，一则曰行之以礼，全责王之不能进退于郑庄也。秀才读此篇，多遗平王而恶郑庄，更不文者，乃至并恶周郑者有之，故中间凡遇信字，明恕字，礼字，明信字，忠信字，悉不知落处。殊不晓此文乃独责平王之辞，若郑庄之恶，则固附见于文外者也。此事全从郑庄起，又上连武公者，因庄之不堪，而疑及世柄国政，则不得不遂连之为辞也，更不连及桓公者，始受封之人，则必周之所信也。只篇初武公庄公四字，便有如许丘壑，左氏何可易读？连武公，谓之添一人，因添此一人，又谓之减一人，奇绝之笔。

郑伯怨王。王曰："无之。"故周郑交质。王子狐为质于郑，郑公子忽为质于周。

迹前后郑伯之事，其恶从来通天，怨王何足又道，左氏正责平王之曰"无之"也，只用二字枝梧，全似小儿未朴光景。通篇君子曰，全从此句立断。"无之"二字，是通篇所骂不信，王曰无之四字，是通篇所骂不能要之以礼，故知此句为通篇之案。须知当时王曰无之，郑伯便接口曰"吾亦只愿王无之"，但自今以往，须与吾质，故接下便有交质之事，郑伯又狠愎，又奸猾，写得便如明镜，然只是不足道，吾独恶平王之不能要之以礼，而遂与之为质也。颇有秀才讥交质句，平书周郑，为左氏之无辨。殊不知左氏乃特地用如此笔，平书郑于周，以恶庄公，平书周于郑，以羞平王也。先书王出质，而后书郑出质者，明是郑伯逼王立质毕，而后聊以公子塞之也，然郑伯不足道，独恶平王以天子而反先与人质也。王子狐二句，是注交质一句，为但言交质，犹未明周之先行质也，故又详言之，下文却又因王子公子四字，便生出洄溪沼沚四句妙文来。吾尝言行文入妙时，只是溪迥山变，又谓之月来成影。韩昌黎一生作序，只用这个秘诀，叹苏轼先有成竹于胸，为极天苦事也。

王崩，周人将畀虢公政。四月，

可以畀郑，亦可以畀虢，而特书王崩下者，王固不敢，周人其未可知也。故书曰"将畀"，盖是畀不畀未可知之辞，乃郑伯则固已深察周人之积愤于己，必不复令辅于新王，于是周之畀虢与否，即尚未决，而王以三月崩，祭足以四月寇，书四月，言其疾也。

郑祭足帅师取温之麦，秋，又取成周之禾。

周之四月，夏二月也，麦尚未成，今言取，盖是帅师拔掘践踏之也。写郑庄之恶，不惟无君，直是异样惨毒，人法界中无此事。又书温，书成周者，四月犹温，秋则径入成周，其恶日更肆也。夫径入成周，则与擒君之袖而抽刃临之，又何以异？故左氏不概书周之麦，周之禾，而必先别之为温，而后遂书成周者，所以著郑庄之穷凶极恶也。秋字下，便省"祭仲又帅师"五字。

周郑交恶。

叙事毕，看他章法之妙。"交质"句，便先书后注，"交恶"句，便先注后书。先书曰"周郑交质"，注之曰"王子狐为质于郑，郑公子忽为质于周"，便见交质全是平王无礼，先注曰"周人将畀虢公政"。

郑祭足帅师取麦与禾书之曰"周郑交恶"，便见交恶全是郑庄无礼，然郑庄何足责？痛平王之不能以礼驭臣，而为祸极烈也。只看一章叙事，以周郑交质始，以周郑交恶终，可见。

君子曰："信不由中，质无益也。

己下凡四段，第一段，一口喝倒质，第二段，宛转商量不用质，第三段，应上第二段宛转商量质，第四段，应上第一段一口喝倒不用质，末便轻轻引《诗》结之，章法极其整练，却又参差驰宕之极。此第一段，正喝平王之质非也。

明恕而行，要之以礼，虽无其质，谁能间之？
明恕，则不疑郑而贰于虢也，至于疑之，而既贰于虢矣，即当要之于礼，辨上下定物志，彼郑伯其安敢上陵而至于行怨乎？间，隙也，不与人以隙也。第二段，正教平王应用礼，不应用质也。

苟有明信，涧溪沼沚之毛，蘋蘩蕴藻之菜，筐筥锜釜之器，潢污行潦之水，可荐于鬼神，可羞于王公，而况君子结二国之信。
一往望之，见许多涧溪、沼沚、蘋蘩、蕴藻、筐筥、锜釜、潢污、行潦字，只道何其痴重，及细寻之，乃知只从上文王子狐公子忽字翻剔出来，空灵挥洒，真行文未有之乐也，此犹曰明则信，信则至微贱之人，操至微贱之物，亦可以仰告鬼神而上通王公，而况平王以天子之尊，不过下结二国之信，何至遂用王子为之质？二国者，王国，郑国，固得同称国也。此第三段，承上第二段，言即用质，亦不至用王子狐也。

行之以礼，又焉用质？
转笔捷如转马。一则曰要之以礼，再则曰行之以礼，全是气他不过之辞。此第四段，承上第一段，言毕竟不应用质也。看他四段，凡作四样身份，第一段用喝，第二段用商，第三段用纵，第四段用擒，真乃无美不备。

《风》有《采蘩》《采蘋》，《雅》有《行苇》《泂酌》，昭忠信也。"

引《诗》以结行之以礼，则不用质而能好也。左氏引《诗》作结，是他长技，独此引法却异，盖图"蘩、蘋、苇、酌"等字，与上十六艳字相映射也。通篇单责平王，不已信乎。瞿斋云，读《克段于鄢》，见郑庄之无亲，读《周郑交质》，见郑庄之无君，无君与亲，其无礼孰甚焉？君子于许叔篇，谓郑庄于是乎有礼，不过反形其无礼云耳。

宋公和卒

宋穆公疾，召大司马孔父而属殇公焉。

左氏每立一传，必指一人为主，然后盘舞跌顿，千变而不失其度，若此篇，则固指宋宣为传主也，不知者全认是穆公事，负左氏甚矣。如此二句，若作穆公传读，则止一行耳；苟作宣公传读，便得两行，而其间虚实影现之妙，乃至不可言喻，且令全传无数委屈丁宁，字字都有落处。盖书穆公疾，召大司马孔父而属殇公，是宾句，言外便见，昔者宣公疾，遗命竟立穆公，而不属殇公，正是主句也。有字处反是闲笔，无字处是正笔，真是鬼在腕中，偷换出来也。

曰："先君舍与夷而立寡人，寡人弗敢忘。

"舍"字妙，"而"字妙，七个字便括尽先君无限曲折，"弗敢忘"，粗秀才讲之曰，弗敢忘先君立我之惠也，可朴也；文秀才讲之曰，弗敢忘先君之嘱也，亦可朴也。夫"弗敢忘"者，穆公于已初得立之日，已深窥先君舍子而立已之故，口虽不言，而心已默许之，今日固不敢忘昔者默许之心也，书不易读，寄语后贤，慎勿草草。

若以大夫之灵，得保首领以殁，

异样艳笔，试问从何来？从大司马三字来也。后之为文者，有艳处不知发，无艳处横涂之，真瘦狗乱啮也。立寡人字，是第一日，以殁字，是最后日，"以大夫之灵得保首领"九字，则中间受托一生履压也。谦言得保首领耳，实则谓我受宋之社稷于先君，今幸获全以归与夷，是惟大司马捍御之力也。

先君若问与夷，其将何辞以对？

劈空说谎，成此灵幻之笔。看他舍与夷，问与夷，写出先君一片恋子至情，真乃老牛千遍舐犊，石人对之挥泪矣。昔之舍与夷，亦是先君，今之问与夷，亦是先君，全副局面，都推过先君身上，而已无所与于其间，措辞轻玄之极。若问字，其将字，写得幽冥路上，亦复娓娓成趣，千古滑稽，此为始事矣。

请子奉之以主社稷，寡人虽死，亦无悔焉。"

正语只一句，盖无辞以对之谓悔也。

对曰:"群臣愿奉冯也。"

又有此一请者,简与宣公异也。昔者宣公有子与夷不立,而立穆公,今穆公亦有冯不立而属殇公,将无同乎,故又书此一请,便令穆公重复发挥一通,而意乃畅也。先就孔父口中出冯字,便觉使出居郑句冯字不突然。

公曰:"不可。先君以寡人为质贤,使主社稷,
能通其意之为贤。

若弃德不让,是废先君之举也。
果能默通先君之意而心许之为德也,举者,不以社稷托众人而独托我是也。

岂曰能贤?
注上废字也,先君之举我也,曰是夫贤,今如不让,则人且曰乌见其贤,是废先君之以我为贤也。忽代先君问与夷,忽代旁人笑先君,全是滑稽口吻。

光昭先君之令德,可不务乎?
先君舍与夷而立穆公,九年于兹,无人能知,故须光昭之也。

吾子其无废先君之功。"
先君默知我有今日,我又默许先君以今日矣。至今日正先君成功之日,而子乃又有奉冯之请,则是我固不废先君之举,而子实废先君之功

也，功即举穆公之功也。

使公子冯出居于郑。
写得妙，不会读者只是一句，会读者又得两句，昔宣公之不使与夷出居他国也，其事可知也。

八月庚辰，宋穆公卒，殇公即位。
所谓先君之功也。

君子曰："宋宣公可谓知人矣！立穆公，其子飨之，命以义夫，《商颂》曰'殷受命咸宜，百禄是荷'，其是之谓乎。"
看他一篇文字，从穆公写，从宣公处结，使读者看朱成碧，思纷纷矣。人无不愿其子之得国也，而岂知命固出于义哉？宣公若不舍与夷而立穆公，则恶知弑与夷而夺之国者之非即穆公耶？前书叔段，后书州吁，此书与夷，得失并陈，以备规览，左氏之教天下后世，岂不深切彰明者哉！汉昭烈便窃用此意，谓诸葛曰："可辅则辅之，如其不才，君可自取。"便亦得亮之死心塌地，然较此便露枭雄之色矣。

卫州吁弑其君完

卫庄公娶于齐，句东宫得臣之妹，句曰庄姜，句美
书娶于齐足矣，又书东宫得臣之妹，何也，书名足矣，又书美，何也，曰，此篇为州吁传也，夫州吁，嬖人之子也，人之为名，贱之至也，则先书庄姜之贵以反亲之，若曰，庄姜而徒齐侯之子，是犹疑有嫡庶，若东宫之妹，则非徒曰字而已，是又齐侯之嫡子也，言贵之至也，如是而卫侯别有所嬖者，何也，意或庄姜不能美与，曰有甚美，此又反亲卫侯之嬖之颠倒也，逝不古处，绿丝女治，真可怪也，此下便应接卫人所谓赋硕人也句，却有先插无子二字入来者，亦圆章法精洁矣。

而无子，句

言庄姜贵则贵矣，美则美矣，或无子未可知，曰，是诚有之，先插三字于此，下另作解。

卫人所为赋《硕人》也。

引《诗》是左氏常技，此又一变，盖又引《诗》以证成庄姜之贵与美为不诬也。《硕人》之诗曰，"硕人其颀，衣锦褧衣。齐侯之子，卫侯之妻。东宫之妹，邢侯之姨，谭公维私"，则可知庄姜之贵，非嬖人之所得望见也。二章曰，"手如柔荑，肤如凝脂，领如蝤蛴，齿如瓠犀，螓首蛾眉，巧笑倩兮，美目盼兮"，则可知庄姜之美，有非嬖人之可同日语也。三章曰，"硕人敖敖，说于农郊。四牡有骄，朱幩镳镳，翟茀以朝。大夫夙退，无使君劳"，则可知庄姜字齐来嫁成礼以与公醮，非若嬖人之苟且以即事者也。其四章曰，"河水洋洋，北流活活。施罛濊濊，鳣鲔发发。葭菼揭揭，庶姜孽孽，庶士有朅"，则可知庄姜之仆媵之多，至于纷然满河，曾无一人肯与嬖人齿者，盛述庄姜之贵，以反形嬖人之贱也。

又娶于陈，曰厉妫。生孝伯，蚤死。其娣戴妫，生桓公，庄姜以为己子。

上文书庄姜既贵且美,独惜无子,至此忽又补之曰,戴妫是生桓公,庄姜实育为子,则又不可言庄姜无子矣,如是,则不知庄公之又嬖于生州吁之人也,何故?看他一路用笔,真是绝世奇文,欲书桓公为庄姜子,则不得不书为戴妫生,欲书桓公为戴妫生,则不得不书戴妫为厉妫娣,欲书厉妫之娣生桓公,则不得不书厉妫也曾生孝伯,此一行叙事虽多,要识单重末句,上头皆闲笔曲折耳。

阴饴甥对秦伯

晋阴饴甥,会秦伯盟于王城。秦伯曰:"晋国和乎?"对曰:"不和。咄咄奇文。

秦问晋国"和乎",寻常有机变人,只是权宜且对一"和"字,他偏不然,偏斗然对曰"不和",使秦伯反劈面吃一惊。

小人耻失其君而悼丧其亲,不惮征缮以立圉也,曰:'必报雠,二十三字句,写得凛凛然。宁事戎狄。'加四字妙。君子爱其君而知其罪,不惮征缮以待秦命,曰:'必报德,二十一字句,写得依依然。有死无二。'加四字妙。以此不和。"

疾接小人君子二段,言以此不和也。文只是小人曰必报仇、君子曰必报德二句,看他于二句上,又倒装小人有小人之心,君子有君子之心,小人有小人之事,君子有君子之事(耻君悼亲,小人之心,爱君知罪,君子之心,不惮立圉,小人之事,不惮待命,君子之事)。于二句下,又加倍四字,云"宁事戎狄",云"有死无二",然后接以此不和,文字真有贯甲洞胸，满心满愿之乐。

秦伯曰："国谓君何？"对曰："小人戚，谓之不免；一戚字，写尽小人。君子恕，以为必归。一恕字，写尽君子。小人曰：'我毒秦，秦岂归君。'一毒字，写尽小人。君子曰：'我知罪矣，秦必归君。一知罪字，写尽君子。○写尽小人者，欲秦之不为小人；写尽君子者，欲秦之必为君子也。

秦又问国谓君何，他亦更不别对，仍只将上文小人、君子，又接连复写二遍，以自补其前言之所未尽，真是异样满心满愿之笔。无端因一和字，轻轻生出小人、君子两样名目，却不谓其便借一样名目来张晋、一样名目来款秦，于自家口中，自对晋国不和，而于他人耳中，却是晋未可犯，秦未可肆，凛凛然何等凛凛然，依依然却又依依然，使读者直疑小人、君子字，乃是天生成两峰对起，并非无端轻轻生出，真莫测之奇事也。后对仍将小人、君子，接连复写二遍，又妙将胸中所不欲秦如此者，尽写向小人名下，将胸中所深望秦如此者，尽写向君子名下，天下即安有愿为小人而不必为君子者哉？秦伯此时，欲不入玄中，不可得也。

贰而执之，服而舍之，德莫厚焉，刑莫威焉，服者怀德，贰者畏刑，此一役也。秦可以霸，纳而不定，废而不立，以德为怨，秦不其然。异样跳脱之笔，真弄秦于掌上矣。秦伯曰："是吾心也。"果然入其玄中。改馆晋侯，馈七牢焉。

贰而执之，至秦不其然，君子自注"秦必归君"四字也，只算述其国中私语，而转换秦伯如在掌上，又一路小人、君子文字，皆板板相对，至此忽然于君子口中，独多作十余句，便变成异样嶙峋跳脱，最为有好势矣。通篇排比而愈见精悍，又通篇无一字曾作伏地可怜之声，是大奇事。

古诗解

古诗二十首

此不推为韵言之宗不可也。以锦心绣手至此，独不屑将姓名留天地间，即此一念，愧杀予属东涂西抹矣，夫此念乃古人锦绣根本也。

第一首

读古人书者，于断处知其续，于续处知其断，则金针度人矣。如此诗刺刺不休，岂是买菜求益，其实分之，则叠架二十首，合之，只斗接成一首，此断中之续也；而诗家毋论长篇短幅，必以四句一解为定体，后人见古之乐府，则注曰一解二解等，余悉不注，遂妄谓其体有异焉者，不知乐府以示伶人，使知音节停顿处耳，若学士大夫心知其事，奚烦赘论哉，此又续中之断也。解体既定，严整在此，神变亦即在此，如此首起法结法独异。

行行重行行，

此句为二十首总冒。○通首板和四解，而起结两句，另外一顿。

与君生别离。相去万余里，各在天一涯。一解道路阻且长，会面安可知。胡马依北风，越鸟巢南枝。二解相去日以远，衣带日以缓。浮云蔽白日，游子不愿返。三解思君令人老，岁月忽已晚。弃捐勿复道，

一路先景次情，将以后十九首语意，包蕴在内，渐说渐迫，势如泻瓶矣。忽用一句截住，缩笔灵妙。

努力加餐饭。四解

又忽用一句掉尾，添笔更灵妙。意其说，却忽然止，意其止，又忽然说，蜿蜒夭矫至此。○读至此，觉《国风》"我躬不阅"二句，犹为情浅，真忠孝血泪之言。

第二首

古人用笔，笔笔俱为全局布置，如用兵者，非算全阵，不可调遣一人也。如此诗，直算至末首揽衣出户，引领入房，然后以"空房难独守"一句引起，却为此便唐突遽说，故先用序事例补在前，看其通首纯用倒叙，真是奇法。笑杀陆机刘铄辈，每好作拟古，竟不思青青河畔草，古人从何处布置也。

青青河畔草，郁郁园中柳。半解

此只一解之半耳。凡诗中用半解者有二：有主句而不可尽言者，有宾句而不必多言者。此则宾句也，为欲叙盈盈一解，故先补叙此半解。

盈盈楼上女，皎皎当窗牖。娥娥红粉妆，纤纤出素手。二解

为欲叙昔为一解，故又补叙此一解。

昔为娼家女，今为荡子妇。荡子行不归，空床难独守。三解

此解方是正文耳，然不便唐突遽说者何也？诗中思妇，大约如屈原所拟，既已委质事人，自当默抱忠悃，则独守空床之苦，谁得知之？曰，因见其盈盈皎皎等始知之耳。故先叙前一解云云，然彼既非倚门，人亦何敢流盼？曰，为见青草，因望垂杨，始亦见之耳，故又先叙前半解云云此特为思妇存身分处。《史》《汉》列传中，常用此倒笔，不意韵言亦有之也。○前首云游子，此以久游，竟呼荡子，严甚，云娼家者，以喻未委质时所事皆君之义，又云女者，以喻本未失身于人之义，每字俱非浪设。

第三首

此首追叙挽留游子之语，以第三第四解，插入第二解中，而以第二解拆开作结，手法又奇。

青青陵上柏，磊磊涧中石。人生天地间，忽如远行客。一解

前以情动，此以道规，立言又进一书。

斗酒相娱乐，聊厚不为薄。二解之上半解

此本与"极晏欢心意，戚戚何所迫"为一解，却截住云"且将游子之苦道破，方知果不逮今日欢聚"也。史家两事夹叙，每有此法。

驱车策驽马，游戏宛与洛。洛中何郁郁，冠带自相索。三解

"自相索"三字，写尽不堪，以为上文相娱乐映衬，妙笔妙笔。

长衢罗夹巷，王侯多第宅。两宫遥相望，双阙百余尺。四解

但将门墙描写，而伺候者，讽刺自在言外。立言之蕴藉如此，东坡一生，极推重昌黎《送李愿序》文，听此四句，觉和平忼激，相去远甚。此唐宋人用笔，每逊秦汉也。我愿天下学古者，断以秦汉为法。

极宴欢心意，戚戚何所迫。二解之下半解

上二解何等不堪，方知斗酒真娱乐也，如此遥接，河源纳海矣。○欢处特注心意字，即为下首伏脉。

第四首

此首即承上"极晏欢心意"来，言特特舍富贵之地，而以聚首为快者，惟为有同心之乐耳。倘心不相知，又何贵相聚，则舍富贵之地奚为也，故结处特将前首一翻，以见知心之重。

今日良晏会，欢乐难具陈。弹筝奋逸响，新声妙入神。一解

从前首带说相聚之乐，是宾句。

令德唱高言，识曲听其真。半解

借新声引出高言，因见唱者听者有相知之乐，是主句，故特郑重归本令德，以逼动下文"齐心"二字出来。○主句不可尽言，若尽言，便涉学究气矣。

齐心同所愿，含意俱未申。人生寄一世，奄忽若飘尘。三解

前云极心意，为齐心也，今意有未申之意，徒成虚愿，岂足云欢哉？生若飘尘，恐良会难再，辜负不少矣，故首以今日两字唤起，即伏珍惜之意。○意中之人不及与订，意中之事古今何限，每诵王摩诘哭殷遥诗，使人呜咽。○第五、第六、第七三首，俱从此解生出，奇绝。

何不策高足，先据要路津？无为守穷贱，轗轲长苦辛。四解

为知心之难，忽作愤激语，谓即翻驳前首，又即牵引后首，极文情顾盼之妙。

第五首

以下三首，俱为齐心同所愿一解，反复咏叹，而此首即从"策高足"句"高"字带来，故通首以"高"字起，"高"字结，言富贵之地，知心亦不易也。

西北有高楼，上与浮云齐。交疏结绮窗，阿阁三重阶。一解

"浮云"二字，是知希之繇，第一首云"浮云蔽白日"，白日可蔽，则何所不蔽矣？此知音之所以希也。○"交疏"二句，即第三首"长衢"一解笔法，但将楼之外见者描写，而被蔽处隐然言外。古人讽刺蕴藉每如此，可知临文骂世，皆不细心学古法耳。

上有弦歌声，音响一何悲。谁能为此曲，无乃杞梁妻？二解清商随风发，中曲正徘徊。一弹再三叹，慷慨有余哀。三解

先叙声，次叙曲，次叙叹，琐细处，用笔俱有位置。

不惜歌者苦，但伤知音希。愿为双鸣鹤，奋翼起高飞。四解
伯牙常有，而子期不常有，古今每抱此痛，此诗人一片胸襟也。

第六首

以下三首，又交互唱叹，见相知者亦有之，而未必相聚。相聚者亦有，而又非我相知，文情徙倚，真有横看成岭、侧看成峰之妙。〇八句中只得二解，却用六句并起，二句总结，又一手法。

涉江采芙蓉，兰泽多芳草。采之欲遗谁，所思在远道。
四句，言我以所思为心。

还顾望旧乡，长路漫浩浩。联上作一解
二句，言所思亦以我为心，若我在旧乡，有怀远道，而彼在远道，未必念旧乡，安见同心哉？"还顾"二字，代为弹泪矣。

同心而离居，忧伤以终老。半解
同心，双结思与望，离居，双结还与长。一解中，忽用半解，收拾前文，用笔极整齐，又极错落，非汉魏以下人所能也。

第七首

此首点染处，前后掩映独绝。

明月皎夜光，促织鸣东壁。玉衡指孟冬，众星何历历。一解白露沾野草，时节忽复易。秋蝉鸣树间，玄鸟逝安适。二解

一路纪时，又一路纪物，绝不露夹杂之痕，叙法可匹《月令》。

昔我同门友，高举振六翮。不念携手好，弃我如遗迹。三解南箕北有斗，牵牛不负轭。良无磐石固，虚名复何益。四解

从促织、秋蝉、玄鸟，映逗出"六翮"句来，从明月、玉衡、众星、白露，映逗出"南箕"二句来，皆有蛛丝马迹之妙。○箕斗牵牛，借用衬染，尤灵幻绝伦，乃知古人使实处，无非镜花水月。

第八首

以前借闺情之离合，引出人心之异同，遂作反复唱叹，文势已如脱辔下坂矣，至此，又略顿住，复从闺情提起，备极纵送磬控之法。○起结各作半解，以为中间三解引带，手法又别。

冉冉孤生竹，结根泰山阿。半解

妇人节坚，君子情固，如泰山之竹，乃云得所托耳，以反振兔丝女萝句。

与君为新婚，兔丝附女萝。兔丝生有时，夫妇会有宜。二解千里远结婚，悠悠隔山陂。思君令人老，轩车来何迟。三解伤彼蕙兰花，含英扬光辉。过时而不采，将随秋草萎。四解

言兔丝女萝，则何敢比泰山之竹，故无根可结，而但云一附已也，究竟千里远隔，过时不采，不特求结根不可得，并求一附亦不可得，则如何

如何，情深调曲，十二句竟可作一篇《离骚》读。○第九、第十、十一三首，复从此三解中生出，笔法鹅翅而下，若粗心读之，竟罔测其结胎归穴何处。

君亮执高节，贱妾亦何为？ 半解
前三解恐嫌迫促，又作义命自安语，飏开一宕，掉尾绝有余神。

第九首
以下三首，俱从前首回互成文，机扣相接，直是织锦手。

庭中有奇树，绿叶发华滋。攀条折其荣，将以遗所思。 一解 **馨香盈怀袖，路远莫致之。此物何足贵，但感别经时。** 二解
欲如丝萝相附不可得，不得不折以往赠，然又疑涉自炫矣，故接云"此物何足贵，但感别经时"，"时"字，即从前篇"生有时""时"字出来。

第十首
此从千里远结婚一解翻出，向犹谓长途间阻，故轩车不来耳，岂知只如牵牛织女，相去无几也，脱化室迩人远意。

迢迢牵牛星，皎皎河汉女。 半解 **纤纤擢素手，札札弄机杼。终日不成章，泣涕零如雨。** 二解 **河汉清且浅，相去复几许？盈盈一水间，脉脉不得语。** 三解
妙在叠用双字，俱从织女眼中意中描出，意中自信为皎皎，眼中却见

为迢迢，其实一水相望，何尝迢迢也。

第十一首

此从伤彼蕙兰花一解翻出，向恐与秋草同萎，故自伤过时耳，抑思入非金石，同归摇落，又何必沾沾以盛衰感怀乎！

回车驾言迈，悠悠陟长道。四顾何茫茫，东风摇百草。一解 所遇无故物，焉得不速老？盛衰各有时，立身苦不早。二解 人生非金石，岂能长寿考？奄忽随物化，荣名以为宝。三解

立身处算到荣名两事，是万无如何之词。杜少陵云，"千秋万岁名，寂寞身后事"，因身前无所效用，聊于身后作虚计耳。实至此，为千古忠孝人洒泪矣。○"各有时"时字，即从前篇"过时""时"字生来。

第十二首

自第八首，复从闺情提起，曲曲折折，说到荣名为宝，又是山穷水尽处矣，到此不得不峰回路转，即屈平之托言女嬃渔父也，文境又辟一层。

东城高且长，逶迤自相属。半解

随地可托，何怀此都？然此意却不明说，而但以半解略写，皆蕴藉处也。

回风动地起，秋草萋已绿。四时更变化，岁暮一何速。二解

借秋草引出岁暮老大迫人安得不别求展怀之地乎，以下云云。

晨风怀苦心，蟋蟀伤局促。荡涤放情志，何为自结束？三解

引晨风，是宾句，引蟋蟀，是主句。《晨风》之诗曰："如何如何，忘我实多。"既忘我矣，何尚惓惓乎？局促，即指晨风也。

第十三首

此首有与上首合作一首者，然前是劝谕之词，此是为其所劝谕之事也，故《昭明选》，亦分二首。

燕赵多佳人，美者颜如玉。半解

一多字，前数首中从未经道者，及闻荡涤放情志之论，而后化耿介为宽大，所言有变调矣。○前后俱以妇人自喻，惟此首独以佳人喻君。

被服罗裳衣，当户理清曲。音响一何悲，弦急知柱促。二解

"当户理曲"，喻求知音也，"弦急柱促"，喻怀人迫也，特特与前弃捐等语意反映。

驰情整巾带，沉吟聊踯躅。思为双飞燕，衔泥巢君屋。三解

"驰情"一句，十字中，心口手足，无不描出，真叙事神手。而于情艳中，忽接"衔泥巢君屋"句，明明将手拮口瘏，一片绸缪心事，和盘托出，诗人本怀，至此吐露尽矣。

第十四首

笔墨如山水然，有融结处，有脱卸处。融结，其着意处也；脱卸，其不着意处也，必有几段不着意处，以宽前后之步，使一路连绵滔滚，复

就舒徐，而后无促音急节之病，如前文幽情热血已尽于"衔泥巢君屋"五字，至此，不得不用急脉缓受法，故以下三首，皆所谓脱卸处也。

驱车上东门，遥望郭北墓。白杨何萧萧，松柏夹广路。一解下有陈死人，杳杳即长暮。潜寐黄泉下，千载永不寤。二解浩浩阴阳移，年命如朝露。人生忽如寄，寿无金石固。三解万岁更相送，贤圣莫能度。服食求神仙，多为药所误。四解

明知变飞巢屋之遇，必不可得，故聊作达生之言，以自遣慰耳。

不如饮美酒，被服纨与素。半解
如此块垒，非此不消，是悲切语，若作豪快语读，却辜负深情甚矣。

第十五首

此首与前首同意，而为驱车出门，已离故乡，遂复有此首，皆余波也。

去者日以疏，来者日已亲。出郭门直视，但见丘与坟。一解古墓犁为田，松柏摧为薪。白杨多悲风，萧萧愁杀人。二解思还故里闾，欲归道无因。半解

欲归故里，其道无因，故复生出后首来。

第十六首

出门触处伤心，故急急思归故里，今虽欲归不得，却不可因此遂损怀抱也，总是无可奈何中，多方自慰之词，皆余波也。

生年不满百，常怀千岁忧。昼短苦夜长，何不秉烛游？一解为乐当及时，何能待来兹？愚者爱惜费，但为后世嗤。二解仙人王子乔，难可与等期。半解

第十七首

此首该直接《冉冉孤生竹》一首，而中间却杂入如许波折，文笔纵恣至此，然如此纵笔，而不病开多合少者，中间接缝斗笋处，自紧逼严凑耳。此文之贵有来路去路也。

凛凛岁云暮，蝼蛄夕鸣悲。凉风率已厉，游子寒无衣。一解
陡接前"游子"两字，如黄河伏地千里，一旦忽现。

锦衾遗洛浦，同袍与我违。独宿累长夜，梦想见容辉。二解
于实情中幻出虚景。

良人惟古欢，枉驾惠前绥。愿得常巧笑，携手同车归。三解
又于虚景中写出实情，总是空中楼阁。○前不归时呼为荡子，今梦归时遂称良人，笔法细妙。

既来不须臾，又不处重闱。亮无晨风翼，焉能凌风飞？四解盼睐以适意，引领遥相睎。徙倚怀感伤，垂涕沾双扉。五解
少陵梦太白时，亦用羽翼字，但此是觉后语，彼是梦中语，用法各变。○妙在相见时，不叙一语，含情未吐，低回欲绝。

第十八首

上文反复说来，只说得我思君子，不曾及君子思我，此两首忽写既遗书又遗绮，以见君子虽不还归，然未尝遂至弃捐，安得不终身盼想也。读此，乃叹孟浩然于上前诵不才明主弃诗，可谓不善言情者矣。

孟冬寒气至，北风何惨栗。半解
首句呼，次句应，即豳风觱发栗烈，先叙风，次气，但句倒耳。

愁多知夜长，仰观众星列。三五明月满，四五蟾兔缺。二解
《三百篇》中，每有将草木纪时者，如条枚条肄之类，此却脱化为明月满缺，用法又变。

客从远方来，遗我一书札。上言长相思，下言久离别。三解
此是三岁后追叙之词耳。不善读者，每句作一句读；善读者，每句作两句读：感其寄时情重，是一句；而寄书在三岁前，已云相思，已云久别，则三岁以后，更当何如，望其寄后情重，又是一句。

置书怀袖中，三岁字不灭。一心抱区区，惧君不识察。三解
自表置书郑重，是一句，而其字不灭，手札依然，我不敢忘君，君岂反自忘也，望其亦将书郑重，又是一句。夫古人用笔而有意中之言，言外之意，此宾主旁正之间，贵细察良工苦心也。

第十九首

书是虚言，绮是实物，情又倍切矣，分说由浅及深，妙。○读法当与

前首同。

客从远方来，遗我一端绮。相去万余里，故人心尚尔。一解文彩双鸳鸯，裁为合欢被。著以长相思，缘以结不解。二解

前书所叙长相思，久离别，犹未及相聚之乐也。若绮上绣以思鸟，则不忍两处明矣，故下文又特特再注二语云。

以胶投漆中，谁能别离此？半解

第二十首

此首总收前十九首，无限热闹，尽归冰雪，知累累千余言，皆处无字句处架造，皆从无字句处收拾矣。〇起结两解，俱自叙，分列前后，独将叙游子者，作半解插入中间，用笔参差有致。

明月何皎皎，照我罗床帏。忧愁不能寐，揽衣起徘徊。一解客行虽云乐，不如蚤旋归。半解出户独彷徨，愁思当告谁？引领还入房，泪下沾裳衣。三解

看其揽衣而起，将出户也，然不遽出，而先徘徊焉，既徘徊而出，则已出也，然又徘徊而还入房焉，以喻士君子出处之际，郑重不苟有如此，数笔，竟将一龙一蛇大作用写尽，莫谓风雅中无经济也。〇入时仍复引领，知意中原未尝决绝忘出，然毕竟以韬晦为本领，故还入房耳。夫既韬晦自处，则一腔冰雪，岂悲冷落，而不免下泪者，非是自悲，乃悲人也，所云终日以眼泪洗面。山深林密处，往往不乏此等人矣。〇读结句，知二十首字字皆是泪痕，皆从无可奈何中挥洒出来也。〇泛观全文，几如

满屋散钱,无可收拾,不但作者手忙,且令读者目眩,然孔子曰,辞达而已矣。此句为作诗文总诀,夫达者,非明白晓畅之谓,如衢之诸路悉通者曰达,水道之彼此引注者亦曰达,故古人用笔,一笔必作数十笔用,如一篇之势,前引后牵,一句之力,下推上挽,后首之发龙处,即是前首之结穴处,上文之纳流处,即是下文之兴波处,东穿西透,左顾右盼,究竟支分派别,而不离乎宗?非但逐首分拆不开,亦且逐语移置不得,惟达故极神变,亦惟达故极严整也。夫古人锦绣如海,不独韵言为然,然诚有有心人,由挹勺以观全涛,始知从袭著作之名可已也,而细学著作之法则决不可已也。

释小雅

《诗》之微言奥义，都入《易》，钞兹《小雅》七篇，不过随俗训解耳。

鹿鸣

呦呦鹿鸣，食野之苹。我有嘉宾，鼓瑟吹笙。吹笙鼓簧，承筐是将。人之好我，示我周行。

是臣也而宾之，何也？宾之者好之也，好之者何也，则甚欲其好我也，是臣也欲其好我即不敢不好我尔，何用我先好之也如此？夫君臣之间，义虽莫逃，然人则既已人尔，我则既已我尔。人我之见，判然胸中，心碍于口，口又碍心，其嫌其避，未易数也，又岂独帘远堂高，体统阔绝之故而已。七八句，一"人"字、二"我"字妙。此二句，是心曲中私自计较，直从世情极透处算出，交情极好处来，并非面与嘉宾言。

呦呦鹿鸣，食野之蒿。我有嘉宾，德音孔昭。视民不恌，君子是则是效。我有旨酒，嘉宾式燕以敖。

上章，止言君臣之间，人我融洽，此明其臣实实夙有实大声宏之德音，足以化民成俗，而凡身有民俗之责者，久矣皆则效不违，然则今日我又安敢臣之而不宾之？宾之，则安得不借旨酒以容与其心。德音三句，亦是心曲中私自计较语，非面与嘉宾言，我有一句，则心中计较已毕，然后重出声劝嘉宾酒。

呦呦鹿鸣，食野之芩。我有嘉宾，鼓瑟鼓琴。鼓瑟鼓琴，和乐且湛。我有旨酒，以燕乐嘉宾之心。

上二章，心中计较已定，此更不须再计较，竟与嘉宾一味饮酒弹琴，叠一句"鼓瑟鼓琴"者，要写此时我忘嘉宾是人，嘉宾亦忘我是我，将首章"人""我"二字顿扫，即此时之和，可知，和则乐，乐则久。湛字即湛湎之湛，便写出"以胶投漆"，"谁宾谁主"，"一团欵至"，又终之以"旨酒"二句者，前望其好，今得其心。至于得其心，则并非一"好"字之所能喻也。〇瑟是堂上之乐，有声有诗，笙是堂下之乐，有声无诗，皆工所歌也。末章变"鼓瑟吹笙"为"鼓瑟鼓琴"，则是辍工歌而自合乐，想见一时外略君臣内结骨肉，此等处，须要细心分别。

四牡

四牡騑騑，周道倭迟。岂不怀归？王事靡盬，我心伤悲。〇四牡騑騑，啴啴骆马，岂不怀归？王事靡盬，不遑启处。

怀归，私恩也，王事，公义也。委质为臣，则不敢以私恩而害公义，故四牡騑騑，非使臣之所敢歌也。歌四牡者，君劳使臣，代叙愁苦，夫为君之臣，而复作是歌，则不得为臣矣。君实劳苦其臣，而不代之作是歌，则不得为君矣。騑騑，传训行不止妙，三四章雏之飞而载下、飞而载止二句，正与騑騑字相映成苦语。骆马行者周道，行周道者骆马，首章咏周道，是苦去路之长，二章咏骆马，是苦长路之必不得不去，嘽嘽乃不容气吼，非众盛也，两"岂不怀归"，便是思父母，然且不说出。

翩翩者雏，载飞载下，集于苞栩。王事靡盬，不遑将父。○翩翩者雏，载飞载止，集于苞杞。王事靡盬，不遑将母。

翩翩，固雏之飞时也，然欲下欲止，之小虫实得自主耳。我为人之子而竟以玉事在身，驾骆马，行周道，騑騑遄集，不能自由。上二章犹以君故不敢说破家有父母，至此二章，则更不能忍矣。夫上章甫受命而便以亲委，非也，此章亲缺养而终忍不言，亦非也，先忍后言，情之至，义之尽也，要写欲忍更忍不得意。

驾彼四骆，载骤骎骎，岂不怀归？是用作歌，将母来念。

妙绝。在说破父母缺养后，反加鞭策马，骎骎前进，以示终不敢以人子之私情，而废人臣之公义。虽然，臣之身则去，臣之心实苦，是用作歌，将鸟鸟恩私，上告吾君。看他回环吞吐，忠孝，悱恻，无限眼泪。

斯干

秩秩斯干，幽幽南山。如竹苞矣，如松茂矣。兄及弟矣，式相好矣，无相犹矣。

厉王流彘之后，周之宫室圮坏，宣王至是中兴，更作而落成之，以有此诗也。一章先叙形胜，斯干襟带于下，南山朝拱于上，此处建造，则托基之固如竹苞，覆荫之郁如松茂，后来世世居此室者，必兄弟相好而无嫌猜，盖追叙未筑室时，相其地形有如此好。

似续妣祖，筑室百堵，西南其户。爰居爰处，爰笑爰语。

妣祖宅镐卜洛，当时贻谋甚远，今值圮坏之后，身有似续之责，实乃万不得已。百堵句，言其弘敞必须如此；西南句，则百堵中前后左右，联络贯串之制度也。夫似续妣祖，必须筑室，然后得以居处笑语，然则此室岂非中兴之要务，此章语气只如此，勿便犯攸芋攸跻攸宁等句。

约之阁阁，椓之橐橐。风雨攸除，鸟鼠攸去，君子攸芋。

此正叙筑也。侬侬相乘，杵杵相应，外密致而风雨除，内坚实而鸟鼠去。凡此者，盖以中兴君子宅中图大端在于斯，非为墙垣也。

如跂斯翼，如矢斯棘，如鸟斯革，如翚斯飞，君子攸跻。○殖殖其庭，有觉其楹。哙哙其正，哕哕其冥，君子攸宁。

此筑成而分叙外朝之壮，丽与内室之弘深也，非壮丽也。此固中兴君子所升坐以朝万国，总万几，振其外王之业者也，非弘深也。此固中兴君子所退处，以节劳逸，时寝兴，宁其内圣之形也。

下莞上簟，乃安斯寝。乃寝乃兴，乃占我梦。吉梦维何？维熊维罴，维虺维蛇。

上叙新室已毕，此忽然从室生簟，从簟生寝，从寝生梦，从梦生占，别引出下男子之祥三章，看他意思，便与似续妣祖句，似应不应，贯射成势，盖妣祖有子有孙，此今日所以中兴，而妣祖有子孙中兴，则后来更不可无子孙也。维熊维罴，维虺维蛇，以深宫至尊，非想非因。此四征者，胡为来哉，占是自家记忆，与下大人占异。

大人占之：维熊维罴，男子之祥；维虺维蛇，女子之祥。〇乃生男子，载寝之床。载衣之裳，载弄之璋。其泣喤喤，朱芾斯皇，室家君王。〇乃生女子，载寝之地。载衣之裼，载弄之瓦。无非无仪，唯酒食是议，无父母贻罹。

重生男、生女一章，乃陪之耳。寝之床，蚤正其位也，衣之裳，蚤盛其服也，弄之璋，蚤象其德也，又特表其泣者，乃祖后稷，厥声载路，今此喤喤之泣，诚乃神圣嫡派子孙，信其后来，庶必服纯朱而为天下之王，庶必服黄朱而为一国之君也，真善颂善祷矣。〇篇首言妣祖而不及父者，以宣王之父为厉王也。

无羊

谁谓尔无羊？三百维群。谁谓尔无牛？九十其犉。尔羊来思，其角濈濈。尔牛来思，其耳湿湿。

此诗，虽言牧事有成，然必要写出中兴后人物和乐，渐臻富庶气象。看他两谁谓尔无句，可见前此凋敝在眼，今乃新得牛羊众多也。三百为群，其羊知定若干，九十皆犉，非犉知有若干，盛夸之也，角濈耳湿，既和且安，即日盛一日矣。

或降于阿，或饮于池，或寝或讹。尔牧来思，何蓑何笠，或负其餱。三十维物，尔牲则具。

四"或"字，想牛羊何等适意？蓑笠负餱，想牧人何等适牛羊之意？盖不苦雨又不苦饥，则恣心任意，从牛羊以终日也，因而数之，为色三十，无不备矣，祭祀燕享，用之不尽也。

尔牧来思，以薪以蒸，以雌以雄。尔羊来思，矜矜兢兢，不骞不崩。麾之以肱，毕来既升。

以薪以蒸，则牧人兼为樵客矣，以雌以雄，则牧人兼为猎户矣，又何其闲适一至于是也？盖人既适物之意，则物亦适人之意，不惟相习，乃至相忘，日之夕矣，麾肱毕归，不言牛者，羊尤难驯也。

牧人乃梦，众维鱼矣，旐维旟矣，大人占之；众维鱼矣，实维丰年；旐维旟矣，室家溱溱。

牧人不梦牛羊者，相习则忘也；牧人忽梦众鱼旐旟者，有开必先也。始梦是众，却是鱼，始梦是旐，却是旟，虽写梦境迷离，然都是中兴初开，由渐而盛之征，于是献之于王，而王命大人占之，云是天降丰年，而人成室家。《中庸》曰"能尽人之性，则能尽物之性；能尽人物之性，则可以赞天地之化育"，宣王中兴之烈，顾不伟欤。

采绿

终朝采绿，不盈一匊。予发曲局，薄言归沐。

终朝不盈，心在何处？瞥然置采绿，翻身回家，膏沐以待，一妙于连日之子不在，首如飞蓬，何等幽贞？二妙于今日之子归期必无移易，何等笃信？真是恩情礼义兼至女子。

终朝采蓝，不盈一襜。五日为期，六日不詹。

之子别时，亲口订期五日，今是第六日，则五日已满，不詹，言更无不归理，不须又费卜钱，妙绝在才过一日，已是负约，偏信是不曾负约。

之子于狩，言韔其弓。之子于钓，言纶之绳。

之子还不知在何处，却先已算其于狩于钓，且不惟之子于狩于钓，连自家亦先于狩于钓，又恐人讥女子不应出闺门，已先算一解之辞，曰谁为之子韔弓纶绳乎？总之，只为之子未归，之子一归，即当无处不双双并在。

其钓维何？维鲂及鱮。维鲂及鱮，薄言观者。

随笔就钓上问之子所得何鱼，之子若曰鲂鱮也，叠一句，香口接之，曰鲂鱮也，则我欲观此鲂鱮也，全用一段憨意，写恩爱出来。后来乐府感郎千金意，回身就郎抱，便是此副意态。

黍苗

芃芃黍苗，阴雨膏之。悠悠南行，召伯劳之。

宣王封申伯于谢，发徒南行，营造城邑，而命召穆公董其事，于是徒役于初发遣时，作是诗。"悠悠"，言此行驰驱饥渴，其苦正未有限，与二三章"我行既集"相望成文势。

我任我辇，我车我牛。我行既集，盖云归哉。我徒我御，我师我旅。我行既集，盖云归处。

弃家远行，竭力受苦，谁当甘之？却因一召伯周详体悉，恩勤抚慰，于是众人竞共争先。八"我"字妙，是无数人一齐奋发，各愿效力，喧喧杂杂如画。既集云归，则无数人自言今日此行，至归时亦甚易。归哉者，言少不得只在眼前，便有已归之日。归处者，言不惟已归，且已处也。

肃肃谢功，召伯营之。烈烈征师，召伯成之。

此又一面走，一面算，此行营谢，非一二有限之功而已。凡城郭宫室，宗庙社稷，一一严正，其事匪细，然则仗我徒踊跃征进，其亟亦匪细，而实则与吾徒小人何与哉？谢功，则惟召伯悉心营之，我等征师，则惟召伯苦心成之。微召伯，征师安肯行，谢功岂便毕乎。

原隰既平，泉流既清。召伯有成，王心则宁。

五章妙绝，不惟营造以隆申伯，兼隆及申伯所新封之民，不惟谢功既成，而众人得归为快，兼以谢之后日，君民同乐，而以宁我王心为快。一篇苦役诗，直写到这里，可见国有大事，所托大臣，关系极不小。

隰桑

隰桑有阿，其叶有难。既见君子，其乐如何？○隰桑有阿，其叶有沃。既见君子，云何不乐？○隰桑有阿，其叶有幽。既见君子，德音孔胶。○心乎爱矣，遐不谓矣？中心藏之，何日忘之！

爱故愿见，得见故乐，如一章"其乐如何"，连自家想不出来。二章"云何不乐"，为正想不出，再反想毕竟想不出来。三章"德音孔胶"，将君子之可乐，与己之乐君子，说到胶固不可别离，然亦只是觉得如此，至其所以然之故，到底原想不出来。若真要写出来，也不难，只是"心乎爱矣"四个字。虽然，要说也有甚说不出，却只是不要说出好。二句三句，欲吐还吞，无限作态，于是又另文终之曰"何日忘之"，爱故须见，既见只是爱，见则今日既见，爱则何日始忘爱耶？○此诗前三章极力说乐，第四章极力不说爱，又前三章，极力说乐，却说不出，至第四章，极力不肯说爱，却说得尽情。乐府思公子兮，未敢言，是从此变化出，又"心悦君兮君不知"亦从此变化出。

释孟子四章

第一章

大凡一部书初开卷，必有压面第一章，如织锦人，先呈花样，如拳棒人，先吐门户，今此则正《孟子》一部七篇二百六十一章之压面第一章也。一部七篇，纯说仁义，纯说仁义可以致于王道，故此章见梁王，劈面大声，便叫仁义，便见生平一肚皮真才实学，更无第二人可以挈行夺市，便见以下作书七篇，只是这个花样，只是这个门户。

孟子见梁惠王。不是梁王要见孟子，是孟子自见梁王，正是一肚皮仁义可以致于王道，连夜要发挥出来，全不顾他抱玉自荐之嫌。王曰："叟！不是尊敬孟子之词，亦不是奚落孟子之词，乃是反借梁王口中，写出一肚皮仁义人，此时已是晚年。不远千里而来，亦将有以利吾国乎？"孟子对曰："王！王开口先呼叟，孟子便开口亦先呼王，应对之礼也。何必曰利？亦有仁义而已矣。接口便截住他"利"字，然后轻轻换出自己胸中仁义字，下另开作两节详辨之。

看梁王口中有一个"亦"字，孟子口中连忙也下一个"亦"字，真是眼明手疾。盖梁王"利吾国"三字，全是连日耳中无数游谈人说得火热语，今日忽地多承这叟下顾，少不得也是这副说话，故不知不觉，口里便溜出这一字来。孟子闻之，却是吃惊，奈何把我放到这一队里去，我得得千里远来，若认我如此，我又那好说话，遂疾忙于"仁义"字上也下他一个"亦"字。只此一个字，早把自己直接在尧、舜、禹、汤、文、武、周公、孔子之后也。看他耳朵里，箭锋直射进去，舌尖上，箭锋直射出来，是何等精灵，何等气魄？后来经生，只解于利字、仁义字，赤颈力争，却全不觑见此二个字。○梁王口中一个"亦"字，便把孟子看得等闲；孟子口中一个"亦"字，便把自己撑得郑重。梁王"亦"字，便谓孟子胸中抱负，立谈可了；孟子"亦"字，便见自己一生所学，迂迟难尽。只这两个"亦"字，锋针不对，便已透露王道不行，发愤著书消息。○道树问：别有书云，夫仁义固所以利之也，可见利只是利益字，如何孟子与下节却把作富强字，只今试代梁王细贴语气，利字毕竟轻轻用来，必若硬要他认作富强字。语气不通，教人如何服？答：《孟子》下节，也并不曾把利字当作富强字，其所以必欲力争者，盖为仁义心地公，利字心地私，仁义气候迟，利字朝不待夕。孟子满肚皮王道，与当时之人水火不谋，只是争这个道理。

王曰'何以利吾国？'牒上王口中语也。大夫曰'何以利吾家？'看他全不顾王。士庶人曰'何以利吾身？'也不顾王与大夫。上下交征利而国危矣。利字当面变作危字。万乘之国弑其君者，必千乘之家；千乘之国弑其君者，必百乘之家。看他危字，还不尽兴，偏要说出"弑君"二字来，又偏要的的确确说出来，恰似亲眼见过几遍。万取千焉，千取百矣，不为不多焉。百忙中,又忽作游戏语,笔法飞舞。苟为后义而先利,不夺不餍。两"不"字好,算入他心窝里。

一国中如王,如大夫,如士庶人,交口说利,而未几被弑,恰是为头曰"何以利吾国"之王,看他文字,便如千把刀一齐戳。〇明明是利字,不消一二语,倏忽变作危字,一变又竟作弑其君字,已又变作"不夺不餍"字,越变越怕,越变越确。

未有仁而遗其亲者也,未有义而后其君者也。 看他上节作风毛雨血之笔,此节另作祥云瑞霭之笔。

不正说仁义必有如何好处,却只云未有未有,盖是要王深信其理之必然,而不可骤图其事之果然也。何则?仁义则王道也,王道无一二年不功,故一入门,口未及开,便先争亦字者,正以此仁义者全是气候中事,使如梁王口中亦字,则必须旦夕之间,立有报效,方始快心。夫孟子生平所学,则岂有如是之事哉?(亲亦君也,自仁视之则为亲,自义视之则为君。入骨入髓之谓不遗,趋事赴功之谓不后。)言利者其祸疾,故写之亦用疾笔,看他将两字又分作两句,用两未有,两者也,纡迟对立,只此便是化工文字。

王亦曰仁义而已矣,何必曰利? "一节辞气太利害,一节辞气太迂迟,于王为难堪矣,故又呼王一声。

前一振,后一缴,只用二语,颠倒而成,文字又整齐,又变动,此人所同知也,岂知前先接"何必曰利",是劈面便抢,此倒找"何必曰利",是带口轻拂,前徐称亦有仁义,是特换新题,此紧承亦有仁义,是趁热便赶。前不得不前彼,后不得不后此,总是化工文字也。(非锦心绣口人不知,非冰寒水冷人不知。)有意无意,又写一"亦"字,分明引王作一路。

第二章

又大书孟子见梁惠王,可见此章又是一部七篇之压面章也,云何有两压面,盖孟子既是一肚皮王道,则何故不见试于当时,须知初见梁王,便是这些人物,因将妙笔画取一幅出来。(一部七篇,是蕴得如许一副学问,须一面章压之;一部七篇,是遭着如此一般人物,又须一面章压之。)

孟子见梁惠王。王立于沼上,顾鸿雁麋鹿,曰:十一字句。"贤者亦乐此乎?"孟子对曰:"贤者而后乐此,不贤者虽有此,不乐也。

看王口中有一"亦"字,分明不敢以贤者自处矣,何图孟子劈面接口凿凿分开贤者、不贤者,又与作十分险语,云"而后乐此","虽有不乐"?真乃抽刀直戳,使人吃惊。(如此人,胡可不教吃惊!)

前章孟子见王,王曰"叟",只一"叟"字,便是双眼注面。此章孟子见王,王顾鸿雁麋鹿,只一"顾"字,便是礼貌大衰,且曰"贤者亦乐此乎",赖是孟子妙口,急将"贤者"二字接住,又开出下去一篇文字耳。不然者,渠贤者亦三字,只是开口闲嗑,意思已全在乐字此字,一片纯是骄稚声音颜色矣。想见昨日"仁义"二字,大不入耳。(前章有头有结,此章有头无结,又前章总头总结,此章总头分结。)

《诗》云：上出语过险，不得不引文。'经始灵台，经之营之，庶民攻之，不日成之。经始勿亟，庶民子来。王在灵囿，麀鹿攸伏，麀鹿濯濯，白鸟鹤鹤。王在灵沼，于牣鱼跃。'引文竟。文王以民力为台为沼，不单说文王有台沼，又必硬下"以民力"三字，想见用笔之奇矫。而民欢乐之，硬下"欢乐之"三字。谓其台曰灵台，谓其沼曰灵沼，此二句，注上"欢乐之"也，言民之欢乐，何以为证，以此为证也。乐其有麋鹿鱼鳖。又言究竟其何以得此于民，则为乐其有即我有也。古之人与民偕乐，故能乐也。结贤者，看他引诗后，笔笔鼓舞而出，写乐便写来乐杀人。

《汤誓》曰：引文。'时日害丧，予及女偕亡。'引文竟。民欲与之偕亡，便将引文复述一句，更不自费笔墨。虽有台池鸟兽，岂能独乐哉？"结不贤者。

看他引书后，便作气尽语，更不别费笔墨，只将偕亡重捆一句，写不乐便写来不乐杀人，真正化工文字。（只看此二章四段文字，便知写忧危事用快笔，写精微事用大笔，皆不知文者也。孟子用笔之法则如此。）○前一节既有"古之人"三字，则后一节亦当有，今明明两节对立，并是引古，而一有一无，其法最妙，盖前节特标"古之人"，是明说不是梁王，后节缺无此字，便是明说梁王，却又如与之讳然。

第三章

何意梁王口中，忽有"尽心"二字，正是搔着孟子痒处，通篇更不顾渠是问何等，我只说自己胸中所有尽心之法。夫尽心者，三王所以得天下之道也。

梁惠王曰："寡人之于国也，尽心焉耳矣。河内凶，则移其民于河东，移其粟于河内。详有十二字。河东凶，亦然。略只二字。察邻国之政，无如寡人之用心者。若又写作尽字，便疑用而未尽，故改写作用字，言尚且不用，何况于尽也。邻国之民不加少，寡人之民不加多，何也？"

梁王一意只图并吞邻国之民，却又自揣别无长处，只有频年移民粟一事，颇觉自著勤苦，遂轻轻称述以为尽心，乃孟子才闻，更不与作理会，只就他说话中间，抽取"尽心"二字去，其余都以戏答之。除首句"尽心"二字为孟子所甚喜，作正答外，余如岁凶移民移粟作一段，察邻加少加多作一段，察邻段，先作笑人败兵戏答，岁凶段，末作杀人罪兵戏答，又是一样章法。

孟子对曰："王好战，突以战喻，可谓无因，便随手加三字作之因。请以战喻。填然鼓之，兵刃既接，才鼓才接，下便书走，此句之下，下句之上，并不见书如何战，喻之奇妙如此。弃甲曳兵而走。或百步而后止，或五十步而后止，以五十步笑百步，则何如？"曰："不可。直不百步耳，是亦走也。"四字妙，言非战也。曰："王如知此，则无望民之多于邻国也。先以战喻，了其加少加多一段。

中间自不违农时起，至未之有也止，方是横割梁王口中"尽心"二字，快说自己胸中一副尽心方法，今此一段，则只作戏谕，以先了其加少加多之间也。○此喻之奇绝妙绝，却在无字句处，盖于国有尽心，于战亦有尽心，如鼓既作，刃既接，此正战之尽心之时也，乃今并不见其如何浴血苦战，却只是一样哄然北走，而顾欲于一样北走之中间强分谁优谁劣，因而妄欲笑人，看他于既接字下，弃甲字上，分明藏一缺文，以喻此处全不尽心，却只以吾之五十步为尽心于百步者，此虽梁王，亦不觉哑然一笑，曰，是亦走也。夫孟子以战喻，岂以走喻哉，慧眼人自觑见。（观五十步与百步，均不尽心于战，则知梁王与邻国，均不尽心于民，夫尽心之道，则何如？）

不违农时，谷不可胜食也；数罟不入洿池，鱼鳖不可胜食也；斧斤以时入山林，材木不可胜用也。此皆百姓自然之利，犹未经王者之尽心也，三不可妙，百姓本有如是大利，为何却致凶年。谷与鱼鳖不可胜食，材木不可胜用，是使民养生丧死无憾也。此使民"使"字，是不可胜三字所使，与王者无干。养生丧死无憾，王道之始也。分明写出一幅上世耕凿太平之图。

将写王者尽心方法，而必先写此者，以见王者自必欲尽心于民，而民则又实实不劳王者尽心，看他自家农时，自家洿池，自家山林，自家谷与鱼鳖，不可胜食，自家材木不可胜用，自家养生丧死无憾，夫民自幼而壮而老而死，其有何事，曾欲劳上之人之尽心者哉！"养生丧死"四字，是四事，不是二事，盖养是养父母，生是生子孙，丧是丧他人，死是死自己，四字便尽小民一生事务，故养生丧死无憾，犹云一生事事无憾也，不是养其生，送其死，要知此是以字法为句法，真正大笔如扛，写成此一幅文字，便想得未有王者以前，民享天地自然大利，原来如此富厚，便想得王者处天地之后，只是略略补救，虽说费尽心力，于民实无增加，便想得民之不望王者尽心之事多，其望王者尽心之事最少，便想得古之王者其一心图尽于民之时，其一眼先看见民本有如此一段快活，便想得王者及至既已尽心之后，亦只隧得民这一段快活，便想得王者一面正尽心，民一面正不知，便想得王者尽心，只尽心于民之心地，不尽心于民之衣食。夫民之心地，或有参差，是待经纪，若其衣食，本自富厚，何待忧劳耶？故曰衣食富厚者,王道之基也。

　　五亩之宅,树之以桑,五十者可以衣帛矣。鸡豚狗彘之畜,无失其时,七十者可以食肉矣。百亩之田,勿夺其时,数口之家,可以无饥矣。三个可以。谨庠序之教,申之以孝悌之义,颁白者不负戴于道路矣。一个不。七十者衣帛食肉,黎民不饥不寒然而不王者,未之有也。二十二字句,道树云,邻不见其往,我不见其来,遂以为不王,然而安能不王耶?此句反写最妙。

　　此正写王者之尽心也,不知文者,见每句上半,皆为衣食作计,便错认尽心在此,殊不知王者有功天地,只是于百姓心地上诚极苦心。何谓心地?所谓孝弟之义是也。孝弟之义之在百姓之心,虽固其所自有,然而终必待其油然自生,而曾不可得而力致,其间王者惟知其然,于是先悉算民之家中,五十者须衣帛,七十者须食肉,我今代他筹画,如何便得以衣帛,如何便得以食肉,民之家中,数口不可以饥寒,我今代他筹画,如何便得以无饥寒?因是悉心悉计,为之制亩授宅,栽桑养畜,事事完全,色色停当,可以衣帛,可以食肉,可以无饥寒矣。三可以字妙,见虽不曾教他孝弟,然已不怕他不孝弟矣,何则?其家中已尽有孝弟之具矣。夫然后升之于庠序,董之以师儒,此时出视道路之间,尚有颁白负戴者乎?无之。一不字妙,见孝弟之义已效也。(颁白不负戴于路,则在家衣帛食肉可知,问:倘有老而无子之人,奈何?道树曰:是以王者教民以孝,又必教民以弟也。)此节虽有多句,而其实只是孝弟之义一句,前三句只为筹画三"可以",而"三可以"只为与庠序也。○三"可以"句,如布好棋子,与庠序句,如下棋,布好棋子,也只为下棋,下棋也只下这个棋子。(此节如更分养分教,则又用上节何为?)七十者必须衣帛食肉,黎民只是不饥不寒。二"不"字妙，写他何等孝弟，便似孔子门人矣，岂复田中之夫哉？（经生不知是事，只道老者要衣帛食肉，黎民要不饥不寒，两句平叙。）○七十者衣帛至未之有也，二十二字为句，作结语，我常于饭过啜茶时，徐步阶前，低低哦之，恍然见三代盛王，孝弟之教已成，俨然只在今日此淡黄日色中，渠又何曾起心发念，真要王天下哉？固知孟子反结之妙。○读此节，真欲崩角稽首，感谢王者尽心，然到此化行俗美之后，不惟衣食是民自己衣食，连孝弟亦是民自己孝弟，此时王者所尽之心，竟在何处？任是天眼通人，也更指不出来，夫帝力何有之歌，岂欺我哉！

狗彘食人食，而不知检，此是常年。涂有饿莩，而不知发；此是凶年。人死则曰'非我也，岁也'，是何异于刺人而杀之，曰'非我也，兵也'。王无罪岁，四字妙文。○王不罪岁，然则罪谁哉？曰王自罪耳，王之自罪奈何？曰亦学古盛王之尽心耳。斯天下之民至焉。"岂特邻国之民至哉。

岁凶无策，固也，岁之未凶，亦无策乎？夫常年不知检，以致凶年无所救，然则凶年正是吾王亲手所与，犹如杀人者之兵，正是亲手所操也，而犹徒推移于河东河内之间，而曾不知已之仓廪是发，人死则曰岁耳岁耳。此一段补作戏论，以了其移氏移粟之问也。○何故梁王所问，都是戏答，一者只好把作戏，原不可庄语，二者一作庄语，便嫌与中间文同。

第四章

承教则承教也，又加一安字，此何说乎？（如七十二子，无不承教孔子，而不见加安字，则岂有未安心者乎？）只此一字，明是纵慢之极，且孟子生平，塞天塞地一副学问，只是致君王道，而王道之有始有卒，只是富庶之后，兴起孝弟，然则如上章者，可谓言之详矣，梁王顾不此之再拜受教，而又自于他日纤迟别请。呜呼！昨已有教不承，今即又承何教乎？可恨可笑，可悯可痛，莫是为甚，故《孟子》通篇亦更无一正说语，纯用异样刳胸挖心之笔，他说安，我偏要教他不安。

  梁惠王曰："寡人愿安承教。"孟子对曰："杀人以梃与刃，有以异乎？"陡发奇语，使人莫措。曰："无以异也。"看他口气，全不在意，如此奇问，亦不惊，亦不怪。"以刃与政，有以异乎？"语益发奇，咄咄相迫，何其甚耶？曰："无以异也。"只是亦不惊，亦不怪，世上岂真有如是承教之体耶，活画出安字来？

  此等文只为幼时，怕先生朴，不免读得烂熟，到今便不觉其奇怪，今须要知得此真是极奇怪文字，昔人相传神医华佗，以押不芦草饮人，便能为人破腹换肠，今孟子正是这副手段也。盖梁王既是发愿承教，即如何口中又有安字？中于身体，便是麻木不仁，中于心，便是冥顽无缝。孟子此时三分是发怒，七分是垂悯，因急用破腹换肠之法，他说要安，我便要教他不安，因劈头问个杀人二字，于杀人下，分梃分刃，自来也曾无这个问法，且又不但一问而已，接连又问，乃至于杀人下，分刃分政，看他一矢摩腹，一矢拂脊，任是土木石头，也须动心变色，而梁王只安安地说个"无以异也"。○道树曰：刃所以杀人，固也，不闻梃亦以杀人，杀人何事，而乃以梃，此以梃杀人之人何人乎？为梁王者，便应惊问，今却不然，可知渠不把杀人放在意里，然此远是影句，若至下以政杀人，则分明道着下官，真可胃骇绝矣，渠亦只是不把来放在意里，故下文孟子狠下辣语。

曰："庖有肥肉，厩有肥马，民有饥色，野有饿莩，此率兽而食人也。再发奇语，只是不醒。兽相食，且人恶之，作此纵送之笔。为民父母，句〇看他偏插此四字。行政不免于率兽而食人，恶在其为民父母也？

王勿推醉中梦中也，王一则曰无以异也，再则曰无以异也，岂吾今日则与王姑且为是闲中评论乎？夫以政杀人，则实有其迹与其人。何谓其迹？率兽食人是也；何谓其人？为民父母者是也；何谓为民父母而率兽食人？庖有肥肉，厩有肥马是也。看他笔势，如飞刀插屏，用刀过猛，其靶犹动。（梁王于此时，犹得自安否？）

仲尼曰：'始作俑者，其无后乎？'引文。为其象人而用之也，其者，作俑之人也。〇象人犹不可。如之何其使斯民饥而死也？"其者，梁王也，王前称其，体之所无，故知此为孟子自己唧唧怨怒之辞，虽在王前，已不复正告王也，听王之自闻之。

既下辣语后，忽然想着仲尼恶俑，曾有无后之言，于是索性刺其钜创，若曰作俑象人，犹当无后，今以为父母之人，而使其子弟饥死，独不当无后耶？盖既已父母之心肝烂尽，定应得此无子弟之报，便似不晓其有所爱太子新房一事。（看他通篇"杀人"字起，"无后"字止，句句险仄，字字狠辣，只为篇初一安字。）〇道树曰：如之何其妙，通篇辣语，独至此句，忽作呦呦咽咽之声，想是"无后"二字，刺心失色过甚，故特变一调收之。

批欧阳永叔词十二首

长相思·美人

深花枝,浅花枝,深浅花枝相并时,花枝难似伊。四句十八字,一气注下,中间更读不断,真是妙手。〇看他四句,有四个"花枝"字,两个"深"字,两个"浅"字。〇玉如肌,柳如眉,爱着鹅黄金缕衣,啼妆更为谁。后半不称。

只看前半阕,不用一字,只是一笔写去,却成异样绝调;后半阕,偏有许多"玉肌""柳眉""鹅黄""金缕""啼妆"等字,偏觉丑拙不可耐,然则作词之法,固可得而悟也。

诉衷情·春闺

清晨帘幕卷轻霜,呵手试梅妆。都缘自有离恨,故画作远山长。既有恨，亦何与画眉事？以画眉作使性事，真是儿女性格也。○思往事，惜流芳，易成伤。未歌先敛，欲笑还颦，最断人肠。

踏莎行·寄内

候馆梅残，溪桥柳细，草熏风暖摇征辔。"残"字，"细"字，写早春如画。○摇字不知是草，不知是风，不知是征辔，却便觉有离愁在内。离愁渐远渐无穷，迢迢不断如春水。此二句只是叙愁，却已叙出路程；上三句只是叙路程，却都叙出愁；其法妙不可言。○寸寸柔肠，盈盈粉泪，楼高莫近危栏倚。此七字，从客中忽然说到家里。平芜尽处是春山，行人更在春山外。此十四字，又反从家里忽然说到客中，抽思胜阳美书生矣。

前半是自叙，后半是代家里叙，章法极奇。○杜诗今夜鄜州月，闺中只独看，此便脱化出楼高句，遥怜小儿女，未解忆长安，此便脱化出平芜二句，从一个人心里，想出两个人相思，幻绝妙绝。

减字木兰花·艳情

楼台向晓，淡月低云天气好。先说楼台。翠幕风微，渐说到翠幕。宛转梁州入破时。渐说到人。○香生舞袂，先说到舞袂。楚女腰肢天与细。渐说到腰肢。汗粉重匀，渐说到汗粉。酒后轻寒不著人。说到轻寒不妨，则妖淫之极，不可言矣。

看他前半阕，从楼台翠幕说到人，后半阕，从衣袂、腰肢、汗粉说到说不得处，有步步生莲之妙。〇衣袂、腰肢、汗粉还说得，至末句真不好说得矣。今骤读之，乃反觉衣袂、腰肢、汗粉等句之尚嫌唐突，而末句如只在若远若近之间也者，此法固非俗士之所能也。〇前半之末句，只说梁州入破，便暗藏一妙人；后半之末句，只说春寒无妨，便暗藏一妙事，真是镜花水月之文。

减字木兰花·歌姬

歌檀敛袂，缭绕雕梁尘暗起。起平平，又"尘暗起"字来，殊碍下"留住行云"字。柔润清圆，百琲明珠一线穿。用累累贯珠，又用百琲明珠字，谓之半借法。〇樱唇玉齿，天上仙音心下事。天上心下，斗成七字，不知是千槌百琢语，不知是天成语。〇更妙于心下事，定当私昵秽亵，却用"天上仙音"四字冠之，便妙不容言。留住行云，此只用遏云事，又用行云字，盖用字略略影借，便可化陈为新也。满座迷魂酒半醺。只七个字，便骎骎淳于髡臣饮一石一段奇文，而反觉妖艳过之。

生查子·春恨

去年元夜时，前后两提头只换一字，章法绝奇。花市灯如昼。第二句灯。月到柳梢头，第三句。人约黄昏后。第四句人。〇四句写得目眙心荡。〇今年元夜时，月与灯依旧。"月与灯"，只三字便将前第二、第三句缴过，"依旧"只二字，便将前"花市如昼""到柳梢头"八字重描，真奇绝之笔。不见去年人，泪满春衫袖。只为此句，生出一章来，其法可想。○又妙在仍用"去年"二字。

看他又说去年，又说今年，又追述旧欢，又告诉新怨，中间，凡叙两番元夜、两番灯、两番月，又衬许多花市字，如"画"字、"柳梢"字、"黄昏"字、"泪"字、"衫袖"字，而读之者，只谓其清空一气如活，盖其笔法高妙，非人之所及也。

生查子·即事

含羞整翠鬟，得意频相顾。雁柱十三弦，一一春莺语。此二句之妙，人未必知，予不得不说，盖从"十三"字，生出"一一"字，从"雁柱"字，生出"莺语"字也。○娇云容易飞，梦断知何处。如此用梦云事，便如曾未经用。深院锁黄昏，黄昏如何锁得，且锁黄昏与人何与？只说锁黄昏，更不说怨，而怨无穷矣。阵阵芭蕉雨。

迩来填词家，亦贪得好句，而苦无其法，遂终成呕哕。殊不知好句初不在风雨、珠玉等字饾饤而成，只将目前本色言语，只要结撰照耀得好，便觉此借彼衬，都成妙艳。如此词，第三、四句，"一一"字，只从"十三"字注沥而出，"莺语"字，只从"雁柱"字影射而成也。苟若不得此法，即髾枯血竭，政复何益？

瑞鹧鸪·有见

楚王台上一神仙，眼色相看意已传。见了又休何若梦，坐来虽近远如天。不恨休，反恨见，不恨远，反恨近，妙妙。○"何若梦"，言不如梦也，一本作"还似梦"，非。○陇禽有恨犹能说，承"见了又休"句。江月无情也解圆。承"坐来虽近"句，句句字字恨极。更被春风送惆怅，落花飞絮两翩翩。落花喻彼，飞絮自喻，索性把眼色相看，坐来虽近，一发说决撒了，省得牵肠吊肚，又一结法也。

蝶恋花·春睡

海燕归来栖画栋，帘影无风，花影频移动。轻轻斗出"帘影""花影"，妙妙说"无风"，又说"移动"，说"移动"，又偏说"无风"，深闺独坐，活画出来。半醉腾腾春睡重，绿鬟堆枕看云拥。○翠被双盘金缕凤，忆得前春，有个人人共。前春人共，何日忘之？却偏说盘被双凤，因而忆得，蕴藉之极，又映衬之极。花里黄莺时一弄，日斜惊起相思梦。通篇说睡，结只轻轻一掉转。

余尝言写景是填词家一半本事，然却必须写得又清真，又灵幻，乃妙。只如六一词，"帘影无风，花影频移动"九个字，看他何等清真，却何等灵幻！盖人徒知帘影无风是静，花影频移是动，而殊不知花影移动，只是无情，正为极静，而"帘影无风"四字，却从女儿芳心中仔细看出，乃是极动也。呜呼，善填词者，必皆深于佛事者也。只一帘影花影，皆细细分别不差，谁言慧业文人，不生天上哉？

蝶恋花·闺思

庭院深深深几许。问得无端。○三个"深"字奇绝，唐人诗，每以此为能。杨柳堆烟，写出"深深"。帘幕无重数。写出"深深"。玉勒雕鞍游冶处，楼高不见章台路。只为此五字，便怨到庭院。○衬入"楼高"字妙，犹言如此尚然也，文家有加染法，即此。○雨横风狂三月暮，门掩黄昏，无计留春住。留得无端。泪眼问花花不语，问得无端。○问花，待得花有情，花不语，怨得花无谓。乱红飞过秋千去。人自去远，与庭院何与？人自不归，与春何与？人自无音耗，与花何与？亦可谓林木池鱼之殃矣。

通篇不出正意，只是怨庭院、怨春、怨花，章法奇甚。○"杨柳堆烟"句，是衬庭院句；"雨横风狂"句，是衬留春句；"乱红飞过"句，是衬问花句。凡作三段文字，须要分疏读之，不得混账过去。

蝶恋花·荡船

永日环堤乘彩舫，烟草萧疏，恰似晴江上。天成妙景，天成妙句。水浸碧天风皱浪，菱花荇蔓随双桨。○红粉佳人翻丽唱，惊起鸳鸯，两两飞相向。且把金樽倾美酿，休思往事成惆怅。从"丽唱"生出"鸳鸯"，从"鸳鸯"生出"往事"，文字只是一片。

从来词家，多以前半不堪，生出后半不堪之情。此独前半写得萧然天放，后半陡然因丽唱转出鸳鸯，因鸳鸯转出往事，又是一样身分也。

蝶恋花·采莲

越女采莲秋水畔，窄袖轻罗，暗露双金钏。九个字，只写得上句中一个"采"字耳，却亦只须写一"采"字，便活画出越女全身，此顾虎头所谓须向阿堵中落笔也。照影摘花花似面，上影是水中面，下花是水中花，造语灵幻之极。芳心只共丝争乱。花似面，即知面似花也，便趁势写出他芳心来，却又以藕丝贴之，细妙之极也。○鸂鶒滩头风浪晚，雾重烟轻，上句之下，下句之上，合以七字写景，谓之两让法。不见来时伴。妙妙。不因此五字，便是采莲，不足咏矣。○从采莲上，却想出此五字，岂非天才？隐隐歌声归棹远。"风浪"七字是写此，"隐隐"七字是写彼，又一是写见，一是写闻。离愁引着江南岸。因其着岸而知其心愁也，却反云愁心引之着岸，此则练句之妙也。○画出小心怯胆，令人读之犹怜，何况亲见其人！

易钞引

订定卦位歌

　　乾坤而后有屯蒙，需讼师比小畜履，小学卦终泰否始，同人大有及谦豫，随蛊临观噬嗑贲，剥复无妄大畜颐，颐大过兮到坎离，上经三十卦如是。下经咸恒遁大壮，晋与明夷家人睽，蹇解损益又夬姤，萃升困井革鼎继，震兮艮兮渐归妹，加以丰旅及巽兑，涣节中孚小过来，既济未济三十四。

通宗易论

义例

读书当先明义例，义例明，虽五千四十八卷，如指掌耳。大《易》为改过而作，是必有义，有义因以起例，例之所在，义之所在也。义文例在乾坤二画，周公例在用九用六，孔子学《易》，韦编三绝，铁擿三折，漆书三灭，遂自立为例，曰阴阳，刚柔仁义，而于阴阳刚柔中，确然见伏羲正，文周中天地正，圣人中，上经中，下经正，因更有例，曰中，曰正，而又檃栝之曰时然则阴阳刚柔者例之始，乾坤者例之又始，故曰乾坤为众卦父母也。由乾坤迄既未，一半是人，一半是法，约法为天地，约人为圣人，于是逐分天地圣人为两大科，上经发挥天地文字之卦，下经发挥圣人修行之卦，天地者未学之圣人，圣人者新学之天地；而天地一科，又分为二，圣人一科，亦又分为二，乾坤坎离为天地，截然四句，震艮巽兑为圣人。只二句，坎离者天地之神妙，艮兑者圣人之神妙。又泰否既未，圣人所建立之天地，咸恒损益，圣人所成就之天地，总之从义出例，从例入义，其中有楼阁卦（千楼万阁重重涉入），有光影卦（光光相属影，影相注），苟不明于圣人楼阁辨才，光影笔法，徒然读此卦不通彼卦，是则名为檿榹卦而已矣。夫乾坤之画，不生于圣人心中，乃生千万物分中。有乾坤，遂有六子，因而相错为十六，相荡为六十四，此皆万物分中事，而圣人因之，十六卦者，句卦也其领义大。四十八卦，字卦也，其领义小，合之为乾坤一章。乾，约人之卦，圣人之卦也；坤，约法之卦，天地之卦也。大哉乾元者，健元也，元之健者也；至哉坤元者，顺元也，元之顺者也。乾约一心最小，而一心不住于一心，如龙之御天最健，故曰大；坤约万法，而法法各住于本位，如马之行地最顺，故曰至也。六十四卦，总之一卦乾，一卦坤。乾坤为论义两大端，叩其两端，竭于既济未济，是故乾坤《易》之门、《易》之蕴也。乃若乾宜用十，而今用九者，彼所具足之德，内减一数，盖我德也，故曰用九见群龙元首吉，坤宜用五，而反用六者，向所简去之一，特特于坤中见，故曰用六利永贞，究之以坤之六，絜干之九，不过五焉十焉，故曰五十以学《易》也。五者天地之盛德，十者圣人之大业，方图以十六卦五其中，圆图以十六卦十其际者也。仲尼通体是易，五十知天命以前，曰立，曰不惑，义本乎乾；知天命以后，曰顺，曰矩，义全乎坤，而又何有大过耶？小过，天地自然之过也，过而不留，如飞鸟焉。自非圣人，不能寡过，而或贰过，骎骎乎成大过耳。故上经坎离未开，谈说之卦，终于大过；下经既未未开，修成之卦终于小过者，大《易》之昆仑源星宿海乎？夫胸具万理，譬之网有万目，而张网得鱼，止挂一目，是故名卦。约性而论，伏羲六十四卦也；约修而论，文王六十四卦也。卦如系结，爻为解结。圣人设一卦，学者将安坐卦中；圣人摇六爻，学者得动出卦外。内三爻体也，九二六二，为体之体，是曰发；外三爻用也，九五六五，为用之体，是曰挥。发文考所未发，即挥文考所已发，所谓杂物撰德，辨是与非，非中爻不备者也。初与三，旁通其二，为体之用，上与四，旁通其五，为用之用，故曰六爻发挥，旁通，情也，知中爻之为经，则知旁爻之即传矣，乃下经咸恒卦，似宜以足上，而反用起下者，咸恒在坎离后为沐浴卦，盖上下篇之纽也。上篇自屯蒙驯及于履，乃锻炼学者，至泰为入大之初门，下篇自中孚小过，逆推至丰，乃考验圣人，以损为证之实事，故莫乐，于泰，泰卦上篇之门庭，莫苦于损。损卦下篇之涂径，由也升堂，得闻泰卦也，未入于室，损卦未就也，又全经实以坤始，为法因人显，故始于乾，是为始始，全经实以既济终，为人适如法，故终于未济，是为终终，合而论之，义之一画也。文之元亨利贞也，公之龙也，孔子之庸德也，例虽不一，其义一耳。

五十　西堂总公

《易》是天地之事，学《易》是圣人之事，天地圣人，命为三才，各仗自己气力作事。从来抗不相下者也，乃后之圣人，必欲以两家会而通之，于是建立五十两字。建立五字时，即以圣人之学，七纵八横，通达转来而为天地；建立十字时，即以天地之易，齐齐整整，约束过来而为圣人，而后乃知方，天地即是圣人，圆，圣人即是天地，从来非有两事也。天地圣人，既非两事，则五十两字，亦复合一，五十合一，即世尊胸前万卍字轮也。然虽如是，而学《易》之法，必须五以五之，十以十之。五以五之者，五其十也；十以十之者，十其五也；今日为当先说五，为当先说十。五是天地之盛德，即是易字，十是圣人之大业，即是学字，今日既是圣人要去学《易》，则所注射，乃在天地盛德，应先说五字，然彼天地盛德，岂汝足下小生所能学？不学则已，学则竟是圣人之业，岂细事哉？以是之故，且须以五字置之高阁，以五字置之高阁，岂欲即说十字耶？十字既是圣人大业，今日学为圣人，自应即说十字，而又有所未可者，譬如皇家造五凤楼，必先筑基端正，而后可凭空构造，今亦如是。虽应即说十字，先应筑基。何者为基？谓于初入门时开口第一句便用九字也。何故九字是十字之基？盖大千群龙具在，游戏满足，是十字，而独无奈领头一龙，常要出来生事，致令一切群龙，悉不得静，今但不许此领头一龙出来生事，则群龙各各自在，不许领头一龙，此是九字，群龙各得，此是十字，不许一龙而群龙即各得，故九字是十字之基也。何谓领头一龙？即宗家劈面所诃之拟议是也。我等平昔为凡夫，各赖此拟议，从今以往，须要破尽执我，而后方与用九之义，有少分相应也。问：圣人大业，既于十内减一而用九，天地盛德，复当云何？答：天地盛德，则于五外增一而用六，何以故？天地之为天地，直至今日，但会得五除五之外，更无所能，全赖有圣人者，于其间为持地菩萨，而裁成辅相之，故至今犹得持定在此；不然，而一任其五之性行去，则将胥而至于不可知之地矣，故不用五而用六也。《大经》云，住世一劫，若减一劫，若减一劫者，世尊为薄福众生说，如来毕竟入于涅槃，住世一劫者，世尊为大乘廿卅说，如来毕竟不入涅槃，说如来毕竟入涅槃，即是十内减一而用九义；说如来毕竟不入涅槃，即是五外增一而用六义也。虽然，若就圣人说之，初亦未尝于五之外，另增一事也。何也？圣人视说法与骂人，一总只是鼓粥饭气，而凡夫定欲推说法于骂人之外，谓是确有一件事者，故实实同是五字而遂以为六耳，是则即用五字以为六，非于五外另用六，故曰用六永贞，以大终也。当知九字，是乾卦之大力用，六字，是坤卦之大力用。乾卦之大力用，展转直至既济，方得完全是十，而尚有六在其中；坤卦之大力用，展转直至未济，则竟清净是五，更无九在其中内矣。

问：五字×如何写？曰：两手握四管笔，从外面一齐画到中心，而×字成。问：十字如何写？曰：两手握四管笔，从中心一齐画到四面，而十字成。五字写法，雷以动之；十字写法，风以散之。盖响从四面来，法界之性如是；去从四面去，以学于圣人之道故也。故五字天地之字，十字圣人之字，×字即十字，而圆写之则为五；十字亦即×字，而方写之则为十。圆十字为×，乃即活十字也；方×字为十，乃即死五字也。约天地盛德曰五，约圣人大业曰十，五以学易，十以学易，殆谓此矣。然而五十字，初不为我等算数而设，今日断不得以算数法来听。何也？圣人胸中，但有一字，且无二字，何况余字？盖圣人所见，惟是大千，大千从本是一故，复次，圣人立出十个字来，只为得一件事体，心中只一件，眼中只一件，口中说不得一件，于是不得不作两样方法以说之，因而以一一字分为两一字，两一字者，人一法一也。约法，则分为天地盛德句，是为五字；约人，则分为圣人大业句，是为十字。五字是约法一字，十字是约人一字，究非有二字也。既五十二字，俱是一字，余字当复何用？当知一二三四四字，只是五中之开合，六七八九四字，只是十中之气候也。问：乾卦岂非约人之卦耶？曰：然。坤卦岂非约法之卦耶？曰：然。然则乾卦何不用十而用九，坤卦何不用五而用六耶？曰：据实而论，只是一副大千，不应有约法约人之事。其所以必须约人者，无他，只为法故；其所以必须约法者，亦无他，只为人故。约法约人，总为人不如法。意重在人，不重在法（每卦中爻属人，故发挥因之）。欲于坤卦广谈法界，必须先于乾卦成就法器，故乾卦中凡有所说，悉为未成乎人，既发挥旁通，大作佛事，而后成乎其为人，即以其人来坤卦中，住持于法，其人乃得名之为十，若犹未也，定应用九，不应用十也，若尔，坤卦应用十，何故亦不见用？曰：坤卦正以应用十之故，所以不用十而用六也，何也？应知乾卦用九者，非所云老阳之谓，乃是十中缺一也；坤卦用六者，亦非所云老阴之谓，乃是五外增一也。云何是十中所缺之一？未成乎人，执我之凡夫是。云何是五外所增之一？已成乎人，参赞之圣人是。由是言之，乾卦所缺，正即坤卦所增，坤卦所增，正即乾卦所缺也。盖乾卦纯说法，不说人，然乾卦虽实实说人，而实实不是人，故减一数；坤卦则实实说法，而实实竟是人，故增一数。以乾所缺之一，补之于坤，而坤得用六，用六所以住持其五也；以坤所益之一，减之于乾，而乾止用九，用九所以期致乎十也。故知乾卦爻爻用九，意不在用九，意在不用一也，坤卦爻爻用六，意不在用六，意在双用一也。如是则圆者方，方者圆，活者死，死者活，更无法约人之事矣，而后乃得名为真正人与真正法，故此乾坤两卦，实是一卦非两卦。五十两字，实是一字非两字也。

乾坤

云何为乾？只据现在一法，迅疾起灭，不曾暂停，卦之曰乾，乾卦本小，而破于一物，翻出万物以其弃小就大，为万物资始，故曰大。云何为坤？遍约大千微尘，瀰布无外，不漏一丝，卦之曰坤，坤卦本大，而借彼前法，出生后法，以其如法各得，为万物资生，故曰至。乾，约人之卦也；坤，约法之卦也。圣人意重在人，不重在法，人不终则法不始，故乾坤虽齐举，而必先乾后坤，所以明坤必本乎乾之义也。《孝经》云，"先王有至德要道"。至德，仁是也；要道，孝是也。孝与仁，从来不相见之字，仁非孝之满分，孝亦非仁之少分，其云至德要道者，言孝是仁之要道也，故曰夫孝，天之经也，地之义也，民之所由生也。一人曰人；普天下人曰民。一人若在，普天下人不得活，赖得孝字为涂毒鼓，一闻便死；一人既死，民皆得活，故曰民之所由生。今以孝字诠父子一伦者，盖以前法后法，相生不穷，有父子之义故也。郊祀后稷以配天，是说仁字；宗祀文王于明堂，以配上帝，是说孝字。《周南》以麟止，麟者，青色仁兽，王者至仁格天之所感；《召南》以驺虞止，驺虞者，白色孝兽，王者至孝格天之所感也。读《周南》《召南》，而乾坤之能事毕举矣。《论语》首章《时习》，即乾乾因其时而惕。乾之义也，朋来，即西南得朋；坤之义也，君子，即屯蒙以至中孚小过之君子也。上经首章，立出君子字；下经首章，夺却君子字；末章结归君子，与首章应。其为人也孝弟章，孝弟为仁之本，盖言乾卦为坤卦本也。坤是仁卦，约法；乾是孝弟卦，约人。虽人与法双约，究竟归重为人上，故《学而》章，虽是开经第一章，而《论语》实以《孝弟》章始也。然但云其为人也孝弟，而不云为孝弟之人者，盖孝弟原非实事，不过以防闲天下之不仁耳。仁之为言，七通八达之谓也，一佛国土，通于无量佛国土，无量佛国土，通于一佛国土，尘尘刹刹，你既为我，我复为你，如八门五花，无有隔碍，故名仁。然圣王必不能使天下仁，但却使之不至于不仁，故特设孝弟两字以防范之。一出一入之间，如临深，如履薄，此如两道灵符，可以袚除不详，眼光但要照定此两字，自无犯上作乱之好。所以但云其为人也孝弟，而不云若何为孝弟之人也，孝弟只约现前一心说，为人约一期报尽说。为孝弟于一刻上为一为便了，为人必须为到死而后已，终无了期者也。盖好犯上，即是不孝弟；好作乱，即是不仁；不好犯上，即是孝弟；不好作乱，即是为仁。故知只有不好犯上，不好作乱是庶民实法，并无孝弟与为仁之事也，既云孝弟为仁之本，则是圣人建立孝弟字，专为为仁，而乃云本立道生者，盖未开经前，不过为人，既开经后，即是为仁，而于中间必作六十四番卦象者，是即所谓道。每一卦象，必作六番爻辞，以至有三百八十四爻者，是即所谓道中之生也。是故说经不但说一冠冕仁字便了，要须实实落落，开出道生字来而后始得，不然，既无相生之道，开亦何益？君子所以不务开后之大和会，而务未开前之本者，良由于此。

　　今日开经，如此说去，须知有二大法门。何等为二？一者无量善法，同时俱兴，谓之兴善法门；一者从前执我，应时歇灭，谓之破恶法门。所兴之善，有尘尘刹刹，犹如红炉，所破之恶，只尘一刹，喻如点雪。从此乾坤二卦以往，总是一卦兴善，一卦破恶，直至既未济，无不皆尔。然所破之恶，虽如点雪，而有大势力；所兴之善，虽如红炉，而无势力；故必须一双一双相守说去，而后所破者方得一死不活，所兴者方得神变无方云尔。复次，乾之为卦，乃是搜寻一切不通达之卦也。不通达虽止在一处，而搜寻不通达，则须遍一切处。遍处搜寻，并无一处不通达可得，而后乾之能事始毕，故坤卦是实，乾卦是假。然遍一切搜寻不通达，此是实实一事，若所谓处处通达之境界，则谁当见，谁当说？故又应坤卦是假，而乾卦是实也。且夫乾卦虽求处处通达，而其实只求去一处之不通达，譬如人周身气血，少有一处窒碍，则周身气血，应时便阻，谓之不仁之疾，善医者止于此窒碍一处而疗治之。此一处，既得愈已，则通体悉愈，故知乾卦医治全法界不通达，不在处处，而在一处也。复次，仁者推而行之，处处行得通之谓，孝者反而求之，并无一处行不通之谓。仁者喻如家业，孝者喻如能守家业之人，故仁是大千之实法，而孝乃君子之用心也。仁是本有实法，故非但不能不仁，亦复不能为仁，孝是君子用心，故既能为仁，亦能为不仁，故眼光不注射在孝，而注射在不孝。仁是现前一切万物内，无微尘许不通达，孝是通达大千所有一切不仁之处者也，故坤卦才说起时，便已是仁，乾卦必须说完以后，乃得是孝耳。复次，在昔尧舜之世，万民皆得耕凿饮食，夫万民之耕凿饮食，固是大千之仁，与帝力无与，然使无尧舜在上，则万民决自耕凿饮食不成，譬如优人虽善戏，若无勾栏以闲卫戏场，终亦不能施其技。圣人之业，其能闲卫不仁也，亦复如是。此所以天地之化育，实不待赞于圣人，而圣人者，必须为赞之云尔。

十六卦 为法华十六王子说

天地定位，山泽通气，雷风相薄，水火不相射，总之曰八卦相错，固知此非八卦之文，乃十六卦之文也。天地一双，以至山泽雷风水火，共成四双，乃即六十四卦之文也。八卦相错有十六，相荡有四十八，合而成六十四，而实则以十六卦为圆图方图之经纬。方图，伏羲卦也，圆图，文王卦也。十六卦为句卦，余四十八为字卦。自乾坤开章，历屯蒙八小卦，则以泰否束之，虽结上文，实起下文也。上经泰否一束，坎离一束，下经以咸恒为上下之纽，又损益一束，震艮一束，巽兑一束，既济未济一束，而四十八卦错综于其间，所谓鸳鸯绣出从君看，以十六卦为金针也，大雄氏有十六观经，即十六卦是，有四十八愿，即四十八卦是。他如《尚书》有十六字，《妙法莲华经》有十六王子，而佛为初地说法，有四谛十六心，其义一也。乾，苦法忍也；坤，苦法智也；泰，苦比忍也；否，苦比智也；坎，集法忍也；离，集法智也；咸，集比忍也；恒，集比智也；损，灭法忍也；益，灭法智也；震，灭比忍也；艮，灭比智也；巽，道法忍也；兑，道法智也；既济，道比忍也；未济，道比智也。十六观经，首落日观，乾卦也，次大水结冰观，坤卦也。《尚书》十六字，人心惟危，苦谛也；道心惟微，集谛也；惟精惟一，灭谛也；允执厥中，道谛也。其中忍智兼具，《法华》第十六王子，即《尚书》十六字之中字，故佛号日月灯明，而释迦独受记于燃灯也。由此推之，十六卦功德可见矣。八卦相错者，除却天地，止得六卦，盖从一响中分天分地，天地本自相错，不待圣人，故错六子，则天地之错晓然，两错为因，六错为果也。天地定位是设卦，山泽三句是系辞，天地不爻，天地底下，所系三番之辞是爻。爻者摇也，乾与坤摇，而后乾中有坤，坤中有乾，不但六十四卦是乾坤摇出来，并六卦亦是乾坤摇出来。老夫妻两个先自摇动了头，然后小男小女一齐都摇。天地是因缘法，天为因，地为缘。山泽通气，好因好缘也，雷风相薄，恶因恶缘也。水火不相射，不好不恶因缘也，号物有万，或从好因缘和合而生，或从恶因缘和合而生，或从两件不好不恶因缘而生。譬诸医师，投药即愈者，山泽通气也，是大医王；投药即死者，雷风相薄也，亦是大医王。投药不愈亦不死，水火不相射也，是谓三转法轮，山泽通气者，师通于弟，弟通于师。师通于弟，感其法乳之恩；弟通于师者，望如妙高聚也。雷风相薄者，一切万物，雷赶出来，既出来已，风赶进去，相薄，相逼也（以纸扇为喻）。水火不相射者，存水则无火，存火则无水也，说天地定位，圣人之意，正要地天定位，说山泽通气，圣人之意，正要泽山通气，雷风水火亦然。此四句乃宾句，非主句也。天地水火，是正正错，雷风☳☴翻来是泽山，☶☱山泽，☶☱翻来是风雷，☴☳云斜正错，许了山泽通气，而山与雷风，山与水火，本通不得气，亦都通气起来，推之相薄不相射，势不六十四不止。八卦相荡者，即以八本卦荡八错卦而有四十八。天地、山泽、雷风、水火，荡字之皿也；定位、通气、相薄、不相射，荡字之汤也。八正卦能荡之圣人，八错卦受荡之众生，略荡到南，有十二卦；略荡到北，有十二卦；略侧到左，有十二卦；略侧到右，有十二卦。只有一荡，四面俱到，更无两荡也。

八小卦 为五灯会元说

屯蒙需讼，至小畜履。八卦，为小学卦，于中，屯蒙需讼为小始，小畜履为小终，而师比不与焉？师比，文字之卦也，旧圣人授记学者，胸中有师比二卦，新圣人蒙授记者，已成小畜履二卦，故又有四卦在讼后，不然，既已讼过，宜直接。同人大有，所谓利见大人者同大也，同人方始谓之人，大有方始谓之大，大学事有终始，以同大为始，以既未为终，从八小卦入同大，是新圣人路程图。师比两篇文字，是小畜畜字两个副本，故小畜卦，内中爻即师，外中爻即比也。屯蒙卦，达摩遇神光时也。蒙卦不过陪说屯卦，需卦，喝后来不及，丢不下之卦香岩辞沩山时也。讼卦授记屯卦也，卦之小，莫小于屯，所谓现前一心，是屯卦，只一元字已足，乃全许元亨利贞者，为他初入道场，心中贪图此四字，又后来毕竟成就此四字，故遥授之耳。所以勿用有攸往夺他利贞字，利建侯并夺他亨字，有攸往，从坤卦来，勿用，从乾卦来，他原有转身句，善知识只算做当机句，曰利建侯，如立箭垛，到得箭箭上垛，然后容他转身，一喝是元，一喝不住一喝是亨，屯卦底元，已被喝住，所以蒙无元字也。盖一人屯了，法法蒙了，法本不蒙，因屯卦连累他蒙，蒙卦无可说，说蒙卦者，重说屯卦也，需卦以正中也，讼卦尚正中也。中以正为体，正以中为体，中竖，正横，中动而不已，正安住不动。需，须也，为何需卦要等，只为他不中故。住在中时，前后际断，曰得中；讼卦尚中，则需卦止为不中，请出全法界来，曰以正；见了全法界，我便立不起，曰以正中；中则授记，故必要需，需到需于酒食，等着了，故讼正是，法师中是法了，讼曰尚中正也。法师之事也，需之九五，曰以正中也，法子之事也。屯卦需卦，参学之卦，讼卦，授记之卦，汝于来世，当得作佛。此授记正文，其言似终，而实非终也，故曰终凶。谓普贤万行，从此而始，不是学人之事，于此而终，你且耐着，我为你说师比等卦，领你见大人去，故曰作事谋始，授记之后有何事，见大人则其事也。大千纯亲曰师，大千纯疎曰比，两番皆说畜字，师卦成就畜，讼卦破坏小。小畜者，大学之前方便也，师比者，方便之方便也。师卦不过容民之法，把这个容民之法，做小畜畜众之法，然而畜义未畅，故又说比卦；比卦建万国之卦，不要提起你一国，万国好端端一齐建，你也建在里边了。讼卦以后，合说履卦，儒行为履，小人之行，怅怅何之，不谓之履，大人之行，空行无迹，亦不谓之履，履在讼后，举足动足从道场来，只是做了小人之履怎么处。小即小畜之小，不畜则小矣，以小而履，是小人履，以畜而履，是君子履，女为君子履，无为小人履。子夏那日正打从讼卦出来，领到师比卦，已放大眼光，畜字成就，然后履字成就。履卦即是讼卦，而今履卦，不是讼卦之履卦，乃师比中之履卦。盖欲成就同人大有，直通既未之履卦也，履卦说了，屯卦才完，达摩大师东来，只为得一个屯卦。一部《五灯会元》，都是弄粥饭气，已收在屯卦一卦里边，盖不曾屯底时节，他三魂六魄，不知飘荡在哪里，纵有屈原大招，也招不来，而今兜头一喝，提出现前，一心便立刻屯住，屯了现前，已有这个人了，然后把这个人渐渐里摆布他，庄子云，而后乃今将图南。

颜李丛书

颜元·李塨

导 读

李敖

颜元（1635—1704），字易直，号习齐，河北博野人。他父亲是朱家养子，他也生在朱家，十五岁结婚，但为了要学仙，不肯同房。十六岁"知仙不可学，乃谐琴瑟"，十九岁朱家有讼案，他被捉进牢里，在牢里看书自修。出狱后做农夫、习武艺、学中医、当教书匠，样样都来。由于父亲失踪，在祖母死时他代行父职，不折不扣地行了不近人情的丧礼（朱子家礼），弄出一场大病。这时别人告诉他，说他父亲根本就不是朱家的人，这时他也觉悟到这种丧礼"有违性情"，因此起了反动。后来他离开朱家，回乡归宗，万里寻父。五十七岁时候，南游河南，发现"人人禅子，家家虚文"，乃对程朱之学更起反动，相信"必破一分程朱，始入一分孔孟"，"不愿做道统中的乡愿"了。

颜元此后力反程朱的守静与虚学，他说"率天下入故纸中，耗尽身心气力，作弱人病人无用人，皆晦庵（朱熹）为之也！"他努力提倡实用主义，他的伟大精神，一如墨子。

李塨（1659—1733），字刚主，号恕谷，河北蠡县人。他是颜元的学生，也是"颜李学派"的传人。

存性编 选录

驳气质性恶 节录

程子云:"论性论气,二之则不是。"①又曰:"有自幼而善,有自幼而恶,是气禀有然也。"②朱子曰:"才有天命,便有气质,不能相离。"③而又曰:"既是此理,如何恶?所谓恶者,气也。"④可惜二先生之高明,隐为佛氏六贼⑤之说浸乱,一口两舌而不自觉!若谓气恶,则理亦恶;若谓理善,则气亦善。盖气即理之气,理即气之理,乌得谓理纯一善而气质偏有恶哉!

譬之目矣:眶、疱、睛⑥,气质也;其中光明能见物者,性也。将谓光明之理专视正色,眶、疱、睛乃视邪色乎?余谓光明之理固是天命,眶、疱、睛皆是天命,更不必分何者是天命之性,何者是气质之性;只宜言天命人以目之性,光明能视即目之性善,其视之也则情之善,其视之详略远近则才之强弱,皆不可以恶言。盖祥且远者固善,即略且近亦第善不精耳,恶于何加?惟因有邪色引动,障蔽其明,然后有淫视而恶始名焉。然

其为之引动者，性之咎乎，气质之咎乎？若归咎于气质，是必无此目而后可全目之性矣，非释氏六贼之说而何？（《存性编》卷一）

【注释】

① 语本《程氏遗书》卷六："论性不论气，不备；论气不论性，不明。二之则不是。"这是说，只讲"天命之性"，理论上不完备，只讲"气质之性"，不能阐明天性之善。参看本书朱之瑜《答奥村庸礼问》注③。

② 见《程氏遗书》卷一。程氏主张性是善的，气质是恶的。看下文朱熹的说法更加明白。

③ 语本《朱子语类》卷四："'天命之谓性'，……才有天命，便有气质，不能相离。若阙一便生物不得。"

④ 见《朱子语类》卷四。朱熹这里所说的"理"，指性而言。程朱认为性是得之于天理，所以是善的。朱熹说："性即理也。当然之理，无有不善者。""天地间只有一个道理，性便是理。人之所以有善有不善，只缘气质之禀，各有清浊。"（见《朱子语类》卷四）按程朱所谓理，指封建道德伦理。

⑤ 六贼，佛家以色、声、香、味、触、法为六尘，六尘以眼、耳、鼻、舌、身、意六根为媒介。通过六根，六尘能劫一切诸善法，所以称为六贼。程朱认为人的感官欲望（气质之性）能泯灭天理。和佛家六贼的说法相似。

⑥ 眶是眼眶。凡手足臂肘暴起如水泡的叫作疱，这里指眼的突出部分。睛，就是眼球。

明明德 节录

朱子原亦识性，但为佛氏所染，为世人恶习所混。若无程、张气质之论，当必求"性、情、才"及"引蔽、习染"①七字之分界，而性、情、才之皆善，与后日恶之所从来判然矣。惟先儒既开此论，遂以恶归之气质而求变化之，岂不思气质即二气四德②所结聚者，乌得谓之恶？其恶者，引蔽、习染也。惟如孔门求仁，孟子存心养性③，则明吾性之善，而耳目口鼻皆奉命而尽职。

故《大学》之道，曰"明明德"，《尚书》赞尧，首曰"钦明"，舜曰"浚哲"，文曰"克明"④，《中庸》曰"尊德性"。既尊且明，则无所不照。譬之居高肆望，指挥大众，当恻隐者即恻隐，当羞恶者即羞恶，仁不足以恃者即以义济之，义不足以恃者即以仁济之。或用三德并济一德，或行一德兼成四德，当视即视，当听即听，不当即否。使气质皆如其天则之正，一切邪色淫声，自不得引蔽，又何习于恶、染于恶之足患乎！是吾性以尊明而得其中正也。

六行⑤乃吾性设施，六艺⑥乃吾性材具，九容⑦乃吾性发现，九德⑧乃吾性成就；制礼作乐，燮理⑨阴阳，裁成天地，乃吾性舒张，万物咸若⑩，地平天成⑪，太和宇宙，乃吾性结果。故谓变化气质为养性之效⑫则可，如德润身⑬，晬面盎背，施于四体⑭之类是也；谓变化气质之恶以复性⑮则不可，以其问罪于兵而责染于丝⑯也。知此，则宋儒之言性、气皆不亲切。

（《存性编》卷一）

【注 释】

① 性、情、才及引蔽、习染，都是《孟子》中关于人性问题的术语和议论。

《孟子·滕文公上》说："孟子道性善",又《告子上》说："乃若其情,则可以为善矣。""若夫为不善,非才之罪也。"是说性、情和才。"耳目之官不思,而蔽于物,物交物,则引之而已矣。"是说引蔽。"富岁子弟多赖,凶岁子弟多暴。非天之降才尔殊也。其所以陷溺其心者然也。"是说习染。引蔽、习染是指外物的引诱和环境的感染。

② 二气,指阴、阳;四德,指元、亨、利、贞。就人道言,也就是仁、义、礼、智。说详《性图》。

③《论语·述而》:"求仁而得仁。"《孟子·尽心上》:"存其心,养其性,所以事天也。"

④《尚书·尧典》:"曰若稽古帝尧,曰放勋。钦明文思安安……克明俊德。"又《尚书·舜典》:"曰若稽古帝舜,曰重华。协于帝,濬哲文明。"又《尚书·康诰》:"惟乃丕显考文王,克明德。"钦明,敬明;克明,能明;濬哲,深沉的智慧。都是赞美尧、舜、文王的话。这里引用这些话,主要是从旁解说"明明德"的明字。

⑤ 六行,指孝、友、睦、姻、任、恤。见《周礼·地官·大司徒》。

⑥ 六艺,指礼、乐、射、御、书、数。见《周礼·地官·大司徒》。

⑦ 九容,指足容重、手容恭、目容端、口容止、声容静、头容直、气容肃、立容德、色容庄。见《礼记·玉藻》。

⑧ 九德,指宽而栗、柔而立、愿而恭、乱而敬、扰而毅、直而温、简而廉、刚而塞、强而义。见《尚书·皋陶谟》。

⑨ 燮理,调和的意思。

⑩ 若,顺遂的意思。

⑪《伪古文尚书·大禹谟》:"地平天成。"伪《孔传》:"水土治曰平,五行叙曰成。"

⑫ 变化气质为养性之效，意即气质的变化是养性的效果。

⑬ 《礼记·大学》："富润屋，德润身。"这里德指性，身指气质。

⑭ 《孟子·尽心上》："仁义礼智根于心，其生色也，睟然见于面,盎于背，施于四体。"睟然，清和润泽的样子；盎，丰厚盈满的样子。施于四体，是说在动作中自然地表现出来。这里引用的意思，以仁义礼智指性，以面、背、四体指气质。

⑮ 变化气质之恶以复性，意即把气质看成恶，主张改变气质之恶，以回复到天赋本性之善。

⑯ 《孟子·梁惠王上》："是何异于人而杀之，曰：非我也，兵也。"是说用兵器杀人，却说是兵器杀人，不是我杀人。这里的问罪于兵，譬喻程、朱把气质看成恶的，归罪于气质。《墨子·所染篇》："墨子见染丝者而叹曰：染于苍则苍，染于黄则黄。"这里譬喻气质本身不恶，恶是由于习染，责染于丝是不对的。

性理评 节录

孟子时虽无气质之说，必有言才不善、情不善者，故孟子曰："若夫为不善，非才之罪也①"，"非天之降才尔殊也②"，"人见其禽兽也，以为未尝有才焉者，是岂人之情也哉③！"，凡孟子言才、情之善，即所以言气质之善也。归恶于才、情、气质，是孟子所深恶，是孟子所亟辩也。宋儒所自恃以为备于孟子，密于孟子，发前圣所未发者，不知其蹈告子、二或人④之故智，为孟子所诃而辟之者也，顾反谓孟子有未备，无分晓。然犹时有回护语，未敢遽处孟子上。至于元儒，则公然肆口以为程朱言"未备"⑤，指孟子之言性而言也，言"不明"，指荀、扬⑥世俗之论性者言也,是夷⑦孟子于荀、扬,世俗矣。明言气质浊恶,污吾性,坏吾性。不知耳目、口鼻、手足、五脏、六腑、筋骨、血肉、毛发俱秀且备者,人之质也;虽蠢⑧,犹异于物也。呼吸充周荣润⑨,运用乎五官百骸,粹且灵者,人之气也;虽蠢,犹异于物也。故曰"人为万物之灵",故曰"人皆可以为尧、舜"⑩。其灵而能为者,即气质也,非气质无以为性,非气质无以见性也。(《存性编》卷一)

【注 释】

① 见《孟子·告子上》。

② 《孟子·告子上》:"富岁子弟多赖,凶岁子弟多暴,非天之降才尔殊也。"是说天生才能本无不同,都是善的,但环境影响人的才性。赖,善也。尔殊,如此不同。

③ 见《孟子·告子上》。

④ 《孟子·告子上》:"告子曰:性无善无不善也。或曰:性可以为善,可以为不善。……或曰:有性善,有性不善。"这段话转述了告子和另外两个不知名的人对人性的看法。本文的"告子、二或人"即指此三人。或人是某人的意思。

⑤ 这里的"未备"和下文的"不明",指程颢所说的"论性不论气不备,论气不论性不明"。朱熹也有类似的话。

⑥ 战国时荀卿主张性是恶的,《荀子》书里有《性恶篇》。西汉扬雄主张性是善恶混的,见《法言·修身篇》。

⑦ 夷,等同的意思。

⑧ 蠢,愚笨。

⑨ 呼吸充周荣润,是说呼吸充满周遍,润益全身。

⑩ 语见《孟子·告子下》。

性图 节录

大圈，天道统体也。上帝主宰其中，不可以图也；左阳也，右阴也，合之则阴阳无间也。阴阳流行而为四德，元、亨、利、贞①也。（四德，先儒即分春、夏、秋、冬，《论语》所谓"四时行"②也。）横竖正画，四德正气正理之达也，四角斜画，四德间气间理之达也。交斜之画，象交通也③；满面小点，象万物之化生也；莫不交通，莫不化生也，无非是气是理④也。知理气融为一片，则知阴阳二气，天道之良能⑤也；元、亨、利、贞四德，阴阳二气之良能也；化生万物，元、亨、利、贞四德之良能也。知天道之二气，二气之四德，四德之生万物莫非良能，则可以观此图矣。

万物之性，此理之赋也；万物之气质，此气之凝也。正者此理此气也，间者亦此理此气也，交杂者莫非此理此气也。高明者此理此气也，卑暗者亦此理此气也；清厚者此理此气也，浊薄者亦此理此气也；长短、偏全、通塞莫非此理此气也。至于人则尤为万物之粹，所谓"得天地之中以生"⑥者也。二气四德者未凝结之人也。人者，已凝结之二气四德也。存之为仁、义、礼、智，谓之性者，以在内之元、亨、利、贞名之也。发之为恻隐、羞恶、辞让、是非，谓之情者，以及物之元、亨、利、贞言之也。才者，性之为情者也，是元、亨、利、贞之力也⑦。谓情有恶，是谓已发之元、亨、利、贞，非未发之元、亨、利、贞也。谓才有恶，是谓蓄者元、亨、利、贞，能作者⑧非元、亨、利、贞也；谓气质有恶，是元、亨、利、贞之理谓之天道，元、亨、利、贞之气不谓之天道也。噫！天下有无理之气乎？有无气之理乎？有二气四德外之理气乎？恶其发者，是即恶其存之渐也；恶其力者，是即恶其本之渐也；恶其气者，是即恶其理之渐也。何也？人之性，即天之道也。以性为有恶，则必以天道为有恶矣；以情为有恶，则必以元、亨、利、贞为有恶矣；以才为有恶，则必以天道流行乾乾不息者⑨亦有恶矣；其势不尽取三才⑩而毁灭之不已也。

【注 释】

① 元亨利贞，是《周易》乾卦的四德。一般的解释，元是始的意思，亨是通的意思，利是和的意思，贞是正的意思。唐史徵的《周易口诀义·乾卦》引周氏说："元，始也，于时配春，言万物始生，得其元始之序，发育长养。亨，通也，于时配夏，夏以通畅，合其嘉美之道。利者，义也，于时配秋，秋以成实，得其利物之宜。贞者，正也，于时配冬，冬以物之终，纳干正之道。"这是从阴阳二气流行推到四时运行。

② 《论语·阳货》："四时行焉。"即四季自然地运行。

③ 这两句是说，交叉的线，象征阴阳二气相互交合通融。

④ 气指阴阳，理指四德。

⑤ 这里及以下几个"良能"，是说固有的本性或本能。

⑥ 《左传》成公十年："民受天地之中以生。"中是中和之气。是说人是得天地中和之气而生。中和之气就是阴阳二气的中和状态。

⑦ 这三句是说，存蓄于内的性，发而为情。才就是性所以发而为情的能力。作者认为性、情、才三者都是善的，针对气恶之说而发。

⑧ 作，发作，就是上文"发"字的意思。能作者，也就是才。

⑨ 乾乾不息，语本《周易·乾卦》："君子终日乾乾"，"天行健，君子以自强不息"。这里的天道流行乾乾不息者，指天道不停地运动的本能。

⑩ 三才，指天、地、人。《周易·系辞上》："《易》之为书也，广大悉备，有天道焉，有人道焉，有地道焉，兼三才而两之。"

存学编 选录

总论诸儒讲学

仆妄谓性命之理不可讲也,虽讲,人亦不能听也;虽听,人亦不能醒也;虽醒,人亦不能行也。所可得而共讲之,共醒之,共行之者,性命之作用,如《诗》、《书》、六艺①而已。即《诗》、《书》、六艺,亦非徒列坐讲听,要惟一讲即教习,习至难处来问,方再与讲。讲之功有限,习之功无已。孔子惟与其弟子今日习礼,明日习射。间有可与言性命者,亦因其自悟已深,方与言,盖性命非可言传也。不特不讲而已也;虽有问,如子路问鬼神生死②,南宫适问禹、稷、羿、奡者,皆不与答③。盖能理会者渠自理会,不能者虽讲亦无益。

自汉唐诸儒传经讲诵,宋之周、程、张、朱、陆④,遂群起角立,亟亟焉以讲学为事,至明,而薛、陈、王、冯⑤因之,其一时发明吾道之功,可谓盛矣。其效使见知闻知⑥者,知尊慕孔孟,善谈名理,不作恶,不奉释、老名号,即不肖如仆,亦沐泽⑦中之一人矣。然世道之为叔季⑧自若也,生民之不治自若也，礼乐之不兴自若也，异端之日昌而日炽自若也。以视夫孔子明道而乱臣贼子果惧⑨，孟子明道而杨朱、墨翟果熄⑩，何啻天渊之相悬也！

仆气魄小，志气卑，自揣在中人以下，不足与于斯道。惟愿主盟儒坛者，远溯孔孟之功如彼，近察诸儒之效如此，而垂意于习之一字；使为学为教，用力于讲读者一二，加功于习行者八九，则生民幸甚，吾道幸甚！仆受诸儒生成覆载⑪之恩，非敢入室操戈⑫也。但以人之岁月精神有限，诵说中度一日，便习行中错一日；纸墨上多一分，便身世上少一分。试观朱子晚年悔枝叶之繁累⑬，则礼乐未明，是在天者千古无穷之憾也。（《存学编》卷一）

【注 释】

① 六艺，礼、乐、射、御、书、数。

② 《论语·先进》："季路问事鬼神。子曰：'未能事人，焉能事鬼？'敢问死，曰：'未知生，焉知死？'"

③ 《论语·宪问》："南宫适问于孔子曰，'羿善射，奡荡舟，俱不得其死然。禹、稷躬稼，而有天下。'夫子不答。"

④ 周，周敦颐；程，程颢、程颐兄弟；张，张载；朱，朱熹；陆，陆九渊。都是宋朝著名的哲学家。

⑤ 薛，薛瑄；陈，陈献章；王，王守仁；冯，冯徒吾。他们都是明代的哲学家。

⑥ 见知闻知，语本《孟子·尽心下》："由文王至于孔子，五百有余岁。若太公望、散宜生，则见而知之；若孔子，则闻而知之。"这里见知者，指同时代的学者；闻知者，指后代的学者。

⑦ 沐泽，蒙受恩泽。

⑧ 叔季，同叔世、季世，衰乱没落的时代。

⑨ 语本《孟子·滕文公下》："孔子成《春秋》而乱臣贼子惧。"

⑩ 语出《孟子·滕文公下》："吾为此惧，闲先圣之道，距杨、墨，放淫辞，邪说者不得作。"又："杨、墨之道不息，孔子之道不著。"闲，习。距，抗拒，排斥。放，摈弃。作，行。息、熄通用，灭的意思。

⑪ 覆载，天覆地载。《礼记·中庸》："天之所覆，地之所载。"

⑫ 入室操戈，是说持其说以反攻其人，语本《后汉书·郑玄传》。郑玄反驳何休所著《公羊墨守》《左氏膏肓》《谷梁废疾》，著《针膏肓》《起废疾》《发墨守》，休见而叹曰："康成入吾室操吾矛，以伐我乎？"康成，郑玄字。

⑬ 王守仁的《朱子晚年定论序》说朱子"晚岁固已大悟旧说之非，痛悔极艾，至以为自诳诳人之罪，不可胜赎。"枝叶之繁累，是说学问支离烦琐。

明亲

《大学》首四句①，吾奉为古圣真传。所学无二理，亦无二事，只此仁、义、礼、智之德，子、臣、弟、友之行，《诗》《书》《礼》《乐》之文，以之修身，则为明德；以之齐治②，则为亲民。明矣而未亲，亲矣而未止至善，吾不敢谓之道也；亲矣而未明，明矣而未止至善，吾亦不敢谓之道也。亲而未明者，即谓之亲，非《大学》之亲也；然既用其功于民，皆可曰亲。其亲而未明者，汉高帝与唐太宗之类也；其亲且明而未止至善者，汉之孝文、光武之流也。凡如此者，皆宋明以来儒者所共见，皆谓之非道者也。其明而未亲，明且亲而未止至善者，则儒者未之言也。非不肯言也，非不敢言也，尧舜不作，孔孟不生，人无从证其为道者。

一二聪明特杰者出，于道略有所见，粗有所行，遽自谓真孔孟矣，一时共尊为孔孟焉，嗣起者以为我苟得如先儒足矣。是以或学训解纂集，或学静坐读书，或学直捷顿悟，至所见所为，能仿佛于前人而不大殊，则将就冒认，人已皆以为大儒矣，可以承先启后矣。或独见歧异，恍惚道体，则辄称发先儒所未发，得孔、颜乐处③矣。又孰知其非《大学》之道乎！此所以皆未之言也。天下人未之言，数百年以来之人未之言，吾独于程、朱、陆、王之外别有《大学》之道焉，岂不犯天下之恶，而受天下僇乎？然吾之所惧，有甚于此者，以为真学不明，则生民将永被毒祸，而终此天地不得被吾道之泽；异端永为鼎峙，而终此天地不能还三代之旧。是以冒死言之，望有志继开④者之一转也。

夫明而未亲，即谓之明，非《大学》之明；然既用其功于德，皆可曰明。其明而未亲者，庄周、陈抟⑤之类也；其明且亲而未止至善者，周、程、朱、陆、薛、王之俦也。何也？吾道有三盛：君臣于尧舜，父子于文周，师弟于孔孟。尧舜之治，即其学也，教也，其精一执中⑥，一二人秘受而已。百官所奉行，天下所被泽者，如其命九官、十二牧⑦所为耳。禹之治水，非禹一身尽治天下之水，必天下士长于水学者分治之，而禹总其成；伯夷之司礼，非伯夷一身尽治天下之礼，必天下士长于礼学者分司之，而伯夷掌其成。推于九官、群牧咸若是，是以能平地成天也。文、周之治，亦即其学也，教也，其阴阳天人之旨，寄之于《易》而已。百官所奉行，天下所被泽者，如其治岐之政，制礼作乐⑧耳。其进秀民而教之者，六德、六行、六艺⑨，仍本唐虞敷教典乐⑩之法，未之有改，是以太和宇宙也。孔孟之学教，即其治也。孔子一贯性道之微，传之颜、曾、端木而已⑪。其当身之学与教及门士以待后人私淑⑫者，庸言、庸德、兵、农、礼、乐耳，仍本诸唐、虞、成周之法，未之有改。故不惟期月、三年⑬、五年、七年⑭胸藏其具，而且小试于鲁，三月大治⑮，暂师于滕，四方归之⑯，单父、武城⑰亦见分体，是以万世永遵也。

秦汉以降，则著述讲论之功多而实学实教之力少。宋儒惟胡子立经义、治事斋⑱，虽分析已差而其事颇实矣；张子教人以礼而期行井田⑲，虽未举用而其志可尚矣。至于周子得二程而教之，二程得杨、谢、游、尹诸人⑳而教之，朱子得蔡、黄、陈、徐诸人㉑而教之，以主敬致知为宗旨，以静坐读书为工夫，以讲论性命、天人为嗳㉒受，以释经注传纂集书史为事业。嗣之者若真西山、许鲁斋、薛敬轩、高梁溪㉓，性地各有静功，皆能著书立言，为一世宗。信乎为儒者煌煌大观，三代后所难得者矣！而问其学其教，如命九官、十二牧之所为者乎？如《周礼》教民之礼明乐备者乎？如身教三千㉔，今日习礼，明日习射，教人必以规矩㉕，引而不发，不为拙工改废绳墨㉖者乎？此所以自谓得孔子真传，天下后世亦皆以真传归之，而卒不能服陆王之心者，原以表里精粗，全体大用，诚不能无歉也㉗。

陆子分析义利，听者垂泣㉘，先立其大，通体宇宙㉙，见者无不竦动。王子以致良知为宗旨，以为善去恶为格物㉚，无事则闭目静坐，遇事则知行合一。嗣之者若王心斋、罗念庵、鹿太常㉛，皆自以为接孟子之传，而称直捷顿悟，当时后世亦皆以孟子目之。信乎其为儒中豪杰，三代后所罕见者矣！而问其学其教，如命九官、十二牧之所为者乎？如《周礼》教民之礼明乐备者乎？如身教三千，今日习礼，明日习射，教人必以规矩，引而不发，不为拙工改废绳墨者乎？此所以自谓得孟子之传，与程朱之学并行中国，而卒不能服朱、许、薛、高㉜之心者，原以表里精粗，全体大用，诚不能无歉也。

他不具论，即如朱、陆两先生，倘有一人守孔子下学之成法㉝，而身习夫礼、乐、射、御、书、数以及兵农、钱谷、水火㉞、工虞㉟之属而精之。凡弟子从游者，则令某也学礼，某也学乐，某也兵农，某也水火，某也兼数艺，某也尤精几艺，则及门皆通儒，进退周旋无非性命也，声音度数无非涵养也，政事文学同归也，人己事物一致也，所谓下学而上达也，合内外之道也㊱。如此，不惟必有一人虚心以相下，而且君相必实得其用，天下必实被其泽，人才既兴，王道次举，异端可靖，太平可期。正《书》所谓府修事和㊲，为吾儒致中和之实地，位育之功㊳，出处皆得致者也；是谓明、亲一理，《大学》之道也。以此言学，则与异端判若天渊而不可混，曲学㊴望洋浩叹而不敢拟，清谈之士不得假鱼目之珠，文字之流不得逞春华之艳㊵。惟其不出于此，故既卑汉唐之训诂而复事训诂，斥佛、老之虚无而终蹈虚无。以致纸上之性天愈透，而学陆者进支离之讥㊶，非讥也，诚支离也；心头之觉悟愈捷，而宗朱者供近禅之诮，非诮也，诚近禅也。

或曰：诸儒勿论，阳明破贼建功㊷，可谓体用兼全，又何弊乎？余曰：不但阳明，朱门不有蔡氏言乐㊸乎？朱子常平仓制㊹与在朝风度，不皆有可观乎？但是天资高，随事就功，非全副力量，如周公、孔子专以是学，专以是教，专以是治也。或曰：新建㊺当日韬略，何以知其不以为学教者？余曰，孔子尝言："二三子有志于礼者，其于赤㊻乎学之。"如某可治赋，某可为宰㊼，某达某艺㊽，弟子身通六艺者七十二人，王门无此。且其擒宸濠㊾，破桶冈㊿，所共事者皆当时官吏、偏将、参谋，弟子皆不与焉。其全书所载，皆其门人旁观赞服之笔，则可知其非素以是立学教也。

是以感孙征君㉛《知统录》说有"陆、王效诤论于紫阳㉜"之语，而敢出狂愚，少抑后二千年周、程、朱、陆、薛、王诸先生之学，而伸前二千年尧、舜、禹、汤、文、武、周、孔、孟诸先圣之道，亦窃附效诤论之义。而愿持道统㉝者，其深思熟计，而决复孔孟以前之成法，勿执平生已成之见解而不肯舍，勿拘平日已高之门面而不肯降，以误天下后世可也。

（《存学编》卷一）

【注 释】

① 《大学》首四句，是"大学之道，在明明德，在亲民，在止于至善。"

② 齐治，齐家治国。

③ 《宋史》卷四百二十七《周敦颐传》记周在南安时，程珦叫他的两个儿子程颢、程颐前往就业。"敦颐每令寻孔、颜乐处，所乐何事。二程之学，源流乎此矣。"孔、颜乐处，指孔子、颜子之道所在。

④ 继开，继往开来。宋代张载曾说："为天地立心，为生民立命，为往圣继绝学，为万世开太平。"

⑤ 陈抟，字图南，五代时隐居武当山、华山修道，行所谓"服气辟谷"之术。宋太宗赐号"希夷先生"。著《指玄篇》，讲导养及还丹的事。

⑥ 精一执中，见《伪古文尚书·大禹谟》："人心惟危，道心惟微，惟精惟一，允执阙中。"宋儒指为十六字心传。精一，精心一意。执中，守其中道。

⑦ 相传虞舜时设九官十二牧。据《尚书·舜典》说：禹作司空，弃作农官，契作司徒，皋陶作士师，垂作共工，益作虞，伯夷作秩宗，夔作典乐，龙作纳言。这就是九官。十二牧，就是冀、兖、青、徐、荆、扬、豫、梁、雍、并、幽、营十二州的地方长官。

⑧ 治岐之政，是指周文王治岐的政教，如"耕者九一，仕者世禄，关市讥而不征，泽梁无禁，罪人不孥"等，详《孟子·梁惠王下》。制礼作乐，是指周公的政教。

⑨ 《周礼·地官·大司徒》载：六德是知、仁、圣、义、忠、和。六行六艺，见《存性编·明明德》注⑤⑥。

⑩ 唐虞敷教典乐，指舜命契作司徒，教化百姓；命夔典乐，教国子。见《尚书·舜典》。

⑪ 颜回字子渊，曾参字子舆，端木赐字子贡，都是孔子门下最优秀的弟子。

⑫ 私淑，指仰慕其人的学问，但是未获亲身受教。孟子曾自称私淑于孔子。

⑬ 语本《论语·子路篇》："苟有用我者，期月而已可也，三年有成"。期月，指一周年。

⑭ 《孟子·离娄上》说，如果效法文王，"大国五年，小国七年，必为政于天下矣。"

⑮ 指孔子于鲁定公十四年（前496）为鲁相三月，国政大治。详《史记·孔子世家》。

⑯ 指滕文公师尊孟子，行仁政，远方的人都来归附他。详《孟子·滕文公上》。

⑰ 宓子贱为单父宰，言子游为武城宰。他们都把地方治理得很好，为孔子所称赞。详《史记·仲尼弟子列传》。

⑱ 胡子，胡瑗，字翼之（993—1059），宋泰州人。他在湖州讲学，设经义、治世二斋，教授弟子，注重实学实教。著有《易书》《中庸义》等。人称"安定先生"。

⑲ 张子，张载，字子厚，号横渠（1020—1077），是宋代具有唯物主义倾向的哲学家。著有《正蒙》《易说》等，在《横渠理窟》里主张实行井田制度。

⑳ 杨，杨时，字中立，著有《龟山集》。谢，谢良佐，字显道，著有《论语说》及《语录》。游，游酢，字定夫，著有《游廌山集》等。尹，尹焞，字彦明，著有《和靖集》等。

㉑ 蔡，蔡元定，字季通，其学长于天文、地理、乐律、历数、兵阵之说，著

有《大衍详说》《律吕新书》《燕乐原辨》《洪范解》《八阵图说》等。黄,黄干,字直卿,著有《黄勉斋集》等。陈,陈淳,字安卿,著有《北溪大全集》等。徐,徐侨,号毅斋。这四人都是朱熹门人。

㉒ 咉,以口讲授。

㉓ 真德秀,宋朝人,人称"西山先生",所著有《大学衍义》《西山文集》等。许衡,字仲平,元朝人,人称"鲁斋先生",有《鲁斋遗书》。薛瑄,明朝人,号敬轩,所著有《读书录》,说理气无先后。高梁溪,即高攀龙,明朝无锡人,无锡县治别名梁溪;讲学于东林书院,以静为主旨,有《高子遗书》。

㉔ 三千,言礼制之多。《礼记·礼器》:"经礼三百,曲礼三千。"

㉕ 《孟子·告子上》:"大匠诲人,必以规矩,学者亦必以规矩。"

㉖ 《孟子·尽心上》:"大匠不为拙工改废绳墨,羿不为拙射变其彀率。君子引而不发,跃如也。"譬喻高明的老师教人以道,不为学生的笨拙而降低道的标准。

㉗ "表里精粗"二句,见朱熹《大学章句》:"众物之表里精粗无不到,而吾心之全体大用无不明。"这是朱熹所标榜的格物致知之学。这里是说,以这个标准来衡量程、朱等本人,也有所欠缺,所以不能服陆、王之心。

㉘ 《象山年谱》记陆九渊1181年在白鹿洞书院讲《论语》"君子喻于义,小人喻于利"章,当时听者莫不悚然动心,至有流涕的。

㉙ "先立其大"二句,是陆九渊论学所标榜的主旨。通体宇宙,即陆氏所说"四方上下曰宇,往古来今曰宙;宇宙便是吾心,吾心即是宇宙"。

㉚ 王子即王阳明(1472—1528),明代主观唯心主义哲学家。"为善去恶是格物",见王阳明《传习录下》。

㉛ 王心斋,即王艮,泰州人,著有《王心斋全集》,为王学中的左派。罗念庵,即罗洪先,字达夫,号念庵,属王阳明学派,有《罗念庵集》。鹿太常,即鹿

善继，其学亦受之于王阳明，著有《四书约说》等。

㉜ 朱即朱熹。许、薛、高，见注㉓。

㉝ 下学之成法，指《论语·宪问篇》的"下学而上达"。这里指礼、乐、射、御、书、数及兵农、钱谷等实际的基础知识。

㉞ 钱谷就是钱粮。水指沟洫、漕挽、治河、防海、水战、藏冰、醝榷诸事；火指焚山、烧荒、火器、火战、禁火、改火等等的方法。见李塨《瘳忘编》。

㉟ 工，指百工制造器用；虞，指山泽繁育草木鸟兽等。

㊱ 《礼记·中庸》："成己，仁也；成物，知也：性之德也，合外内之道也。"合外内，即成己成物。

㊲ 府修事何。府指六府，事指三事。《左传》文公七年："水、火、金、木、土、谷谓之六府。正德、利用、厚生谓之三事。"《伪古文尚书·大禹谟》说："水、火、金、木、土、谷惟修，正德、利用、厚生惟和。"

㊳ 见《礼记·中庸篇》："致中和，天地位焉，万物育焉。"

㊴ 曲学，不正当的学术。

㊵ 逞春华之艳，指讲究文章说。《颜氏家训·勉学篇》："讲论文章，春华也；修身利行，秋实也。"

㊶ 陆九渊与朱熹鹅湖相会，讲学议论不合，陆讥朱学为支离。有诗曰："易简工夫终久大，支离事业竟浮沉。"见《象山全集》卷二十五《鹅湖和教授兄韵》。

㊷ 阳明破贼建功，指王阳明镇压漳南、横水、桶冈、大帽、浰头等地的流寇骚乱和平定宸濠内乱等事。

㊸ 蔡元定从朱熹学，长于乐律，著有《律吕新书》《燕乐原辩》等。

㊹ 朱子常平仓制，指朱熹所创办的社仓制度。宋孝宗乾道四年（1168）崇安县饥，民艰于食。朱熹请于府，得常平粟六百石，散贷于民，夏受粟于仓，冬加

息二分偿还。随时敛散，小饥则减半息，大饥则尽减之。凡十四年，得息米三千万石。这是后世社仓的开始，详《宋史·食货志》。

⑤ 新建即王阳明。阳明死后，到明穆宗隆庆初年，赠新建侯，谥文成。

⑯ 赤，即孔子弟子公西赤，字子华，精于礼。

⑰《论语·公冶长》："子曰：由也，千乘之国可使治其赋也。……求也，千室之邑，百乘之家，可使为之宰也。"由、求均孔子子弟也。治赋，指负责军政。

⑱《论语·雍也》："赐也达，于从政乎何有？……求也艺，于从政乎何有？"是说赐通达事理，求多才多艺，于治理政事都没有什么困难。

⑲ 宸濠，明太祖子宁王朱权的后代，继立为宁王。明武宗正德十四年（1519）据南昌起兵反，为王阳明所平定。

⑳ 桶冈，指江西桶冈地方的流寇作乱，为王阳明所镇压。

㉑ 孙征君，即孙奇逢，字启泰，号钟元，清容城人，当时学者称为"夏峰先生"。颜元《存学编》卷一有《上征君孙钟元先生书》。

㉒ 紫阳，指朱熹。朱熹的父亲曾读书于安徽歙县紫阳山，朱熹在福建嵩安时仍榜其厅曰"紫阳书屋"。

㉓ 道学传授的正统，称为"道统"。

上太仓陆桴亭①先生书

某闻气机消长、否泰，天地有不能自主，理数使然也；方其消极而长，否极而泰，天地必生一人以主之，亦理数使然也。然粤稽②孔孟以前，天地所生以主此气机者，率皆实文、实行、实体、实用，卒为天地造实绩，而民以安，物以阜。虽不幸而君相之人竟为布衣，亦必终身尽力于文、行、体、用之实，断不敢以不尧舜、不禹皋者，苟且于一时虚浮之局，高谈袖手，而委此气数，置此民物，听此天地于不可知也；亦必终身穷究于文、行、体、用之实，断不敢以惑异端、背先哲者肆口于百喙争鸣之日，著书立说，而误此气数，坏此民物，负此天地于不可为也。

自汉、晋泛滥于章句，不知章句所以传圣贤之道而非圣贤之道也；竞尚乎清谈，不知清谈所以阐圣贤之学而非圣贤之学也。因之虚浮日盛，而尧舜三事、六府③之道，周公、孔子六德、六行、六艺④之学，所以实位天地、实育万物者，几不见于乾坤中矣。迨于佛、老昌炽，或取天地万物而尽空之，一归于寂灭，或取天地万物而尽无之，一归于升脱。莫谓日月、星辰、山川、草木、鸟兽、虫鱼、人伦、世故举为道外，并己身之耳、目、口、鼻、四肢皆视为累碍赘余矣，哀哉！倘于此有尧、舜、周、孔，固必回消为长，转否为泰矣。即不然，或如端、言、卜、仲、二冉之流⑤，亦庶几衍道脉⑥于不坠，续真宗⑦于不差，而长泰终有日也。奈何赵氏运中⑧，纷纷跻孔子庙庭者⑨，皆修辑注解之士，犹然章句也，皆高坐讲论之人，犹然清谈也！甚至言孝、弟、忠、信如何教，气禀本有恶，其与老氏以礼义为忠信之薄⑩，佛氏以耳、目、口、鼻为六贼⑪者，相去几何也！

故仆妄论宋儒，谓是集汉、晋、释、老之大成者则可，谓是尧、舜、周、孔之正派则不可。然宋儒，今之尧、舜、周、孔也；韩愈辟佛⑫，几至杀身，况敢议今世之尧、舜、周、孔者乎！季友著书驳程朱之说⑬，发州决杖，况敢议及宋儒之学术品诣者乎！此言一出，身命之虞所必至也。然惧一身之祸而不言，委气数于终误，置民物于终坏，听天地于终负，恐结舌安坐，不援沟渎⑭，与强暴横逆内⑮人于沟渎者，其忍心害理不甚相远也。

某为此惧，著《存学》一篇，申明尧、舜、周、孔三事、六府、六实绩，而民以安，物以阜。虽不幸而君相之人竟为布衣，亦必终身尽力于文、行、体、用之实，断不敢以不尧舜、不禹皋者，苟且于一时虚浮之局，高谈袖手，而委此气数，置此民物，听此天地于不可知也；亦必终身穷究于文、行、体、用之实，断不敢以惑异端、背先哲者肆口于百喙争鸣之日，著书立说，而误此气数，坏此民物，负此天地于不可为也。

自汉、晋泛滥于章句，不知章句所以传圣贤之道而非圣贤之道也；竞尚乎清谈，不知清谈所以阐圣贤之学而非圣贤之学也。因之虚浮日盛，而尧舜三事、六府③之道，周公、孔子六德、六行、六艺④之学，所以实位天地、实育万物者，几不见于乾坤中矣。迨于佛、老昌炽，或取天地万物而尽空之，一归于寂灭，或取天地万物而尽无之，一归于升脱。莫谓日月、星辰、山川、草木、鸟兽、虫鱼、人伦、世故举为道外，并己身之耳、目、口、鼻、四肢皆视为累碍赘余矣，哀哉！倘于此有尧、舜、周、孔，固必回消为长，转否为泰矣。即不然，或如端、言、卜、仲、二冉之流⑤，亦庶几衍道脉⑥于不坠，续真宗⑦于不差，而长泰终有日也。奈何赵氏运中⑧，纷纷跻孔子庙庭者⑨，皆修辑注解之士，犹然章句也，皆高坐讲论之人，犹然清谈也！甚至言孝、弟、忠、信如何教，气禀本有恶，其与老氏以礼义为忠信之薄⑩，佛氏以耳、目、口、鼻为六贼⑪者，相去几何也！

故仆妄论宋儒，谓是集汉、晋、释、老之大成者则可，谓是尧、舜、周、孔之正派则不可。然宋儒，今之尧、舜、周、孔也；韩愈辟佛⑫，几至杀身，况敢议今世之尧、舜、周、孔者乎！季友著书驳程朱之说⑬，发州决杖，况敢议及宋儒之学术品诣者乎！此言一出，身命之虞所必至也。然惧一身之祸而不言，委气数于终误，置民物于终坏，听天地于终负，恐结舌安坐，不援沟渎⑭，与强暴横逆内⑮人于沟渎者，其忍心害理不甚相远也。

某为此惧，著《存学》一篇，申明尧、舜、周、孔三事、六府、六息二分偿还。随时敛散，小饥则减半息，大饥则尽减之。凡十四年，得息米三千万石。这是后世社仓的开始，详《宋史·食货志》。

㊺ 新建即王阳明。阳明死后，到明穆宗隆庆初年，赠新建侯，谥文成。

㊻ 赤，即孔子弟子公西赤，字子华，精于礼。

㊼ 《论语·公冶长》："子曰：由也，千乘之国可使治其赋也。……求也，千室之邑，百乘之家，可使为之宰也。"由、求均孔子子弟也。治赋，指负责军政。

㊽ 《论语·雍也》："赐也达，于从政乎何有？……求也艺，于从政乎何有？"是说赐通达事理，求多才多艺，于治理政事都没有什么困难。

㊾ 宸濠，明太祖子宁王朱权的后代，继立为宁王。明武宗正德十四年（1519）据南昌起兵反，为王阳明所平定。

㊿ 桶冈，指江西桶冈地方的流寇作乱，为王阳明所镇压。

㉛ 孙征君，即孙奇逢，字启泰，号钟元，清容城人，当时学者称为"夏峰先生"。颜元《存学编》卷一有《上征君孙钟元先生书》。

㉜ 紫阳，指朱熹。朱熹的父亲曾读书于安徽歙县紫阳山，朱熹在福建崇安时仍榜其厅曰"紫阳书屋"。

㉝ 道学传授的正统，称为"道统"。

上太仓陆桴亭①先生书

某闻气机消长、否泰，天地有不能自主，理数使然也；方其消极而长，否极而泰，天地必生一人以主之，亦理数使然也。然粤稽②孔孟以前，天地所生以主此气机者，率皆实文、实行、实体、实用，卒为天地造德、六行、六艺之道，大旨明道不在《诗》《书》章句，学不在颖悟诵读，而期如孔门博文约礼⑯，身实学之，身实习之，终身不懈者。著《存性》一篇，大旨明理气俱是天道，性形俱是天命，人之性命、气质虽各有差等而俱是此善；气质正性命之作用，而不可谓有恶，其所谓恶者，乃由"引蔽习染"⑰四字为之祟也。期使人知为丝毫之恶，皆自玷其光莹之本体，极神圣之善，始自充其固有之形骸。

但孔孟没后二千年无人道此理，而某独异，又惴惴焉恐涉偏私自是，诽谤先儒；将舍所见以苟就近世之学，而仰观三代圣贤，又不如此。二念交郁，罔所取正。一日游祁，在故友刁文孝⑱座，闻先生有佳录，复明孔子六艺之学，门人姜姓在州守幕实笥之，欢然如久旱之闻雷，甚渴之闻溪，恨不即沐甘霖而饮甘泉也。曲致三四，曾不得出。然亦幸三千里外有主张此学者矣，犹未知论性之相同也。既而刁翁出南方诸儒手书，有云，"此间有桴亭者，才为有用之才，学为有用之学，但把气质许多驳恶杂入天命，说一般是善，其《性善图说》中有'人之性善正在气质，气质之外无性'等语，殊新奇骇人！"乃知先生不惟得孔孟学宗，兼悟孔孟性旨，已先得我心矣。当今之时，承儒道嫡派者，非先生其谁乎！所恨家贫亲老，不得操杖亲炙，进身门下之末。兹乘彭使⑲之便，奉尺楮请教，祈以所著，并高弟孰长礼、乐，孰长射、书，孰为体用兼优，不惜示下，使聋瞽之子得有所景仰尊奉。倘有寸进，真一时千载也！山河隔越，不能多寄，仅以《性》《学》编各一纸，日记第十卷中摘一页呈正，不胜南望恺切想慕之至！（《存学编》卷一）

【注释】

① 陆世仪（1611—1672），字道威，号桴亭，太仓人。治理学，他的著作多

种，编成《陆子遗书》。

② 粤稽。粤，语助词。稽，稽考的意思。

③ 三事、六府。见《明亲》注㊲。

④ 六德、六行、六艺。见《明亲》注⑨。

⑤ 端木赐，字子贡；言偃，字子游；卜商，字子夏；仲由，字子路，一字季路；二冉即冉耕（字伯牛）、冉雍（字仲弓），都是孔子的弟子。

⑥ 衍，传布。衍道脉，指传布所谓圣贤之道的道统。

⑦ 真宗，指所谓圣贤之学的正宗。

⑧ 赵氏，指宋朝。

⑨ 纷纷跻孔子庙庭者，这里指宋儒。

⑩ 《老子》三十八章："夫礼者，忠信之薄，而乱之首。"

⑪ 六贼，参看《存性篇·驳气质性恶》注⑤。

⑫ 韩愈（768—824），字退之，唐代的思想家和文学家，他有《原道》和《谏佛骨表》等文，排斥佛教。

⑬ 朱季友，明饶州鄱阳人，著书抨击程、朱等人的学说。明永乐帝览之大怒，发饶州决杖，尽毁其所著书。参看明黄佐《翰林记》卷十一《禁异说》。

⑭ 不援沟渎，是说坐视别人陷入沟渎中，也不去救。

⑮ 内，同纳。

⑯ 《论语·雍也篇》和《颜渊篇》都有"君子博学于文，约之以礼"的话。

⑰ 引蔽习染，见《存性编·明明德》注①。

⑱ 刁文孝，即刁包，字蒙吉，祁州人。明天启举人，入清不仕。死后，门弟子私谥为文孝。

⑲ 彭，即彭恒斋，博野人，时官江苏长洲县知县。康熙十四年（1675）卒，《习斋先生记余遗著》有《祭彭恒斋》文。彭使，即彭恒斋的仆人。

性理评三十四条 选七条

明道谓谢显道①曰:"尔辈在此相从,只是学某言语,故其学,心与口不相应。盍若行之?"请问焉。曰:"且静坐。"

伊川每见人静坐,便叹其善学。

因先生只说话,故弟子只学说话,心口且不相应,况身乎?况家国天下乎?措之事业,其不相应者多矣。吾尝谈天道、性命,若无甚扞格,一着手算九九数辄差。王子②讲冠礼若甚易,一习初祝③便差。以此知心中醒,口中说,纸上作,不从身上习过,皆无用也。责及门④不行,彼既请问,正好教之习礼习乐,却只云"且静坐"。二程亦复如是。噫!虽曰不禅,吾不信也。

上蔡⑤直指"穷理居敬"为入德之门,最得明道教人之纲领。

朱子称上蔡"直指穷理居敬为入德之门,最得明道教人纲领",仆以为此四字正诸先生所以自欺而自误者也。何也?"穷理居敬"四字,以文观之甚美,以实考之,则以读书为穷理功力,以恍惚道体⑥为穷理精妙,以讲解著述为穷理事业,俨然静坐为居敬容貌,主一无适⑦为居敬工夫,舒徐安重为居敬作用。观人世之醉生梦死,奔忙放荡者,诚可谓大儒气象矣;但观之孔门,则以读书为致知中之一事。且书亦非徒占毕⑧读之也,曰"为《周南》《召南》"⑨,曰"学《诗》""学《礼》"⑩,曰"学《易》""执礼"⑪,是读之而即行之也。曰"博学于文",盖《诗》《书》六艺以及兵农、水火在天地间灿著者,皆文也,皆所当学之也。曰"约之以礼"⑫,盖冠婚、丧祭、宗庙、会同以及升降、周旋、衣服、饮食,莫不有礼也,莫非约我者也。凡理必求精熟之至,是谓穷理;凡事必求谨慎之周,是谓居敬。上蔡虽贤,恐其未得此纲领也。不然,岂有居敬穷理之人而流入于禅者哉!

问:"上蔡说横渠以礼教人,其门人下梢头[13]低,只溺于刑名、度数[14]之间,行得来因无所见处,如何?"曰:"观上蔡说得偏了,这都看不得礼之大体,所以都易得偏。如上蔡说横渠之非,以为欲得正容谨节,这是自好,如何废这个得!如专去理会刑名、度数固不得,又全废了这个也不得。"

宋儒胡子[15]外,惟横渠之志行井田,教人以礼,为得孔孟正宗;谢氏偏与说坏,讥其门人下梢头低,溺于刑名、度数,以为横渠以礼教人之流弊。然则教人不当以礼乎?谢氏之入禅,于此可见;二程平昔之所以教杨、谢[16]诸公者于此可想矣。玩"行得来因无所见"一语,横渠之教法真可钦矣。"民可使由之,不可使知之"[17],"道之以德,齐之以礼"[18],此圣贤百世不易之成法也。虽周公、孔子,亦只能使人行,不能使人有所见;功候未到,即强使有所见,亦无用也。孟子曰:"行之而不著焉,习矣而不察焉,终身由之而不知其道者,众也。"[19]此固叹知道之少,而吾正于此服周公、孔子流泽之远也。布三重[20]以教人,使天下世世守之,后世有贤如孟子者得由行习而著察,即愚不肖者亦相与行习于吾道之中,正《中庸》所谓"行而世为天下法",历八百年而犹在,几百余年而未衰。此周公、孔子之下梢头原如是其低也,而其上梢头亦未尝高。制礼作乐,遵行遍天下,而周公之心,虽亲贤之召公不尽知也[21]。博文约礼,服习遍三千,而一贯之秘,虽聪颖之端木未之闻也,相随半生,尚以"多学而识"认夫子[22]。然则未闻性道[23]之前,端木子与三千人不同以文礼为道乎?则横渠之门人,即使皆认刑名、度数为道,何害也!朱子既见谢氏之偏而知横渠之是,即宜考古稽今，与门人讲而习之，使人按节文，家行典礼，乃其所也。奈何尽力诵读著述，耽延岁月！迨老而好礼，又只要著《家礼》[24]一书，屡易藁始成，其后又多自嫌不妥，未及改正而没，其门人杨氏固尝代为致憾矣。考其实，及门诸公不知式型[25]与否，而朱子家祠丧礼已多行之未当，失周公、孔子之遗意者矣。岂非言易而行难哉！

和靖涪州[26]被召，祭伊川[27]文云："不背其师则有之，有益于世则未也。"因言："学者只守得某言语，已自不易；少间又自转移了。"

吾读《甲申殉难录》[28]，至"愧无半策匡时难，惟余一死报君恩"，未尝不凄然泣下也！至览和靖祭伊川"不背其师有之，有益于世则未"二语，又不觉废卷浩叹，为生民怆惶久之！夫周、孔以六艺教人，载在经传，子罕言仁、命[29]，不语神[30]，性道不可得闻[31]，予欲无言[32]，博文约礼等语，出之孔子之言及诸贤所记者，昭然可考，而宋儒若未之见也。专肆力于讲读，发明性命，开心静敬，著述书史。伊川明见其及门皆入于禅而不悟，和靖自觉其无益于世而不悟，甚至求一守言语者亦不可得，其弊不大可见哉！至于朱子追述，似有憾于和靖而亦不悟也。然则吾道之不行，岂非气数使之乎！

朱子曰："李延平先生[33]屏居山里，结茅水竹之间，谢绝世故四十余年，箪瓢屡空[34]，怡然自得。"

试观孔子前有"谢绝世故"之道学乎？

先生居处有常，不作费力事。

只"不作费力事"五字，不惟赞延平，将有宋一代大儒皆状出矣。子路问政，子曰："先之，劳之。"㉟天下事皆吾儒分内事；儒者不费力，谁费力乎？试观吾夫子生知安行㊱之圣，自儿童嬉戏时即习俎豆、升降㊲，稍长即多能鄙事㊳，既成师望，与诸弟子揖让进退，鼓瑟、习歌、羽籥、干戚㊴、弓矢、会计，一切涵养心性，经济生民者，盖无所不为也。及其周游列国，席不暇暖而辄迁，其作费力事如此。然布衣也。周公，文王之子，武王之弟，成王之叔，身为上公者也；而亦多材多艺，吐哺握发以接士㊵，制礼作乐以教民，其一生作费力事又如此。此所以身当国钧㊶，开八百之祚于宗周，其人材至末流，犹堪为五霸之用。虽为布衣，布散三千人于天下㊷，维二百年之国脉，其士风之塌坏，犹足供七雄之用。故曰"儒者天地之元气"，以其在上在下，皆能造就人材，以辅世泽民，参赞化育故也。若夫讲读著述以明理，静坐主敬以养性，不肯作一费力事，虽曰口谈仁义，称述孔孟，其与释老之相去也者几何！

朱子曰："胡文定㊸曰：'岂有见理已明而不能处事者！'此语好。"

见理已明而不能处事者多矣，有宋诸先生便谓还是见理不明，只教人明理。孔子则只教人习事，迨见理于事，则已彻上彻下矣。此孔子之学与程朱之学所由分也。《二论》《家语》㊹中明明记载，岂可混哉！

【注释】

① 谢良佐，字显道，宋寿春上蔡人，学于程明道（即程颢），为程门高弟子。

② 王子即王法乾，名养粹，清蠡之北泗人，颜习斋的好友。参见《习斋年谱》卷上。

③ 初祝，是《仪礼·士冠礼》中一个礼仪节目。

④ 及门，登门就业，也就是弟子的称谓。

⑤ 上蔡，即谢良佐，他是上蔡人。

⑥ 《老子》："道之为物，惟恍惟惚。"恍惚道体，是说把道说得很玄妙。

⑦ 《程子遗书》卷十五："所谓敬者，主一之谓敬。所谓一者，无适之谓一。"

⑧ 《礼记·学记》："呻其占毕。"郑注："占，视也。简谓之毕，言今之师自不晓经之义，但吟诵其所视简之文。"简即竹简。这是说只知诵读文字，不了解其意义。

⑨ 《论语·阳货》："子谓伯鱼曰：女为《周南》《召南》矣乎？"女同汝。为《周南》《召南》，是说学习《诗经》中的二《南》。

⑩ 《论语·季氏》："不学《诗》，无以言；不学《礼》，无以立。"

⑪ 学《易》、执礼，见《论语·述而》："子曰：加我数年，五十以学《易》，可以无大过矣。"又说："子所雅言，《诗》《书》执礼，皆雅言也。"

⑫ 博学于文，约之以礼，见《上太仓陆桴亭先生书》注⑯。

⑬ 下梢头，当时口语，犹言脚跟，指基础的学问。孔子有"下学而上达"的话，这里以下梢头指下学（小学），即刑名、度数之学，上梢头指上达之学。

⑭ 刑名，这里指实际的事功，治理政事的才能。度数，指礼仪的度数。

⑮ 胡子，指胡瑗，参考《存学编·明亲》注⑱。

⑯ 指杨时、谢良佐。

⑰ 语见《论语·泰伯》。

⑱ 语见《论语·为政》。

⑲ 语见《孟子·尽心下》。

⑳ 《礼记·中庸》："王天下有三重焉"，朱熹注："三重，谓礼仪、制度、考文。"

㉑ 成王年幼，由周公摄政，召公曾怀疑周公。

㉒ 《论语·卫灵公》："子曰：赐也，女以予为多学而识之者与？对曰：然。曰：非也，予一以贯之。"端木即端木赐，字子贡，孔子弟子。

㉓ 《论语·公冶长》："子贡曰：夫子之文章，可得而闻也；夫子之言性与天道，不可得而闻也。"

㉔ 《家礼》，即《朱子家礼》，参考黄宗羲《学校篇》注㊶。

㉕ 式型，取法的意思。《诗·周颂·我将》："仪式刑文王之典。"刑通型。

㉖ 和靖即尹焞，字彦明，河南人，程颐弟子。为刘豫所逼，逃入蜀中，隐居涪州。后召入为秘书少监兼崇政殿说书，屡次上书求去，著有《论语解》《门人问答》《和靖集》等。

㉗ 伊川，即程颐。

㉘ 甲申，即1644年，这年李自成率领流寇及乱军打入北京，明亡。同年清兵入关。有关这年的记载甚多，《甲申殉难录》不知谁作。另外还有孙奇逢著《甲申大难录》等。

㉙ 《论语·子罕》："子罕言利与仁与命。"

㉚ 《论语·述而》："子不语怪、力、乱、神。"

㉛ 见注㉓。

㉜ 《论语·阳货》："子曰：予欲无言。"

㉝ 李延平即李侗，字愿中，南剑人，朱熹的老师。见《宋元学案·豫章学案》。

㉞ 《论语·雍也》："贤哉回也，一箪食，一瓢饮，在陋巷，人不堪其忧，回也不改其乐。"箪，盛饭的竹器；瓢，饮水的勺。箪瓢屡空，是说饮食都接不上。这里形容生活俭朴。

㉟ 语见《论语·子路篇》。意思是说，先遵之以德，然后使民勤劳。颜元在

这里引它，说明儒者应该做费力的事。

㊱《礼记·中庸》："或生而知之，或学而知之，……或安而行之，或勉强而行之。"

㊲ 孔子为儿嬉戏，常陈俎豆，设礼容。见《史记·孔子世家》。

㊳ 孔子说："吾少也贱，故多能鄙事。"鄙事，谓射、御等事。见《论语·子罕篇》。

㊴《礼记·乐记》："羽籥干戚，乐之器也。"羽是翟羽，籥是笛；古时候文舞所执的乐器。干是盾，戚是斧；古时候武舞所执的乐器。

㊵ 相传周公一沐三握发，一饭三吐哺，以接待贤士，急于见贤，没有休息的时间。见《史记·鲁世家》。

㊶ 国钧，指国家的政权。

㊷ 相传孔子有弟子三千人。

㊸ 胡文定即胡安国，字康侯，福建崇安人，宋朝理学家。著《春秋传》等书，谥"文定"。

㊹ 二论指《论语》，《论语》分《上论》《下论》。《家语》，即《孔子家语》。

性理评二十八条 选一条

果斋李氏①曰：先生搜辑先儒之说而断以己意，汇别区分，文从字顺，妙得圣人之本旨，昭示斯道之标的。又使学者先读《大学》以立其规模，次及《语》《孟》以尽其蕴奥，而后会其归于《中庸》。尺度权衡之既定，由是以穷诸经，订群史以及百氏之书，则将无理之不可精，无事之不可处矣。

　　先生昭明书旨，备劳心力，然所明只是书旨，未可谓得吾身之道也。盖《四书》、诸经、群史、百氏之书所载者，原是穷理之文，处事之道。然但以读经史、订群书为穷理处事以求道之功，则相隔千里；以读经史、订群书为即穷理处事，曰道在是焉，则相隔万里矣。兹李氏以先生解书得圣人之本旨，遂谓示斯道之标的，以先生使学者读书有序，遂谓将无理不可精，无事不可处。噫！宋、元来效先生之汇别区分，妙得圣人之本旨者，不已十余人乎？遵先生读书之序，先《大学》，次《语》《孟》，次《中庸》，次穷诸经，订群史以及百氏，不已家家吾伊②，户户讲究乎？而果无理不可精，无事不可处否也？譬之学琴然：《诗》《书》犹琴谱也；烂熟琴谱，讲解分明，可谓学琴乎？故曰以讲读为求道之功，相隔千里也。更有一妄人指琴谱曰，是即琴也，辨音律，协声韵，理性情，通神明，此物此事也。谱果琴乎？故曰以书为道，相隔万里也。千里万里，何言之远也！亦譬之学琴然：歌得其调，抚娴③其指，弦求中音，徽④求中节，声求协律，是谓之学琴矣，未为能琴也。弦器可手制也，音律可耳审也，诗歌惟其所欲也，心与手忘，手与弦忘，私欲不作于心，太和常在于室，感应阴阳，化物达天，于是乎命之曰能琴。今手不弹，心不会，但以讲读琴谱为学琴，是渡河而望江也，故曰千里也。今目不睹，耳不闻，但以谱为琴，是指蓟北而谈云南也⑤，故曰万里也。

【注　释】

　　① 李方子，字公晦，号果斋，邵武人，朱熹的弟子。见《宋元学案》卷六十九《沧州诸儒学案》。

　　② 吾伊，是读书的声音，也作伊吾，又作咿唔。

③ 抚娴其指,是说指法很熟练。

④ 古琴面标识音节的点叫徽。全弦凡十三徽。

⑤ 蓟北,指今河北省北部之地。蓟北、云南,是说南北遥隔,相距很远的意思。

四书正误 选录

大学 选二条

李植秀①问格物致知,予曰:知无体,以物为体。犹之目无体,以形色为体也。故人目虽明,非视黑视白,明无由用也。人心虽灵,非玩东玩西,灵无由施也。今之言致知者,不过读书讲问思辨已耳,不知致吾知者,皆不在此也。辟②如欲知礼,任读几百遍礼书,讲问几十次,思辨几十层,总不算知;直须跪拜周旋,捧玉爵③,执币帛④,亲下手一番,方知礼是如此,知礼者斯至矣。辟如欲知乐,任读乐谱几百遍,讲问思辨几十层,总不能知;直须搏拊击吹⑤、口歌身舞,亲下手一番,方知乐是如此,知乐者斯至矣。是谓"物格而后知至"。故吾断以为物即三物⑥之物,格即手格猛兽之格,手格杀之之格。此二格字,见古史及《汉书》⑦。秀问:"不先明理如何行?"

予曰:"试观孔子何不先教学文而先孝弟谨信泛爱乎?又何不先教性道一贯而先三物⑧乎?且如此冠,虽三代圣人不知何朝之制也;虽从闻见知为肃慎⑨之冠，亦不知皮之如何暖也，必手取而加诸首，乃知是如此取暖。如此菔蔬⑩，虽上智老圃⑪不知为可食之物也；虽从形色料为可食之物，亦不知味之如何辛也，必箸取而纳之口，乃知如此味辛。故曰手格其物而后知至。故予尝曰："不解圣人之行者，讲之圣人之言；不解圣人之言者，验之圣人之行。"试观孔门身通六艺者七十二人，周公以三物教万民而宾兴之⑫，不可见《大学》首自行习下手乎？朱注："穷至事物之理。"⑬夫穷至，不犹然一致字乎？穷至其理，不犹然一知字乎？是解成个致知在致知矣。以张仲诚、王法乾⑭二贤友之高才卓识，一则言操存明理，然后把明白心到物上去，是知至而后物格矣；一则知宋儒为不学无术，而口口只道明理，是知当格物而不愿出穷理之套矣。圣道不几亡乎？舆二友费许多气力，只为此一句关头不破也。（"古之欲明明德"节）

以义为利，圣贤平正道理也。尧舜利用，《尚书》明与正德厚生⑮并为三事。利贞⑯，利用安身⑰利用刑人⑱，无不利⑲，利者义之和也⑳，《易》之言利更多。孟子极驳利字㉑，恶夫掊尅聚敛者耳㉒。其实义中之利，君子所贵也。后儒乃云"正其谊不谋其利"㉓，过矣。宋人喜道之，以文其空疏无用之学。予尝矫其偏，改云：正其谊以谋其利，明其道而计其功。（"孟献子曰"节）

【注释】

① 李植秀，字仲果，颜元弟子。

② 辟，同譬。

③ 玉爵，玉酒杯。

④ 币帛，古礼对所尊敬者敬献的礼物。《仪礼·士相见礼》疏："玉、马、皮、圭、璧、帛皆称币。"

⑤ 搏拊本是一种乐器，《尚书·益稷》："搏拊琴瑟以咏"，疏："搏拊形如鼓，击之以节乐。"这里当弹琴鼓瑟的动作讲。击，指击钟磬；吹，指吹笙簧之类的乐器。

⑥ 三物，指六德、六行、六艺三种事，见《存学编·明亲》注⑨。

⑦ 《史记·殷本纪》言纣"材力过人，手格猛兽"。《后汉书·刘盆子传》："皆可格杀。"李贤注："相拒而杀之曰格。"

⑧ 《论语·学而》："子曰：弟子入则孝，出则弟，谨而信，泛爱众而亲仁，行有余力，则以学文。"这里"学文""性道一贯"指明理，"孝弟谨信泛爱""三物"指实行。是说先实行而后明理。

⑨ 肃慎，古部落的名称，在今东北吉林一带。

⑩ 蓏蔬，萝卜之类的蔬菜。

⑪ 老圃，种园艺的老农。

⑫ 周公以三物教万民而宾兴之。语见《周礼·地官·大司徒》。兴同举。是说周公以六德、六行、六艺三者教万民，并举其中贤能的人，以乡饮酒之礼，尊为宾客。

⑬ 见朱熹《大学章句》首章。

⑭ 张仲诚即张沐，上蔡人，颜元好友。王法乾见《存学编·性理评》注②。

⑮ 利用，正德，厚生，见《存学编·明亲》注㊲。这里特别提出"利用"为三事之一，说明利与义不可分。

⑯ 利贞，《易经·乾卦》的卦词"元亨利贞"。这里取其言利。以下几句引文，用意相同。

⑰ 利用安身，见《易·系辞下》。

⑱ 利用刑人，见《易·蒙卦》。

⑲ 无不利，见《易·坤卦》。

⑳ 利者义之和也，见《易·乾卦·文言》。

㉑ 孟子见梁惠王，极论惠王言利而不谈仁义之害。详《孟子·梁惠王上》。又孟子与宋牼相遇，反对宋牼以利游说诸侯，详《孟子·告子下》。

㉒ 掊尅，聚敛的意思。亦作掊克，《孟子·告子下》："掊克在位，则有让。"让是责让的意思。又《论语·先进》："季氏富于周公，而求也为之聚敛，而附益之。子曰：非吾徒也，小子鸣鼓而攻之可也。"求即冉求，孔子弟子，为季氏宰。孟子引用孔子此语，并说："由此观之，君不行仁政而富之，皆弃于孔子者也。"见《孟子·离娄上》。

㉓ 《汉书·董仲舒传》载董仲舒说："夫仁人者，正其谊不谋其利，明其道不计其功。"谊同义。

中庸 选四条

"致者，推而极之也"，解致字最好。到底实讲处，却说"自戒惧而约之，以至于至静之中，无少偏倚，而其守不失，则极其中。自谨独而精之，以至应物，无少差谬"①云云。世有至静之中不失其守，而天地便位者乎？有应物无差谬，而万物便育者乎？几何而不以吾道之至诚，等于仙、释之空寂妄诞也？况春秋之天地不位，万物不育，将谓孔子至静之守犹有失，应物之处犹有差谬乎②？抑致中致和而位焉育焉，子思③竟为不验之空言乎？理之不通明矣。且字义之训诂，亦自相矛盾焉。夫推者，用力扩拓去，自此及彼，自内而外，自近及远之辞也；推而极之，则又无彼不及，无外不周，无远不到之意也。曾可云"约之"乎？曾可云"精之"乎？曾可以至静之守不失，应物之处无差，而谓之"致中和"乎？《中庸》何以称"天下之大本","天下之达道"④乎？盖吾人之中和与天地万物一般，大致吾一心之中，一身之和，则钦明温恭⑤是也；推而致一家之中，一家之和，则一家仁、一家让是也。推而致一国之中和，天下之中和，则调燮⑥阴阳，协和万邦⑦，三百三千之礼⑧，《韶》《英》《濩》《武》之乐⑨是也。夫然而清宁还之天地⑩，咸若⑪还之万物，斯真修道之极功，而吾人尽性至命之能事毕矣。《注》乃云"修道之教，亦在其中"，是致中和还不是修道乎？真梦语也。（"致中和"节）

植秀问"好学近乎知"，予诘之曰："子心中必先有多读可以破愚之见。"对曰："然。"予曰："否。子试观今天下秀才晓事否。读书人便愚，多读更愚。但书生必自智，其愚却益深。"秀问："何也？"予曰："试观梓人⑫生来未必乃尔巧，以其尝学此艺，便似渠心目聪明矣。凡匠莫不然。而何疑于君子乎？好学礼则度数⑬日明，好学乐则神明可通，好学射、御、书、数、兵、农等，则万事可理。虽性非上智乎，于焉近之矣。"（"好学近乎知"节）

南游中州⑭，友人好举此段⑮为谈柄。予曰："问，问其所学也；思，思其所学也；辨，辨其所学也；行，行其所学也。自汉、宋来，学字已误，况博乎！况问、思、辨、行乎！"问之，予曰："学，学礼、学乐、学射御书数等也。博学之，则兵农、钱谷、水火、工虞⑯、天文、地理无不学也。以多读为学，圣人之学所以亡也。"（"博学之"节）

宋家诸先生，胡文昭⑰之外，无不染于禅者。游、杨、谢诸公，朱子言之矣⑱。周子《太极图》⑲，始无极，终主静。朱子论未发气象，以不观观之，半日静坐⑳，他无论矣。仆洞观儒道沦亡之根，在禅宗也。故辨学先辨禅宗。为陆、朱学者便以无声无臭㉑来相难。予曰，《中庸》是引人向平实处做，向收敛韬晦㉒处做，正患后世凌高厉空㉓，废弃卑迩㉔，张皇表暴，修非暗修、德不玄德㉕之弊也。故开卷至终篇，只从喜怒哀乐、子臣弟友上做工夫，到底至诚、立本、知化、不外了经纶大经㉖。从戒惧隐微㉗说到天命于穆、文德不显㉘，又从暗然内省说到笃恭天下平㉙，天载无声无臭，总是个平实，总是个收敛。后世全翻了孔门本案，却强拉无声无臭去混掩禅宗，岂不思载者事也㉚。请问后世佛氏，何者是他笃恭平天下，何者是他上天之事？只事字自非禅宗所得混也。（"《诗》云予怀明德"节）

【注释】

① 这是朱熹《中庸章句》中第一章"致中和，天地位焉，万物育焉"一节的注文。

② 这是说，春秋时天下大乱，天地不位，万物不育，但不能说是因为孔子守静有失，应物有差。颜元以此反证朱熹注释之不通。

③ 子思，孔子孙子伋的字。程朱认为《中庸》是子思所作。

④ 《中庸》："中也者，天下之大本也；和也者，天下之达道也。"

⑤ 钦明见《尚书·尧典》，温恭见《尚书·舜典》，这里是指钦明温恭之德。

⑥ 调燮，调和。

⑦ 协和万邦，见《尚书·尧典》，言万邦和好协作。

⑧ 《礼记·中庸》："礼仪三百，威仪三千。"言礼仪的隆盛。

⑨ 《韶》相传是舜乐名；《英》即《五英》，帝喾乐名；《濩》即《大濩》，商汤乐名；武，武王乐名。

⑩ 《老子》第三十九章："天得一以清，地得一以宁。"故说清宁还之天地。

⑪ 若，顺的意思。

⑫ 梓人即木工。

⑬ 度数，《易·节卦》："君子以制数度"。《疏》："数度谓尊卑礼命之多少。"度数即数度。

⑭ 中州即今河南省地方。

⑮ 指《中庸》"博学之，审问之，慎思之，明辨之，笃行之"一段。

⑯ 钱谷、水、火、工、虞。见《存学编·明亲》注㉞㉟。

⑰ 胡文昭即胡瑗，见《存学编·明亲》注⑱。

⑱ 游、杨、谢，见《存学编·明亲》注⑳。朱熹说游、杨、谢染于禅，见《朱子语类》卷一百一："游、杨、谢三君子初皆学禅，后来余习犹在。故学之者多流于禅。游先生大是禅学。"

⑲ 宋周敦颐作《太极图说》。首曰："无极而太极。"又曰："圣人定之以中正仁义而主静。"

⑳ 朱熹论喜怒哀乐未发的气象，见《朱子语类》卷六十二。朱熹教人半日读书，半日静坐，也就是染了禅法。

㉑ 无声无臭，语本《中庸》："《诗》云……'上天之载，无声无臭'，至矣。"是说天地生长万物，没有声音，没有气息，万物自然而生。以喻圣人用德化民，也是没有声音，没有气息，众民自然受感化。这样，圣人之德，就高到与天地相配了。

㉒ 韬晦，敛藏隐晦的意思。下文"张皇表暴"与此意思相反。

㉓ 凌高厉空，说宋儒为学多染于禅，空谈性理，不从平实处做起。

㉔ 废弃卑迩，《中庸》："君子之道，譬如行远必自迩，譬如登高必自卑。"迩，近。卑，低。废弃卑迩，也是不从平实处做起的意思。

㉕ 德不玄德，玄德，谓暗修潜行的道德。像"凌高厉空"，"张皇表暴"，就不是暗修潜行的道德。

㉖ 语本《中庸》:"唯天下至诚,为能经纶天下之大经,立天下之大本,知天地之化育。"

㉗ 戒惧隐微,语本《中庸》:"君子戒慎乎其所不睹,恐惧乎其所不闻。莫见乎隐,莫显乎微。"这就是所谓慎独的功夫。

㉘ 语本《中庸》引《诗经·周颂·维天之命》"维天之命,于穆不已,于乎不显,文王之德之纯",说明天之所以为天,文王之所以为文,皆由于行之无已,为之不止。于,赞美辞。不显之不,同丕,大的意思。

㉙《中庸》:"君子之道,暗然而日章。"又曰:"君子内省不疚","是故君子笃恭而天下平"。是说从个人的修身到治国平天下的大事都是平实的功夫。

㉚ 载者事也,见《尚书·舜典》:"有能奋庸熙帝之载。"《伪孔安国传》云:"载,事也。"颜元抓住这个训诂,解释《中庸》"上天之载"的"载"字,以说明实事的重要。

论语上 选四条

予尝言:盗跖①至恶矣,寿至八十,习染至深矣;倪乍见孺子匍匐将入井,亦必怵惕恻隐②。(《学而》,"巧言令色"节)

温有三义:习也,暖也,燖也③。重习其所学,如鸟数飞以演翅;又将所以得者暖之不令冷;又脱洗一层,另焕发一番,如以汤沃毛脱退之意。盖古人为学,全从真践履、真涵养做工夫,至宋人则思、读、作三者而已,故训温,寻绎也④,一字千里矣。(《为政》,"温故而知新"章)

颜子所好之学⑤,仆不敢言。但七十子于《诗》、《书》、六艺,皆习而通之。后之大儒,全废六艺,只尚《诗》《书》。其于《诗》《书》,

又非如古之学且为者，只是读讲以悦口自欺，因以欺世盗名，而好说颜子所好之学。吾不知颜子之好学，即同七十子之习而通之者而涵养更精乎？抑外七十子习而通之者，别有一种学而好之乎？噫！从祀孔子庙庭者，非曰滥觞章句⑥，则曰打诨禅宗⑦，皆曰学颜子之所学。噫！孔子门下三千人中仅一颜子，又仅七十一人。何后世人人颜子，而曾不见一七十子之学也？噫！生民世道，乌得不莫之御而至于此也。（《雍也》，"哀公问弟子"章）

《鲁论》⑧诸贤善观圣人，事无巨细，无不备状，真有功于我辈万世后学也。此处记夫子慎战⑨，必夫子亦曾临阵，又证之夫子自言"我战则克"⑩，是吾夫子不惟战，且善战明矣。至孟子传道，已似少差⑪。流至汉、宋儒，峨冠博带⑫，袖手空谈，习成妇人女子态，尚是孔门之儒乎？熟视后世书生，岂惟太息，真堪痛哭矣！（《述而》，"子之所慎"章）

（《四书正误》卷三）

【注释】

① 盗跖，相传是春秋时大盗。

② 匍匐，爬行。《孟子·公孙丑》："今人乍见孺子将入于井，皆有怵惕恻隐之心。"孺子，小孩。怵惕，惊动的意思。恻隐，内心伤痛，即同情心的表现。

③ 《说文》："习，鸟数飞也。"所以下文有"如鸟数飞以演翅"之语。煻，将冷却的食物烧热。

④ 《论语·为政》："温故而知新。"朱熹《集注》："温，寻绎也。"

⑤ 颜子即颜回，孔子弟子。《论语·雍也》："哀公问弟子孰为好学，孔子对曰：有颜回者好学。"

⑥ 滥觞，开始。滥觞章句，从诵习章句开始。

⑦ 打诨禅宗，佛家参禅时机锋锐利的对话。

⑧ 《鲁论》，《论语》经秦火后，有《齐论》《古论》《鲁论》三种。《齐论》《古论》已失传，今本《论语》二十篇，即《鲁论》。《鲁论》诸贤，指孔门弟子。

⑨ 《论语·述而》："子之所慎：齐、战、疾。"齐同斋，即斋戒。

⑩ 我战则克，语见《礼记·礼器篇》。

⑪ 《孟子·告子下》："孟子曰：今之事君者曰……'我能为君约与国，战必克。'今之所谓良臣，古之民贼也。君不乡（向）道，不志于仁，而求为之强战，是辅桀也。"又《尽心下》："孟子曰，有人曰：'我善为陈（阵），我善为战。'大罪也。"

⑫ 峨冠，高冠；博带，宽大的衣带。是儒生的装束。

论语下 选六条

孔子教人，各因其材，何处不可见。但先生辈只教人静坐读书，不惟孔子之教不可见，而天下之材从此皆误矣。（《先进》，"德行"节）

明明"践迹"是"入室"①的真路头、真步法，先生辈何不向周公、孔子三物上着脚乎？读讲至"践迹"，独不思如何是"迹"，如何是"践"乎？（《先进》，"子张问善人之道"章）

圣贤但一坐便商确兵农礼乐，但一行便商确富民教民②。所谓行走坐卧，不忘苍生也。是孔门师弟也。后世静坐读书，居不习兵农礼乐之业，出不建富民教民之功，而云真儒真儒者，质之孔门何地乎？故曰，章句禅宗之学不熄，孔子之道不著，圣人复起，不易吾言矣。（《子路》，"子适

卫"章）

"均无贫"，是圣人富国法；"和无寡"，是圣人强国法；"安无倾"③，是圣人定国法。（《季氏》，"丘也闻有国"节）

"日知其所亡"，日省也；"月无忘其所能"④，时习也。合曾子"省身"、夫子"学而"⑤二章，好学之功备矣。（《子张》，"子夏曰日知"章）

子每向子弟言，生世六十余矣，读《论语》分三截。前二十年见得句句是文字，中二十年见得句句是习行，末二十年见得句句是经济⑥。看秦汉史，尝说汉高只行得"惠则足以使人"⑦一句，定四百年统业；看韩淮阴那等大豪杰，所感激的只在解衣推食⑧；楚霸王只犯了"出纳之吝"一句，便杀身败业⑨。假使汉高能行四五句⑩，便是三王。（《尧曰》，"子强曰何谓惠而不费"节）

（《四书正误》卷四）

【注 释】

① 《论语·先进》："子张问善人之道。子曰：不践迹，亦不入于室。"践，履行，迹指古圣贤的言行。入室，谓成圣人之德。

② 《论语·子路》："子适卫，冉有仆。子曰：庶矣哉！冉有曰：既庶矣，又何加焉？曰：富之。曰：既富矣，又何加焉？曰：教之。"庶，众多，指卫国人口众多。

③ 《论语·季氏》："盖均无贫，和无寡，安无倾。"是说财富平均，便无所谓贫穷；境内团结一致，便无所谓人力缺少；秩序安定，便不会遭亡国倾覆之祸。

④ 《论语·子张》："子夏曰：日知其所亡，月无忘其所能，可谓好学已

矣。"亡读作无。

⑤《论语·学而》:"曾子曰:吾日三省吾身。"又:"子曰:学而时习之,不亦说乎!"

⑥ 经济,经世济民。这里指治国平天下之术。

⑦ "惠则足以使人",见《论语·阳货》。《颜习斋年谱》六十五岁条亦载:"《论语》,孔子之经济谱也。汉高只得'惠则足以使人'一句,即兴。"《史记·高祖本纪》说刘邦"仁而爱人,喜施。"

⑧ 韩淮阴即淮阴侯韩信。项羽派武涉游说韩信,要他背叛汉王。韩信说:"汉王……解衣衣我,推食养我,倍之不祥。"见《史记·淮阴侯列传》,倍通背。

⑨ 出纳之吝,见《论语·尧曰篇》,吝,吝啬。韩信说:"项王之为人也……有功当封爵者,印刓敝,忍不能予。"陈平也说:"项王为人,……至于行功爵邑,重之,士亦以此不附。"见《史记·淮阴侯列传》及《陈丞相世家》。项羽对部下赏功封爵很吝啬,所以说他犯了出纳之吝,以致失败。

⑩《论语·阳货》:"孔子曰:能行五者于天下为仁矣。请问之。曰:恭,宽,信,敏,惠。恭则不侮,宽则得众,信则人任焉,敏则有功,惠则足以使人。"能行四五句,指能行"恭则不侮"等句。

孟子下 选五条

井田封建庠序①,先王之规矩六律②也。战国之君臣处士③,别有种种富强捭阖纵横④,卒致秦汉以后如彼,而尧、舜、三代之仁政斩焉扫地矣。孟子一生苦心,谆谆⑤成法,读此及王道诸章,令人扼腕太息。三事、六府、六德、六艺⑥，圣人之规矩六律也。汉、宋之儒生道学，别有种种训诂章句、空静操存⑦，觉悟禅宗，卒致宋、元以来如此，而周公、孔子七十贤之学宗，颓乎坠地。予不自揣，日夜疚心，存学存性⑧，共志无人。予与苍生福薄，即不敢望孔孟复生，安得如胡文昭、韩苑洛、杨椒山、吕新吾⑨四先生者，一与之谈学救弊哉？（《离娄》，"孟子曰离娄"节）

孟子明言其情可以为善⑩，宋儒却说情恶。甚至论气质之性，并性亦谓有恶⑪。非孟子之罪人与！（《告子》，"孟子曰乃若其情"节）

俨⑫问："'则引之而已矣'，非引其心乎？岂惟耳目？⑬"予曰："形性不二，孔门一片工夫。故告颜子非礼勿视听言动⑭，治耳目即治心思也。孟子先立其大，似与孔门微别。后象山之学，正是如此。想他资性高，直向根本上捉定。然颜子岂资性庸下者乎？孔子亦只是从博文约礼诱他⑮。要之，学教之旨，微异孔门。"（《告子》，"曰钧是人也"节）

观自古圣贤豪杰，都从贫贱困苦中经历过，琢磨成。况吾侪庸人，若不受煅练，焉能成德成才？遇些艰辛，遭些横逆，不知是上天爱悯我，不知是世人玉成我，反生暴躁，真愚人矣。（《告子》，"孟子曰舜发于畎亩之中"章）

理者，木中纹理也，其中原有条理。故谚云，顺条顺理。"不理于口"，犹言不顺于人口，是为人讥讪，"赖"解⑯何来？"憎兹多口"言士常见憎于此多人之口也，改作增⑰，反费解。（《尽心》，"貉稽曰"章）

（《四书正误》卷六）

【注释】

① 《孟子·滕文公上》曾详论三代井田、学校之制。据孟子说，三代的地方学校名称不同，夏称校，殷称序，周称庠。又《孟子·万章下》讲述"周室班爵

禄"之制，即封建制度。

② 《孟子·离娄上》："孟子曰：离娄之明，公输子之巧，不以规矩，不能成方圆；师旷之聪，不以六律，不能正五音；尧舜之道，不以仁政，不能平治天下。"孟子所谓仁政，包括井田、封建、学校之制。这里是说井田、封建、学校之制，都是先王用以治理天下的，正如规矩、六律一般，离开它就不行。

③ 处士，没做官的士人。《孟子·滕文公下》："处士横议。"

④ 捭，开的意思；阖，闭的意思。捭阖纵横，指战国时游说各国的纵横家所操之术。

⑤ 谆谆，叮咛告诫。

⑥ 六府，三事，见《存学篇·明亲》注㊲；六德，见同篇注⑨。六艺，见《存性编·明明德》注⑥。

⑦ 宋儒讲空主静，流于禅学。《孟子·告子上》："操则存，舍则亡。"这里操存，指宋儒所谓持敬养性。

⑧ 颜元提倡实学，重实行。其存学、存性之说，见其所著《四存编》"存学""存性"两编。

⑨ 胡文昭，即胡瑗，参考《存学编·明亲》注⑱。韩苑洛，即韩邦奇，字汝节。明朝邑人。性嗜学，对于诸经、子、史及天文、地理、乐律、术数、兵法等书，无不通究。杨椒山，即杨继盛，字仲芳。明容城人。曾从韩邦奇游，尽得邦奇之传。吕新吾，即吕坤，字叔简。明宁陵人。注重经世济民之术，曾上书要求万历"约己爱人，损上益下"。此四人或注重实教实学，或注重六艺，或注重经世济民之术，都不同于宋儒之空静操存、觉悟禅宗，所以得到颜元的推崇。

⑩ 《孟子·告子上》："乃若其情，则可以为善矣。"情是性情的情。

⑪ 宋儒张载、程颐、朱熹等人，认为人性有"天命之性"与"气质之性"之分，说前者是至善的，后者则有善有恶。

⑫ 俨，颜尔俨，字畏甫，颜元族子。见《颜氏学记》卷十《颜李弟子录》。

⑬ 《孟子·告子上》："孟子曰：耳目之官不思，而蔽于物。物交物，则引之而已矣。心之官则思，思则得之，不思则不得也。此天之所与我者。先立乎其大者，则其小者不能夺也。"引，引诱、引蔽。这里颜尔俨对孟子所说的耳目易为外物的引诱所蒙蔽，心能思考，可以不为外物蒙蔽而能得到善性的说法，提出疑问。

⑭ 语本《论语·颜渊》："非礼勿视，非礼勿听，非礼勿言，非礼勿动。"

⑮ 《论语·子罕》："颜渊喟然叹曰：夫子循循然善诱人，博我以文，约我以礼。"

⑯ 《孟子·尽心下》："稽大不理于口。"朱熹引赵岐注云："理，赖也。"颜元认为以"赖"训"理"，意义上讲不通。

⑰《孟子·尽心下》："孟子曰：无伤也，士憎兹多口。"朱熹改"憎"为"增"，颜元认为令人费解。

大学辨业 选录

致知在格物解 选一条

明德,本也;亲民,末也。格致,始也;诚意以至天下平,终也。致,推致也,与《中庸》"致曲"①之致同。格,《尔雅》曰:"至也"②,《虞书》"格于上下"③是也,程子、朱子于"格物"格字皆训至。

又《周书·君奭篇》"格于皇天","天寿平格",蔡注训"通"④。又《孔丛子·谏格虎赋》,格义同搏;颜习斋谓格物之格如之⑤,谓亲身习其事也。又《尔雅》:"格格,举也"⑥;郭璞⑦注曰:"举持物也。"又尔雅到字、极字皆同格,盖到其域而通之,搏之举之以至于极,皆格义也。物,物有本末之物也,即明德、亲民也,即意、心、身、家、国、天下也。然而谓之物者,则以诚、正、修、齐、治、平皆有其事,而学其事皆有其物,《周礼》礼乐等皆谓之物⑧是也。格物者,谓大学中之物如学礼学乐类,必举其事、造其极也。朱子曰:"谓实走到地头。如南剑人往建宁，须到郡厅上方是至，若只到建阳境上，即不谓之至也。"⑨致知在格物者，从来圣贤之道，行先以知，而知在于学。《周官》曰："不学墙面。"⑩《学记》⑪曰："人不学，不知道。"董仲舒曰："强勉学问，则闻见博而知益明。"⑫徐干曰："白日照则所求见。学者，心之白日也。"⑬故先王立学，教以六德、六行、六艺⑭，皆此谓也。语云，"一处不到一处黑"⑮，最切"致知在格物"之义。（《大学·辨业》卷二）

【注 释】

① 《中庸》："其次致曲。"朱熹《章句》："致，推致也。"

② 见《尔雅·释诂》。

③ "格于上下"见《尚书·尧典》。《伪孔安国传》："格，至也。"

④ 《尚书·君奭》："天寿平格。"宋蔡沈《集传》："格者，通彻三极而无间者也。"

⑤ 见前颜元《四书正误》卷一《大学》"古之欲明明德"节及注⑦。

⑥ 《尔雅·释训》："偈偈、格格，举也。"郭璞注："皆举持物。"

⑦ 郭璞，字景纯，晋朝人，注《尔雅》。

⑧ 《周礼·地官·大司徒》以六德、六行、六艺为三物，六艺中有礼、乐，所以说礼、乐等皆谓之物。

⑨ 见《朱子语类》卷十五。

⑩ 不学墙面，见《伪古文尚书·周书·周官》篇。《论语·阳货》："其犹正墙面而立也与！"说人如不学习，像面墙而立，什么都看不见，寸步难行。

⑪ 《学记》，《礼记》篇名。

⑫ 见《汉书》卷五十六《董仲舒传》。

⑬ 徐干，三国魏人，著《中论》。《中论·治学篇》："有所求而不见，白

日照焉，则群物斯辨矣。学者，心之白日也。"

⑭ 六德，见前颜元《存学编·明亲》注⑨。六行、六艺，见前颜元《存性编·明明德》注⑤⑥。

⑮ 一处不到一处黑，是说：哪方面不学，对哪方面就没有知识，漆黑一团。

辨后儒格物解 选四条

朱子亦知格物是学文，但认圣学未甚确，故言有离合①。如以穷至性天②为格物，则是上达、知天命③之事，非成童入学事也。以读书讲论文字为格物，则后世文墨之学，非古大学之物也。应接事物、存心省身④为格物，则又力行之功，非格物也；以力行为格物，是行先于知矣，倒矣。

或曰：子之言学礼学乐，非力行欤？曰：非也。好学、力行之分⑤，圣人明言之矣。故《中庸》曰"博学之"，又曰"笃行之"。《易》曰"学以聚之"，又曰"仁以行之"⑥。《中论》亦载："孔子曰弗学何以行"⑦。可见学与行虽一事，而实两事也。盖学于平日为学，行于临事为行。如今赞礼，先事演礼谓之学，至供祭、会宾、相礼⑧乃谓之行。后儒圣学失传，凡言学字皆不的。不以读书为学，则返之而以力行为学矣，皆与圣经不合。

格物致知，学也，知也。诚意、正心、修身、齐家、治国、平天下，行也。

六艺，大学之实事也。今云入大学，更不甚学事，只理会理。何不观《内则》为学之序⑨乎？且理与事，亦何可分也？（《大学·辨业》卷三）

【注释】

① 格物，朱熹解释说："格，至也；物犹事也。穷至万物之理，欲其极处无不到也。"见《大学章句》。学文，语本《论语·雍也》："君子博学于文。"朱熹说："博学者，谓天地万物之理，修己治人之方，皆所当学。"见《朱子语类》卷八。言有离合，言论与圣学有离（违背）有合（符合）。

② 穷至性天，即穷至人性与天命之理。

③ "下学而上达"，见《论语》。又《论语·为政》："五十而知天命。""上达"和"知天命"之学，指大学，相对小学而言。

④ 存心，见《孟子·尽心上》："存其心，养其性，所以事天也。"省身，见《论语·学而》："曾子曰：吾日三省吾身。"朱熹主张"居敬穷理"，存心省身，都是居敬的工夫。他说："持敬是穷理之本，穷得理明，又是养心之助。"（《朱子语类》卷九）

⑤ 《礼记·中庸》，"好学近乎知，力行近乎仁。"是把二者分说。

⑥ 学以聚之，仁以行之，均见《易·乾卦·文言》。

⑦ 见徐干《中论·治学篇》。

⑧ 供祭，祭祀供飨之礼；会宾，如《仪礼》士相见之礼；相礼，谓辅导人行礼。

⑨ 《礼记·内则》载贵族子弟为学之序：六岁教之数及辨别东西南北，七岁男女不同席，十岁出外从师学习，十三岁学乐、诵诗、学勺舞，十五岁以后学象舞、学射御，二十岁开始学礼等等。

论语传注问 选录

学而一

问：朱注"仁者，心之德，爱之理"①，不用之何也？

曰：后儒改圣门不言性天②之矩，日以理气为谈柄，而究无了义。曰"理气不可分而为二"，又曰"先有是理，后有是气"③，则又是二矣。其曰"太极是理，阴阳是气"④，太极生两仪，为理生气，则道家"道生天地"⑤之说矣。不知圣经言道，皆属虚字，无在阴阳伦常之外而别有一物曰道曰理者。《易》曰："立天之道，曰阴与阳；立地之道，曰柔与刚；立人之道，曰仁与义。"⑥则道者，乃阴阳、刚柔、仁义之通名，不在阴阳、仁义前也。在天在人通行者，名之曰道。故小人别有由行，亦曰小人之道。理字则圣经甚少，《中庸》"文理"与《孟子》"条理"⑦同。言道秩然有条，犹玉有脉理，亦虚字也。《易》曰："穷理尽性以至于命。"⑧理见于事，性具于心，命出于天，亦条理之义也。今乃以理代道，而置之两仪、人物以前，则铸铁成错矣。即如"爱之理"，自幼观之，以为"爱之道理"云尔，虚字也。及观朱子自训，乃滋之惑，曰"理是根，爱是苗；犹糖之甜，醋之酸"。夫糖甜醋酸，即其性即此物，非糖醋为根，酸甜为苗也；亦非酸甜为根，糖醋为苗也。仁性即爱，非别有一理为根而爱为苗也。孟子曰："恻隐之心，仁也，人皆有不忍人之心。"⑨《易》曰："天地之大德曰生。"⑩生生即仁也，即爱也，即不忍也，即性即情也。必以爱为专言情，而曰有一理根在先，亦异于《易》与孟子矣。（《论语传注问·上》）

【注　释】

①朱熹《论语·学而》"共为人也孝弟"章注："仁者，爱之理，心之德也。"

②《论语·公冶长》："夫子之言性与天道，不可得而闻也。"

③见《朱子语类》卷一。

④见《朱子语类》卷一。

⑤《庄子·大宗师》："夫道……神鬼神帝，生天生地。"《老子》："有物混成，先天地生……吾不知其名，字之曰道。"（二十五章）又说："道生一，一生二。"（四十二章）

⑥见《周易·说卦》。

⑦《中庸》："文理密察。"这里取其"文理"二字。《孟子·万章下》："金声也者，始条理也；玉振之也者，终条理也。"这里取其"条理"二字。

⑧见《周易·说卦》。

⑨见《孟子·公孙丑上》。

⑩见《周易·系辞下》。

家，具有特尊理性观点。在社会政治思想方面，注重事功，曾与朱熹反复辩论。他的著作，编成《龙川文集》。

⑥ 好谋而成，语见《论语·述而》，这里是说善谋而求成功。

⑦ 春祈，春天祈祷丰年；秋报，秋收后报祀社稷。

子张十九

谓三弟曰：朱子云，"洒扫应对之事，其然也，形而下者也；洒扫应对之理，所以然也，形而上者也。"夫事有条理曰理，即在事中。今曰理在事上，是理别为一物矣。理，虚字也，可为物乎？天事曰天理，人事曰人理，物事曰物理。《诗》曰"有物有则"①，离事物何所为理乎？且圣道只在其然，故曰"无党无偏，王道平平"②。道学专重所以然，故曰"不见那物事③，不能时习"，与异端"窈窈冥冥，其中有物"④等语，不宛同一旨乎？

【注释】

① 语见《诗经·大雅·烝民》。这里用来说明有事物才有事物之理。

② 语见《尚书·洪范》。这里用以说明"圣道祇在其然"，就是注重形而下的事物，而形而上的道（理）即在其中，这样就平实。

③ 那物事，指形而上的道。

④ 这两句是约举《老子》第二十一章"道之为物，惟恍惟惚；惚兮恍兮，其中有象；恍兮惚兮，其中有物"的话。这里拿来形容朱熹所说的形而上的道理是不可捉摸的。异端，指老子。

为政二

问：张氏①"非为欲使民敬忠以劝而为之"②，以为无计功谋利之心，何如？

曰：后学迂弱无能，皆以此语误之。董仲舒曰："正其道不谋其利，修其理不急其功。"语具《春秋繁露》③，本自可通。班史误易"急"为"计"④，宋儒遂酷遵此一语为学术，以为事求可、功求成；则取必于智谋之末，而非天理之正。请问：行天理以孝亲，而不思得亲之欢；事上而不欲求上之获，有是理乎？事不求可，将任其不可乎？功不求成，将任其不成乎？陈龙川⑤曰："世有持弓挟矢而甘心于空返者乎？然则用兵不计兵之胜，孔子好谋而成⑥非矣。耕田而不计田之收，帝王春祈秋报⑦，皆为冀利贪得之礼矣。"康子但无使民敬忠以劝之具耳，非谓其使之之言非也。敬忠且无论，在上者不使民劝于为善，安用上为？（《论语传注问·上》）

【注 释】

① 张氏，指宋张栻，字敬夫。

② 《论语·为政》："季康子问使民敬忠以劝，如之何？子曰：临之以庄，则敬；孝慈，则忠；举善而教不能，则劝。"朱熹《集注》引"张敬夫曰：此皆在我所当为，非为欲使民敬忠以劝而为之也。然能如是，则其应，盖有不期然而然者矣。"

③ 见《春秋繁露·对胶西王越大夫不得为仁篇》。

④ 班固《汉书·董仲舒传》记仲舒对江都王问："夫仁者，正其谊不谋其利，明其道不计其功。"谊同义。李塨认为《汉书》误改《春秋繁露》的"急"字为"计"字。

⑤ 陈亮（1143—1194），字同甫，号龙川，浙江永康人，南宋著名的思想